21世纪全国高等院校财经管理系列实用规划教材

PRODUCTION&OPERATIONS MANAGEMENT（3rd Edition）

生产运作管理（第3版）

主 编 李全喜

内 容 简 介

本书吸纳了国内外教材的优点,具备体系完善、内容全面、体例新颖等特点。其主要篇章的开始由适当的引例导出本章将涉及的焦点内容,文中穿插若干个运作实例和应用范例,这些真实的案例能引起学生的兴趣,使得原本枯燥的文字和符号变得具有活力。每章最后均有本章小结、习题,以便于学生掌握本章的重点,消化理解相关的理论知识和方法,提高其分析和解决实际问题的能力。

本书可作为高等院校管理类各专业本科生的教材,也可作为 MBA、工程硕士等专业硕士学习相关课程的教材或参考书,亦可供企业管理人员参考使用。

图书在版编目(CIP)数据

生产运作管理/李全喜主编.—3 版.—北京:北京大学出版社,2014.8
(21 世纪全国高等院校财经管理系列实用规划教材)
ISBN 978-7-301-24502-6

Ⅰ. ①生… Ⅱ. ①李… Ⅲ. ①企业管理—生产管理—高等学校—教材 Ⅳ. ①F273

中国版本图书馆 CIP 数据核字(2014)第 157689 号

书　　　　名:	生产运作管理(第 3 版)
著作责任者:	李全喜　主编
策 划 编 辑:	李　虎　王显超
责 任 编 辑:	翟　源
标 准 书 号:	ISBN 978-7-301-24502-6/C·1026
出 版 发 行:	北京大学出版社
地　　　　址:	北京市海淀区成府路 205 号　100871
网　　　　址:	http://www.pup.cn　新浪官方微博:@北京大学出版社
电 子 信 箱:	pup_6@163.com
电　　　　话:	邮购部 62752015　发行部 62750672　编辑部 62750667　出版部 62754962
印 　刷 　者:	三河市北燕印装有限公司
经 　销 　者:	新华书店
	787 毫米×1092 毫米　16 开本　27.75 印张　651 千字
	2007 年 8 月第 1 版
	2011 年 6 月第 2 版
	2014 年 8 月第 3 版　2020 年 1 月第 5 次印刷
定　　　　价:	54.00 元

未经许可,不得以任何方式复制或抄袭本书之部分或全部内容。
版权所有,侵权必究
举报电话:010-62752024　电子信箱:fd@pup.pku.edu.cn

21 世纪全国高等院校财经管理系列实用规划教材

专家编审委员会

主 任 委 员	刘诗白
副主任委员	（按拼音排序）

    韩传模   李全喜   王宗萍
    颜爱民   曾 旗   朱廷珺

顾   问 （按拼音排序）

    高俊山   郭复初   胡运权
    万后芬   张 强

委   员 （按拼音排序）

    程春梅   邓德胜   范 徵
    冯根尧   冯雷鸣   黄解宇
    李柏生   李定珍   李相合
    李小红   刘志超   沈爱华
    王富华   吴宝华   张淑敏
    赵邦宏   赵 宏   赵秀玲

法 律 顾 问 杨士富

丛 书 序

我国越来越多的高等院校设置了经济管理类学科专业,这是一个包括理论经济学、应用经济学、管理科学与工程、工商管理、公共管理、农林经济管理、图书馆、情报与档案管理 7 个一级学科门类和 31 个专业的庞大学科体系。2006 年教育部的数据表明,在全国普通高校中,经济类专业布点 1518 个,管理类专业布点 4328 个。其中除少量院校设置的经济管理专业偏重理论教学外,绝大部分属于应用型专业。经济管理类应用型专业主要着眼于培养社会主义国民经济发展所需要的德智体全面发展的高素质专门人才,要求既具有比较扎实的理论功底和良好的发展后劲,又具有较强的职业技能,并且又要求具有较好的创新精神和实践能力。

在当前开拓新型工业化道路,推进全面小康社会建设的新时期,进一步加强经济管理人才的培养,注重经济理论的系统化学习,特别是现代财经管理理论的学习,提高学生的专业理论素质和应用实践能力,培养出一大批高水平、高素质的经济管理人才,越来越成为提升我国经济竞争力、保证国民经济持续健康发展的重要前提。这就要求高等财经教育要更加注重依据国内外社会经济条件的变化,适时变革和调整教育目标和教学内容;要求经济管理学科专业更加注重应用、注重实践、注重规范、注重国际交流;要求经济管理学科专业与其他学科专业相互交融与协调发展;要求高等财经教育培养的人才具有更加丰富的社会知识和较强的人文素质及创新精神。要完成上述任务,各所高等院校需要进行深入的教学改革和创新,特别是要搞好有较高质量的教材的编写和创新工作。

出版社的领导和编辑通过对国内大学经济管理学科教材实际情况的调研,在与众多专家学者讨论的基础上,决定编写和出版一套面向经济管理学科专业的应用型系列教材,这是一项有利于促进高校教学改革发展的重要措施。

本系列教材是按照高等学校经济类和管理类学科本科专业规范、培养方案,以及课程教学大纲的要求,合理定位,由长期在教学第一线从事教学工作的教师编写,立足于 21 世纪经济管理类学科发展的需要,深入分析经济管理类专业本科学生现状及存在的问题,探索经济管理类专业本科学生综合素质培养的途径,以科学性、先进性、系统性和实用性为目标,其编写的特色主要体现在以下几个方面:

(1) 关注经济管理学科发展的大背景,拓宽理论基础和专业知识,着眼于增强教学内容与实际的联系和应用性,突出创造能力和创新意识。

(2) 体系完整、严密。系列涵盖经济类、管理类相关专业以及与经管相关的部分法律类课程,并把握相关课程之间的关系,整个系列丛书形成一套完整、严密的知识结构体系。

(3) 内容新颖。借鉴国外最新的教材,融会当前有关经济管理学科的最新理论和实践经验,用最新知识充实教材内容。

(4) 合作交流的成果。本系列教材是由全国上百所高校教师共同编写而成,在相互进行学术交流、经验借鉴、取长补短、集思广益的基础上,形成编写大纲。最终融合了各地特点,具有较强的适应性。

(5) 案例教学。教材融入了大量案例研究分析内容,让学生在学习过程中理论联系实际，特别列举了我国经济管理工作中的大量实际案例，这可大大增强学生的实际操作能力。

（6）注重能力培养。力求做到不断强化自我学习能力、思维能力、创造性解决问题的能力以及不断自我更新知识的能力，促进学生向着富有鲜明个性的方向发展。

作为高要求，经济管理类教材应在基本理论上做到以马克思主义为指导，结合我国财经工作的新实践，充分汲取中华民族优秀文化和西方科学管理思想，形成具有中国特色的创新教材。这一目标不可能一蹴而就，需要作者通过长期艰苦的学术劳动和不断地进行教材内容的更新才能达成。我希望这一系列教材的编写，将是我国拥有较高质量的高校财经管理学科应用型教材建设工程的新尝试和新起点。

我要感谢参加本系列教材编写和审稿的各位老师所付出的大量卓有成效的辛勤劳动。由于编写时间紧、相互协调难度大等原因，本系列教材肯定还存在一些不足和错漏。我相信，在各位老师的关心和帮助下，本系列教材一定能不断地改进和完善，并在我国大学经济管理类学科专业的教学改革和课程体系建设中起到应有的促进作用。

刘诗白

2007 年 8 月

刘诗白 现任西南财经大学名誉校长、教授、博士生导师，四川省社会科学联合会主席，《经济学家》杂志主编，全国高等财经院校《资本论》研究会会长，学术团体"新知研究院"院长。

第3版前言

本书第2版曾对第1版做了较大幅度的调整,重写和增补了一些内容,还增加了关键术语和习题的类型等,其内容架构和风格也获得国内部分高校同行的认可,选此书作为教材的高校越来越多。但不得不承认,第2版并没有有效地解决生产计划体系的内容相对不完整、相关章节的范例缺乏关联性等问题。

为此,第3版对教材的第3篇(生产运作系统的运行)进行了大幅度的调整,力图解决第2版中尚未解决的问题。具体的变动内容如下。

新增预测一章,即第8章,需求预测是生产计划编制的主要依据之一,本章的内容包括预测概述、定性预测、时间序列预测和回归分析等内容。

重写库存管理与库存控制一章,即第2版的第9章,现为第10章并更名为库存分析与库存控制。本章的新结构为:库存的概念、库存的ABC分类法、独立需求库存的控制机制、确定性需求的库存控制、时变需求下的库存控制。

拆分和重写生产能力与生产计划一章,将第2版的第10章拆分为第3版的第11章综合生产计划和第12章主生产计划。其中综合生产计划含生产计划及构成、综合生产计划综述、生产计划编制的方法、服务业的综合计划等;主生产计划由主生产计划概述、主生产计划的计算逻辑、粗能力计划和主生产计划的评价与维护等节构成。

重写物料需求计划一章,即第3版的13章,相应的内容包括独立需求与相关需求、MRP概述、MRP数据处理逻辑、MRP范例、能力需求计划、MRPⅡ和ERP等。

企业生产计划体系中的综合生产计划、主生产计划、粗能力计划、物料需求计划和能力需求计划等存在着内在的逻辑关系,这些章节相关的范例也应体现这些关系,第3版对这些范例进行了重新编写,使这些范例的背景、条件和数据具有一定的关联性。

另外,第3版对综合生产计划一章中的运输表法的lingo程序进行了重新编写,充分利用了lingo特性和编程的便利性,同时对本章的一般性线性规划模型、第5章的装配线平衡模型、第14章的服务人员的循环编程模型等进行了lingo编程,使这些模型可以应对更复杂的实际应用的场合。

由于第3版优化和增补了生产计划部分的内容,因此,本书除了可作为MBA和管理类本科生相关课程的教材或参考书外,还可以作为工业工程领域专业硕士或本科生相关课程的教材或参考书。

吉林大学管理学院的研究生贾敏参与了部分习题和参考答案的编写工作。

本书的修订版在编写过程中参考了部分中外文教材和文献资料,重要资料的出处均在文中注明,最后列出全书的参考文献,在此对国内外的有关作者表示衷心的感谢!

由于编者水平所限,书中难免有不妥之处,敬请读者批评指正。

编者

2014年5月

第 2 版前言

近年来，随着经济发展和社会需求的变化，与之相适应的管理理论与方法也得以应用，这要求教材的内容要与时俱进，增加最新的理论与方法。另外，原教材在三年的使用过程中，我们也发现有些内容需要补充和完善。基于上述的原因，我们推出《生产运作管理》的第 2 版。

本版主要对部分章节进行了重写或增补了新的内容，具体包括如下。

第 1 章：①增加了引例；②增加了我国环保问题的数据以及 COD 和地表水环境质量标准等知识；③补充了绿色生产模式等内容；④增加了服务型制造的内容。

第 4 章：①增加了选址的综合评价法；②增加了服务业聚集效应的内容；③增加了运作实例。

第 5 章：①重写了引例；②重写和增补了"影响工作单元构成的因素"的部分内容；③增加了医院各单元布置示意图、自助餐馆服务线示意图、建造中的轮船实景图、半开放式办公室实景图等图片；④增加了山积图及应用的内容。

第 6 章：①重写"R&D 领域的选择"部分的内容，增加了内插式设计和外推式设计的内容，增加了系列电视机的开发、基于新技术的电视机的开发、基于核心技术的关联产品的研发、微软和苹果新产品获取垄断利润等图片；②重写了运作实例 6-1 和运作实例 6-2；③增补了计算机辅助设计的部分内容；④在服务设计部分增加了防误防错设计的内容。

第 7 章：①增加了立式铣床及精铣铸件过程示意图；②重写了动作经济性原则的部分内容，增加了双手并用原则示意图、降低动作级别原则示意图、利用惯性原则示意图、手脚并用原则示意图、适当的姿势原则示意图、双手可及原则示意图、使用容器原则示意图、重力坠送原则示意图等；③增加了宽放率参考值的表格；④重写测时法的部分内容，并增加了公式和应用实例；⑤增加了运作实例。

第 8 章：重写"供应链思想的提出"中部分内容，增加了自制与外购选择所考虑的因素等表格。

第 10 章：①重写了综合计划编制的方法，增加了图表法的编制步骤及应用实例；②调整了运输表模型的表格格式；③增加了线性规划法的数学建模和 lingo 软件的求解实例；④新增"服务业的综合计划"一节。

第 11 章：①重写了引例；②重写了 MRP 的处理逻辑，增加了产品或组件参量表的表格；③重写了 MRP 的运行方式的部分内容；④将原引例改为运作实例 11-1。

第 12 章：①增加了作业排序的表示方法；②增加了服务业安排人员的循环排序法。

新增项目管理一章，即第 13 章，原第 13 章丰田生产方式改为第 14 章，其他的章依次顺延。

另外，各章增加了关键术语栏目，增加了判断题、单选题、填空题、简述题、分析题和计算题等多种习题类型及部分习题的参考答案。

考虑到新增内容导致篇幅增大和成本及价格的增高，为了使修订版在篇幅和成本上与原版基本保持一致，修订版有针对性地对原教材瘦身，在保留核心内容的前提下，删掉原版的企业业务流程再造、质量管理和设备管理等章节。

吉林大学管理学院的研究生王显丽和赵婉辰参与了修订版的校对以及部分习题和参考答案的编写工作。

本书的修订版在编写过程中参考了部分中外文教材和文献资料，重要资料的出处均在文中注明，最后列出全书的参考文献。在此对国内外的有关作者表示衷心的感谢！

本书修订版的出版得到了北京大学出版社的大力支持，在此表示诚挚的谢意！

由于编者水平所限，书中难免有不妥之处，敬请读者批评指正。

编 者
2011 年 5 月

第1版前言

无论对于经管类的本科生,还是其他更高层次的学生如 MBA、工程等专业硕士,"生产运作管理"都是其重要的核心课程之一,也是最具挑战性的课程。

从 20 世纪初科学管理诞生以来,生产管理的理论与方法伴随着制造业的发展而不断丰富、创新与完善。产业结构的变化,尤其是服务业的快速发展,其在 GDP 中的比例不断增加,生产管理的研究对象也由单纯的制造业向制造业和服务业并重的方向发展,逐步形成了现在的生产运作管理的理论体系。

纵观国内外公开出版的生产运作管理类的教材,可以用五花八门、种类繁多来形容。这些教材各具特色,如国内的教材内容系统性好,体系比较完整,但这些教材也或多或少地存在一些弱点,如多数教材的写作风格单一,内容的条条框框多,体例不丰富,略显枯燥,可读性差;还有一些教材没有反映本学科的最新进展,体系和内容略显陈旧。国外教材的内容丰富,新东西多,风格新颖,可读性强,然而国外的教材体系和内容上差异较大,或者说随意性较大,风格各异,有些内容与中国的国情不太相符。另外,有些教材,尤其是国外的教材内容不够精练,导致篇幅过大,成本增加,价格居高不下,给学生带来不必要的经济负担。

本书吸纳了国内外教材的优点,突出体系的完善、内容的全面、体例的新颖,适用的群体较广。具体包括以下几点。

(1) 内容涉猎领域的完整性,适应产业变革的需要。

(2) 体现课程的应用环境,兼顾学生的理论与实践的基础,附加相关的背景知识。

(3) 内容体系体现层次性和时序性。

(4) 中西相结合,吸纳或借鉴国外优秀教材中有益的内容和形式。

(5) 经典的理论和方法与现代的理论和方法相结合,与我国的国情和管理实际相结合,学得会,用得上。

(6) 适应不同学时的需要,难易结合,可选择性强。

本书的写作方法:主要章的开始由适当的引例导出本章将涉及的焦点内容,文中穿插若干个"运作实例"专栏、应用范例,这些真实的问题能引起学生的兴趣,使得原本枯燥的文字和符号变得具有活力。部分章节的最后有本章小结、习题和案例研究等,以便于学生掌握该章的重点,消化理解相关的理论知识和方法,提高其分析和解决实际问题的能力。

全书共分 4 篇 15 章。

第 1 篇为绪论,由第 1 章至第 3 章组成。第 1 章为生产运作管理综述,主要介绍生产运作管理的概念、生产运作管理的内容和作用、现代生产运作管理面临的问题及发展趋势。第 2 章为生产运作管理的发展历程,按照时间顺序介绍科学生产管理雏形形成的时代、复杂数学方法的应用时代、计算机开始应用的时代、现代理论普及的时代等不同时期的学者和企业家,以及他们对生产运作管理理论的贡献。第 3 章为企业战略管理与生产运作战略,阐述企业战略管理和生产运作战略。

第 2 篇为生产运作系统的设计，又称生产运作系统的构建，一个新的生产运作系统是从设计或构建开始的，即构建生产力的三要素：劳动工具、劳动对象和劳动者。该篇由第 4 章至第 7 章组成。第 4 章为企业选址，主要阐述企业选址及其影响因素分析、企业选址的主要方法、服务企业的选址。第 5 章为设施布局，阐述设施布局概述、设施布局的主要形式、设施布局的方法和办公室布局。第 6 章为产品和服务设计，包括 R&D 概述、产品设计、质量功能配置、可靠性设计、服务设计等。第 7 章为工作设计，由工作设计概述、工作方式、工作研究等构成。

第 3 篇为生产运作系统的运行，生产运作系统构建完毕即开始系统的运行，该篇由第 8 章至第 13 章组成。第 8 章为供应链与采购管理，主要阐述供应链与管理、采购管理、供应商管理、准时采购、国际采购等理论与方法。第 9 章为库存管理与库存控制，阐述库存管理的基本问题、独立需求库存的控制机制、独立需求库存的基本模型、独立需求库存的其他模型等。第 10 章为生产能力与生产计划，包括生产能力、生产计划及构成、综合计划、主生产计划等内容。第 11 章为物料需求计划，阐述独立需求与相关需求、MRP 的基本原理、MRP 的处理逻辑、MRP Ⅱ 和 ERP 等。第 12 章为作业排序，阐述车间作业管理的工作内容、作业计划与排序、作业排序的一般方法、作业排序的数学方法、服务业的作业排序等。第 13 章为项目管理，包括项目管理概述、项目管理计划与控制、网络计划技术等内容。

第 4 篇为生产运作系统的改善，改进和创新是使生产运作系统得以生存与发展的重要动力，该篇由第 14 章和第 15 章组成。第 14 章为丰田生产方式，包括 TPS 概述、实现 JIT 的基本要素、JIT 的现场管理、"5S" 与改善等内容。第 15 章为约束理论，由约束理论概述、OPT 的原则、瓶颈资源计划等组成。

本书由来自多个高校的老师共同编写完成。全书结构和写作风格由李全喜确定，第 1、4、6、9 章由李全喜编写；第 2 章由李全喜和刘丹琪共同编写；第 13 章由安丽雅和李全喜共同编写；第 3、7、8、15 章由王宗光编写；第 10、11 章由乔芳丽编写；第 5、12 章由周永明编写；第 14 章由陈海涛编写。李全喜对部分章节作了修改和补充，并对全书统稿。马晓苗、齐懿冰和安丽雅等参与了书稿的校对工作。

本书可作为高等学校管理类各专业本科生的教材，也可作为 MBA、工程等专业硕士学习相关课程的教材或参考书，还适于企业管理人员阅读。

本书在编写过程中参考了大量的中外文教材和文献资料，重要资料的出处均在文中注明，最后列出全书的参考文献。在此对国内外的有关作者表示衷心的感谢！

本书的出版得到了吉林大学教务处的大力支持，在此表示感谢！

由于编者水平所限，书中难免有不妥之处，敬请读者批评指正。

编　者
2007 年 8 月

目 录

第1篇 绪论

第1章 生产运作管理综述 3
1.1 生产运作管理的概述 4
1.2 生产运作管理的内容和作用 7
1.3 现代生产运作管理面临的问题及发展趋势 9
本章小结 15
习题 15

第2章 生产运作管理的发展历程 17
2.1 科学生产管理雏形形成的时代 17
2.2 复杂数学方法的应用时代 23
2.3 计算机开始应用的时代 24
2.4 现代理论普及的时代 25
本章小结 31
习题 31

第3章 生产运作战略 33
3.1 企业战略管理 34
3.2 生产运作战略概述 44
本章小结 49
习题 50

第2篇 生产运作系统的设计

第4章 企业选址 55
4.1 企业选址及其影响因素分析 55
4.2 企业选址的主要方法 61
4.3 服务企业的选址 67
本章小结 70
习题 70

第5章 设施布局 75
5.1 设施布局概述 76
5.2 设施布局的主要形式 78
5.3 设施布局的方法 83
5.4 办公室布局 92

本章小结 95
习题 96

第6章 产品和服务设计 102
6.1 R&D 概述 103
6.2 产品设计 109
6.3 质量功能配置 119
6.4 可靠性设计 124
6.5 服务设计 127
本章小结 131
习题 132

第7章 工作设计 136
7.1 工作设计概述 137
7.2 工作方式 141
7.3 工作研究 145
7.4 动作研究 154
7.5 工作测量 159
7.6 工作环境设计 167
本章小结 172
习题 173

第3篇 生产运作系统的运行

第8章 预测 181
8.1 预测简述 182
8.2 定性预测 183
8.3 时间序列预测 186
8.4 回归分析 194
本章小结 198
习题 198

第9章 供应链与采购管理 202
9.1 供应链与管理 203
9.2 采购管理 213
9.3 供应商管理 219
9.4 准时采购 224
9.5 国际采购 226

本章小结 ………………………………… 232
习题 ……………………………………… 232

第10章 库存分析与库存控制 ……… 235
10.1 库存的基本概念 ………………… 236
10.2 库存的ABC分类法 ……………… 238
10.3 独立需求库存的控制机制 ……… 242
10.4 确定性需求的库存控制 ………… 245
10.5 时变需求下的库存控制 ………… 250
本章小结 ………………………………… 253
习题 ……………………………………… 253

第11章 综合生产计划 ……………… 260
11.1 生产计划及构成 ………………… 261
11.2 综合生产计划概述 ……………… 263
11.3 综合生产计划编制的方法 ……… 268
11.4 服务业的综合计划 ……………… 279
本章小结 ………………………………… 282
习题 ……………………………………… 282

第12章 主生产计划 ………………… 287
12.1 主生产计划概述 ………………… 287
12.2 主生产计划的计算逻辑 ………… 291
12.3 粗能力计划（RCCP） …………… 295
12.4 主生产计划的评价与维护 ……… 301
本章小结 ………………………………… 303
习题 ……………………………………… 303

第13章 物料需求计划 ……………… 308
13.1 独立需求与相关需求 …………… 308
13.2 MRP概述 ………………………… 310
13.3 MRP数据处理逻辑 ……………… 313
13.4 能力需求计划（CRP） …………… 324
13.5 MRPⅡ和ERP …………………… 327
本章小结 ………………………………… 331

习题 ……………………………………… 331

第14章 作业排序 …………………… 337
14.1 车间作业管理的工作内容 ……… 337
14.2 作业计划与排序 ………………… 339
14.3 作业排序的一般方法 …………… 341
14.4 作业排序的数学方法 …………… 344
14.5 服务业的作业排序 ……………… 349
本章小结 ………………………………… 358
习题 ……………………………………… 358

第15章 项目管理 …………………… 362
15.1 项目管理概述 …………………… 363
15.2 项目管理计划与控制 …………… 365
15.3 网络计划技术 …………………… 372
本章小结 ………………………………… 378
习题 ……………………………………… 378

第4篇 生产运作系统的改善

第16章 丰田生产方式 ……………… 385
16.1 TPS概述 ………………………… 386
16.2 实现JIT的基本要素 …………… 391
16.3 JIT的现场管理 ………………… 398
16.4 "5S"与改善 …………………… 405
本章小结 ………………………………… 410
习题 ……………………………………… 411

第17章 约束理论 …………………… 415
17.1 约束理论概述 …………………… 416
17.2 OPT的原则 ……………………… 420
17.3 瓶颈资源计划 …………………… 422
本章小结 ………………………………… 428
习题 ……………………………………… 429

参考文献 ……………………………… 432

第1篇 绪论

第 1 章 生产运作管理综述

教学要求

通过本章的学习，要达到以下目的：
(1) 掌握生产运作管理的概念；
(2) 了解生产运作管理的内容和作用；
(3) 了解现代生产运作管理面临的形势；
(4) 了解现代生产运作管理的发展趋势。

引 例

惠普解雇了卡莉·菲奥莉娜

2005 年 2 月 18 日出版的商业周刊发表文章指出，曾经叱咤风云的 IT 女强人，如今却在公司股东层的压力下黯然离开了惠普。卡莉·菲奥莉娜的失败，惠普的受挫究竟源于何种原因？

作为 IT 业界为数不多的女性执行官，世界第二大计算机制造商惠普公司 CEO 卡莉·菲奥莉娜一直都是业界人士所关注的焦点，因此她近期的辞职在 IT 产业内掀起一股巨大的波澜。

曾经创造 20 世纪 90 年代公司辉煌的惠普前任 CEO 鲍勃说："虽然卡莉有着出众的表达及沟通能力，然而她在管理运营及产品市场推广方面的经验还不是十分丰富，因此股东对其的自由度完全下放稍欠妥当。"

卡莉担任 CEO 后开始了对惠普的大改造行动，她试图将公司多达 80 个的独立业务部门统一管理，从而建立一个相对集中的巨型业务部门。这种做法无疑给管理工作增加了难度，因为无论是员工退休金的指定或者市场推广预算，卡莉必须亲力亲为。她的另一个大手笔就是兼并了康柏公司，使当时的惠普变成了世界第二大电脑公司。然而，惠普公司的业绩平平，股价长期维持在一个较低的价位，导致股东的不满，解雇卡莉的呼声越来越高。

其实，据了解内幕情况的人士称，惠普董事会成员对菲奥莉娜的不满可以追溯到 2002 年 11 月前总裁迈克尔·卡佩拉斯的离职。卡佩拉斯是在惠普与康柏合并之后加入惠普的。惠普董事会成员希望他担任总裁的职务。

在迈克尔·卡佩拉斯离职后,惠普股东又建议卡莉推荐一位公司COO(首席运营官,Chief Operating Officer)来辅佐其管理工作,然而这个建议最终没有被卡莉女士所接纳。2003年又有一个很好的机会,当时惠普的韦伯·麦克尼刚刚成功地完成了整合康柏以及惠普公司的工作,而其也曾经向卡莉申请过公司COO的职位,最终却遭到了卡莉的拒绝。

最近,惠普董事会认为,考虑到不平衡的财务结果,卡莉可能会放弃反对的意见,接受董事会任命一位新的COO。然而,董事会的这个决定再一次遭到了卡莉的强烈反对,使这场争论陷入了危机,导致董事会要求菲奥莉娜辞职。

资料来源:根据赛迪网的报道整理

引例提供了这样的信息:卡莉没有取得令人满意的业绩,股东得不到应有的回报,她屡次拒绝了一个能帮她赚钱提升企业业绩的助手——COO。

什么是COO?

COO——企业主营业务的主管,全面掌握生产运作管理知识的高层管理者。

1.1 生产运作管理的概述

1.1.1 生产运作活动

生产运作活动主要是通过将投入的资源,经过一系列、多种形式的转换,使其价值增值,最后以有形成品或无形服务产出的过程,如图1.1(a)所示。一般来讲,典型的转换过程包括:物理过程(如汽车生产)、位置变化的过程(如物料运输)、交易过程(如商品零售)、存储过程(如库存)、生理过程(如医疗保健)、信息过程(如信息通信)等。

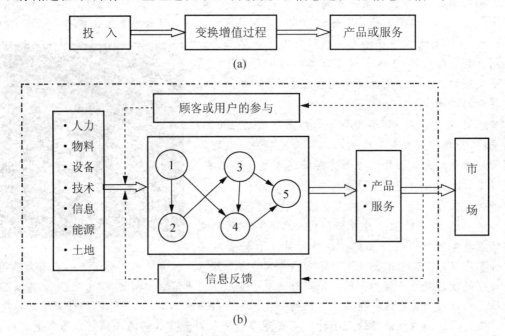

图1.1 生产运作活动示意图

从系统的角度来看待这种转换和增值活动，也就是说这些活动是在系统中完成的，如图 1.1(b)所示。谈及系统，人们就会想到典型的输入、输出和信息反馈等活动。生产系统的输入包括人力、物料、设备、技术、信息、能源、土地等，经过系统内的转换活动输出产品或服务。同时要根据输出的结果来判定其是否与预期的一致，如交货时间、产品或服务质量等，如果不一致，说明系统内部需要改进，这可以通过信息反馈来获得须改进的环节，并采取相应的措施。另外，现代生产运作系统常常有用户的参与活动，如用户购买汽车时会提出自己的个性化需求：发动机的排量、变速箱、内饰和车的颜色、是否需要天窗等，服务业的用户则直接参与到服务系统中去，成为其中的一员。表1-1给出了常见的生产运作活动。

表1-1 常见的生产运作活动举例

系　　统	资　　源	主要的输入	主要转换功能	输　　出
汽车制造厂	工具、设备、工人	钢板、动力部件等	制造和装配汽车	高质量的汽车
医院	医生、护士、药品供应、设备	患者	治疗、健康护理	健康人
餐厅	食物、厨师、服务员、环境	饥饿的顾客	精美的食物、舒适的环境	满意的顾客
大学	教师、教材和教室	高中毕业生	知识和技能	受教育的人
商店	展示、商品存储、售货员	顾客	吸引顾客、推销产品	满意的顾客

另外，对于有形产品，顾客或用户主要关注其产出的结果；对于无形产品，即服务，顾客既关注结果，也关注过程。产品和服务的主要区别还有很多，见表1-2。

表1-2 产品和服务的区别

特　　征	制 造 业	服 务 业
产出	看得见的	看不见的
产出一致性	高	低
劳动含量	低	高
生产率测量	易	难
顾客联系	少	多
交付顾客前解决质量问题的机会	多	少
评估	较易	较难
取得专利的情况	经常	偶尔

1.1.2 生产运作管理的概念

前面在介绍生产运作活动时，"生产运作"（准确地讲应该是"生产与运作"，考虑到"生产运作"说起来更上口，本书统一为"生产运作"）是作为一个词出现的。实际上，生产(production)是针对有形产品的转换过程而言的，而运作(operation)或称作业则是对应于无形产品的转换过程。因此，有关生产运作管理的概念可以作如下的描述。

生产就是创造产品的行为。

运作就是提供服务的行为,即特殊的生产行为,发生在企业的服务性生产活动。

生产运作就是将各种资源转化为产品和服务的活动或过程。

生产运作管理就是对制造产品或提供服务的过程或系统的管理。具体地讲,生产运作管理以有形产品和无形产品的生产过程和服务过程为对象,以定量分析和定性分析为手段,为设计、运行和改善制造过程和服务过程提供科学的理论和方法。

需要说明的是,早期人们主要限于有形产品的转换过程,即生产过程的研究,重点研究生产过程的组织、计划与控制,这就是人们所说的"生产组织学"或"生产管理学"。随着经济的发展和社会的进步,产业结构发生了很大的变化,制造业占国家 GDP 的比重逐步降低,而服务业所占比重则随之增加,并且成为支柱产业,如美国在 1950 年服务业已经超过了制造业,现在服务业占 GDP 的比重已达 83%,如图 1.2 所示。从事服务业的人口比例也远远大于制造业,如图 1.3 所示。从该图可以看出:美国 59% 左右的人从事无形产品的生产,24% 左右从事有形产品生产,17% 左右的人在政府工作。随着技术与社会进步,第三产业人口就业比例还将增大,这是一个发展趋势。

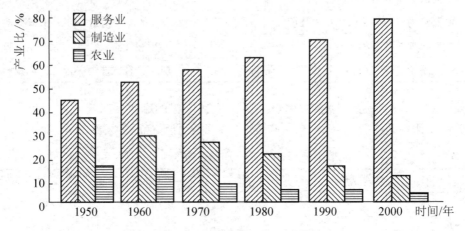

图 1.2 美国产业 GDP 对比图

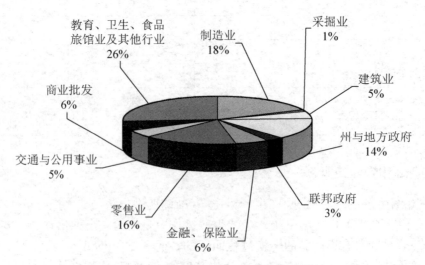

图 1.3 美国就业人口比例分布图

因此，现在人们不仅要研究有形产品的生产，同时也要研究无形产品的生产，并且要求越来越深入。有的国外教材干脆就将有形产品和无形产品合二为一，称为运营管理（operation management）。考虑到中国的国情，制造业和服务业的研究都要涉及，但是仍侧重于制造业。

1.1.3 生产运作管理的层次和人员

生产运作管理是任何一个企业或组织的主要职能之一，涉及企业的各个层次的多种人员，表1-3给出了其中的部分。

表1-3 生产运作管理的层次和人员举例

层次	制造业	服务业
上层	制造副总裁、生产副厂长	运作副总裁（航空公司）、院长（医院）
中层	车间主任、生产部经理	部门经理（超市、商场）、储蓄所经理
基层	班组长、生产线管理人员	业务经理（保险公司）
员工	采购员、物料保管员、工作方法分析员	顾客服务经理、系统和过程分析员

1.2 生产运作管理的内容和作用

1.2.1 生产运作管理的内容

生产运作管理的目标概括地讲就是"在需要的时候，以适宜的价格，向顾客提供具有适当质量的产品和服务"。这一句话中涉及了3个要素：质量、时间和价格。质量要素是指产品的使用功能、操作性能、社会性能（即环保、安全性能）和保全性能（即可靠性、维修保养性能）等。时间要素强调产品生产或提供服务的适时性，即在用户需要的时候获得其产品或服务，体现了产品或服务的时间价值，要求企业具有生产的快速和及时性。质量要素和时间要素反映了产品或服务的使用价值。价格要素体现了用货币单位表示的产品或服务的价值。从经济学的角度来看，价值和使用价值是统一的。但从市场竞争的角度看，使用价值相同的产品或服务，价格低的更具有竞争优势。

因此，生产运作管理关注两大问题：其一是在产品生产或服务实现的过程中如何保证其使用价值，即满足时间（time）和质量（quality）要素的要求；其二是在满足使用价值的前提下，如何降低资源消耗，即降低生产或服务成本。

这两大问题的解决就是生产运作管理涉及的主要内容，这些内容从层次和过程角度可分为4个部分。

（1）生产运作战略的制定。

（2）生产运作系统的设计。在生产运作战略确定后，就要分步实施。首先要设计和构建生产运作系统，涉及生产力三要素，即劳动工具、劳动对象和劳动者，具体讲就是：企业选址与布局、产品和服务设计、工作设计。

（3）生产运作系统的运行。生产运作系统构建后，随之就是系统的运行，以实现企业的生产运作战略和生产经营目标。这主要包括：不同层次的生产运作计划编制、作业排序、物料采购与库存控制等。

(4) 生产运作系统的完善。伴随着生产运作系统的运行,涉及很多与之相关的工作,诸如质量和设备管理等。另外,很多新的理论与方法的出现,如丰田生产方式、约束理论等,也在不断地改进和完善现有的生产运作系统。

本书的各章节基本上按此框架展开。

1.2.2 生产运作管理的作用

1. 生产运作是企业创造价值的主要环节

从人类社会经济发展的角度来看,除了自然界带来的财富(如石油、煤等矿产)之外,人类从事物质产品的生产是创造财富的主要活动。工业生产直接决定着人们的衣食住行的方式,也直接影响着农业、矿产业等其他产业技术装备的能力。伴随着生产过程的进行,被加工对象完成了"原材料→在制品→产品"的转换,其价值也逐步增值。因此,对制造业而言,生产过程是企业创造价值的过程。另外,随着生产规模的不断扩大,产品和生产技术的日益复杂,市场交换活动的日益活跃,一系列连接生产活动的中间媒介活动变得越来越重要。因此,与工业生产密切相关的金融业、保险业、对外贸易业、房地产业、仓储运输业、技术服务业、信息业等服务行业在现在生活中所占的比重越来越大,这些在人类创造财富的整个过程中起着越来越重要的作用,同样是创造价值或财富的必要环节。因此,对非制造业,即服务业而言,服务过程是价值增值的过程。无论是制造业的生产过程,还是服务业的服务过程,都是生产运作过程,可见,生产运作是企业创造价值的主要环节。

2. 生产运作是企业经营的基本职能之一

为了生产产品或提供服务,或者说为了经营和业务发展的需要,任何企业或组织都必须至少具备 3 种职能,即营销、生产运作、财务,见表 1-4。

表 1-4 企业的基本职能

职能 企业类别	营 销	生产运作	财务/会计
汽车制造商	媒体广告 赞助体育赛事 发展销售商 销售汽车、零部件	设计汽车 制造零部件 装配汽车 发展供应商	向供应商付款 支付员工工资 收售车款 编制预算
大学	邮寄招生目录 在中学宣传	探索真理 传播知识	支付工资 收学费
快餐店	电视广告 分发宣传品 赞助儿童组织	加工汉堡包、薯条 保养设备 设计新店面	向供应商付款 收取现金 支付工资

因此,生产运作在企业中具有举足轻重的地位,是不可或缺的基本职能之一。当然,对于规范和规模较大的企业,通常还应有技术、人力资源管理等职能。

3. 生产运作管理是企业竞争力的源泉

在市场经济条件下,一个企业的生存与发展的原动力来自何处?显然是其在国内外的同行业中具有一定的竞争能力。如何获得竞争优势或提高竞争力?不同的企业有不同的做法,如长虹、奇瑞的低价格,海尔产品的高质量和五星级服务,麦当劳的快速服务等。这些企业在某种程度上都取得了成功。可见企业的竞争力是指企业所提供的产品或服务能够在质量上、价格上或时间上,或其中的一个方面上,为消费者提供难以替代的价值。所谓难以替代是指其他企业不能效仿,效仿不成功或者因效仿的代价太大而不敢尝试。企业的生产经营是一个复杂的过程,但用户或消费者往往只关注企业所提供的产品或服务对他们的效用,因此,企业之间的竞争实际上是企业产品之间的竞争,即表现在产品上的质量(quality)、价格(price)和时间(time),而这3个属性可以合成一个属性,即效率(efficiency)。例如,两个在产品和硬件设施上相似的企业,其竞争力差别很大,归根结底就是其组织与管理效率不同。

产品或服务的形成过程就是生产运作管理的过程,从这个意义上说,生产运作管理是企业竞争力的源泉。

1.3 现代生产运作管理面临的问题及发展趋势

1.3.1 现代生产运作管理面临的形势

改革开放以来,国内外的经济形势发生了很大的变化,企业面临的社会环境也有不同程度的改变,具有代表性的有以下几个方面。

1. 市场需求多样化

随着经济的发展和消费品的日益丰富,我国由卖方市场快速转换为买方市场,顾客的需求日趋多样化和个性化,产品品种数飞速膨胀,产品市场寿命周期越来越短,如图1.4、图1.5所示。这种变化导致了市场不断细分,市场容量不断缩小,企业难以靠单一的产品生存与发展。因此,企业必须不断地投入大量的人力和物力进行新产品的研发,生产方式也不得不由单一品种的大量生产转向多品种小批量生产。

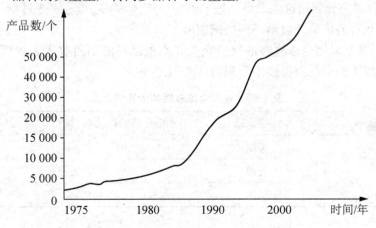

图1.4 日用商品品种数变化示意图

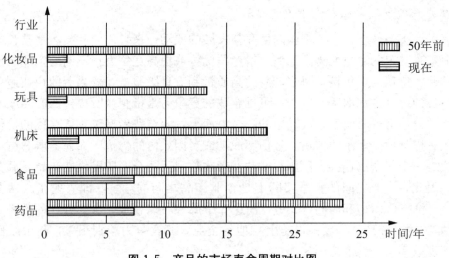

图1.5 产品的市场寿命周期对比图

2. 新技术不断出现

近年来,随着各国产品与技术研发工作的深入和不断地创新,技术进步越来越快,高新技术的使用范围也越来越广。自动化技术、微电子技术、计算机技术、新材料技术等给企业提供了多样化的产品,给用新的技术生产产品提供了越来越多的可能性,因此企业不断面临着生产技术的选择以及生产系统的重新设计、调整和组合。

3. 竞争越来越激烈

随着买方市场范围的扩大,企业的过剩能力增加,竞争越来越激烈。从我国彩电价格战开始,竞争的方式和类型也越来越多,除了价格竞争之外,质量竞争、多样化竞争和时间竞争,基于供应链之间的竞争等多种方式相继出现,并且这几种方式并存,使得竞争更加残酷。

4. 经济日趋全球化

随着世界经济一体化的加快,世界范围内的国际贸易和投资的政策性壁垒在减少,国际运输和通信成本的持续降低,使得世界各地的市场变得更加容易进入。据世界银行分析,自从20世纪80年代以来,第三世界国家的平均关税、国际运输和通信成本都降低了近1/3。一些公司充分利用这些趋势,把它们的生产流程(尤其是制造过程)分解成为不同的阶段,根据相对的优势外包给不同的国家。

表1-5列举了采用全球战略的部分企业在本国以外的销售收入和投资。从中不难看出,这些世界级大公司的销售额主要来自所在国之外。

表1-5 采用全球战略的世界级企业

公司名称	所在国家	本国以外的销售额/%	本国以外的资产/%
雅芳	美国	61	48
花旗银行	美国	66	51
高露洁	美国	65	47

续表

公司名称	所在国家	本国以外的销售额/%	本国以外的资产/%
吉列	美国	68	66
本田	日本	63	36
IBM	美国	59	55
雀巢	瑞士	98	95
飞利浦	荷兰	94	85
宝洁	美国	52	41
联合利华	英国/荷兰	75	70

资料来源：Business Week(May 4，1990)：103；and Forbes(July 18，1994)：277

5. 环保问题日益显现

生产可以给人们创造财富，但是违背自然规律的生产，在带来财富的同时，也带来了诸多的环保问题，运作实例1-1就是其缩影之一。

运作实例1-1

夹江县人大常委会强化环境保护监督工作纪实(节选)

夹江在历史和地缘上原本是一个农业县，物华天宝，有一直都值得炫耀的夹江县国画纸名扬中外，静谧的农耕生活倒也和谐。1994年改革的浪潮席卷着夹江，急于想挣脱农耕生活羁绊的力量势不可挡，该县出现了前所未有的发展工业经济的冲动。也许是上天的恩赐，陶瓷生产的主要原料页岩遍布夹江，于是一个个瓷砖厂拔地而起，一根根高耸的烟囱在成东公路夹江黄土镇两侧矗立，陶瓷企业如雨后春笋般地在夹江这片土地上落地生根和发展，为此，陶瓷生产如鱼得水，从几家发展到几十家，从小厂发展到大公司，于是夹江同广东、山东陶瓷的企业三足鼎立，瓜分市场。截至2004年底，陶瓷年产值占全县工农业总产值和财政收入的60%以上，工业强县的目标已基本实现，中国西部瓷都的美誉名扬海内外。

但这种发展潜伏着巨大的环境保护危机，当时在成乐公路夹江黄土镇可视区范围内常常是浓烟滚滚，遮天蔽日，陶瓷企业与周边群众的矛盾也愈来愈尖锐，你赚钱我遭殃的怨气不时地发泄出来，有的农民提着因受污染而枯死的农作物四处上访……

资料来源：http：//www.sclsrd.gov.cn/Article_Show.asp?ArticleID=1095

全球气候变暖、沙尘暴、大气臭氧层空洞等就是人类为工业化付出的沉重代价。

据我国工业与信息产业部提供的信息，我国已经成为世界的制造大国，2008年已位居世界第二位(我国制造业增加值达1.46万亿美元，美国制造业增加值为1.64万亿美元，日本制造业增加值约为1万亿美元，德国约为7000亿美元)，但对资源和环境则是带来负面的影响，我国的制造业"贡献"了国内70%的能源消耗、86%的SO_2的排放量和37%的COD的排放量。

七大水系劣Ⅴ类所占比例已分别达到了：海河，56.7%；辽河，37.9%；淮河，32.6%；黄河，29.5%；松花江，23.8%；长江，9.6%；珠江，6.1%。

以上这些惊人的数字表明，我国的绿色生产迫在眉睫。

 **小知识**

1. COD(Chemical Oxygen Demand)，化学需氧量，是指在一定的条件下，采用一定的强氧化剂处理水样时所消耗的氧化剂量。它是表示水中还原性物质多少的一个指标。水中的还原性物质有各种有机物、亚硝酸盐、硫化物、亚铁盐等，但主要的是有机物。因此，COD又往往作为衡量水中有机物质含量多少的指标。

2. 地表水环境质量标准(GB 3838—2002)依据地表水水域环境功能和保护目标，按功能高低依次划分为5类。

Ⅰ类：主要适用于源头水、国家自然保护区。

Ⅱ类：主要适用于集中式生活饮用水地表水源地一级保护区、珍稀水生生物栖息地、鱼虾类产场、仔稚幼鱼的索饵场等。

Ⅲ类：主要适用于集中式生活饮用水地表水源地二级保护区、鱼虾类越冬场、洄游通道、水产养殖区等渔业水域及游泳区。

Ⅳ类：主要适用于一般工业用水区及人体非直接接触的娱乐用水区。

Ⅴ类：主要适用于农业用水区及一般景观要求水域。

好在人类已经觉醒，人们已经注意到：工厂生产的不仅是对人们有用的产品，还有对人们无用甚至是有害的废水、废气和废渣；生产管理者不仅要对提供的产品和服务负责，更要对产生的"三废"负责。

1.3.2 现代生产运作管理的发展趋势

1. 生产运作管理的范围在扩大

传统的生产管理仅仅涉及制造业的生产过程的计划、组织与控制。为了应对社会环境的变化，现代生产运作管理的范围已有了很大的扩展，这主要表现在两个方面。

1) 由制造业扩大至非制造业

随着整个国民经济中服务业所占的比重越来越大，生产管理的范围已突破了传统的制造业的生产过程和生产系统控制，扩大到了非制造业的运作过程和运作系统的设计上。

2) 内容延伸

生产运作管理涵盖的内容不仅局限于生产过程的计划、组织与控制，而且包括生产运作战略的制定、生产运作系统设计以及生产运作系统的运行和改善等多个层次的内容。尤其需要强调的是，过去人们认为生产运作只是落实和执行公司的战略，生产运作本身没有战略而言。随着经济全球化进程的加快，生产运作战略不仅得到了承认，而且还被提到重要的位置上。在经济全球化的形势下，生产运作管理就是要在全球范围内优化资源配置，以尽可能低的成本、最快的响应速度，制造个性化的产品和提供个性化的服务。其中，全球配置资源、制造个性化的产品和提供个性化的服务就是战略问题。没有生产运作战略的成功实施，就不能实现企业的经营战略。

2. 信息技术成为主要手段

以计算机为代表的信息技术，尤其是互联网的出现，改变了人们的工作和生活方式。

信息技术也已成为生产运作系统计划、控制与管理的重要手段，随之带来的一系列管理组织结构和管理方法的变革也是当前生产运作管理必须解决的问题。

3. 大规模定制、多品种小批量生产成为主流

随着市场需求的日益多样化，以及市场细分，个性化生产、多品种小批量生产将取代传统的标准化的大量生产。大量生产就是依靠产品的批量大，可以进行零件的标准化设计和采用高效的专用设备来降低产品的生产成本，这种生产方式现已不可行。如何解决个性化需求和降低生产成本的矛盾？大规模定制就是其中的一种有效的方法，该方法就是将顾客的个性化需求和标准化有机地集合在一起，使顾客在获得个性化的产品和服务时，只需支付大量生产的费用。另外，对于多品种小批量生产经济性较差的问题，应当从生产系统的"硬件"（如柔性生产设备，FMS）和"软件"（如计划与控制系统、工作组织方式和工人的多技能等）两个方面寻求系统优化的方法。

4. 跨企业的集成管理引起重视

由于产业或企业间的关联越来越密切，纵向和横向一体化的集成也是产业发展之所需。这种业务关联企业间的合作即为供应链，目前企业间的竞争已经变为供应链与供应链之间的竞争。供应链间是竞争关系，而供应链内部则是合作关系，即跨企业的集成管理如何运作的问题，使得供应链关系更牢固，企业的竞争力更强。

5. "全球生产运作"模式成为热点

随着改革开放，尤其是我国加入WTO，中国的经济加入到世界经济的大循环中。企业的市场遍及全球的各个角落，企业的生产资源也是在世界范围内寻求最佳的配置。国外的跨国公司纷纷涌入中国以抢占目前世界上最大的市场之一，但我们不仅要引进来，还要走出去。因此，我国企业利用自身独特的优势进军海外也是大势所趋，不仅将产品打入国际市场，更要在适宜的国家和地区建厂开店，融入当地的经济发展中去，使我国的部分企业也成为世界级的企业。

然而，与在国内生产经营相比，跨国的生产经营面临着更多的不确定性，竞争也会更加激烈，风险也会更大。因此，探索这种"全球生产运作"的新模式也是本学科的重要研究方向和内容之一。

6. "绿色生产"成为新的重要课题

众所周知，绿色生产是与环保密切有关的词汇。以破坏人们赖以生存的自然环境为代价的掠夺式生产在我国正在受到限制，乃至逐步取缔。我国在产业结构的调整上已在大大强化环保的作用，鼓励使用清洁能源，节能降耗，限制有害物的排放。绿色生产另一重要的领域就是再循环，即报废的产品或材料的回收再利用。如何合理合法地、科学地组织我国的再循环，使之更好地为我国经济和社会服务，这是目前亟待解决的重要问题。我国许多地区结合本地资源与产业特色提出了"绿色生产"的模式，图1.6和图1.7就是其中的典型代表。

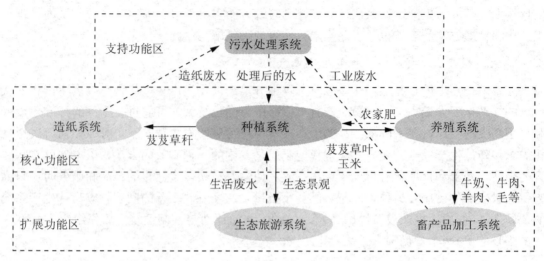

图 1.6　石河子生态工业(造纸)园区产业分布示意图

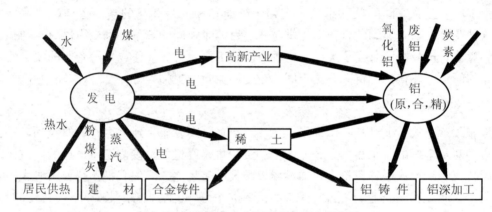

图 1.7　包头生态工业园区产业分布示意图

7. 服务型制造——制造业未来发展的新方向

由于制造业与服务业的关系日益密切，两者之间的界限越来越模糊，派生了一种新的制造模式：服务型制造，即制造业与服务业的融合。

对于服务型制造，不同国家的称谓也有所差别。美国称为基于服务的制造（service based manufacturing），日本称为服务导向型制造（service oriented manufacturing），而英国则称为产品服务系统（product service system）。尽管名称有差别，但本质和内容是一致的。

通用电气的韦尔奇提出了"全面服务"、"实时服务"和"提供解决方案"。该公司1991年的年销售额为250亿美元，制造业的收入占公司总收入的85%，2000年销售额已达到1 116亿美元，服务业的收入占总收入的高达75%。

世界级的顶级大公司，如IBM、HP、DELL等都已由制造领域向服务领域拓展，或已取得良好的绩效。

服务型的制造将是我国众多制造业企业未来的发展方向之一。

本章小结

无论是对制造业还是服务业的企业，生产运作都是其基本的职能，具有举足轻重的作用。1.1节介绍了生产运作的活动、生产运作的概念、生产与服务的区别以及从事生产运作活动的人员。1.2节描述了生产运作的架构，即包含生产运作战略、生产运作系统的设计、运行和完善等内容体系，阐述了生产运作的作用。1.3节分析了生产运作面临的形势，探讨了生产运作管理的发展趋势。

关键术语

生产运作管理　竞争力　经济全球化　绿色制造　服务型制造

习　题

一、判断题

1. 生产运作就是将各种资源转化成产品的过程。（　）
2. 生产运作管理主要限于有形产品的生产过程的组织、计划与控制。（　）
3. 考虑到我国国情，生产运作管理主要侧重于制造业的生产管理。（　）
4. 制造业的生产运作管理工作主要由生产车间的生产线管理人员完成。（　）
5. 生产运作是任何企业不可或缺的基本职能之一。（　）
6. 企业之间的竞争归根结底是企业生产运作效率的竞争。（　）
7. 价格竞争仍然是企业之间竞争的主旋律，这就对生产运作管理提出了挑战。（　）
8. 生产运作只是落实和执行公司的战略，生产运作本身没有战略可言。（　）
9. 大量生产可以进行零件的标准化设计和采用高效的设备降低生产成本，仍然是现行的主要生产方式。（　）
10. 供应链内部各企业之间既是合作关系又是竞争关系。（　）

二、选择题

1. 下列行为不是生产运作管理的主要内容的是（　）。
   A. 生产运作系统的设计　　　　B. 企业战略的制定
   C. 生产运作系统的运行　　　　D. 生产运作系统的改善
2. 下列哪项是生产运作系统运行包括的内容之一？（　）
   A. 作业排序　B. 工作设计　C. 企业选址　D. 产品设计
3. 下列哪项不是企业经营必须具备的基本职能？（　）
   A. 营销　　　B. 财务　　　C. 人力资源管理　D. 生产运作

4. 现代生产运作管理面临的形势不包括(　　)。
A. 市场需求多样化　　　　　　　B. 竞争激烈
C. 管理水平低　　　　　　　　　D. 新技术的出现
5. 生产运作管理发展趋势不包括(　　)。
A. 绿色生产　　　　　　　　　　B. 管理内容延伸
C. 全球生产运作　　　　　　　　D. 标准化的大量生产成为主流

三、简述题

1. 如何从系统的角度描述企业生产运作的活动？
2. 生产和服务的区别有哪些？试举例说明。
3. 什么是生产运作管理的定义？如何理解？
4. 生产运作管理的内容有哪些？
5. 如何理解生产运作管理的作用？
6. 简述现代生产运作管理面临的形势。
7. 现代生产运作管理的特征有哪些？

四、分析题

1. 查阅有关服务型制造的国内外最新的文献，列出国内外服务型制造的最新发展动态，比较二者的差异，并给出我国服务型制造未来发展的建议。
2. 查阅卡莉·菲奥莉娜任 CEO 期间惠普公司的运营情况方面的有关文献，完成以下内容。
（1）归纳卡莉在任期间惠普业务发展的特点。
（2）从正反两个方面，分析卡莉对惠普的贡献及存在的失误。
（3）分析惠普业绩相对不佳的成因。
（4）如果你是惠普的 CEO，你会怎样做？

第 2 章 生产运作管理的发展历程

教学要求

通过本章的学习，要达到以下目的：
(1) 了解生产运作管理发展经历的几个时代；
(2) 了解不同时代的管理学家的主要贡献；
(3) 了解不同管理理论和方法产生的背景；
(4) 体会生产运作管理理论体系产生与完善的过程。

人类在地球上出现以后，为了生存，开始了由简单到复杂的生产活动，随即也就出现了生产管理。但早期的制造业通常是在家庭或手工作坊内进行的，生产活动也是师傅带徒弟的形式，利用简单的工具，按照顾客的要求生产产品。这种生产方式效率低、成本高，没有规模经济性，发展潜力有限。1776 年，英国的学者亚当·斯密（Adam Smith）所著的《国富论》(The Wealth of the Nations)，首次提出了劳动分工学说，他认为有效劳动生产率的提高取决于劳动者能力的提高，而劳动者熟练程度的增进则是分工和大批量生产的结果。亚当·斯密的劳动分工学说为后来的社会化大生产指明了方向，但真正的科学管理始于 20 世纪初。

2.1 科学生产管理雏形形成的时代

20 世纪初至 30 年代，众多学者和研究人员对生产管理进行了开创性的研究，其代表人物有：泰勒、吉尔布雷斯、福特、哈里斯、休哈特和道奇、梅奥等，他们的成果奠定了科学生产管理的基础。

2.1.1 泰勒的科学管理

泰勒（Frederick Winslow Taylor，1856—1915），科学管理的创始人，被尊称为"科学管理之父"。1856 年 3 月 20 日泰勒出生于美国宾夕法尼亚州杰曼顿的一个富有的律师家庭。泰勒在法国和德国的学校念过书，后来考入哈佛大学法律系。但由于他十分刻苦，视力和听力受到了损害，所以，最后不得不辍学。离开哈佛大学后，他进入费城恩特普赖斯水压工厂的金工车间当模型工及机工学徒。于 1878 年进入费城米德维尔钢铁厂（Midvale Steel）当一名普通工人。由于工作努力，泰勒升为职员，后又被提拔为机工班长、车间工

泰勒

长、厂总技师，这中间只经过了 6 年时间。工作中，他参加了新泽西州的斯蒂文斯技术学院业余学习班的学习，于 1883 年获得新泽西州斯蒂文斯理工学院的机械工程学学士学位，1884 年升任米德维尔钢铁厂的总工程师。

到米德维尔钢铁厂当工人的时候，泰勒已经真正开始关注有关管理方面的问题了。他发现许多工人在干活时都有磨洋工、工作效率低下的现象，这种现象引起了他的强烈关注。为了改进管理，他在米德维尔钢铁厂进行各种试验，对工人"磨洋工"造成产量不高的原因进行了研究和分析。后来他开始进行工时研究的工作，希望为建立工作标准提供可靠的科学依据。同时，泰勒提出了"差别计件工资制"。泰勒 1890 年担任一家机械制造投资公司的总经理。1893 年，他辞去这家公司的工作，开始独立创业，并亲自从事管理咨询顾问的工作。1898—1901 年期间，他受雇于宾夕法尼亚的贝瑟利恩钢铁公司(Bethlehem Steel Company)从事管理咨询方面的工作。

泰勒在大量试验的基础上，逐渐形成了他的科学管理的思想。从贝瑟利恩钢铁公司退休后，泰勒开始通过撰写文章和发表演讲来宣传他的科学管理制度，其代表作是 1903 年出版的《工场管理》(Workshop Management)和 1911 年问世的《科学管理原理》(The Principles of Scientific Management)。

《科学管理原理》的主要观点具体如下。

(1) 对工人的每一项操作，要进行客观的科学的动作分析，帮助工人总结提高，得出最佳的操作方法。

(2) 从前工人自己选择工种，并靠自己通过经验的积累来提高效率。但是，按照科学管理的要求，应该用科学的方法来发现每一个人的擅长，并有计划地对工人进行培训和教育，以便使每个人都能发挥所长，从而最大限度地提高工作效率。

(3) 管理人员不应把所有的工作都交工人去做，自己只管发号施令。管理人员要和工人科学地分工，适合管理人员做的工作，应由管理人员自己完成，而适合于工人做的工作，应分配给工人去完成。

(4) 管理人员要真正得到工人的信任，让工人理解他们是根据科学原理在指挥生产。

泰勒早期的一系列试验研究也是首开工作研究之先河，通过这些研究，找出不同工作最佳的工作方法，使之形成标准化的操作规程，并按此规程培训工人，使新工人在最短的时间内掌握最佳的操作方法，如著名的生铁块搬运和铁锹装货、金属切削等试验。

(1) 生铁块搬运试验。1898 年，泰勒从贝瑟利恩钢铁公司开始他的试验。这个工厂的原材料是由一组记日工搬运的，工人每天挣 1.15 美元，这在当时是标准工资，每天搬运的铁块重量有 12~13t。泰勒通过仔细的研究，并转换各种工作因素，来观察他们对生产效率的影响。例如，有时工人弯腰搬运，有时他们又直腰搬运，后来他又观察了行走的速度、持握的位置和其他的变量。泰勒提出了"持重物快走，返回慢走以恢复体力"的搬运方法，并找出了最佳的一次搬运量和回来时的行走时间，以及休息的次数，把劳动时间和休息时间很好地搭配起来。按照新方案，净搬运时间只占整个时间的 42%，空手返回的时间占 58%，且搬运 10~20 块生铁之后要休息一会儿。工人按新方案执行，每天的平均搬运量提高到 47t，同时并不会感到太疲劳，日工资也升到 1.85 美元。

(2) 铁锹装货试验。早先公司堆料场的工人干活是自己带铁锹。铁锹的大小也就各不相同，而且装卸不同的原料时用的都是相同的工具，那么在装煤粉时重量如果合适的话，在装铁砂时就过重了。

泰勒经过各种条件下的研究，发现当每个工人的平均负荷是 21 磅时，人体的疲劳最小。后来他就不让工人自带工具，而是准备了一些不同的铁锹，每种铁锹只适合装卸特定的物料，这不仅使工人的每锹负荷都达到了 21 磅，而且也让不同的铁锹适合不同的用途。为此他还建立了一间大库房，里面存放各种工具，每个的负重都是 21 磅。同时他还设计了带有两种标号的卡片，一张说明工人在工具房所领到的工具和该在什么地方干活，另一张说明他前一天的工作情况，上面记载着干活的收入。工人取得白色纸卡片时，说明工作良好，取得黄色纸卡片时就意味着要加油了，否则的话就要被调离。

将不同的工具分给不同的工人，就要进行事先的计划，要有人对这项工作专门负责，需要增加管理人员，但是尽管这样，工厂也是受益很大的，堆料场的劳动力从 400～600 人减少为 140 人，平均每人每天的操作量从 16t 提高到 59t，每个工人的日工资从 1.15 美元提高到 1.88 美元。

(3) 金属切削试验。在米德维尔钢铁厂时，为了解决工人的怠工问题，泰勒进行了金属切削试验。他自己具备一些金属切削的作业知识，于是他对车床的效率问题进行了研究，开始了预期 6 个月的试验。在用车床、钻床、刨床等工作时，要决定用什么样的刀具、多大的速度等来获得最佳的加工效率。这项试验非常复杂和困难，原来预定为 6 个月，实际却用了 26 个年头，花费了巨额资金，耗费了 80 多万 t 钢材。最后在巴斯和怀特等十几名专家的帮助下，取得了重大的进展。这项试验还获得了一个重要的副产品——高速钢的发明并取得了专利。

泰勒的这 3 个试验可以说都取得了很大的成功。正是这些科学试验为他的科学管理思想奠定了坚实的基础，使管理成了一门真正的科学，这对以后管理学理论的成熟和发展起到了非常大的推动作用。

当然，泰勒的成就还有很多，鉴于篇幅所限，不再赘述。

2.1.2 吉尔布雷斯夫妇的动作研究

弗兰克·吉尔布雷斯(Frank Gilbreth, 1868—1924)是一位工程师和管理学家，是科学管理运动的先驱者之一，在动作研究方面有突出的成就。莉莲·吉尔布雷斯(Lillian M. Gilbreth, 1878—1972)是弗兰克的妻子，她是一位心理学家和管理学家，是美国第一位获得心理学博士学位的妇女，被称为"管理学的第一夫人"。

吉尔布雷斯夫妇是世界上第一个用摄影机记录工人的操作并进行慢放分析的。其著名的砌砖动作研究，将原来的 120 块/h 提高到 350 块/h，是原工效的 3 倍。他们的主要贡献有以下几方面。

(1) 动作研究。动作研究是把作业动作分解为最小的分析单位，然后通过定性分析，找出最合理的动作，以使作业达到高效、省力和标准化的方法。

吉尔布雷斯夫妇

动作研究是研究和确定完成一个特定任务的最佳动作的个数及其组合。弗兰克·吉尔布雷斯也被公认为"动作研究之父"。

吉尔布雷斯夫妇通过对于动作的分解研究发现，一般所用的动作分类，对于细致分析来说是过于粗略了。因此，吉尔布雷斯把手的动作分为17种基本动作，如拿工具这一动作可以分解成17个基本动素：寻找、选择、抓取、移动、定位、装配、使用、拆卸、检验、预对、放下、运空、休息、延迟（不可避免）、故延（可避免）、计划、夹持。吉尔布雷斯把这些基本动作定义为动素，而动素是不可再分的。美国工程师协会后来将动素规范到18种，增加了"发现"，这就是现在使用的18种动素标准。

他们将动作经济原则分为三大类：①关于人体的运用；②关于操作场所的布置；③关于工具设备。

为了达到动作经济性，要求：①两手应尽量同时使用，并取对称反向路线；②动作单元要尽量减少；③动作距离要尽量缩短；④尽量使工作舒适化。

吉尔布雷斯夫妇为了记录各种生产程序和流程模式，还制定了生产程序图和流程图。这两种图至今还广泛应用。

（2）疲劳研究。建议在工作中播放音乐来减轻疲劳，并向社会呼吁把消除疲劳放在头等重要的地位。

（3）研究工人、工作和工作环境之间的相互影响，即现在的人因工程。

（4）强调进行制度管理。弗兰克·吉尔布雷斯认为任何工作都有一种最好的管理方法，应该把这些方法系统化为一套制度，人人都遵照执行。

（5）重视企业中人的因素。

2.1.3 福特的装配流水线

亨利·福特（Henry Ford，1863—1947），美国福特汽车公司的创始人，他所创立的装配流水线将汽车由奢侈品变为大众的代步工具，使得美国在百年前汽车就进入了家庭。现在流水线仍是汽车装配的主要方式。

亨利·福特

福特于1903年创立了福特汽车公司，他总结了前人造车的经验和教训，指出阻碍汽车生产率提高的最主要的原因是：汽车结构本身复杂性、不同汽车之间缺乏通用的零部件以及技术工人在技艺上存在差异。他提出了汽车制造业要"3S化"，即标准化（standardization）、简单化（simplification）、专门化（specialization）。

福特首先对汽车的零部件进行标准化，使不同的汽车使用的通用零部件具有完全的互换性，到1908年实现了此目标。

产品的简单化始于产品的设计阶段，要求把零部件的结构和形状尽可能设计得简单明了，而使零部件的装配过程简单化，即使不是熟练的技工，也能很快地熟练掌握汽车零部件的装配工作。T型车就是基于此原则设计的，如图2.1所示。

专门化就是把汽车生产的整个工作过程进行精细分工，然后把经过细分后的工作分配到每个工人身上，使得每个工人只负责整个工作过程的一道或两道工序。

图 2.1 福特汽车公司当年的一款 T 型车

最具革命性变化的是，福特在技术人员的帮助下，效仿屠宰场的牛屠宰流水线，于 1913 年 10 月 7 日设计完成了世界上第一条大规模传送带式汽车装配流水线，用于 T 型车的生产，生产成本逐步降低。T 型车的价格也从首批 850 美元（当时其他汽车平均售价是每辆 2 318 美元）降到 1923 年的每辆 265 美元，仅仅是普通工人几个月的薪水。到 1927 年 5 月停产，福特 T 型车 19 年间生产了 1 500 多万辆，被誉为"历史性平民汽车"。

2.1.4 哈里斯的经济订货批量

1915 年，美国的哈里斯（F. W. Harris）在研究物资采购批量与费用的关系时，发现两类费用与其有关：第一类是存储费，包括存货所占用的资金的利息、占用仓库费用、库存耗损等与订货批量有关的费用，且批量越大，存储费越高。第二类是购置费，包括订货的手续费、采购人员差旅费、通信费等与订货次数有关的费用。订货的次数增加，购置费增加。而在年物资需求稳定的条件下，订货次数与订货批量成反比关系。这两类费用一个与批量成正比关系，一个成反比关系，这两类费用叠加，总费用必然存在一个最低点，该点即是经济订货批量。

有关模型的推导与运用见后续章节。

2.1.5 休哈特的控制图与道奇的抽样检验

随着劳动分工和社会化大生产的形成，泰勒提出了靠检验把关的质量管理思想，将质量管理作为一项专业劳动独立出来。但是单一的事后检验只能保证从企业流向市场的产品质量，这种质量管理方法成本高，而且难以找到质量问题形成的原因，更难以起到有效的预防、控制作用。这些缺陷随着生产规模的扩大和产品复杂度的提高，变得越来越明显。

首先提出解决方案的是当时贝尔电话研究所的休哈特（W. A. Shewhart），他提出用数理统计的方法来解决大规模产品质量管理的问题，并进一步提出了质量预防的观念，首创了质量控制图和质量控制的统计方法，当时应用在贝尔系统的西电公司生产现场。同时代提出将数理统计方法应用到质量管理领域的还有贝尔电话研究所的道奇（H. F. Dodge）和罗米格（H. G. Romig），他们一起提出了在破坏性检验情况下采用"抽样检验表"和最早的抽样检验方案。这 3 人成为统计质量管理理论的奠基人，将质量管理理论带入了统计质量控制阶段。

但是，由于他们提出的方法运用了一些概率论和数理统计的理论和方法，对于当时文化水平比较低的工人来讲，这些方法还难于掌握。人们把这些方法称为"专家管理法"，难于普及使用。

大范围地使用这些方法是在第二次世界大战期间，美国国防部为了保证军火的质量和可靠性，于1941—1942年先后制定和颁布了《美国战时质量管理标准》，包括 Z1.1《质量控制指南》、Z1.2《数据分析用的控制图法》、Z1.3《生产中质量管理用的控制图法》。军火商必须严格按此标准组织生产和开展质量控制，否则取消供货资格。这套标准在二战后运用到了美国工商业界，统计质量控制才真正进入了普及的时代。

2.1.6 梅奥的霍桑试验

1929年美国哈佛大学教授梅奥(G. Mayo)率领一个研究小组到美国西屋电气公司的霍桑工厂进行了一系列的试验和观察，其中比较著名的有以下几个。

梅奥

(1) 照明试验：目的在于调查和研究工厂的照明条件与作业效率的关系，结果发现两者并没有直接的关系。

(2) 继电器装配试验：目的是要发现休息时间、作业时间、工资形态等作业条件的变化同作业效率的变化有什么样的关系。结论是，生产效率的决定因素不是作业条件，而是职工的情绪。而情绪则是由车间的环境，尤其是车间内的人群关系所决定的。

(3) 面谈计划：目的是要了解如何获取职工内心真正的感受，倾听他们的诉说对解决问题有所帮助，进而提高生产效率。结果是：①离开感情就不能理解职工的意见和不满；②感情容易伪装；③只有对照职工的个人情况和车间环境才能理解职工的感情；④解决职工不满的问题有助于生产效率的提高。

(4) 非正式组织的研究：车间里除了按照公司编制建立的正式组织外，还存在着因某种原因而形成的非正式组织，这些非正式组织有时会严重影响工作效率的发挥。

1933年，梅奥根据先期的试验和后期的进一步研究，发表了著名的《工业文明中的人》一书，提出了以下见解。

(1) 以前的管理把人假设为"经济人"，认为金钱是刺激积极性的唯一动力；霍桑试验证明人是"社会人"，是复杂的社会关系的成员，因此，要调动工人的生产积极性，还必须从社会、心理方面去努力。

(2) 以前的管理认为生产效率主要受工作方法和工作条件的制约，霍桑试验证实了工作效率主要取决于职工的积极性，取决于职工的家庭和社会生活及组织中人与人的关系。

(3) 以前的管理只注意组织机构、职权划分、规章制度等，霍桑试验发现除了正式组织外还存在着非正式团体，这种无形组织有它的特殊情感和倾向，左右着成员的行为，对生产效率的提高有举足轻重的作用。

(4) 以前的管理把物质刺激作为唯一的激励手段，而霍桑试验发现工人所要满足的需要中，金钱只是其中的一部分，大部分的需要是感情上的慰藉、安全感、和谐、归属感。因此，新型的领导者应能提高职工的满足感，善于倾听职工的意见，使正式团体的经济需要与非正式团体的社会需要取得平衡。

(5) 以前的管理对工人的思想感情漠不关心，管理人员单凭自己个人的判断和嗜好进行工作,而霍桑试验证明,管理人员,尤其是基层管理人员应像霍桑试验人员那样重视人际关系,设身处地地关心下属,通过积极的意见交流,达到感情的上下沟通。

梅奥的这些研究奠定了一个新的理论体系——人际关系学说,即后来的行为科学,他们的理论对现代工作设计产生了很大的影响。

2.2 复杂数学方法的应用时代

第二次世界大战至20世纪60年中期,复杂的数学方法应用到生产管理中,最典型的就是运筹学的应用,同时,这期间行为学派也有了进一步的发展。

2.2.1 运筹学的诞生

运筹学(operation research,OR),其直译就是作业研究或运作研究。OR的中译名是由著名数学家华罗庚译出的,这种译法体现了其更深层次的意义,但也掩盖了它与生产运作管理的内在关系。

在运筹学中,线性规划是理论成熟、方法有效、应用最广泛的一个分支,其研究对象的特征是:资源有限,存在多个可选方案,目标函数的极值、自变量及约束条件都是线性关系。

线性规划最早的工作始于20世纪30年代。1939年苏联数学家坎托罗维奇发表的名为《生产组织与计划中的数学方法》的小册子,是有关线性规划的最早文献。此后,美国也开始研究这个问题,早期最有影响的是希契科克研究的运输问题及其解法。但是,他们的工作都没有引起学术界和社会的关注。后来,由于战争的需要,军事中有关规划、计划、侦察、后勤、生产等各方面的问题都陆续被提出来,系统地研究线性规划的解法与应用便被提到日程上来了。

坎托罗维奇

丹齐克

1947年,美国数学家丹齐克提出了一般的线性规划模型和理论(线性规划的名称也是他首先提出的),以及著名的单纯形方法,并于20世纪50年代初应用电子计算机求解线性规划获得成功。到20世纪50年代末期,发达国家已对企业中的一些普遍性问题,如库存、资源分配、设备更新、任务分派等问题进行了研究,并将研究成果成功地应用到建筑、纺织、钢铁、煤炭、石油、电力、农业等行业。20世纪60年代,又应用到了服务性行业和社会公用事业。

作为运筹学的理论依据,关于运筹学的数学理论也得到迅速发展,并形成众多分支学科,如线性规划、整数规划、非线性规划、动态规划、图论和网络理论、决策论、排队论、对策论、存储论、搜索论和可靠性理论等。

2.2.2 行为学派的发展

许多社会学家、人类学家、心理学家、管理学家都在从事梅奥等人创建的人际关系学说这一领域的研究,经过30年的大量研究工作,先后发表了大量优秀著作,提出了许多很有见地的新理论,逐步完善了人际关系理论。1949年在美国芝加哥召开的一次跨学科的会议上,首先提出了行为科学这一名称,行为科学本身并不是完全独立的学科,而是心理学、社会学、人类文化学等研究人类行为的各种学科互相结合的一门边缘性学科。

行为科学以人的行为及其产生的原因作为研究对象。具体来说,它主要是从人的需要、欲望、动机、目的等心理因素的角度研究人的行为规律,特别是研究人与人之间的关系、个人与集体之间的关系,并借助于这种规律性的认识来预测和控制人的行为,以实现提高工作效率,达到组织的目标。行为学派虽然没有研究出一套完整的管理理论,却已经为人们提供了许多有用的素材,他们的行为论题主要有激励、领导、群体、组织设计、组织变化与发展等。二战后的行为科学主要包括以下几个部分。

马斯洛(A. H. Maslow,1908—1970)的需求层次理论,指出主管人员都必须因地制宜地对待人们的各种需求,著有《人类动机的理论》。

赫次伯格(F. Hertzberg)的双因素理论,强调主管人员必须抓住能促使职工满意的因素,著有《工作的激励因素》。

麦格雷戈(D. M. McGregor,1906—1964)的"X理论—Y理论",他在1957年11月号美国《管理评论》杂志上发表的《企业的人性面》一文中首先提出了有名的"X理论—Y理论",以后又在其他著作中进一步加以发挥。X理论是对"经济人"假设的概括,而Y理论的根据是"社会人"、"自我实现人"的假设。

马斯洛　　　　　　　　赫次伯格　　　　　　　　麦格雷戈

2.3　计算机开始应用的时代

1946年2月10日,世界上第一台电子计算机ENIAC(electronic numerical integrator and computer)在美国宾夕法尼亚大学莫尔学院问世,这个庞然大物使用了18 000多个电子管,重约30多t,耗电量为150kW,占地面积为167m^2,当时主要是为了解决军事弹道武器研究中的高速数字运算问题,运算速度为5 000次/s。随后,计算机进入了快速发展时期,不断更新换代,性能大幅度提高,成本也大幅度降低,计算机开始逐步商用化。

2.3.1 物料需求计划(MRP)

20世纪70年代的制造业,一个重大的突破就是在生产计划与控制中运用了物料需求计划(material requirement planning,MRP),即通过计算机软硬件将企业的各部门联系在一起,共同完成复杂产品的制造。

奥利克(Joseph Orlicky)指出,在生产系统中,各类物料的需求在逻辑上具有相关性,即根据订单、产品结构文件和工艺文件即可精确推算出各种零部件和原材料的数量以及投入和出产的时间。

MRP的原理简单易懂(后续章节详述),但手工计算只适于结构简单的产品,而对于复杂的产品,如有上万个零件的汽车,即使能够计算,也因耗时巨大,失去计划编制的意义。

另外,根据生产控制的要求,应随时可以掌握计划状态、储存状态和供货状态,涉及多方面的计划、文件及其时间上的有机衔接,具有一定的复杂性,这也是手工鞭长莫及的。

这一切只有在计算机的应用下才得以实现,因此,计算机在生产计划与控制中的应用使得计划编制更准确,控制更及时,管理更科学,开创了生产管理的新时代。

2.3.2 服务业中的大量生产

服务业通常是直接面对不同的顾客而进行一对一的个性化服务,如同制造业中的单件小批生产。所谓单件小批生产是指企业生产的产品品种繁多,每个品种的产量小,生产具有非重复性特点,企业以通用设备为主,采用工艺原则的设备布局,员工的生产效率低,生产计划与组织工作复杂,经济性差。而与之相对应的是大量生产,其特点是:品种少,每个品种的产量大,采用对象原则的流水线或生产线的设备布局,多功能高效的专用设备居多,生产效率高,生产计划编制简单,经济性好。

从20世纪70年代开始,国外的某些服务业采用制造业的大量生产模式,提供少项目、标准化的快速服务,最典型是快餐业,如麦当劳、肯德基等。他们提供的食品种类屈指可数,物美价廉,实行统一的标准化服务,迎合人们快节奏的生活方式。从现在遍布世界各个角落的快餐店可以看出这种模式是成功的。

2.4 现代理论普及的时代

进入20世纪80年代,计算机的应用遍布世界各个角落,互联网(Internet)的出现改变了人们的工作、学习和生活的方式。许多新理论和方法的出现,进一步丰富了生产运作管理理论体系。

2.4.1 MRP Ⅱ 到 ERP

随着计算机在管理领域应用的扩大,以及信息化的进一步发展,MRP的功能也随之扩充,先后完成了从MRP、MRP Ⅱ、ERP三个阶段的跨越。它们之间的关系如图2.2所示。

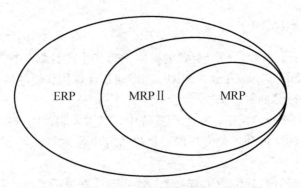

图 2.2　MRP、MRP Ⅱ 和 ERP 三者之间的关系

MRP 所涉及的仅仅是物的流动,而与物流密切相关的还有资金流。MRP 虽然是一个完整的生产计划与控制系统,但是它还是没有能说清楚计划执行后会给企业带来什么样的效益,这效益是否实现了企业的总体目标。企业的经营状况和效益终究是要用货币来表示的。

于是,在 20 世纪 70 年代末 80 年代初,物料需求计划经过进一步发展和扩充逐步形成了制造资源计划的生产管理模式。制造资源计划(manufacturing resources planning,MRP Ⅱ)是一个以闭环生产计划与控制系统为核心,将 MRP 的信息共享程度扩大化,使生产、销售、财务、采购、工程紧密地结合到一起,共享有关的数据资源,从而形成了一个全面的生产与经营管理集成的优化模式。制造资源计划是在物料需求计划的基础上发展起来的,与后者相比,它包含了更丰富的内容。因为物料需求计划与制造资源计划的英文缩写相同,为了避免混淆,通常将物料需求计划称为狭义的 MRP,而将制造资源计划称为广义的 MRP 或 MRP Ⅱ。

从一定意义上讲,MRP Ⅱ 系统实现了物流、信息流和资金流在企业内部的集成,并能够有效地对企业各种有限制造资源进行周密计划、合理利用。由于 MRP Ⅱ 系统能为企业生产经营提供一套完整而详尽的计划,可使企业内各部门的活动协调一致,形成一个整体,提高企业的整体的效率与效益,所以,在 20 世纪 80 年代 MRP Ⅱ 成为制造业所公认的管理标准系统。

进入 20 世纪 90 年代,随着市场竞争的进一步加剧,企业间竞争的空间与范围进一步扩大,20 世纪 80 年代 MRP Ⅱ 面对企业内部资源的全面计划管理的思想已显现出局限性,MRP Ⅱ 的理念被进一步发展并最终形成了在 20 世纪 90 年代怎样有效利用和管理企业整体资源的管理思想。企业资源计划(enterprise resources planning,ERP)就是在这种环境下产生的。

ERP 的概念首先是美国著名的计算机技术和评估集团(Gartner Group Inc.)提出的并在此后得到了广泛的认同。ERP 并不是对 MRP Ⅱ 的否定,与 MRP Ⅱ 相比,ERP 是在 MRP Ⅱ 的基础上扩展了管理范围,给出了新的结构,除了包括和加强了 MRP Ⅱ 的功能外,更加重视面向供应链。ERP 所管理的企业资源更多,它支持混合式生产方式;管理覆盖面更宽,涉及了供应链管理和客户关系管理,它从企业的全局角度进行经营与生产计划,是制造企业的综合集成经营系统。应该说不是 MRP Ⅱ 过时了,而是它不够用了,它已融入 ERP 之中并成为其重要的组成部分。

ERP 的核心管理思想就是实现对整个供应链的有效管理,它是一个面向供应链管理的管理信息系统集成,其思想主要体现在以下几个方面。

(1) 对整个供应链资源进行管理的思想。

(2) 体现精益生产、同步工程和敏捷制造的思想。

(3) 体现事先计划与事中控制的思想。

ERP 同 MRP Ⅱ 的主要差别体现在资源管理范围、生产方式管理、管理功能、事务处理控制、跨国(或地区)经营事务处理、计算机信息处理技术等方面。

详细内容见后续章节。

2.4.2 ISO 9000

质量的重要性众所周知。对企业而言,质量是企业的生命,质量是企业信誉的标志,质量是企业开拓市场的武器,质量是提高企业经济效益的最佳途径。对员工而言,质量与每位员工的工作有关,质量是全体员工相互配合和共同努力的结果,每位员工都必须积极参与并做好本职工作以保证质量。

要了解 ISO 9000,首先应知道 ISO。ISO 是国际标准化组织(International Organization for Standardization)的英文缩写,是由各国标准化机构(ISO 成员)组成的世界性的组织。ISO 组织于 1947 年成立于瑞士,并于 1979 年成立了"质量保证技术委员会",简称 TC176,1987 年更名为"质量管理和质量保证技术委员会"。

ISO 9000 是现代科学技术、生产力、国际贸易和质量管理发展到一定阶段的产物。最早的质量保证标准产生在美国,第二次世界大战后,随着美国军事的高速发展,1959 年,美国商务部向国防部下属的军工企业提出第一个质量保证标准,MIL-Q-9858《质量大纲要求》。随着美国民用工业借鉴军品做法用于锅炉、压力容器和核电站等,1979 年美国制定了全国通用质量体系标准,1987 年 3 月 ISO 正式发布了世界上第一个质量管理和质量保证标准 ISO 9000 至 ISO 9004,由于科学技术与质量管理的发展,每隔 5 年标准必须修订一次,于是就相继产生了 ISO 9000:1994 版,ISO 9000:2000 版等版本。

人们在购买食品或其他商品时会发现,有些商品标签上印有"本企业通过 ISO 9001 国际标准质量体系认证"字样。什么是"认证"?实际上认证是与 ISO 9000 体系密切相关的活动。"认证"一词的英文原意是出具证明文件的行动。ISO 对认证的描述是:"由可以充分信任的第三方证实某一经鉴定的产品或服务符合特定标准或规范性文件的活动。"例如,对第一方(供方或卖方)生产的产品甲,第二方(需方或买方)无法判定其质量是否合格,而由第三方来判定。第三方既要对第一方负责,又要对第二方负责,不偏不倚,出具的证明要取得双方的信任,这样的活动就是"认证"。可见第三方的认证活动必须公开、公正、公平,才能有效。第三方必须具有绝对的权力和威信,谁能胜任?非国家和政府莫属。由国家或政府的机关直接担任这个角色,或者由国家或政府认可的组织去担任这个角色,这样的机关和组织就是"认证机构"。目前各国的认证机构主要开展产品质量认证和质量管理体系认证。

详细的内容见后续的章节。

2.4.3 丰田的 TPS

1950 年,日本的丰田英二考察了美国底特律的福特公司的轿车厂。当时这个厂每天能生产 7 000 辆轿车，比日本丰田公司一年的产量还要多，但丰田英二在他的考察报告中却写道："那里的生产体制还有改进的可能。"

丰田英二

二战后的日本经济萧条，缺少资金和外汇。怎样建立日本的汽车工业？照搬美国的大量生产方式，还是按照日本的国情，另谋出路，丰田选择了后者。日本的社会文化背景与美国是大不相同的，日本的家族观念、服从纪律和团队精神是美国人所没有的。日本没有美国那么多的外籍工人，也没有美国的生活方式所形成的自由散漫和个人主义的泛滥，日本的经济和技术基础也与美国相距甚远。日本当时没有可能全面引进美国的成套设备来生产汽车，而且日本当时所期望的生产量仅为美国的几十分之一。"规模经济"法则在这里面临着考验。

丰田英二和他的伙伴大野耐一进行了一系列的探索和试验，根据日本的国情，提出了解决问题的方法。经过 30 多年的努力，终于形成了完整的丰田生产方式，使日本的汽车工业超过了美国，产量达到了 1 300 万辆，占世界汽车总量的 30% 以上。

丰田生产方式(toyota production system，TPS)可以简单概括为：通过生产过程整体优化，改进技术，理顺物流，杜绝超量生产，消除无效劳动与浪费，有效利用资源，降低成本，改善质量，达到用最少的投入实现最大产出的目的。丰田的异军突起对日本的

大野耐一

其他汽车厂家起到了很好的示范效应，这些厂家纷纷效仿丰田，日本汽车的竞争力显著增强。

石油危机后，日本汽车大举进入美国，对美国汽车业构成了极大的威胁。美国人反过来学习日本，把 TPS 起了个美国名字，这就是我们熟知的精益生产(lean production)。

有关 TPS 的理论与方法见后续章节。

2.4.4 威廉·大内的 Z 理论

威廉·大内

Z 理论(Theory Z)是由日裔美国学者威廉·大内(William Ouchi)于 20 世纪 80 年代提出的一种新型管理理论。这一理论的提出是鉴于美国企业面临着日本企业的严重挑战。大内选择了日、美两国的一些典型企业(这些企业在本国及对方国家中都设有子公司或工厂)进行研究，发现日本企业的生产率普遍高于美国企业，而美国在日本设置的企业，如果按照美国方式管理，其效率便更差。根据这一现象，大内提出了美国的企业应结合本国的特点，向日本企业的管理方式学习，形成自己的一种管理方式。他把这种管理方式归结为 Z 型管理方式。

Z 理论的独到见解具体如下。

(1) 终身雇佣制。长期雇佣职工，即使经营不佳，一般也不解雇工人，要采取其他方法渡过难关，对职工的职业保证会使其更加积极地关心企业利益。

(2) 缓慢的评价和晋升。对职工要经过较长时间的考验再作全面评价。

(3) 分散与集中决策。企业的重大决策,要先由生产或销售第一线的职工提出建议,经过中层管理人员把各种意见集中调整、统一后上报,最后再由上一级领导经过调查研究后做出比较正确的决策,执行决策时要分工负责。

(4) 含蓄的控制,但检测手段明确正规。基层管理者一方面要敏感地抓住问题实质,就地解决;另一方面要在上报情况前,协同有关部门共同制定出解决问题的方案。

(5) 融洽管理人员与职工的关系。全面关心职工生活,把对生产任务和工作设计的要求同职工劳动生活质量结合起来,让职工在工作中得到满足,心情舒畅。

(6) 让职工得到多方面的锻炼。不把职工局限在狭窄的范围内,既注意培养职工的专业知识能力,又注意使职工获得多方面的工作经验,对生产技术和社会活动能力都要进行长期全面的考查。

2.4.5 高德拉特的约束理论

约束理论(theory of constraints,TOC)是由以色列的物理学家和企业管理大师艾利·高德拉特博士(Eliyahu M. Goldratt)创立的。

高德拉特

TOC 认为,任何系统至少存在着一个约束,否则它就可能有无限的产出。因此要提高一个系统(任何企业或组织均可视为一个系统)的产出,必须要打破系统的约束。任何系统可以想象成由一连串的环所构成,环与环相扣,这个系统的强度就取决于其最弱的一环,而不是其最强的一环。相同的道理,也可以将企业或机构视为一条链条,每一个部门是这个链条其中的一环。如果想达到预期的目标,就必须从最弱的一环,也就是从瓶颈(或约束)的一环下手,才可得到显著的改善。换句话说,如果这个约束决定一个企业或组织达到目标的速率,则必须从克服该约束着手,这样才可以更快速的步伐在短时间内显著地提高系统的产出。TOC 就是一种帮助找出和改进瓶颈,使系统(企业)效能最大化的管理理论,是事半功倍的管理理论。

高德拉特的第一本有关 TOC 的著作于 1984 年出版,书名为《目标》(*The Goal*)。该书以小说的行文写成,描述一位厂长应用 TOC 在短时间内将工厂转亏为盈的故事。因为该书所描述的是许多工厂都普遍存在的问题,因此该书出版之后,读者甚广,并译成 13 国语言,成为全球的畅销书,销售量在 400 万册以上,TOC 因而流传。《目标》一书现有中译本。有关 TOC 的原理和方法见后续章节。

2.4.6 供应链管理

供应链(supply chain,SC)的概念在 20 世纪 80 年代末提出,近年来随着制造的全球化,供应链在制造业管理中得到普遍应用,成为一种新的管理模式。由于受国际市场竞争激烈、经济及用户需求等不确定性的增加、技术的迅速革新等因素的影响,供应链管理(supply chain management,SCM)虽只提出十几年,但已引起人们的广泛关注。供应链管理的发展大体可以分为如下 3 个阶段。

第一阶段:供应链管理的萌芽阶段(20 世纪 80 年代,1980—1989 年)

美国管理学家史蒂文斯(Stevens)在1989年提出的供应链管理的概念,是一种集成的思想,包括在企业内部集成和企业外部集成,这是供应链管理的萌芽阶段。在这期间,供应链整个链条各相关成员(即公司)之间的合作非常重要。

第二阶段:供应链管理的初步形成阶段(20世纪90年代前期,1990—1995年)

这时,供应链各成员之间有时存在利益冲突,这种利益冲突导致供应链管理的绩效不高,并使整个供应链削弱了竞争力。为了克服上述缺点,必须提高供应链的整个竞争力。在上述初步形成阶段,信息流在向上传递时发生信息曲解现象及顾客不满意现象。信息不能有效共享,成为企业提高竞争力的一个重要障碍。

第三阶段:供应链管理建立合作伙伴关系阶段(20世纪90年代,1996年以后)

在合作伙伴关系的前一时期提出的协调供应链,主张各合作公司之间一致"协调对外"。而合作伙伴关系则强调与尽可能少的供应商合作,对合作伙伴的选择则是分步骤的、考虑多种因素的综合评价过程,并保证合作的有效性。

详细的内容见后续章节。

2.4.7 Internet 与电子商务

正如本节引文所说的,互联网改变了人们的工作、学习和生活。当然,对企业而言,互联网则是搭建了企业实施电子商务的平台。

电子商务作为互联网发展的最新产物,它代表着21世纪网络的应用发展方向。可以预言,电子商务作为一种崭新的商务运作方式,将带来一次新的产业革命,这场革命的最终结果是将人类真正带入信息社会。关于电子商务的准确定义,目前尚有不同看法,但电子商务包括企业内部信息的交流与共享、企业与其合作伙伴的协同、电子交易三大部分的内容是明确的。广义而言,电子商务指的是一种现代的商业行为方式,目的在于适应公司组织及商人的需求,达到既能降低成本,又能增进商品及服务的质量,加强服务提供效率的目的。狭义的概念,单指电子交易。更具体地说,电子商务是指通过计算机网络进行的生产、营销、销售和流通活动,不仅指在互联网上的交易,而且也包括利用信息技术(IT)来降低商务成本、增加流通价值和创造商业机遇的所有商务活动。比如通过网络可能从事于各类产品与原材料的查询、采购、产品展示、订购直到出货、储运以及电子支付等一系列贸易活动。

电子商务的效应已经开始显现在商业活动的各个层面,从消费者服务到新产品的开发无一不包。它采用的是新形态,可涵盖更广大客户群的信息挂帅商业模式,包括在线广告营销,在线订购,在线客户服务及其他种种应用。同时它还能够减低处理订单,与各式供货商、协助厂商打交道的麻烦及成本,因为这些往往是导致产生间接成本提高的关键。

总而言之,企业界普遍相信电子商务能够使企业与消费者的互动更有效率,使供应链中的企业之间的沟通及新产品、新市场的开发更省力。

2.4.8 计算机集成制造系统

计算机集成制造系统(computer integrated making system,CIMS),又称计算机综合制造系统,它是随着计算机辅助设计与制造的发展而产生的。它是在信息技术、自动化技术与制造的基础上,通过计算机技术把分散在产品设计及制造过程中各种孤立的自动化子系统有机地集成起来,形成适用于多品种、小批量生产,实现整体效益的集成化和智能化制造系统。集成化反映了自动化的广度，它把系统的范围扩展到了市场预测、产品设计、加工制造、检验、销售及售后服务等的全过程。

在产品生命周期中，各项作业都已有了其相应的计算机辅助系统，如计算机辅助设计（CAD）、计算机辅助制造（CAM）、计算机辅助工艺规划（CAPP）、计算机辅助测试（CAT）、计算机辅助质量控制（CAQ）等。这些单项技术"CAX"原来都是生产作业上的"自动化孤岛"，单纯地追求每一单项技术上的最优化，不一定能够达到企业的总目标，即缩短产品设计时间，降低产品的成本和价格，改善产品的质量和服务质量以提高产品在市场的竞争力。计算机集成制造系统就是将技术上的各个单项信息处理和制造企业管理信息系统（ERP）集成在一起，将产品生命周期中所有的有关功能，包括设计、制造、管理、市场等的信息处理全部予以集成。其关键是建立统一的全局产品数据模型和数据管理及共享的机制，以保证正确的信息在正确的时刻以正确的方式传到所需的地方。

当前，我国的 CIMS 已经改变为"现代集成制造（contemporary integrated manufacturing，CIM）与现代集成制造系统（contemporary integrated manufacturing system，CIMS）"。它已在广度与深度上拓展了原 CIM/CIMS 的内涵。其中，"现代"的含义是计算机化、信息化、智能化。"集成"有更广泛的内容，它包括信息集成、过程集成及企业间集成等3个阶段的集成优化；企业活动中三要素及3个阶段的集成优化；CIMS 有关技术的集成优化及各类人员的集成优化等。CIMS 不仅仅把技术系统和经营生产系统集成在一起，而且把人的思想、理念及智能也集成在一起，使整个企业的工作流程、物流和信息流都保持通畅和相互有机联系，所以，CIMS 是人、经营和技术三者集成的产物。

本 章 小 结

本章按时间顺序介绍了生产运作管理发展的历程，不同时期的管理专家创立的管理理论和方法，以及他们对构建和完善生产运作理论体系所做出的贡献。比较典型的有泰勒的科学管理、福特的流水线、以梅奥为代表的行为学派、复杂数学方法（如运筹学等）的运用、计算机与网络带来的新变化、丰田的 TPS 等。

科学管理　动作研究　装配流水线　霍桑试验　运筹学　丰田生产方式　约束理论　供应链管理　现代集成制造系统

习　题

一、简述题

1. 生产运作管理的发展可以分为几个不同的时期？划分的标志是什么？

2. 生产运作管理不同时期的代表人物有哪些？他们的贡献有哪些？

3. 如何理解计算机在生产运作管理中的作用？

二、分析题

1. 如何看待管理学派和行为学派？这两个学派的理论和观点对现代生产运作管理有什么影响？

2. 如何看待一些理论和方法(如控制图等)从提出到实际应用要经过较长的时间？

第3章 生产运作战略

教学要求

通过本章的学习，要达到以下目的：
(1) 了解企业战略的概念；
(2) 了解战略管理理论的发展历史；
(3) 了解影响企业竞争力的因素；
(4) 了解企业战略管理过程中的外部分析、内部分析和战略选择；
(5) 掌握生产运作战略的基本内容。

引 例

格兰仕，总成本领先战略的成功典范

今年4月，格兰仕微波炉价格又狂降40%，其中国市场的主要对手LG有些顶不住了，于是在许多媒介发布广告暗示"价格降得这么低，质量难以保证"。格兰仕的刚性价格战略又成了财经类媒介关注的热点。格兰仕质量究竟有没有保证，它发动价格战的是非、好坏，要做出正确评价必须全面科学了解格兰仕选择的是何种营销战略与选择这一战略的背景。

不言而喻，格兰仕选择的是总成本领先的战略，价格战只不过是表现形式。格兰仕自进入微波炉行业以来，咬定青山不放松，从未游离于这一战略。为了使总成本绝对领先于竞争者，格兰仕壮士断腕，先后卖掉年盈利上千万元的金牛型产业——羽绒厂、毛纺厂，把资金全部集中到微波炉上。此招反映了格兰仕决策者的高瞻远瞩，因为中国的微波炉业纪起步于20世纪90年代初，在格兰仕进入微波炉的1993年，整个中国的市场容量仅为20多万台，此时的龙头老大蚬华内销规模为12万台，且大半市场集中在上海，连许多城市的居民也不知微波炉为何物，更不习惯于用微波炉来烹饪。即此时行业未充分发育，主要对手也很弱，只要倾全力投入，就很容易在规模上把对手远远甩在后面，单机成本亦会随之远低于竞争品牌。这导致了格兰仕的迅速崛起，1993年销量为1万台，1994年为10万台；1995年销量达25万台，市场占有率为25.1%，超过蚬华成为全国第一(蚬华为24.8%)；1996年销量为60万台，市场占有率达34.7%；1997年125万台，市场占有率达49.6%；1998年总产量315万台，内销213万台，市场占有率为61.43%。

希望格兰仕走差异化战略的人士不少，给人感觉好像差异化战略是高层次的，价格战与总成本领先战略是低层次。其实差异化与总成本领先战略本身是无所谓优劣的，关键要看企业适

合走哪种战略路线和对这一战略能否持之以恒地坚持。如果格兰仕一开始就走差异化路线，也许能在一亩三分地里折腾，但可能就失去成为行业巨人的机会。格兰仕不仅选对了战略，可贵的是始终未曾偏离这一战略，多年来几乎不做电视广告以确保总成本领先并让利于消费者，终于获得消费者的至诚回报。格兰仕 2007 年的产销计划是 500 万台，明年二期工程完工后将达到 1 200 万台，居全球第一，其地位又岂是国内年产才 50 万的二号选手所能撼动。这充分印证了竞争战略大师迈克尔·波特的观点"有在较长的时间内坚持一种战略而不轻易发生游离的企业才能赢得最终的胜利"。

资料来源：中国营销传播网

企业战略是企业为求得生存和发展，在较长时期内生产经营活动的发展方向和关系全局问题的谋划。这种谋划包括企业的宗旨、目标、总体战略、经营战略和职能策略。生产运作过程决定了企业的产品和服务的成本、质量、多样性、交付时间和对环境的影响，这将对企业竞争力产生直接的影响。生产运作战略是在企业战略指导下制定的，它是企业总体战略成功的保证。本章阐述现代企业实施战略管理的重要性及战略管理理论的演进。

3.1　企业战略管理

在当前竞争越来越激烈的环境下，企业之间的竞争，在相当程度上表现为企业战略定位、运作战略选择的竞争。方向正确，战略明确，企业的投入才能获得事半功倍的收益；否则，只能是南辕北辙，投入越多损失越大。有报道说，国外的企业家花在战略研究上的时间占全部工作时间的 60%。因此，认真、科学地制定企业战略，灵活、有效地运作企业资源是企业领导人的首要职责。

3.1.1　战略管理理论的演进

1962 年，钱德勒(A. D. Chandler)出版了《战略与结构》一书，强调组织结构随着战略的调整而调整，认为多事业部结构是多元化公司的主要形式。

1965 年，美国著名管理学家安索夫(Igor Ansoff)根据他在美国洛克希德飞机制造公司等大型公司的实践，出版了著名的《公司战略》一书。他认为公司战略是贯穿于企业生产经营和市场之间的一条"共同经营主线"。这条主线决定着企业目前所从事的或者计划要从事的经营业务的基本性质。安德鲁斯(K. R. Andrews)于 1971 年出版了《公司战略的概念》一书，强调战略管理是获胜关键。安德鲁斯和安索夫提出了用于战略分析的实用方法，即 SWOT(strength weakness opportunity threat)方法。SWOT 方法的应用前提是企业对一个或几个业务已经有了初步的选择意向，SWOT 分析的目的是进一步考查这些业务领域是否适合企业在其中经营，能否建立持久的竞争优势。SWOT 分析的程序是：先进行环境分析和企业能力分析，然后将企业的优势和劣势与环境提供的机会和威胁进行配对分析，形成战略设想，并进行持久竞争优势检验，最后形成企业战略。

1980 年，波特(M. E. Porter)出版了《竞争战略》一书，提出行业内 5 种竞争力战略模型，5 种竞争力包括潜在的竞争者、替代品的威胁、供应商的力量、购买者的力量和竞争对手。他认为 5 种竞争力的合力决定了公司利润的平均水平和投资回报率，应该选择进入5种竞争力对比有利的产业，避免竞争过度的产业。波特还提出了事业部级的3种竞争策略：成本领先、差异化和集中一点。

波特的理论强调对环境的分析，认为外部环境尤其是行业环境基本上决定了公司战略选择的空间，波特的战略管理理论对企业战略的研究有着重要的影响，其不足是低估了公司内部的资源、能力和专长的增长，是按照行业组织模型来制定战略的。

以明茨伯格(H. Mintzburg)为代表的战略管理理论认为，传统的战略管理理论强调战略制定是一个自上而下的高度理性化和结构化的过程。他修正了这种看法，认为由于真实世界的不可预测性，低层管理者在战略制定的过程中也发挥了重要作用，战略可以从组织的基层涌现出来，并没有任何预先的意图。他认为战略必须随环境而变化，战略可能自发形成，他以本田进入美国摩托车行业的案例说明战略并非一成不变，也不完全由最高领导层的认识所决定。明茨伯格提出从5个"P"方面定义战略：计划(plan)、计谋(ploy)、模式(pattern)、定位(position)和观念(perspective)。战略是一种计划，是在经营活动之前有目的地制定的。战略是一种计谋，是威胁和战胜竞争对手的一种手段。战略是一种模式，是为了实现预定目标而进行重要决策、采取行动和对企业资源进行分配的一种模式。战略模式的概念将战略视为行动的结果，这种行动可能事先没有计划，最后却形成了已实现的战略。战略是一种定位，是确定企业在经营环境中有利于生存和发展的位置。战略是一种观念，是深藏于人们头脑中感知世界的方式。明茨伯格把战略分为5种类型：预想的战略(intended strategy)、实现的战略(realized strategy)、深思熟虑的战略(deliberate strategy)、自发形成的战略(emergent strategy)和未实现的战略(unrealized strategy)。

1989年，哈默尔(G. Hamel)和普拉哈拉德(C. K. Prahalad)在《哈佛商业评论》上发表了"战略意图"的文章，1994年他们共同的著作《为未来而竞争》出版了。他们认为，传统的战略规划模式试图要在内部资源、能力与外部环境造成的机会和威胁之间获得一种匹配，忽略了创建新的资源和能力以及利用未来的机会，这是一种静态的战略管理模式。日本丰田和佳能之所以能够进入美国市场，不是因为它们当初就有资源和能力同美国通用、施乐等大公司竞争，而是他们有强烈的进入美国市场、取得全球性领导地位的意图，这种意图成为公司上下坚持的信念，从而逐步形成实现目标的资源和能力。他们称这种坚持不渝的信念为"战略意图"。他们强调的不是现有资源、能力与环境的匹配，而是建立新的资源和能力去实现雄心勃勃的战略目标。他们的理论注重企业内部能力，是按照资源基础模型来制定战略的。

实力战略的提出与买方市场的形成有关。工业化造成财富积累和人口增长停滞、市场需求萎缩。从20世纪80年代初开始，发达国家买卖双方的关系来了个180度的转变，卖方(制造商)不再处处占上风，相反，顾客拥有决定和支配力量。企业争夺有限的消费者，形成过度竞争的环境。另外，因为互联网出现，减少了信息不对称，使得企业可以在全球范围利用资源。既然外部是一种过度竞争的环境，机会又大体是均等的，企业要取得竞争优势，就只有依靠自己特定的资源和能力。因此，产品和市场战略是企业生命中相对短暂的现象，不断培育企业的核心专长和能力才是可持续发展的本质，才是竞争优势之源。

3.1.2 战略管理过程

战略(strategies)通常指企业的发展战略，是企业未来发展的思路和架构，涵盖企业的组织、产品、研发、市场、生产等各个方面，是企业在近期和远期的发展方向。按照正式的战略规划制定和实施的模式，战略管理过程包括确定企业使命(宗旨)和主要目标、战略分析、战略选择和战略实施4个阶段。

1. 确定企业使命

使命(mission)是企业存在的基础和原因。不同组织的使命是不同的，学校的使命是培养优秀人才，医院的使命是治病救人。它是企业战略的首要内容。使命的描述应该生动活泼、言简意赅、易于记诵，且富有意义和鼓动性。使命反映了企业对未来的憧憬，使企业员工精神得以升华，使企业员工不断受到鼓舞和进步。例如联想公司的使命是"为客户：联想将提供信息技术、工具和服务，使人们的生活和工作更加简便、高效、丰富多彩；为员工：创造发展空间，提升员工价值，提高工作生活质量；为股东：回报股东长远利益；为社会：服务社会文明进步。我们的远景：高科技的联想，服务的联想，国际化的联想。"

企业的使命和宗旨为企业发展提供了一个总的方向，并由此产生企业的目标。某种产品的市场占有份额、一定的盈利水平等，都可以作为企业的目标。

2. 战略分析

战略分析包括两个方面：分析外部环境以找出机会和威胁，分析内部条件以找出优势与劣势。以美国哈佛大学商学院的安德鲁斯教授为代表的战略规划学派，提出了著名的SWOT分析方法，全面分析企业的优势、劣势、机会和威胁4种因素，以选择适宜的战略加以实施，并强调在不确定的环境因素下，结合企业方针、目标和经营活动，认真分析设计，以形成竞争优势。SWOT分别代表优势(S)、劣势(W)、机会(O)、威胁(T)。优势和劣势都是就企业本身而言的，机会和威胁是从外部环境分析出来的，见表3-1。在SWOT矩阵中，各种优势、劣势与各种机会、威胁互相交叉，形成许多不同的区域。在有的区域里，要发挥优势，利用机会；在有的区域里，要规避企业劣势，利用机会；在有的区域里却要利用优势，回避一些威胁；在有的区域里，不但企业内部是劣势，而且在企业外部威胁也很大，那就需要选择退出。

表3-1 SWOT分析矩阵

	优势(S) 列出企业所有优势因素	劣势(W) 列出企业所有劣势因素
机会(O) 列出企业所有机会因素	SO战略 列出发挥优势、利用机会的企业战略	WO战略 列出利用机会、克服劣势的企业战略
威胁(T) 列出企业所有威胁因素	ST战略 列出发挥优势、回避威胁的企业战略	WT战略 列出减少劣势、回避威胁的企业战略

3. 战略选择

在进行内部条件与外部环境分析的基础上，选择适当的战略。对企业来说，它有一个总体战略，称为企业战略或公司战略。公司战略是公司最高层次的战略，内容包括两方面：一是选择经营范围和领域，如专注于某个事业，还是实行多元化？垂直一体化还是水平一体化？二是在各事业部之间进行资源分配。资源分配是战略实施的关键。一个大公司一般分成若干个事业部，事业部是相对独立的经营单位。事业部战略，也称为经营单位战略或经营战略，内容是在选定的事业范围内，如何去竞争，因此有时也称为竞争战略。如果企业只从事一项事业，则公司战略和经营战略是一致的。由于每个事业部都下设不同的职能部门，职能部门的活动支持事业部的发展，相应地就有各种职能策略，如生产运作策略、财务策略、营销策略等。

职能策略涉及企业的职能领域，它们支持事业部战略，而事业部战略支持公司战略，公司战略支持企业目标和使命。战术是实施战略的方法和行动，战术指导运作，战术解决"如何做"的问题，运作解决"做"的问题。

制造业有战略和战略管理问题，服务业也有战略和战略管理问题。比如一所大学，它的宗旨可能是：为国家培养具有创造精神的高层次人才；目标是：30年内建成世界一流大学；战略是：发挥优势，在信息技术、生物工程和管理科学领域达到国内领先地位，取得在世界上有影响的成果；战术是：发挥现有教师的创造性和潜能，并吸引国内外优秀人才来校工作；运作方法是：制定有效的激励措施和优惠政策。对于个人来说，也可能有其宗旨和战略。比如，某人的宗旨是：成为企业界的名人；目标是：大公司总经理，收入高，有声望；战略是：获得名牌学校MBA学位；战术是：选择著名的管理学院学习，创造入学条件；运作方法是：入学考试、注册、上课、研究。

4. 战略实施

设计适当的组织结构与控制系统，并有效地分配资源，使组织确定的战略能够实现。

3.1.3 外部分析：识别机会与威胁

环境包括宏观环境、行业环境和竞争环境。竞争环境对企业战略的影响最直接、最大，行业环境次之，宏观环境最间接、最小。

1. 宏观环境

宏观环境包括政治因素、经济因素、科技因素、社会因素，这些因素构成了企业生存的大环境。

1) 政治因素

政治因素包括国际形势、国家政治的稳定性、法令、关税政策、国家预算、就业政策、环境政策和国家经济政策等。20世纪70年代、80年代和90年代发生的多次石油危机，都与国际形势有关。20世纪70年代阿拉伯国家的石油禁运，1991年伊拉克入侵科威特，2003年美国进攻伊拉克，都影响了公司的战略制定。政治条件对我国企业的发展战略也有很大的影响。政府一项新规定，既给企业发展做出某些限制，同时又给企业带来新的发展机会，如转变经济增长方式，变外延扩大再生产为内涵式扩大再生产，就会压缩基本建设规模，从而导致对水泥、木材和钢材需求的减少，相关生产企业就要及时调整自己的产品品种和产量。与此同时，提出了提高产品技术含量的需求，使高新技术产品的生产得到发展，从而导致对科学技术以及教育发展的促进。

2) 经济因素

经济因素包括国民消费水平、收入分配、投资水平、国民生产总值、国内生产总值、家庭数量和结构、经济周期、就业水平、储蓄率和利率等。如何把握趋势，取决于对经济发展情况的预测。由于未来的经济环境难以准确预料，企业在制定发展战略时，往往准备几套替代方案，以减少风险，把握成功的机遇。尽管如此，也不能保证绝对成功。壳牌石油公司曾制定了详细的方案以应付1991年的海湾战争，但在一些难以预料的突发事件中，如炼油厂爆炸和石油泄漏，仍遭受了巨大的损失。总体经济的研究对一些大的产业特别重要。如汽车产业的发展，不单单取决于国民收入的水平，而且取决于国家的经济政策和基础设施条件。

3）科技因素

新产品、新工艺、新材料、新能源的出现，为企业的发展提供了巨大的机遇和严重的威胁。例如，平板电视的研制已经给现存的电视机市场带来了巨大的冲击；电动汽车如果在技术上取得突破性进展，使性能提高，成本大幅度下降，在给一些企业带来机会的同时，也会给另一些企业带来很大的威胁。一些企业正是通过技术上的优势来保证其竞争优势的。英特尔公司的领导在286微处理器风头正盛的时候，实行了在当时大多数人都觉得不可理解的名为"吃掉自己的孩子"的革新计划，即放弃仍然有利可图的286微处理器，开发386微处理器，以更新的技术和产品来保持并发展市场优势。事实证明，"吃掉自己的孩子"是一项极其英明的决策。抛弃虽然还是有利可图，但已经不稳固的竞争优势，继续走创新之路，是英特尔公司长盛不衰的关键因素。

4）社会因素

社会因素包括人们的生活方式和生活习惯、人口数和年龄结构、妇女和少数民族的地位、双职工家庭和单亲家庭数量增加、外出吃饭人数的增加、独生子女政策以及平均寿命增加等。社会因素的变更也给企业带来了发展的机遇。

2. 行业环境与竞争环境

提供某种相同或相似的产品或服务的企业的集合称为行业。按照波特的5种竞争力模型，行业环境主要包括5种要素。

1）需方对行业内企业的影响

这种影响主要取决于需方与行业企业讨价还价的能力。如果行业内企业的产品是标准化的或差别很小，需方在交易中就占优势；如果行业内企业的产品是差异化的，企业在与需方交易中就占优势。如果需方对价格敏感，需方就会对行业内企业形成较大的成本压力。如果需方采购量大，就有很强的讨价还价能力。如果需方因转向购买替代品的转换成本小，对行业内企业的压力就大。

2）供方对行业内企业的影响

这种影响也主要取决于供方与行业内企业的讨价还价能力。

3）替代品的威胁

当一种产品的相对价格高于替代品的价格时，顾客就转向购买替代品。

4）新加入者的威胁

当行业具有较高的投资回报时，就会吸引很多潜在的加入者。新加入者的竞争将导致行业内平均利润下降。

5）行业内企业的竞争

行业内企业既有竞争，又有合作。行业内企业竞争程度取决于以下一些因素。

（1）行业内企业数量和力量对比。当数量较多且力量比较均衡时，竞争较激烈，当数量较多但力量不平衡时，多按龙头企业建立的游戏规则行事，行业竞争较平稳。

（2）行业市场的增长速度。在市场迅速增长期，竞争弱；反之，竞争强。

（3）行业内企业差异化程度与转换成本。当每个企业都服务于一个差异化的细分市场时，竞争不激烈；反之，激烈。如果一个企业可以轻易转换到另一个细分市场时，竞争激烈；反之，不激烈。

（4）战略赌注。行业内企业赌注下得很大时，竞争激烈；反之，不激烈。

（5）行规。如无论原材料价格涨落与否，最终产品价格不许改变。在这种情况下，竞争不激烈；反之，激烈。

（6）行业的集中程度。当少数几家企业控制了行业绝大部分销售额时，竞争激烈，尤其是从分散向集中的过渡时期，竞争尤为激烈，如国内彩电行业；反之，当行业分散时，竞争较弱，如修鞋行业。

综上所述，竞争越激烈，获利性就越低。因此，对于那些低进入屏障、需方和供方处于较强讨价还价地位、替代品威胁严重、行业内企业竞争激烈的行业，是没有吸引力的行业。

3.1.4 内部分析：确认资源与竞争优势

当一个企业的利润率高于行业的平均水平时，则称该企业具有竞争优势。当一个企业的利润率持续高于行业的平均水平时，则称该企业具有持续竞争优势。两个因素决定了产品或服务的竞争力：一是价值，用 V 表示；二是成本，用 C 表示。V 是由顾客决定的，是顾客获得满足的度量，按照波特（1985 年）在《竞争优势》中提出的观点，价值是买方愿意为企业提供给他们的产品和服务所支付的价格。但是由于企业之间的竞争，企业只能索取比独占供应情况下 V 要小的价格户。P 代表价格，因此 $(V-P)$ 是顾客的剩余，是顾客认为"我赚了"的部分。由于 V 具有主观性，每个顾客对每种特定的产品或服务的 V 不同，而 P 相同，因此每个顾客的剩余不同。从总体水平上讲，$(V-P)$ 越大，表明企业之间竞争就越激烈；对某个特定企业，$(V-P)$ 越大，说明顾客的满意程度越高，企业所提供的产品和服务就越有竞争力。$(P-C)$ 是企业获得的利润。P 是市场中形成的，C 越低，企业获得的利润就越多。$(V-C)$ 是企业创造的价值。V 越高，C 越小，企业创造的价值就越大，具体如图 3.1 所示。

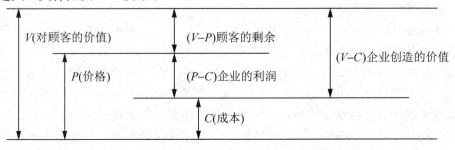

图 3.1　价值 V、价格 P、成本 C 关系图

企业经营的核心就是提高 V 和降低 C。理想的情况是，在提高 V 的同时降低 C，企业创造的价值就会加大。但由于降低成本 C 的空间有限，着眼于提高价值 V 有助于揭示竞争优势的来源。在大幅度提高 V 的同时，控制 C 不变或小幅度上升，是比较现实的情况。

提高 V 主要依靠差异化策略，与众不同的产品和服务，包括不同的设计、不同的功能、不同的质量、不同的品牌、不同的服务，使顾客认为价值高而愿意支付较高的价格。降低 C 主要依靠低成本策略，日本企业不断消除浪费，进行永无休止的改进，使成本不断降低。问题是企业如何在降低成本的同时，提供有别于竞争者的差异化产品和服务，以创造更高的价值。价值是在将投入转换成产出的过程中形成的。投入转换成产出包括一系列活动，这些活动可以分成两类：基本活动（primary activities）和支援活动（support activities）。每项活动都可能增加产品和服务的价值。

基本活动是与产品形成直接相关的活动，包括研究与开发、采购与供应、生产、营销和服务。研究与开发出有创意的产品设计，研制有创新的加工制造工艺，使产品结构、功能与竞争对手不同，就能创造价值。通过采购与供应，企业获得能够增加产品价值的物资。

采购的往往不仅是实体物品，而且还是品牌，是无形资产。如计算机制造商采购英特尔公司的微处理器，在计算机上标明"Intel inside"，就会提高计算机的价值。生产体现了企业的核心运作能力，企业通过生产过程实现投入产出最大化，高效率、低成本地生产高质量的产品。通过营销，可以提高顾客对公司产品的认知价值，并发现顾客需求，从而为研究与开发提供有价值的信息。服务可以增加顾客对公司及其产品的认知价值。如海尔良好的售后服务，使顾客愿意承受较高的价格购买海尔的产品。根据产品实体在价值链中的流转程序，企业的增值活动还可被分为上游环节和下游环节。产品开发设计、生产运作属于上游环节，市场营销和售后服务属于下游环节。上游环节经济活动的中心是产品，与产品的技术特性密切相关，而下游环节的中心是顾客，成败优劣主要取决于顾客特点。

支援活动是支持基本活动的活动，是基本活动取得成效的保证，同时它也为企业创造价值。通过招聘、培训和激励等活动，可以使企业获得各种优秀人才，并使他们充分发挥积极性、创造性和潜能，在各种基本活动中为顾客创造价值。人力资源的开发决定了其他资源作用的发挥。企业管理体制和组织结构，决定了它对外界变化的响应能力，也决定了人力资源发挥的程度。富有智慧的脑袋常常被僵化的体制所束缚，这是司空见惯的现象。

企业文化包括企业的经营理念、共同的愿望、员工的价值观和团队精神等，是企业员工的精神支柱，是企业前进的动力。企业家和高管人员的素质和作用的发挥，决定了企业的发展方向和成败。支援活动本身也创造价值。优秀的企业家和优秀的技术人才、管理人才本身，就能够提高企业产品和服务在顾客心目中的价值。

在企业的各种增值活动中，并不是每种活动都创造出同等的价值。价值的大部分往往来自价值链上某些特定的活动，有时就是因为产品的设计风格独特，有时因为产品的功能独特，使产品的价值大大提高。因此，企业要保持某一产品的竞争优势，并不一定要在所有的增值环节上都保持竞争优势，而只需在这一产品价值链的某些环节上保持竞争优势。抓住了那些关键环节，也就能够提高价值。将关键环节由本企业来完成，将非关键环节外包，这是企业利用外部资源的方法，这些决定企业经营成败和效益高低的关键环节可以是产品开发、工艺设计，也可以是市场营销，生产运作，或者是售后服务。

当发现机会和威胁之后,企业需要尽早对内部条件进行评审,以便有时间弥补本身的不足。需要评价的企业内部条件包括以下几个。

(1) 对市场的了解和适当的营销能力。
(2) 现有的产品和服务。
(3) 现有的顾客及与顾客的关系。
(4) 现有的分配和交付系统。
(5) 现有的供应商网络及与供应商的关系。
(6) 人力资源情况,如管理层的能力、当前工人的技能和积极性、工人必要技能的获取。
(7) 对自然资源拥有的情况及获取能力。
(8) 当前的设施、设备、工艺及其位置。
(9) 对特殊技能的掌握。
(10) 产品和工艺的专利保护。
(11) 可获得的资金和财务优势。

在评价企业内部情况时,要回答这样一些问题:在满足现有的和将来的顾客需求方面,本企业有什么优势?本企业的不足是什么?如何才能弥补这些不足?本企业能够尽快吸引和培训足够的工人和管理人员吗?本企业能够更恰当地将获得的资金投到不同的项目中去吗?在弥补本企业的不足方面有哪些内部限制?

由于条件随时间变化,加上竞争对手的对策也在不断变化,制定战略是一个动态过程和连续的工作。企业管理者需要不断研究新的情况,不断评价内外条件,不断调整、修改战略。一旦战略发生变化,就必须通知企业内各个部门,以提高工作的有效性。

制定企业战略之后,就要制定保证战略实施的政策,为下级部门设置目标。企业的各个组成部分在这些政策和目标的指导下运作,从而保证战略目标的实现。

3.1.5　战略选择

战略选择包括公司战略、事业部战略和职能战略的选择。

1. 公司战略

公司战略(corporate strategy)指企业为寻求持久竞争优势,而做出关于企业整体业务组合的谋略及相应的获取资源、配置资源的筹划。公司战略是企业最高层次的战略,解决公司应该投入何种事业领域,以实现长期利润最大化目标。公司可以选择专注于单一事业(专业化战略),也可以选择多种不同的事业领域(多元化战略);可以采取垂直一体化,也可以采取水平一体化。

1) 专注于单一事业

麦当劳、可口可乐、西尔斯百货,都采取专注于单一事业的战略。其优点是:集中资源(管理、技术、财务、领导精力)于单一领域,容易取得优势;避免进入不熟悉或无能力创造高附加值的领域。可口可乐曾渗透到娱乐事业,发现管理娱乐事业使其宝贵的经营注意力脱离其饮料这一核心事业,于是撤资。

2) 垂直(纵向)一体化

垂直一体化(vertical integration)意味着公司自行生产其投入(或向上游整合),或自行处理其产出(向下游整合)。钢铁公司将铁矿供应整合进来,是向上游整合的例子;汽车制造商建立销售网络,是向下游整合的例子。

垂直一体化的优点如下所述。

(1) 可以提高新竞争者的进入障碍。20世纪30年代,美铝公司和加拿大铝业将当时唯一具有开采价值的牙买加的加勒比岛铝矿整合,使竞争者打消进入的念头,一直到1950年在大洋洲和印度尼西亚发现高等级铝矿砂之后情况才开始改变。

(2) 提升专用资产投资效率。专用资产可使产品差异化,既可以提高价格,同时又具有高效率,可以降低成本,且专用资产在其他用途上会降低使用价值。对专用化资产投资引起的问题通过垂直一体化才能得到较好的解决。

(3) 保证产品质量。麦当劳在莫斯科设店时,由于当时苏联的马铃薯和肉类质量太差,麦当劳自己在苏联建立自己的农场、养牛场、蔬菜区和食品处理工厂,实行垂直一体化。

(4) 便于加强计划与控制。实行垂直一体化使得企业间的协调变成企业内的统一指挥,保证生产进度,并降低库存。

垂直一体化的缺点如下所述。

(1) 成本劣势。当低成本的外部供应商存在时,垂直一体化的成本较高。

(2) 垂直一体化缺乏适应技术变化的能力。当技术变化剧烈时,发现技术已落后,由于自己的投资形成包袱,会抗拒改变,导致市场占有率下降。

(3) 当需求不稳定时,垂直一体化有极大风险,协调也很困难。

3) 水平(横向)一体化

将非核心业务委外或外包(out sourcing)是近年的一个趋势。委外的优点是,非核心业务由有优势的供应商来做会降低成本,会更有效率,还可提升产品价值;有可能将资源集中到公司的核心能力上;容易响应顾客,适应市场变化。在急剧变化的环境下,各公司都只保留核心业务,将不擅长的业务外包,通过并购同种业务的企业,实行水平一体化,从事不同业务的企业形成集合优势能力的供应链,单个企业之间的竞争就变成供应链之间的竞争。

4) 多元化

当公司拥有的财务资源超过维持现有的或核心业务的需要,同时又看到令人激动的发展机会时,就企图利用剩余资源去投资,以创造价值,从而形成不同的业务,称为多元化或多角化。多元化有两种形式:相关多元化和非相关多元化。相关多元化是指经营在技术、生产、工艺和销售等方面有联系的多种业务;非相关多元化是指经营完全不相关的业务。

公司之所以追求多元化,最根本的原因是为了提高企业价值。市场需要多样化产品,但每种产品的批量都不大,通过多元化可以共用资源和能力,实现范围经济性。但是,波特教授的研究表明,多元化结果不容乐观,多元化所浪费的价值超过了其所创造的价值。其原因主要是多元化使业务大量增加,企业领导精力不够。20世纪70年代,GE的总裁琼斯曾说过,我发现无论多么努力地工作,我永远无法深入了解40个独立事业单位的计划。

2. 经营战略

波特教授提出了3种基本的市场竞争战略:成本领先(over all cost leadership)战略、差异化(differentiation)战略和集中一点(market focus)战略。

1) 成本领先战略

成本领先战略就是要使企业的某项业务成为该行业内所有竞争者中成本最低者的战略。采用成本领先战略，针对规模较大的市场提供较为单一的标准产品和服务，不率先推出新产品和服务。制造业中福特的T型车、服务业中的麦当劳和沃尔玛，都是运用成本领先战略的典型例子。运用成本领先战略一般需要采用高效专用的设备和设施；在组织生产的过程中，要提高设备利用率；要对物料库存进行严密控制；要提高劳动生产率；采用低工资率并降低间接费用。成本领先战略可获得大量生产、大量销售的好处。

2) 差异化战略

差异化战略的实质是要创造一种使顾客感到是独一无二的产品或服务，使消费者感到物有所值，从而愿意支付较高的价格。这种战略可以有多种形式，如唯一的品牌、唯一的技术、唯一的特点和唯一的服务等。

实施差异化战略的关键是创新。传统的战略都是把竞争对手击败的战略，考虑的都是如何战胜对手，如何扩大市场占有率，如何把竞争对手正在做的事情做得更好。这种战略好比众多的人要分享一块大小已经确定的饼，每个人都希望分到更大的份额。结果拼个你死我活。新的战略是从用户需求出发，考虑用户需求的变化，并通过技术创新提供使顾客更为满意的产品和服务。这好比重新做一个不同的饼，它能满足顾客不同的需求。要做一个不同的饼，就需要创新。因此，新的竞争战略被称为"基于创新的战略"。按照创新战略，竞争对手可能成为合作者，公司之间既有竞争，又有合作。在急剧变化的时代，与其努力赶上和超过竞争对手，不如合作起来致力于创新，实现共赢。在"做饼"的时候合作，合作才能共同创造市场，不合作将导致"双输"；在"分饼"的时候竞争，不应该忘记自己的利益，否则是"你输他赢"，合作就不会继续。国外有人将这种情况称为"合争"（co-opetition）或译成"竞合"。

3) 集中一点战略

成本领先和差异化都是雄霸天下之略，集中战略是对选定的细分市场进行专业化生产和服务的战略，它为特定的狭窄目标市场顾客的特殊需求提供良好的产品和服务。绝大部分小企业都是从集中一点战略起步的。

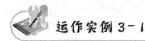

运作实例 3-1

以市场为导向，明基光存储"差异化战略"求胜

当一个公司的产品在广泛的市场中具有实际的，或能被消费者所感觉到的独特性时，就称这家公司具有差异化优势。在竞争中始终保持这种差异性的存在，对企业或品牌保持市场地位并获得良好的回报率来说，是一种极为有效的战略。作为国内光存储行业领导品牌，明基 BenQ 从产品到服务，从制造到营销，不断创新并始终坚持差异化战略，进而形成了不容易被竞争对手模仿的独特的竞争优势。可以说，差异化战略，正是明基光存储产品始终领导光存储市场，并在行业竞争渐趋白热化的情况下保持不败的关键。

技术领先

明基是国内最早投入DVD技术研发的厂商，也是率先实现DVD光驱大规模量产的厂商之一。强大的技术优势是明基DVD得以立足的根本。以明基16X DVD光驱1648A为例，它采用了包括自排挡技术、智能定位系统、四层纠错系统等在内的多项自主性技术。这些业界领先的技术赋予1648A出色而稳定的品质以及最佳的读盘效果；加上多年来与日本先锋等国际性大厂保持了紧密的策略合作，使明基DVD光驱在产品技术更新换代的速度上始终紧跟世界潮流。除此以外，明基还不断组织技术力量进行深入研发以打造适合本土消费者的产品。最突出的表现是，明基DVD光驱强大的读盘能力在业界有口皆碑。

服务创新

从售前到售后，消费者提的最多的问题不是产品品质，而是多与DVD光驱的使用有关。为帮助消费者快速解决问题，明基通过互联网架设了开放式DVD服务论坛，并建立了由技术工程师（网上ID：鳄鱼宝宝）组成的服务团队，以回答消费者提出的每一个问题。此外，DVD相关驱动程序及FIRMWARE都能从明基网站免费下载和升级。网络技术信息传递快、交互式的优势，可以说被明基发挥得淋漓尽致，尤其在DVD光驱等产品的售前和售后服务上。与此同时，在网络之外，明基DVD光驱实行"三包"服务。星罗棋布的维修中心，加上明基与经销商的紧密合作，使消费者遇到问题后能够立即得到解决。

营销革命

在产品日益同质化的今天，仅仅技术领先和服务领先还不足以确保市场领先的地位。因为竞争对手的模仿，很可能使差异化优势逐渐丧失。因此，明基逐渐开始采用全新的体验式营销模式。一方面，明基借"鳄鱼家族"整体形象的推广为DVD光驱拓展市场助力；另一方面，明基针对DIY需求的变化，不失时机推出了"银色月光"DVD光驱，充分满足了消费者对个性化产品和快乐体验的需要。"银色月光"DVD光驱最为突出的是外观采用了象征前卫时尚的冷银色面板，可以与各种机箱自由搭配。新品一经上市，就受到市场的青睐。

对于差异化战略，明基光存储产品经理的理解是以消费者为导向，不断创新并强化自身产品与品牌的竞争优势。其中，对于市场的把握能力至关重要。因为在他看来，会生产、会研发的人不一定会卖产品，只有会卖产品的人才能赢。而DVD光驱市场的角逐不只是价格的竞争，更是技术的竞争、服务的竞争和市场营销的全面竞争。据有关调查显示，到2007年上半年为止，明基DVD光驱以25%的份额保持了市场第一的宝座。

资料来源：根据"http://news.mydrivers.com/1/6/6026.htm"的资料整理

3.2 生产运作战略概述

　　生产运作是企业最主要的财富创造者，生产运作系统应以提高获利能力为目标。卓越的生产运作使企业走向成功。生产运作与生产运作战略紧密联系，生产运作战略决定着生产运作系统的方向。首先明确下列概念：战略决策通常会对公司产生广泛的影响，确定公司在自身环境中的位置，并推动公司向其长期目标靠拢；战略是指所有以公司定位和实现公司长期目标为宗旨的活动和决策的总体模式；战略涉及决策的对象（即战略内容）与制定战略的过程。

　　为了在生产运作、市场、人力资源等职能领域内获取竞争优势，支持和配合企业竞争战略，必须在各职能领域内开发实施相应的职能战略（functional strategy）。

　　将一般的战略定义用于生产运作系统，可以给出生产运作战略的定义：生产运作战略指界定生产运作系统作用、目标及活动的战略决策和战略行为的总体模式。

　　生产运作战略同企业经营战略与其他功能战略相辅相成，共同创造企业的竞争优势。生产运作战略包括生产运作战略内容与生产运作战略过程。生产运作战略内容确定生产运作系统作用、目标和活动的具体决策；生产运作战略过程制定具体的生产运作决策的过程与方式。

生产运作战略属于职能战略,指在生产运作管理领域内如何支持和配合企业在市场中获得竞争优势,提高企业业务单元的竞争力。企业业务单元的竞争力指企业在市场中的相对市场地位。

3.2.1 生产运作战略框架

生产运作战略框架如图 3.2 所示。生产运作战略包括 4 个部分:竞争要素与企业战略对生产运作系统的要求、生产运作目标、生产运作能力及生产运作策略。这里主要介绍生产运作能力与生产运作策略。

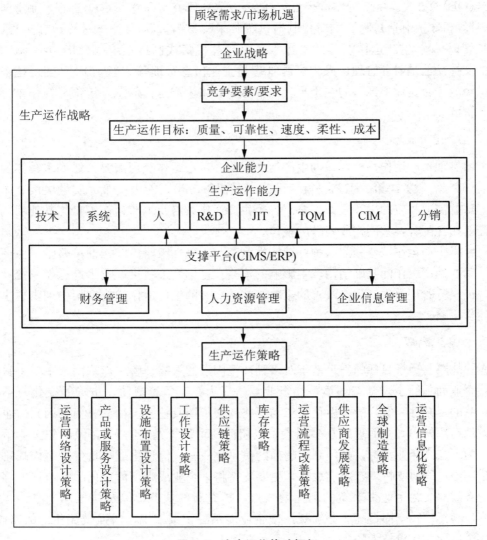

图 3.2 生产运作战略框架

1. 生产运作能力

生产运作能力可以成为企业的核心竞争能力,企业从中获得重要的竞争优势。生产运作战略的制定与实施,必须明确企业的生产运作能力,尤其是企业的核心能力。核心能力是企业独有的对竞争要素的获取能力,是企业在竞争中与竞争对手取得差异的能力。

生产运作能力取决于生产运作资源与生产运作过程。生产运作资源包括生产运作系统的技术资源、系统资源(机器、设备自动化系统与生产运作信息系统)、人力资源等。不可忽视核心能力,如 CISCO 公司拥有的核心技术,使它能够运用虚拟化制造模式,成为业界领袖;英特尔公司的核心技术及其不断创新的能力使它能够长期垄断 IT 业;日本家电企业拥有家用空调核心技术,如半导体芯片技术(日本的 NEC、三菱、东芝、日立都生产半导体芯片)使它具有绝对的竞争优势,而许多中国空调公司利用人力资源的优势选择贴牌生产(OEM)方式。生产运作过程可包括产品/服务研究与开发(R&D)过程、制造与分销过程(计算机集成制造过程、准时化制造过程、采购与销售等)、生产运作改善过程(如全面质量管理)等。生产运作能力的支撑平台是计算机集成制造系统(CIMS)或 ERP 系统,主要的支撑功能是财务管理、人力资源管理与企业信息管理等。当今 ERP 变得越来越重要,已经成为企业业务经营的主干平台。在这里,将生产运作信息系统部分视作重要的生产运作资源。

2. 生产运作策略

如何实现生产运作目标,贯彻生产运作战略,生产运作经理需要关注许多具体的决策问题,如产品/服务决策、工艺决策、设施产量决策、生产能力决策、质量决策、库存决策等,这就需要相应的生产运作策略。各个生产运作策略及生产运作策略与其他功能策略之间需要相互配合,共同构成统一的整体。

通常将生产运作策略分为两种:结构性策略与基础性策略。结构性策略指对生产运作设计活动、生产运作的基础结构产生影响的策略;基础性策略指影响生产运作系统计划与控制、供应链管理及生产运作改善的策略。在图 3.2 的生产运作战略框架中列出了主要的生产运作策略。

3. 信息化战略

企业战略与远景目标的确定基于对多种环境因素的智能理解,影响因素主要来自新经济时代企业面临的全球动态环境,如行业竞争压力、竞争者威胁、市场的变化与不确定性、产品的复杂性、客户的个性化需求与严格的交货期及技术、社会方面的因素。企业必须有效地运用知识,全面理解众多因素,以超前的意识"先发制人",做出先于竞争者的战略。为了实现企业目标,必须制定超前的信息化战略。信息化战略是生产运作战略的重要组成部分,既要支持现有企业战略,更要支持将来企业战略,信息化战略应该能够驱动企业业务战略,为企业带来新的利润增长点,扩充新的业务,以及从根本上改善客户服务、客户满意度,全面提高业务绩效,使企业能不断积累知识,增强敏捷化的战略能力,以迎接全球化与信息技术的挑战。

3.2.2 生产运作战略的过程

1. 生产运作战略的特点

局部战争的胜利需要战场指挥官制定并实施适时、灵活的战略战术,以应对战场上瞬息万变的局势，同时局部战争又要支持全局战争。同样，生产运作战略应充分体现企业战略在生产运作系统中的贯彻与实施策略，具有可执行性，生产运作战略是企业战略的重要组成部分；生产运作战略不能由远离一线的"后台文职人员"想象出来，生产运作战略需要从生产运作改善的累积效应中自下而上地发展起来，随着时间的流逝，在现实经验而非理论推断的基础上逐渐成形。因此生产运作战略应建立在客观的分析、创新技能及丰富的经验基础之上。生产运作战略是倡导连续性和渐进性改善经营理念的结果，反映了企业从经验中学习的能力，具有很强的针对性和可操作性，抓住了实践中的关键问题。生产运作战略影响着企业战略：一方面，一线管理者了解市场与现场，了解行业状况，能够从本质上分析问题；另一方面，战略的制定者又需要具有放眼未来的全局观念、概念能力与创新思维。因此，在企业生产运作实践中需要让一线管理者与战略制定者建立紧密的互动与平衡。

企业所处的环境是变化的，市场是变化的。生产运作战略必须以市场为导向，以顾客需求为根本出发点，需要适时做出调整。坚持过时的竞争规则就会失去顾客。生产运作战略需要权衡与决策，原因在于企业不可能同时满足所有的竞争要素，管理者必须进行权衡，以确定企业成功的关键竞争要素，并将企业资源集中于关键竞争要素。麦当劳提供了非常快速的服务，但只能是高度标准化的快速食品。Skinner 教授提出的"厂中厂"(plant-within-a-plant)策略，就是要在企业内建立具有不同竞争优势的生产线，每条生产线可作为一个工厂，具有独特的竞争优势，配备相应的工人，这样避免了生产运作战略的混乱，且可实现多种竞争要素。波士顿银行的个人服务部集中资源为贵宾提供全套的服务，以"银行中的银行"的方式为重要客户提供便捷的服务。索尼公司如果仍然致力于制造优质设备的技术，在产品生命周期越来越短的今天仍然坚守高定价策略，而不去感应新的全球电子市场的变化，必然会失去顾客。

企业还应充分关注核心能力，以核心能力为焦点，建立与顾客需求一致的生产运作战略。海尔集团聚焦于服务创新，海尔 CEO 张瑞敏认为核心竞争能力是在市场上可以赢得用户忠诚度的能力。海尔正是靠服务这一焦点创造了业界的一个又一个奇迹。

2. 生产运作战略过程

华为公司将公司远景定为"丰富人们的沟通和生活"，将公司使命定为："聚焦客户关注的挑战和压力，提供有竞争力的通信解决方案和服务，持续为客户创造最大价值。"华为公司制定了客户导向的业务生产运作战略，建立了客户导向的研发管理体系，即建立集成产品开发流程（IPD），缩短产品开发周期，快速准确地满足客户需求；建立了面向客户的业务生产运作系统——集成供应链，提高供应链的灵活性和快速反应能力，提高满足客户需求的能力，从而产生了许多客户化的解决方案，向顾客提供了客户化的网络解决方案、工程及服务。

现代生产运作系统要求生产运作战略始终要面向顾客，在产品/服务的生命周期全过程中研究不同顾客群体的需求，研究行业竞争者与市场跟进者的活动，确定竞争要素的相对重要性，确定生产运作系统的关键绩效目标的优先级，然后制定正确的生产运作策略。这是将市场需求转化为生产运作决策的一般过程。

确定竞争要素相对重要性的一种有效方法是区分订单赢得要素与订单资格要素。订单赢得要素是竞争的决定性因素，对赢得业务订单具有重要而直接的影响，它表示了公司产品/服务差异化的基本标准。

订单资格要素是"起码标准"，企业的产品/服务具备这一基本标准，才会成为顾客购买的对象，否则企业产品/服务没有资格进入市场。例如，克服国外市场的技术壁垒，仅仅是具备了进入国际市场的订单资格要素，家电产品要进入欧洲，必须满足欧洲市场的资格要求，符合 EMI 标准(家电产品要有抗电磁干扰的能力)等。

订单赢得要素与订单资格要素是不断变化的。在欧洲家电市场，达到 EMI 标准是订单资格要素，但是在中国市场，EMI 标准可能就是订单赢得要素。

表 3-2 表示了一般产品/服务生命周期各阶段顾客、竞争者特征、订单赢得要素与订单资格要素及生产运作系统采用的绩效目标。

表 3-2 产品/服务生命周期各阶段竞争要素与经营目标

产品/服务生命周期	导入期	成长期	成熟期	衰退期
顾客	喜好创新的顾客	紧追潮流的顾客	普通大众	落伍的顾客
竞争者	很少或没有	数量不断增加	数量稳定,不再增加	数量减少
订单赢得要素	产品特性、功能、新颖性	优质产品的可获得性	低价格、可靠供应	低价格
订单资格要素	质量、品种范围	价格、品种范围	品种范围、质量	可靠供应
生产运作系统关键绩效目标	柔性、质量	速度、可靠性、质量、成本	成本、可靠性、柔性	成本、可靠性

生产运作战略过程中除了考虑顾客的需求与竞争要素外，还要考虑企业的发展战略，因为企业的发展战略决定了企业的未来定位。

企业发展战略基于对顾客需求与市场机遇的判断。如有些公司将其最重要的客户视为公司制定发展战略的伙伴，为了满足重要客户的需求，公司会采取重要的战略行动，如收购、兼并等。CISCO 公司并购一些小的新技术公司就是为了满足个别大客户的需求。企业战略转型的变化背后，就是组织的变革、企业的整合与业务过程的调整。在企业整合与过程重整中，ERP 信息化系统的快速整合关系到整个系统整合的速度，也直接关系到系统整合后生产运作的绩效。

3.2.3 生产运作战略内容

生产运作战略主要包括两个方面内容：生产运作的总体策略，生产运作系统的设计。

1. 生产运作的总体策略

生产运作的总体策略通常有 5 种。

1) 自制或购买

这是首先要决定的问题。如果决定制造某种产品或由本企业提供某种服务，则需要建造相应的设施，采购所需要的设备，配备相应的工人、技术人员和管理人员。自制或购买决策有不同的层次。如果在产品级决策，则影响到企业的性质。产品自制，则需要建一个制造厂；产品外购，则需要设立一个经销公司。如果只在产品装配阶段自制，则只需要建造一个总装配厂，然后寻找零部件供应厂家。由于社会分工可以大大提高效率，加上当前外界环境变化的加剧，顾客需求日益个性化以及竞争白热化，企业只有集中特定的资源从事某项业务，将不擅长的业务外包，才能形成竞争优势，在进行自制或购买决策时，能够购买的零部件就不要自制。对实行专业化战略的企业是这样，对实行多元化战略的企业也是这样。多元化并不等于"大而全"，提供多种产品和服务也并不需要每项业务都由本企业来做。

2）低成本和大批量

早期福特汽车公司就是采用这种策略。在零售业，沃尔玛也是采取这种策略。采用这种策略需要选择标准化的产品或服务，即具有共性的产品或服务，而不是顾客个性化的产品和服务。这种策略往往需要高的投资来购买专用高效设备，如同福特汽车公司当年建造T型车生产线一样。需要注意的是，这种策略应该用于需求量很大的产品或服务。只要市场需求量大，采用低成本和大批量的策略就可以战胜竞争对手，取得成功，尤其在居民消费水平不高的国家或地区。

3）多品种和小批量

对于顾客个性化的产品和服务，只能采取多品种和小批量生产运作策略。当今世界消费多样化、个性化，企业只有采用这种策略才能有出路。但是多品种小批量生产的效率难以提高，对大众化的产品不应该采取这种策略。否则，遇到采用低成本和大批量策略的企业，就没有竞争优势。

4）高质量

质量问题日益重要，无论是采取低成本大批量策略还是多品种小批量策略，都必须保证质量。在当今世界，价廉质劣的产品是没有销路的。

5）混合策略

将上述几种策略综合运用，实现多品种、低成本、高质量，可以取得竞争优势。现在人们提出的"大量定制生产"或称"顾客化大量生产"，既可以满足用户较多种类的需求，又具有大量生产的高效率，是一种新的生产方式。

2. 生产运作系统的设计

生产运作系统的设计，又称生产运作系统的构建，主要包括企业选址与布局、产品与服务设计、工作设计等。详细的内容见第2篇的各章节。

本 章 小 结

战略管理是企业管理工作的重要组成部分，是企业各项管理工作的起点。生产运作战略是企业战略的重要职能战略之一。3.1节介绍了战略管理理论的演进历程、战略管理的过程、内外部分析与战略选择；3.2节阐述了生产运作战略，主要包括生产运作战略的框架、生产运作战略的过程和生产运作战略的内容。

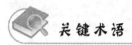

关键术语

企业战略　生产运作战略　企业文化　成本领先战略　差异化战略

习　题

一、判断题

1. 1980年，波特提出了SWOT分析法进行企业战略分析。（　）
2. 制造业有战略和战略管理问题，而服务业由于行业特点，并不需要战略管理。（　）
3. 行业环境对企业战略的影响最大、最直接。（　）
4. 垂直一体化战略具有成本低、产品质量高的优势。（　）
5. 生产运作战略需要从生产运作改善的积累效应中自下而上地发展起来。（　）
6. 对实行多元化战略的企业来说，在进行自制或购买决策时，能够自制的就不要购买。（　）
7. 生产运作战略内容制定具体的生产运作决策的过程与方式。（　）

二、单选题

1. 下列不属于行业环境包括的内容是（　）。
   A. 替代品的威胁　　　　　　　　B. 科技因素
   C. 行业内企业的竞争　　　　　　D. 新加入者的威胁
2. 投入转换成产出的一系列活动中，属于支援活动的是（　）。
   A. 生产　　　　B. 采购　　　　C. 营销　　　　D. 招聘
3. 下列不是波特教授提出的经营战略的是（　）。
   A. 供应链战略　　　　　　　　　B. 成本领先战略
   C. 差异化战略　　　　　　　　　D. 集中一点战略
4. 下列哪个不属于生产运作战略框架（　）。
   A. 生产运作目标　　　　　　　　B. 生产运作战略过程
   C. 生产运作能力　　　　　　　　D. 生产运作策略
5. 生产运作总体策略不包括（　）。
   A. 高质量　　　　　　　　　　　B. 自制或购买
   C. 低成本和大批量　　　　　　　D. 快速响应市场需求

三、简述题

1. 什么是企业战略和战略管理？
2. 企业总体战略、经营战略与职能战略之间有什么联系？
3. 从战略管理理论的演进中能得到什么启示？
4. 生产运作战略如何保证经营战略的实现？

第3章 生产运作战略

5. 生产运作总体策略包含哪些内容？
6. 产品选择需要考虑哪些因素？
7. 在产品或服务的开发与设计方面有哪些策略？
8. 生产运作系统设计有哪些重要决策？
9. 举例说明你所熟悉的企业或某一组织的生产运作战略的形成过程。
10. 访问摩托罗拉公司网站，阐述摩托罗拉的竞争优势及当前的生产运作战略。

案例研究

战略决策：联邦快递将IT"投"得更准

就像自己的老本行一样，联邦快递公司正试图将自己庞大的IT预算更准确地"投递"，以求用最少的钱办更多的事。

浙江大学的小陈最近正在申请去美国留学，要向美国的十几所大学寄出申请材料。

小陈叫上出租车前往位于杭州机场路的联邦快递公司（Federal Express）的杭州操作站，到了之后他才发现"犯了个愚蠢的错误"。原来，联邦快递公司对于个人客户也是可以上门收件的。虽然花了一些冤枉钱，而且195元的价格也让他觉得有些贵，但小陈还是有点意外惊喜。"听他们说，包裹下午2点发出，第二天就可以到美国，而且我可以根据收条上的12位包裹号码去联邦快递公司的网站随时追踪包裹的状态。"小陈说。

一个看似简单的在线查询业务使得小陈觉得更放心，但每天投递600万个包裹的联邦快递公司为此付出的却是上亿美元的IT投入，综合了无线手持设备、通用无线分组业务（gerneral packer radio service, GPRS）、蓝牙等创新技术。联邦快递公司在IT上的持续投入源于创始人、主席兼首席执行官（CEO）弗雷德里克·W. 史密斯（Frederick W. Smith）一贯坚持的理念：一个包裹的信息和这个包裹的运输同样重要。

客户对服务的期望越来越高，但他们同时也要求投递成本越来越低。这对联邦快递公司的IT系统提出了很大挑战。在这种背景下，2003年，联邦快递公司首席信息官（CIO）罗布·卡特（Rob Carter）提出了一项名为"6×6"的IT计划。在保持每年投入10亿美元、不增加额外IT预算的情况下，在3年的时间内，完成6个跨业务与IT的项目。2006年是6×6计划的结束之年，在计划实施2年后的2005财年，联邦快递公司的快递业务增长了18%，达到195亿美元。就像自己的老本行一样，联邦快递公司正试图将自己庞大的IT预算更准确地"投递"，以求用最少的钱办更多的事。

1. 产品最优先

"我们坚持从产品角度来制定IT策略"，领导着中国区50多名IT人员的联邦快递公司亚太区副总裁兼首席资讯总监莲达·C. 柏勤（Linda C. Brigance）说："我们并不是单纯从IT角度来考虑而进行IT建设。"产品在联邦快递公司的IT战略中占据最优先的地位。

将需要进行的项目列出来进行重要性排序，是联邦快递公司化繁为简的方法，这对于避免IT力量的盲目无序投入十分有用。柏勤举了一个例子：人力资源部可能仅仅有一个项目，它需要5种资源并花费8个月的时间完成，而另一个改善客户服务的项目可能需要更长时间，但是它为客户提供更多的利益。6×6计划的目标之一就是使IT的花费能够提高客户满意度。

这样分析的前提是IT人员对业务要熟悉。联邦快递公司CIO卡特在董事会中占据一席之地，6×6计划要求IT人员到公司不同的岗位去工作6～12个月，实现IT与业务的交叉。

从产品角度制定IT策略，也使得联邦快递公司的IT投入与客户的利益更紧密地结合起来。柏勤说："我们从客户那里学到了很多东西，我们可以看到哪些服务非常受欢迎，然后利用IT这个重要工具进行改进。"通用汽车公司（GM）副总裁兼CIO拉尔夫·斯金达（Ralph Szygenda）说："我也希望联邦快递公司的6×6计划能够成功，因为这对通用汽车公司有好处。"联邦快递公司已经成为通用汽车公司零部件供应链上的一个关键环节。"汽车工业有着世界上最精巧的供应链,"斯金达说,"我们在全世界都采用了即时生产(Just In Time, JIT)的生产方式,如果文件和零部件不能及时投递的话,会产生巨大的影响,我们花了上亿美元与联邦快递公司合作,如果没有一个好的IT保证,我们不会这么做。"

2. 系统求标准

在中国上海,联邦快递公司的IT部门与在美国孟菲斯(Memphis)的总部执行全球统一信息系统标准。这些标准不仅包括了统一的系统开发流程、应用软件标准,甚至连PC都是统一的。

因为核心业务的一致性,建立一个全球统一的高度标准化的IT系统对于联邦快递公司来说不仅节约了成本,而且效率更高。柏勤说:"同一种解决方案用在某一台计算机上很好,但是到另一台计算机、另一个操作系统上,结果可能就会不一样。联邦快递公司全球标准化的部署保证了不论在哪个地区,我们在使用或是测试某种软件时,环境是一致的,因此能得到同样的结果。"虽然灵活的本地化采购可能价格更低,但后续维护系统的成本却会更大。作为一个员工众多而且业务规模相当大的区域,柏勤认为联邦快递公司中国区"在标准化上给予了公司很大的支持。"

标准化的另一个好处是保证客户和内部用户能够拥有统一的信息来源。比如运货应用系统(shipment application)使用毕益辉系统公司(BEA)的WebLogic Server 8.1中间件,运行在Linux服务器上,把联邦快递公司每个业务部门的运货系统都联系在一起。而2005年10月新部署的一个客户端的应用系统,也使用了同样的组件,使他们能够保持一致,在财务信息上,他们都使用统一的平台。"这使得资源的分配很明确,"J. P. 摩根大通公司前CIO 丹尼斯·欧莱瑞(Denis O'Leary)说:"虽然不同的部门有不同的需求,但他们能使用共同的组件。"

3. 技术审慎用

2005年,联邦快递公司在中国推出了基于GPRS技术的"掌上宝"——无线掌上快件信息处理系统,通过它来追踪包裹递送状态,缩短取件时间,中国成为联邦快递公司内部首个运用此项先进技术的国家。不仅如此,联邦快递公司的中国快递员们还与全球其他数万名快递员一样,使用着叫做"FedEx PowerPad"的手持设备,在取件过程中,他们可以通过蓝牙扫描器获得包裹信息,这比他们原来采用的手持机与数据槽相连的方式每件减少了约10分钟。

物流作为无线等新技术应用的热门行业,如何不失时机地应用新兴技术提高服务水平已经成为竞争的关键,这也是卡特和柏勤不得不面对的问题。虽然卡特以新技术的拥趸而著称,1999年,无线网络技术刚面世不久,联邦快递公司就进行了应用部署。但是对于哪些技术可以大规模引入,联邦快递公司仍然相当审慎。

"我们希望引入那些已经成熟而且商品化的新技术",柏勤说,"例如刚刚在中国和中国香港成功实施的GPRS技术。"在有了这两地成功实施的经验,今年,GPRS技术将被联邦快递公司推广到新加坡、澳大利亚、日本等地方。而对于一些尚有风险的项目,如无线射频识别(RFID)技术,即使在竞争对手TNT集团已经建成了全球第一条投入实际使用的RFID运输线路的情况下,联邦快递公司仍然持谨慎态度。虽然联邦快递公司在美国已经对一些集装箱的跟踪进行了小规模的RFID部署,但大规模部署尚未展开。

联邦快递公司目前重点推出的还是网上查询、电子邮件通知等看上去不那么新鲜刺激的服务。柏勤解释说:"我们一直试图从客户的角度去考虑他们希望以何种形式得到服务,而不是追求最新的技术。"

资料来源:《信息周刊》杂志

问题:

1. 分析IT系统在联邦快递公司的营运中的重要作用。
2. 联邦快递公司发展对新技术的应用有何要求?为什么?
3. 联邦快递公司的运营策略突出了该公司的哪些竞争优势?

第2篇

生产运作系统的设计

第4章 企业选址

教学要求

通过本章的学习，要达到以下目的：
(1) 了解企业选址的概念；
(2) 掌握企业选址的主要影响因素；
(3) 了解制造业与服务业在选址上的差异；
(4) 掌握企业选址常用的方法。

引 例

请关注以下与选址有关的现象：
(1) 生产蔗糖的企业主要集中在广西。
(2) 丰田公司的主要供货厂商将总部设在丰田城内，丰田城临近大小协作厂商数量达到1 000多家。
(3) 高新技术开发区（企业）都建在教育和科技发达的城市。
(4) 外国企业纷纷在中国建厂。
(5) 早期的军工企业以及二汽等单位把企业建在偏僻的山区。
(6) 许多超市都搞连锁。
(7) 柳州的自行车都生锈。
……
这样的情形可以罗列成百上千，有成功的经验，也有失败的教训，其背后都代表了不同企业选址决策的差异性。

4.1 企业选址及其影响因素分析

4.1.1 企业选址的基本问题及其重要性

企业选址即设施选址。
设施（facility）：生产运作的硬件系统，包括厂房、车间、仓库、营业场所等。

设施选址是指如何运用科学的方法决定设施的地理位置，使之与企业的整体经营运作系统有机结合，以便有效、经济地达到企业的经营目的。

设施选址需要解决的基本问题有两个，即选位与定址。选位是指在宏观上将设施选在什么区域，如某个国家的某个地区的某个城市。在区域的选择上不要狭隘地局限在特定的范围，应有大局观，放眼世界。随着我国加入WTO和世界经济一体化的发展趋势，世界上的每一个地区都是设施选择的候选地址，只有这样才能确保我们的选择是全局最优，而不是局部最优。定址是指在选位的基础上确定具体的地理位置，可以量化到具体的经纬度或城市街道的门牌号，如给一汽大众配套的旭阳毯业公司位于长春市净月大街495号。

对于企业而言，设施选址是构建或续建生产系统的第一步，同样也是最重要的一步。之所以说重要是因为一旦选址确定，就像一个婴儿降临到这个世界上，其很多特征是先天性的，后天无法改变。对于一个确定的厂址，许多成本就会沉淀为固定成本，难以消减，也难以改变。例如，二汽当年在建设时，其选址的原则是"靠山、分散、隐蔽"，以满足战备的需要，多方比较之后，最后定址在湖北的十堰（当时只有几间茅草屋），其各个分厂也在不同的山沟里，显然其物流成本高就是先天性的，无论采用什么样的措施也无法达到其他企业的水平。选址对企业的影响是多方面的，除了直接影响运作费用、产品成本之外，对销售和质量等也会有影响。因此，在进行设施选址时，必须认真研究，谨慎决策。

另外，除新建企业的设施选址问题以外，还涉及企业的改扩建或迁址。如近年来欧美等发达国家的企业纷纷把生产厂，甚至公司总部迁往郊区或农村地区，一方面是利用农村丰富而廉价的劳动力资源和土地资源扩大再生产或降低生产成本，另一方面是为了避开大城市高昂的生活费用、城市污染等。在我国，随着经济的快速发展和城市建设的需要，许多企业从城市迁至郊区或更远的地方，都面临重新选址的问题。

4.1.2 企业选址的影响因素

设施选址的影响因素分为两大类：选位影响因素和定址影响因素，其中选位又可以分为国家和地区或城市两部分。表4-1列出了其部分影响因素。

1. 选择国家的影响因素

随着经济的全球化，企业的生产基地和市场也会遍布全球，选址工作变为以下内容。

(1) 追求生产运作资源的最优配置，即运作成本力求最低（劳动力、物料、运作技术等），要求在全球范围内以优势生产要素进行合作。

(2) 寻求潜在的市场，进入并扩大其份额。20世纪80年代，外国企业纷纷开始在我国以合资或独资的形式建厂，而我国的企业走出国门仅仅是近10年的事。现在企业在进行选址决策时，其程序应是选择从哪个国家投资开始，表4-1给出了选择国家时应考虑的主要因素。政局稳定非常重要，战火纷飞的伊拉克不会是企业尝试国外投资建厂的首选国家。汇率有时也会左右企业在他国的选址，有些企业会利用有利的汇率向某个国家转移工厂或出口产品，然而外币的价值在许多国家都是在不断地升降，也许今天的汇率使企业选择了在那个国家投资最佳，但若干年后因汇率的变化使当时的决策变为最大的败笔。运作实例4-1的"德国大众辟谣"就是汇率在作怪的结果。当然表4-1列出的其他因素也是必须考虑的。

第4章 企业选址

表4-1 影响选址的部分因素

选址类别		影响因素
选位	国家	政局的稳定性
		政府政策与鼓励措施
		经济与文化、宗教信仰
		汇率
	地区或城市	地区政策
		目标市场
		原材料供应地
		运输条件
		与协作厂家的相对位置
		劳动力资源
		气候条件
		基础设施条件
定址		场所大小和成本
		可扩展的条件
		地质条件
		周边环境

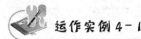

运作实例 4-1

德国大众辟谣：在华投资未减少

对于大众汽车将减少在华投资的"流言"，大众汽车（中国）投资有限公司回应称，在华投资额"变小"，全因汇率变化。

大众汽车集团有关人士表示，大众汽车集团董事长毕睿德博士于2004年1月29日在德国埃森举办的一次汽车研讨会上谈到了欧元汇率上升的问题。某国际通讯社在当天发出的报道中，将毕睿德博士的有关发言内容，错误地理解为大众汽车集团将减少在中国10亿欧元的投资。

大众汽车称，在去年大众汽车集团初次公布该投资计划时，投资总额按当时的汇率计算约为60亿欧元，是由于人民币与美元之间保持固定汇率，而最近数月以来，欧元对美元的汇率大幅上涨（25％以上），致使大众汽车集团在中国计划的投资总额按目前的汇率折算相当于50亿欧元。

尽管如此，大众汽车集团表示，人民币的外汇汇率变化并没有改变大众汽车集团在中国的投资计划，按目前计划，大众汽车集团的投资资金主要来源于在中国的两家合资企业的自有资金，在宣布投资计划时使用欧元，主要是为了方便外国的投资者和读者的阅读与理解。

由于汇率变化引起的以欧元计算的投资额的变化，既不意味着大众汽车集团及其合资企业在投资过程中可以节省资金，更不意味着大众汽车集团公司削减了投资计划。

资料来源：http://finance.sina.com.cn 2004年02月17日

2. 选择地区或城市的影响因素

一旦一个企业决定了在哪个国家投资建厂，下一步就要决定将企业设在哪个地区或城市，此时所涉及的主要影响因素具体如下。

1) 地区政策

在某些地区投资建厂，会得到一些政策或法规上的优惠待遇。在其他条件差不多的情况下，政策就会成为选址决策的主要选择。如梅赛德斯-奔驰汽车公司1993年决定在美国建立第一个海外工厂时，先后用一年的时间对美国30个州的170个候选地址进行分析研究，比较各自的优势与劣势，最后决定将工厂设在阿拉巴马州的旺斯。之所以做出这样的决定是因为该州计划给奔驰公司3亿美元的免税优惠待遇（注：实际的结果是2.53亿美元，见运作实例4-2)，鼓励建厂。在我国，深圳等经济特区，各地的经济开发区、高新技术开发区等均有很优厚的政策待遇来吸引海内外的投资者投资办企业。

运作实例4-2

阿拉巴马州花了多少才赢得汽车工业的基地

1993年，阿拉巴马州说服梅赛德斯-奔驰公司在旺斯市建立该公司在美国的第一家汽车厂，而该州为这家豪华汽车制造商提供价值2.53亿美元的激励措施，这相当于梅赛德斯-奔驰公司为该州提供一个工作岗位，该州就奖励169 000美元。

为此，纳税人认为这桩交易是在浪费纳税人的钱，他们就一致投票让州长下台。现在，阿拉巴马州有84 000个与汽车相关的工作岗位，这个交易看起来更像一种讨价还价，说明支付数百万纳税人的钱来吸引大雇主的行为有时能够得到很大的回报。

梅赛德斯-奔驰公司为旺斯市提供了1 500个工作岗位，大大超过了当初的承诺。2005年，工厂人数扩大到了4 000人。

2001年，本田在梅赛德斯工厂以东70英里处开设了一家新厂生产奥德赛小型货车。丰田汽车公司在该州的亨茨维尔附近的工厂于2002年开始生产发动机。这两家汽车制造商也得到了奖励。

为了巩固阿拉巴马州作为南方最繁忙的汽车制造中心的名声，韩国的现代汽车公司在蒙哥马利附近选择了一个地方建设其在美国的第一家汽车装配厂。该工厂在2005年投入生产，雇佣了200名工人，每年可以制造300 000辆轿车和多功能运动车。

这个州付出的比得到的多吗？这也是许多经济学家议论的问题。以前反对提供激励措施的人现在都认为，制造商的到来预示着"阿拉巴马州新的一天"到来了。

资料来源：杰伊·海泽等.运作管理.8版.北京：中国人民大学出版社，2006.380～381.

2) 目标市场

设施位于或邻近目标市场的显而易见的好处是有利于产品投放市场和物流成本的降低，制造业如此，服务业更是如此。

服务业一般位于其服务地区的中心位置附近，如饭店、商店、超市、干洗店、社区医院、银行等。由于服务业的企业提供的产品和服务与竞争对手相似，因此主要靠便利性吸引顾客。遍布城镇乃至农村各个角落的小卖部之所以能生存，靠的就是其便利性。另外，服务业与制造业的一个显著区别是其有一个服务半径（或区域）的限制。引例中提到的"许多超市都搞连锁"，不单单是扩大规模的问题，如果仅仅是规模问题完全可以建一个大超市就解决了，更主要的是扩大服务区域和覆盖更多消费群体的问题。沃尔玛在世界各国的主要城市设立连锁超市，甚至在一个城市设立几家超市就是最好的例证。

制造业选址接近目标市场也是不乏实例。如外国企业在中国投资建厂，除了利用中国的劳动力等资源外，其产品也就进入了中国市场。可口可乐和百事可乐在中国的许多城市设立灌装厂，同时划定各自的销售地区，就是将目标市场细分，减少运输成本。

3）原材料供应地

设施位于或邻近原材料产地一般是3个因素决定的：一是必要性，如采矿业、农场、林场和渔业等，这是由资源位置所决定的；二是易损坏性，如从事新鲜水果或蔬菜的制冷保鲜或罐头生产、奶产品的加工等行业的企业，必须考虑原料的易腐烂性；三是运输成本，对于那些原材料在加工过程中体积会缩小进而使其产品或材料运输成本减少的行业，靠近产地也是很有必要，如钢铁冶炼、炼铝、造纸，以及引例中提及的蔗糖的生产。

4）运输条件

当设施由于特殊的原因不能接近原材料或目标市场时，交通便利的运输条件就显得非常重要。根据产品、零部件及原材料的运输特点，设施选址应选择邻近铁路、港口或高速公路等运输条件较好的地区。引例提到的"早期的军工企业以及二汽等单位把企业建在偏僻的山区"近些年也有所变化，如许多军转民的企业也纷纷迁出大山，选址至城市附近，二汽也把二次创业的总部设在武汉。当然，促使这些变化，运输条件只是其因素之一。

5）与协作厂家的相对位置

由于产业链的关系，许多企业与其上下游的企业关系密切。汽车行业的主机厂与零部件生产厂（配套厂）就是有着千丝万缕的关系，这些配套厂家大多也都建在主机厂附近，形成了以主机厂为核心的汽车城，如美国的底特律市、日本的丰田市、中国的长春市等。需要说明的是，这种产业的布局是一种由强势企业（主机厂）对弱势企业（配套厂家）之间不平等的霸王条款的结果所致。主机厂普遍采用零部件的准时采购以降低采购成本，变相地将配套厂家变成主机厂的免费仓库。但配套厂家为了自己的生存与发展，不得不满足这样的要求，这也可以看作是"双赢"。运作实例4-3就是配套厂家应主机厂的采购要求的异地迁址。

运作实例4-3

英利公司迁往长春朝阳区的经济开发区

英利公司是我国台湾独资企业，于1991年在黑龙江省哈尔滨市注册建厂，当时主要的产品是汽车安全带等汽车零部件，供应当地及国内的一些汽车厂家。从1994年开始主要为一汽大众、一汽轿车等主机厂配套。随着这些主机厂商逐步实施准时采购，要求配套厂家每天按装车数小批量发货，甚至送至工位，该企业越来越难以适应这样的要求。另外，这些外资企业的国产化进展迅速，配套厂家面临扩大再生产的发展机遇。于是英利公司于2001年迁至长春朝阳区的经济开发区，满足了主机厂商对准时采购在地域上的要求，该企业也得到了长足的发展。目前英利公司同时给一汽大众的奥迪、宝来、捷达等轿车和一汽轿车的马自达等轿车配套，品种达到200多种，年产值3.5亿元。

资料来源：根据《英利公司咨询报告》整理

6) 劳动力资源

劳动力资源需要考虑的因素是：劳动力的成本和可得性、地区的薪资水平、劳动力的生产率及其对工作的态度，以及工会是否是一个潜在的问题等。

劳动力成本对于劳动密集型产业非常重要，外资企业进入中国时主要考虑其廉价的劳动力。当然如果仅仅考虑低工资而忽视劳动生产率也是不可行的，这是因为单位产品的人工成本是小时工资率与劳动生产率之比。例如 A 企业生产 1.5 个产品的工资为 15 元，B 企业生产 1 个产品的工资为 12 元，相比之下 A 企业的单位产品的人工成本为 10 元，低于 B 企业的 12 元。另外，运作实例 4-4 也是很好的证明。

运作实例 4-4

优质线圈公司撤出墨西哥泥潭

优质线圈公司(Quality Coils)的总裁伊斯·吉布森在考察墨西哥的薪资水平时认为，墨西哥的低工资可以大大降低产品的人工成本，进而给企业带来可观的利润。于是该公司在美国南方设立总部，关闭了在康涅狄格州的一家工厂，在墨西哥的华雷斯设置新厂，当地的薪资水平仅仅是美国本土的 1/3。吉布森说："所有的数据表明，我们应该撤离康涅狄格。"

然而，在墨西哥经营的 4 年中，公司已到了倒闭的边缘。公司每年都在亏损，雇员的缺勤率极高，劳动生产率很低，加之异地管理带来的诸多问题击垮了吉布森，最后他决定撤离华雷斯这个泥潭。

该公司撤回了美国，重新雇用原来的员工。这次投资经历使吉布森认识到这样的现实：在华雷斯需要 3 个人做的工作在康涅狄格只需一人就能完成。

资料来源：Wall Street Journal(September 15, 1993)；A—1 and CFO Vol10(March 1994)：63—65.

不同的企业对劳动力资源的需求也不一样，引例中提到的"高新技术开发区（企业）都建在教育和科技发达的城市"，就是因为高新技术企业对员工的受教育水平和知识结构有特殊的要求，只有在教育和科技发达的城市才易获得这样的劳动力资源。

在国外，工会有时也会成为左右选址的主要因素，美国通用汽车 1982 年决定建立一新的轿车厂时，确定了 20 个州的近千个候选地址，列举了 60 个影响因素，最后选在了田纳西州的春山市。这次选址决策把"当地工会的态度"列为主要影响因素，排在运输成本、与供应商的相对位置、生活条件等因素之前。

7) 气候条件

根据产品的特点，有时需要考虑温度、湿度、气压等气候因素对生产的影响。如德国大众在大连投资的发动机厂临海而建，但由于当地气候过于潮湿，许多发动机零件在生产或存放过程中极易锈蚀，无奈只好再投资 1 000 多万元将主要车间封闭并安装中央空调，增加了企业的运作成本。

8) 基础设施条件

基础设施主要是指企业生产运作所需的外部条件，一般指"七通一平"，七通是指邮通、上下水通、路通、电信通、煤气通、电通、热力通，一平是指场地平整。基础设施建设是给投资者提供建厂开店的便利条件，是"筑巢引凤"的基本前提。如成立于 1992 年的长春经济开发区，建区初期并没有急于招商引资，而是在最短的时间内完成区内主要基础设施建设，实现"七通一平"，国内外投资商随之纷至沓来，开发区进入了快速发展时期，综合指标在 49 个国家级开发区中位居前 10 强。

3. 定址的影响因素

1) 场所大小和成本

一般来讲，在特定的区域，场所的大小与建设成本呈正比关系。但地域不同，用地价格差异颇大，建设成本也就不同。

服务业由于要求接近客户群体，一般把交通流量和便利性作为最先考虑的因素，因此服务业大多选址在城市的繁华或交通便利的地段、居民区附近，且店面不大（极少数有实力的大公司除外）。制造业一般不会选在繁华的闹市，因为其地价昂贵，还有环保等问题，所以常定址在城市的郊区，甚至在农村。

2) 周边环境

所选位置能否为职工提供住房、娱乐、生活服务、交通和子女教育等良好的条件。

3) 地质条件

如地面是否平整，地质是否能满足未来设施的载重等方面的要求。

4) 可扩展的条件

在当今的市场需求多变、竞争激烈和科技发展迅速的环境下，企业未来的发展存在很多不确定性。因此在开始建厂时应当考虑企业较长期的发展规划，在空间上留有一定的余地。另外，一些企业受资金的限制，不能一次到位，需要分期建设，在确定具体位置和空间时，要做好总体规划，以便有计划地分步实施。

另外，还有其他因素，如环保要求越来越受到重视，很多地区环保不达标都被一票否决。引例中提到的柳州自行车生锈的问题，实际上是柳州钢铁公司选址不当引起柳州下酸雨的产生结果。

4.2 企业选址的主要方法

前节介绍了企业选址过程中应考虑的因素，实际上不同的候选地址各有优势与劣势，很难简单地决定最佳的选址方案，因此，在选址的过程中需要采用相应的方法。

4.2.1 因素评分法

本方法的基本思想是定性问题定量化。

影响设施选址的因素很多，其中有些因素可以定量计算，如物流的运量和成本，而多数因素不能定量，如劳动力资源、气候条件等。因素分析法就是对定性的选址影响因素，采用主观打分的方法将其量化，再转为采用定量分析的方法进行处理。该方法的主要步骤如下。

(1) 选择有关因素。

(2) 赋予每个因素一个权重，以此显示它与所有其他因素相比的重要性。各因素权重总和为 1.00(100%)。

(3) 给所有因素确定一个统一的数值范围(0~10 或 0~100)。

(4) 对每一待选地点按满足各因素的程度分别评分。

(5) 把每一因素的得分与其权重相乘，再把各因素乘积值相加得到待选地点的总分。

(6) 选择综合得分最高的地点。

注意： 选址时通常由多名专家同时评分，为保证数据的客观性，可去掉一个最高分和一个最低分，再取平均值。

【**范例4-1**】一家摄影公司打算开一家分店，有两个地点可供选择。影响因素见表4-2，试确定适宜的地点。

表4-2 权重、得分及结果

影响因素	权重	得分		权重×得分	
		地点A	地点B	地点A	地点B
邻近已有摄影店	0.10	100	60	10.0	6.0
地点繁华交通便利	0.05	80	80	4.0	4.0
房屋租金	0.40	70	90	28.0	36.0
面积大小	0.10	86	92	8.6	9.2
店面布局	0.20	40	70	8.0	14.0
运营成本	0.15	80	90	12.0	13.5
合　计	1.00			70.6	82.7

显然地点B优于地点A，选择地点B为分店地址。

有时该方法还可以简化，权重按分值给出，评分只设几个等级，汇总权重与得分的乘积，选择分值最高的为最佳方案，见范例4-2。

【**范例4-2**】某汽车零部件公司在选址时确定了4个候选厂址，选定8个影响因素，权重及打分情况见表4-3。

表4-3 影响因素与评分结果

影响因素	权重	候选厂址(得分)			
		A	B	C	D
劳动力资源	7	2	3	4	1
原材料供应	3	4	4	2	4
目标市场	6	4	2	3	4
基础设施	4	1	1	3	4
生活条件	6	1	1	2	4
气候条件	5	3	4	3	2
环境保护	4	2	3	4	1
可扩展余地	1	4	4	2	1
合计(权重×得分)		87	91	106	98

计算结果：选定厂址C。

4.2.2 量本利定址分析法

量本利定址分析法，即产量-成本-利润定址分析方法，该方法是一种定量的分析方法，用来对多个选址方案进行经济性比较，可以利用模型，也可用图表实现。

主要步骤：
(1) 确定每一备选地点的固定成本和变动成本。
(2) 在同一张图表上绘出各地点的总成本线。
(3) 确定在某一预定的产量水平上，哪一地点的总成本最少或哪一地点的利润最高。

基本假设：
(1) 产量在一定范围内时，固定成本不变。
(2) 可变成本在一定范围内与产量成正比。
(3) 只有一种产品。

数学模型为

$$C = F + C_v \times Q$$

式中　C——总成本；
　　　F——固定成本；
　　　C_v——单位变动成本；
　　　Q——产量。

图 4.1 中 S 为销售收入，且

$$S = w \times Q$$

w 为单价，显然有下列关系成立：

$$Q_0 = \frac{F}{w - C_v}$$

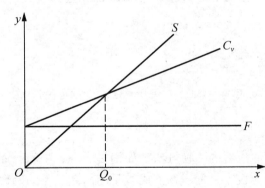

图 4.1　量本利分析示意图

Q_0 即为盈亏平衡点，在该点收入等于总成本，企业不盈利也不亏损。

当然量本利定址分析法并没有涉及盈亏平衡点的计算，仅仅是比较不同方案的总成本。

【范例 4-3】一家电子玩具制造商拟在长春、吉林和四平 3 个城市中选择一个建新厂。经考察，3 个地点的年固定成本分别为 250 000 元、100 000 元和 150 000 元，单位产品的变动成本分别为 11 元、30 元和 20 元，预计产品年产量 8 000 个，售价 60 元。请选择最佳的厂址，预期利润多少？

解：

根据所给信息可以绘制不同地址的总成本线，如图4.2所示。

由图4.2可以看出，3个候选地址总成本最低的区间不同，吉林的总成本最低区间在[0，5 000]，四平的总成本最低区间在[5 000，11 000]，长春的总成本最低区间在11 000以上。按年产量8 000个的计划，四平为最佳的选择。如果列式计算也可以得出同样的结果。

(1) 如果在长春建厂：

总成本＝(250 000＋11×8 000)元＝338 000元

(2) 如果在吉林建厂：

总成本＝(100 000＋30×8 000)元＝350 000元

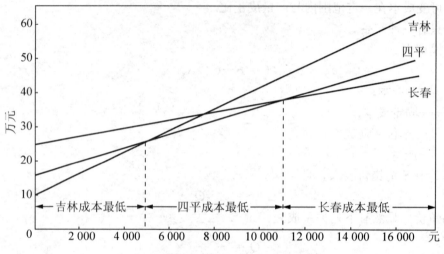

图4.2 候选厂址总成本线示意图

(3) 如果在四平建厂：

总成本＝(150 000＋20×8 000)元＝310 000元

可见四平的总成本最低。

预期利润＝总收入－总成本＝(60×8 000－310 000)元＝170 000元

4.2.3 重心法

重心法是确定物流中心位置的一种方法，如销售中心、中间仓库或分销仓库、超市的配送中心等，用以追求物流成本最低。物流成本是距离和运量的函数。

重心法的基本思路是：建立坐标系，并标出各个相关地点的位置，最后利用如下公式确定重心，即新设施的坐标。

$$C_x = \frac{\sum d_{ix} V_i}{\sum V_i}$$

$$C_y = \frac{\sum d_{iy} V_i}{\sum V_i}$$

式中　C_x——重心的 x 轴坐标；
　　　C_y——重心的 y 轴坐标；
　　　d_{ix}——地址 i 的 x 坐标；
　　　d_{iy}——地址 i 的 y 坐标；
　　　V_i——第 i 点的运出或运入货物量。

【范例 4-4】 国内某著名的体育用品公司在华北地区的北京、天津、唐山、沧州和石家庄设有分店，每个分店的商品平均月销量见表 4-4。

表 4-4　各分店的平均月销量

分店位置	商品销量（标准集装箱）
北京	220
天津	150
唐山	80
沧州	70
石家庄	120

因业务需要该公司拟在华北地区建一个配送中心为上述分店送货，选在何处物流成本最低？

解：

根据各分店所在城市的地理位置，在地图上截取相关的区域，建立直角坐标系并确定各分店的坐标，如图 4.3 所示。

计算配送中心的坐标为

$$C_x = \frac{22\times220+31\times150+41\times80+25\times70+3\times120}{640} = \frac{14\,880}{640} = 23.25$$

$$C_y = \frac{26\times220+20\times150+24\times80+12\times70+10\times120}{640} = \frac{12\,680}{640} = 19.81$$

由计算结果可知，配送中心应设在河北省的廊坊市。

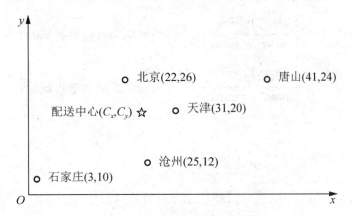

图 4.3　各分店的坐标位置

注：配送中心的坐标换算为经纬度表示为北纬 38.98，东经 116.32。廊坊市的经纬度为北纬 39.31，东经 116.42。

4.2.4 综合评价法

在选址时，其影响因素往往是多方面的，既有定性指标，也有定量指标，且指标不具有同质性，量纲不统一，前述的方法不能满足，这里介绍一种新方法：综合评价法。

综合评价法是一个多目标的综合评价问题，有关的评价方法和模型很多，下面通过一个具体的实例介绍其原理。

【范例4-5】[①] 购房选址问题

有一购房者拟选购一套住房，现有4个地点可供选择。其考虑的评价指标是：价格、使用面积、住房与工作单位的距离、周边环境等，具体参数见表4-5。

表4-5 选址参数表

指标 地点	价格/万元	使用面积/平方米	与工作单位距离/公里	周边环境
1	70	100	10	好
2	50	80	8	中
3	30	50	20	差
4	40	70	12	中

该问题的指标有定性的也有定量的，为同一量纲，先将定性指标转化为定量的指标，即将周边环境的评价值转化为：好=5，中=3，差=1。

1) 建立原始评价矩阵

根据表4-5建立如下的原始评价矩阵：

$$A = \begin{bmatrix} 70 & 100 & 10 & 5 \\ 50 & 80 & 8 & 3 \\ 30 & 50 & 20 & 1 \\ 40 & 70 & 12 & 3 \end{bmatrix}$$

2) 利用如下公式转化原始矩阵

$$b_{ij} = \begin{cases} \dfrac{a_{ij} - \min\limits_{i} a_{ij}}{\max\limits_{i} a_{ij} - \min\limits_{i} a_{ij}} & \text{（当指标为效益型指标时）} \\ \dfrac{\max\limits_{i} a_{ij} - a_{ij}}{\max\limits_{i} a_{ij} - \min\limits_{i} a_{ij}} & \text{（当指标为成本型指标时）} \end{cases}$$

$$B = \begin{bmatrix} 0 & 1 & 5/6 & 1 \\ 1/2 & 3/5 & 1 & 1/2 \\ 1 & 0 & 0 & 0 \\ 3/4 & 2/5 & 2/3 & 1/2 \end{bmatrix}$$

[①] 本例改编自陈志祥编著的《现代生产与运作管理》，中山大学出版社。

3) 确定各评价指标的权重

权重的确定方法很多,最常用的有专家法、AHP 法。先假定购房人确定的权重向量为

$$W=[0.35,0.3,0.25,0.1]$$

4) 综合评价

$$G=B \cdot W' = \begin{bmatrix} 0 & 1 & 5/6 & 1 \\ 1/2 & 3/5 & 1 & 1/2 \\ 1 & 0 & 0 & 0 \\ 3/4 & 2/5 & 2/3 & 1/2 \end{bmatrix} \begin{bmatrix} 0.35 \\ 0.3 \\ 0.25 \\ 0.1 \end{bmatrix} = \begin{bmatrix} 0.608 \\ 0.655 \\ 0.35 \\ 0.562 \end{bmatrix}$$

从结果看,地点 2 是最佳选择。

在多因素的综合评价中,有些比较简单的做法可以简化评价的过程。如采用"一票否决"的方法,即如果方案中某一项指标低于或高于预期的值,就否决该方案。如前例,如果购房者设定价格的高限是 60 万,地点 1 则不再候选。

企业选址除了上述常见的 4 种方法,还有线性规划法(运输表法)、启发式方法、模拟方法、优化方法等,本书不再赘述。

4.3 服务企业的选址

4.3.1 服务业的分类

根据我国国家标准 GB/T 4754—2002《国民经济行业分类》规定,服务业共分为 15 类 47 个行业,见表 4-6。

表 4-6 服务业分类

类别	名称	类别	名称
交通运输、仓储和邮政业	铁路运输业	科学研究、技术服务和地质勘查业	研究与试验发展
	道路运输业		科技交流和推广服务业
	城市公共交通业		地质勘查业
	水上运输业	水利、环境和公共设施管理业	水利管理业
	航空运输业		环境管理业
	管道运输业		公共设施管理业
	装卸搬运和其他运输服务业	居民服务和其他服务业	居民服务业
	仓储业		其他服务业
	邮政业	教育	教育
信息传输、计算机服务和软件业	电信和其他信息传输服务业	卫生、社会保障和社会福利业	卫生
	计算机服务业		社会保障业
	软件业		社会福利业

续表

类别	名称	类别	名称
批发和零售业	批发业	文化、体育和娱乐业	新闻出版业
	零售业		广播、电视、电影和音像业
住宿和餐饮业	住宿业		文化艺术业
	餐饮业		体育
金融业	银行业		娱乐业
	证券业	公共管理和社会组织	中国共产党机关
	保险业		国家机构
	其他金融活动		人民政协和民主党派
房地产业	房地产业		群众团体、社会团体和宗教组织
租赁和商务服务业	租赁业		基层群众自治组织
	商务服务业	国际组织	国际组织

尽管服务业种类繁多,实际上人们只是关注与人们衣食住行有关的一些行业,如商业、餐饮业、金融业、卫生、娱乐业及其他服务业等。

4.3.2 服务企业的选址

前面在阐述选址的影响因素时,已经提及服务业选址的问题。

制造业与服务业的选址是有一定差别的。首先,在选址的范围上,制造业选择的地域广,服务业选择的区域要小得多,针对性更强一些,通常是指特定的市场或地区。其次,选址的依据和侧重点不同,制造业更多的是关注成本,而服务业更多的是关注收入。这是因为制造成本往往随着地区的不同而有很大的差异,而服务业的成本在一个市场范围内变动很小。对特定的服务企业而言,选址更多的是影响收入。表4-7列出了制造业与服务业选址因素的主要差异。

表4-7 制造业与服务业选址影响因素的差异性

制造业	服务业
关注成本	关注收入
运输模式与成本	服务对象的统计数据,如年龄、收入、受教育程度
能源的可得性与成本	人口区域规划
劳动力成本及可得性、技能水平	交通的便利性与方式
硬件建设成本	接近顾客的程度

对于服务业而言,良好的地理位置是成功的一半。国外汽车服务连锁店在总结其成功经验时,明确指出分店的成功原因:第一是地点,第二是地点,第三还是地点。可见店址选择的重要性。

国外的快餐业如麦当劳和肯德基在中国的发展也是很成功的,其选址的规范程序和谨慎的态度是值得借鉴的,运作实例4-5介绍了肯德基选址的做法。

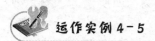

运作实例 4-5

肯德基的跟进选址策略

肯德基对快餐店选址是非常重视的,选址决策一般是两级审批制,通过两个委员会的同意,一个是地方公司,另一个是总部。其选址成功率几乎是百分之百,是肯德基的核心竞争力之一。

通常肯德基选址按以下几个步骤进行。

1. 商圈的划分与选择

(1) 划分商圈。肯德基计划进入某城市,就先通过有关部门或专业调查公司收集这个地区的资料。有些资料是免费的,有些资料需要花钱去买。资料备齐,就开始规划商圈。

商圈规划采取的是记分的方法,例如,商场按规模折合成分值,公交线路或地铁线路按流量打分。这些分值标准是多年平均下来的一个较准确的经验。

通过打分把商圈分成几大类,以北京为例,有市级商业型(西单、王府井等)、区级商业型、定点(目标)消费型、还有社区型、社区商务两用型、旅游型等。

(2) 选择商圈,即确定目前重点在哪个商圈开店,主要目标是哪些。在商圈选择的标准上,一方面要考虑餐馆自身的市场定位,另一方面要考虑商圈的稳定度和成熟度。餐馆的市场定位不同,吸引的顾客群不一样,商圈的选择也就不同。

商圈的成熟度和稳定度也非常重要。比如规划局说某条路要开,在什么地方设立地址,将来这里有可能成为成熟商圈,但肯德基一定要等到商圈成熟稳定后才进入。

2. 聚客点的测算与选择

(1) 要确定这个商圈内,最主要的聚客点在哪里。例如,北京西单是很成熟的商圈,但不可能西单任何位置都是聚客点,肯定有最主要的聚集客人的位置。肯德基开店的原则是:努力争取在最聚客的地方和其附近开店。

过去古语说"一步差三市",开店地址差一步就有可能差三成的买卖,这跟人流动线(人流活动的线路)有关。某个区域人流动线是怎么样的,肯德基会派人去计数和测量,并将采集来的人流数据输入专用的计算机软件,就可以测算出,在此地投资额不能超过多少,超过多少这家店就不能开。

(2) 选址时一定要考虑人流的主要动线会不会被竞争对手截住。人流是有一个主要动线的,如果在竞争对手的聚客点比肯德基选址更好的情况下那就有影响。

(3) 聚客点选择影响商圈选择。因为一个商圈有没有主要聚客点是这个商圈成熟度的重要标志。

为了规划好商圈,肯德基开发部门投入了巨大的努力。以北京肯德基公司而言,其开发部人员常年跑遍北京各个角落,对这个每年建筑和道路变化极大、当地人都易迷路的地方了如指掌。在北京,肯德基已经在根据自己的调查划分出的商圈,成功地开出了 56 家餐厅。

肯德基与麦当劳市场定位相似,顾客群基本上重合,所以我们经常看到一条街道一边是麦当劳,一边是肯德基,这就是肯德基采取的跟进策略。因为麦当劳在选择店址前已做过大量细致的市场调查,挨着它开店不仅可省去考察场地时间和精力,还可以节省许多选址成本。当然肯德基除了跟进策略外,它自己对店址的选择也有很多优秀之处可以值得借鉴。

资料来源:改编自中国食品产业网(2006 年 4 月 13 日 10:41)

4.3.3 服务业的聚集效应

俗语说:"同行是冤家"。这说明业务相同的企业在选址时希望彼此回避,不要成为紧邻,以免互相竞争而影响双方业务的开展。但有些服务业选址与竞争对手的选址不是相斥的,不是避开竞争对手,而是更愿意与其相邻形成规模的服务市场,即所谓的"聚集效应",诸如服装一条街、汽车配件一条街、餐饮一条街等。

"聚集效应"为什么违背一般的选址规律,其成因是什么?其实,如果仔细观察,就会发现这些所谓的同行只是服务内容的相似性,而非同质性。如饭店一条街,看似都是饭店,实则提供的服务不同,菜系和口味都不同,它们之间是互补关系大于竞争关系,其结果是聚了人气,多数饭店都红火。如果一家孤立的饭店,很难聚集人气,生意也不会很好。没有见过两家麦当劳选址在一起吧,因为它们的服务是同质的,是真正的冤家。其他的服务行业也是如此。因此,可以得出这样的结论:服务内容相似的服务业具有聚集效应,服务内容同质的服务业则不具有聚集效应。

本 章 小 结

企业选址决策在生产运作中具有十分重要的地位,选址影响到一个企业的竞争力。企业选址的影响因素众多,但对不同的企业而言,各因素的影响程度不同,对制造业和服务业而言是这样,即使同一行业的不同企业因选址的目的不同也有差异。为解决选址问题,通常可采用因素分析法、量本利定址分析法和重心法等。

关键术语

设施选址　因素评分法　量本利定址分析法　重心法　综合评价法　聚集效应

习　　题

一、判断题

1. 选位指将设施选在什么区域并确定具体的地理位置。　　　　　　　　　(　　)
2. 在企业选位时必须考虑场所的大小和成本,才能保证设施选位的合理性。(　　)
3. 在设施定址时要考虑到该地区的政局稳定性、潜在市场信息和劳动力资源等情况。
　　　　　　　　　　　　　　　　　　　　　　　　　　　　　　　　　(　　)
4. 制造业与服务业选址有一定的差别,制造业的选择范围要小。　　　　　(　　)
5. 制造业和服务业选址的依据和偏重点不同,制造业更多关注成本。　　　(　　)
6. 服务业成本因为在一个市场范围内变动很大,所以在选址时更关注成本。(　　)
7. 制造业企业选址更关注运作成本,服务业企业选址更关注收入。　　　　(　　)

二、单选题

1. 企业设施指的是生产运作的硬件系统,主要有(　　)。
　A. 厂房、车间、仓库、营业场所等　　　B. 厂房、车间、仓库、人员等

C. 厂房、车间、产品、仓库等　　　D. 厂房、仓库、营业场所、运行体系等

2. 企业选址指的是（　　）。

　　A. 选位和定址　　B. 选地和定点　　C. 选点和定地　　D. 选区和定地

3. 制造业在选址时，其主要影响因素有（　　）。

　　A. 关注收入　　B. 人口区域规划　　C. 接近顾客　　D. 关注成本

4. 定址是指在选位的基础上确定具体的地理位置，其影响因素包括（　　）。

　　A. 政策　　B. 目标市场　　C. 地质条件　　D. 原材料供应地

5. 服务业一般要接近客户群体，其选址最先考虑的因素是（　　）。

　　A. 交通流量和收益　　　　B. 交通流量和便利性
　　C. 收益和便利性　　　　　D. 客户和收益

6. 确定物流中心位置常用的方法是（　　）。

　　A. 因素评分法　　　　　　B. 量本利定址分析法
　　C. 重心法　　　　　　　　D. 线性规划法

7. 企业选址所用的定性问题定量化的方法是指（　　）。

　　A. 因素评分法　　　　　　B. 量本利定址分析法
　　C. 重心法　　　　　　　　D. 线性规划法

三、简述题

1. 企业选址主要考虑哪些因素？
2. 服务业选址和制造业选址最主要的差异是什么？举例说明。
3. 企业选址追求的目标是什么？目标不同，选址的策略和过程会有什么变化？
4. 尽管影响选址的影响因素众多，但决定性的因素往往只有几个，甚至只有一个。试举出几个相关的例子。
5. 古语说，"好酒不怕巷子深"。从服务业设施选址的角度分析此话是不是还成立？
6. 肯德基选址的过程和方法对我国的餐饮业选址有何借鉴？
7. 某企业扩大再生产时，不是选择原址扩建，而是异地新建，这样做有什么好处？
8. 随着我国加入WTO，企业选址时考虑的影响因素有何变化？
9. "聚集效应"的成因如何理解？适合所有的服务业吗？试举例说明。
10. 制造业企业选址时有无"聚集效应"？
11. 20世纪80年代，许多三线企业分别从偏僻的山沟迁到城市附近，试解释这一现象。

四、分析题

首钢——这个年产800万吨钢、每年上缴地方财政7亿元的大型钢铁企业由于环境污染问题，最终要搬出北京。当时最有可能被选择为"首钢"新厂址的地点有山东日照市、河北的"唐钢"或"邯钢"。试分析影响首钢迁厂选址的主要因素有哪些？综合考虑这些因素，你认为首钢应搬迁到哪里更合适？

五、计算题

1. 国内某饮品公司欲建一座新的灌装厂，公司选出6个影响因素作评估，其权重见表4-8。

选址小组从多个备选地址中筛选出了3个候选地址，经专家打分并整理后，得表4-9。

表4-8　6个影响因素的权重

序　号	影响因素	权　重
1	运输条件	0.32
2	周围的基础设施	0.13
3	当地政府的政策	0.22
4	融资渠道	0.10
5	劳动力资源及成本	0.18
6	与总部的距离	0.05

表4-9　3个候选地址

序　号	地址一	地址二	地址三
1	100	80	80
2	80	70	100
3	30	60	70
4	10	80	60
5	90	60	80
6	50	60	90

选择一个最佳的地址。

2. 东方饺子王拟在某城市开设第5家分店，表4-10是4个可供选择地址的5个方面的资料。何处选址最佳？

表4-10　4个可供选择地址的5个方面的资料

因　素	权　重	候选地址(得分)			
		A	B	C	D
人口分布	0.10	70	60	85	90
房屋租金	0.20	85	90	80	60
交通流量	0.35	70	60	85	90
停车场	0.20	80	90	90	80
潜在增长能力	0.15	90	80	90	75

3. 对于表4-11所示的4个不同单位，从选址的角度出发，给出各因素的重要性等级。重要性分3级，分别用低、中和高表示。

表4-11　4个不同单位在各因素下的等级表

因　素	银　行	钢铁厂	食品零售店	公立学校
顾客便利性				
建筑物吸引力				
原材料供应				
能源供应				
污染治理				
劳动力资源与成本				
运输成本				
建设成本				

第4章 企业选址

4. 某滑雪器材制造厂欲在以下4个地点之一选址，这4个地点的成本资料见表4-12。

表4-12　4个地点的成本资料

候选地址	年固定成本/元	单位产品变动成本/元
哈尔滨市	1 250 000	60
牡丹江市	759 000	50
吉林市	1 000 000	40
延吉市	500 000	120

（1）绘出4个地址各自的总成本线。
（2）指出每个地址适合的年产量范围。
（3）如果滑雪器材的预计年产量为5 000套，选择何地最佳？

5. 某超市连锁机构有5家分店分布在不同的地点，为了解决物流成本，该机构将建一个配送中心为5个分店供货。分店的地理位置和每周的销量见表4-13，确定配送中心的地理位置。

表4-13　分店的地理位置和每周的销量

地　点	地理位置	销　量
A	(10, 20)	900
B	(20, 40)	300
C	(30, 10)	700
D	(40, 20)	600
E	(50, 30)	800

案例研究

南方旅游汽车公司

1994年10月，密苏里州圣路易斯的南方旅游汽车公司的最高管理部门宣布，公司准备将其生产和装配业务移至密西西比州的瑞支克莱斯特（Ridgescrest）。作为小吨位野营车和野营拖车的主要生产厂家，该公司由于急速上涨的生产成本，连续5年出现利润滑坡。劳动力和原材料费用涨幅惊人，行政管理费用上升，纳税和交通运输费用也逐步上升。尽管该公司销售量在不断扩大，仍然遭受了自1977年投厂以来的第一次净亏损。

当管理层最初考虑迁厂时，曾仔细观察了几个地区。对迁厂至关重要的影响因素有以下这些：完备的交通设施，州、市的税收结构，重组的劳动力资源，积极的社会态度，合理的选址成本和金融吸引力。曾有几个地区提供了基本上相同的优厚条件，该公司的最高管理部门却被密西西比能源和电力公司的努力以及密西西比州地方官员的热情所打动。密西西比能源和电力公司力图吸引"清洁，劳动力密集型"工业，州政府和地方政府的官员想通过吸引生产厂家在其境内建厂来促进该州经济的发展。

直到正式公布出来两周前，南方旅游汽车的最高管理部门才将其迁厂计划最后确定下来。瑞支克莱斯特工业区的一座现有建筑被选作新厂址（该址原为一家活动房屋制造厂，因资金不足和管理不善而破产）。州就业部开始招募工人，而公司出租或拍卖其在圣路易斯的产权的工作也已着手进行。密西西比用以吸引南方旅游汽车公司在瑞支克莱斯特建厂的条件如下：

(1) 免收5年的国家和市政税收。
(2) 免费使用供水和排水系统。
(3) 在工业区再建一个装货码头（免收成本费）。
(4) 同意发行50万美元工业债券，以备未来扩建之用。
(5) 由公共财政资助的地方工商学院培训工人。

除这些条件以外，还有许多其他关键因素。劳动力费用远低于圣路易斯，工会组织力量也比圣路易斯弱（密西西比州禁止强行要求工人加入工会）；行政管理费用和税收也不算高。总之，南方旅游汽车公司的管理部门认为自己的决策是明智的。

10月15日，每个雇员的工资单上附有以下通知。

通　　知

　　南方旅游汽车公司遗憾地宣布，公司计划将在12月31日停止在圣路易斯的生产，由于生产费用的增加和工会提出的不合理要求，本公司已无法创收。我衷心感谢各位在过去几年中为公司提供的优良服务，如果我能够帮助在其他公司找到合适的工作，请通知我，再次感谢您的合作和过去的工作。

总裁：格莱德·奥伯安

资料来源：Professor Jerry Kinard, Western Carolina University.

讨论题：

1. 评价密西西比州瑞支克莱斯特提供给南方旅游汽车公司的吸引条件。
2. 一个公司将其管理机构从人口密集的工业区移至小乡镇会面临什么困难？
3. 评价奥伯安列举的迁厂理由，这些理由合理吗？
4. 你认为一个公司决定停止生产时必须对雇员负有哪些责任？

第 5 章 设施布局

教学要求

通过本章的学习,要达到以下目的:
(1) 了解企业设施布局的基本概念和基本原则;
(2) 了解设施布局常见的形式;
(3) 了解制造业与服务业布局的差异;
(4) 掌握一定的设施布局的基本方法;
(5) 了解办公室布局的形式。

引 例

一组图片的启示

从上面的图片可以看出,飞机和轿车装配形式、超市和商场服务方式的不同导致了布局与组织各异。可见产品结构和生产方式的差异会使得企业的生产单元设置与布局千差万别;服务企业因服务对象、服务内容和服务方式的不同也会导致服务单元设置与布局的天壤之别。

那么企业布局的一般规律和方法是……

5.1 设施布局概述

5.1.1 设施布局的目标与决策标准

设施布局(facility layout)是指在已确定的空间范围内,对所属工作单元进行合理的位置安排,以便经济高效地为企业的生产运作活动服务。

已确定的空间范围,可以是一个工厂,一个车间,一个超级市场,一个医院,一个餐馆,或一个写字楼等。

工作单元,这里主要是指需要占用空间的实体。例如:机床、操作台、通道、工具架、休息室等,当然也包括操作者。

设施布局的目标,就是要将企业内的各种设施进行合理布置,使其相互配合、相互协调,从而有效地为企业的生产经营服务,以实现理想的经济效益。具体而言,应实现以下目标。

(1) 合理的物料流动。
(2) 工作的有效性和高效率。
(3) 环境美观清洁。
(4) 满足容积和空间的限制。

设施布局是在企业选址确定之后进行的,它主要是确定组成企业的各个组成部分的空间位置,同时确定物料流程、运输方式和运输路线等。

设施布局与企业选址类似,是决定长期作业效率的决策。因此其决策应审慎,标准主要包括以下两个。

(1) 定量标准:物料的运输成本,客户的通过时间或距离。
(2) 定性标准:对象之间的关系。

5.1.2 影响企业工作单元构成的因素

1. 企业产品

不管企业的经营目标是什么,企业之间的差异有多大,它最终都是要通过向社会提供的一定的产品或服务来实现的。所以,考虑企业的微观组成——工作单元的构成,首先必须要考虑企业产品或服务的性质和特点。

对于生产制造企业,企业产品的品种决定着所要配置的主要生产单元,如电冰箱制造厂需有冲压、电镀车间,而制糖、造纸企业则不需要。

对于服务企业也同样如此,因所提供的服务内容不同,工作单元的构成也不尽相同,如一个小快餐店,常常是前店后场,顾客坐在前面就餐,一墙之隔就是煮饭炒菜的工作场所。而一个大型的酒楼,除了大堂之外,还有多层楼房包厢,餐饮工作房一般安排在顾客看不到的位置,里面还分有熟菜、冷菜等不同的加工场地。

2. 企业规模

企业工作单元的构成与企业规模的关系也是非常紧密的。企业规模的大小,对企业的选址，乃至企业内部的各个工作单元种类的划分、数量的确定、位置的安排，都有着最直接的影响。企业规模越大，所需要的工作单元数量也越多，工作单元的构成也越复杂。

3. 企业的专业化与协作水平

企业的专业化水平影响工作单元的设置。一般来讲，企业专业化主要有3种形式。

1) 产品专业化

产品专业化是指构成产品的全部或绝大部分零部件生产及产品装配过程都由企业独立完成，即所谓的"大而全"和"小而全"。采用产品专业化的企业相应的工作单元多而齐全，不仅有零件加工环节，还有产品装配环节，导致企业的规模比较大。如果产品产量不足够大，就难以达到经济规模，预期的经济效益会比较差。

2) 零部件专业化

零部件专业化是指企业的产品是其最终产品的零部件。如为汽车主机厂配套的零部件供应商，其产品是汽车产品的一部分或其中的一个零件。一般情况下，零部件专业化的企业没有装配环节。

3) 工艺阶段专业化

工艺阶段专业化是指企业只完成最终产品或零部件生产的一个阶段。如铸造厂、锻造厂或装配厂等。铸造厂或锻造厂的最终产品是零件的毛坯，只完成零件生产过程中的热加工部分，还需要后续的企业完成其他的工艺环节。采用工艺阶段专业化的企业工作单元构成简单，易于形成较大的产量规模。

企业协作化水平也影响工作单元的构成。协作水平越高，企业需要设置的工作单元就越少。如汽车主机厂将大部分汽车零部件的生产交由供应商或协作单位完成，此部分的生产单元就不需要构建了，甚至很多辅助性工作也交由相应的服务机构去完成而减少企业机构设置，如企业的内部或外部物流由专业的第三方物流公司去完成，反之也成立。

4. 企业的生产技术与装备水平

所谓技术是指科学发现应用到产品生产或服务提供的开发与改进，包括产品和服务技术、加工技术及信息技术等。这里主要是指加工技术或工艺方法，即生产产品和提供服务的方法、程序和设备。

先进的生产技术或工艺方法可以提高质量、降低成本、提高生产率、扩大加工能力，也可带来竞争优势。

工艺选择要考虑的主要问题如下。

(1) 产品或服务的品种数量的多少。

(2) 设备的柔性程度，即加工不同产品的适应程度。

(3) 预期的产量是多少，即生产规模。

工艺的不同，要求与之配套的设备也不同。

企业的装备水平主要是指企业拥有工装设备的整体技术水平。这直接影响着企业工作单元的构成。拥有大量数控机床、加工中心等高技术设备的企业，其工作单位的工作构成与位置安排，都会比较简洁明了；反之，则会非常复杂困难。

5.1.3 布局决策的必要性

生产和服务的设施布局是生产运作管理工作当中一个非常重要的问题,也可以说是一个非常经典的问题。早期工业工程师的一项主要的工作,就是帮助企业解决设施设备的布置和优化的各种难题。今天,随着社会经济的快速发展,企业的生产经营水平也发生了翻天覆地的变化,但是设施布局问题依然是企业生产组织管理的一个主要工作。当然,设施布局工作已经从生产制造企业中扩展出来,超市、饭店、酒楼、银行、医院、学校、车站、机场、港口等各种社会组织,都要面临着科学地进行设施布局的要求。工作设施、操作场地一旦确定安排好,一般它的影响是持续永久的,如果投入生产运营后再发现问题,想要重新设计、修改布局是非常困难的,成本支出也是非常惊人的。所以,为了保证投产后生产运营工作顺利进行,取得良好的经济效果,在设施布局工作一开始,就必须科学运用各种技术手段,做好一系列的规划和设计。

运作实例 5-1

作业布局为匹兹堡国际机场航线提供了竞争优势

正如作业技术能够为工厂、商店、医院的作业布局提供帮助一样,这些技术也能有助于机场作业布局的设计。作业布局的重要标准包括拥挤程度、距离以及延误的可能性。这些标准已经成功地运用于匹兹堡新机场,匹兹堡新机场的布局必然为乘客提供了方便,成本、可扩建性以及传统的生产作业操作效率的标准也得到了满足。为了给乘客提供方便,设计者独具匠心地将候机楼设计成 X 形状,该候机楼包括一个中心购物商厦,各种不同的自动扶梯和一个耗资 3 400 万美元的行李运送系统。这种 X 形状设计明显地影响着乘客和飞机的运动。

自动扶梯,移动人行道,"短程穿梭火车"在大约 11min 内将乘客送达 75 个登机门中的任何一个。这种 X 形状的候机楼就作业效率而言也是非常出色的,精心的模拟在设计的早期阶段用以评价航空活动及其对飞机跑道、出租车道和登机门的影响。这种设计为喷气机登机门提供了双重的停机坪跑道,使得飞机在所有位置的起飞和降落变得高效有序。此外,附加的双向出租车道往返于现有的飞机跑道。所有的这些设计减少了飞机的延误并使得起飞更加迅速,效率的提高意味着那些使用匹兹堡机场的航线每年能够节约 1 500 万美元的运行费用。

匹兹堡机场通过运用生产作业技术为效率设立了一个新标准。

资料来源:[美]杰伊·海泽,巴里·雷德. 生产与作业管理教程. 4 版. 北京:华夏出版社,1999.

5.2 设施布局的主要形式

5.2.1 工艺原则布局

工艺原则布局是指按照产品生产的工艺流程,将相同机器设备、生产功能设置在同一生产工作单位的布局方式。它又称为工艺专业化原则布局、工艺导向布局、车间布局、功能布置。

在这样的生产工作单位里，集中了同类型的机器设备和同工种的工人，所有被加工的零部件，根据预先设定好的工艺流程，顺序的从一个工作地加工完成后，统一转移到下一个工作地。每一个工作单位只完成产品生产过程的部分加工任务。在这里，工艺方法是相同的，而加工对象是不同的。

例如：机械制造企业设置有铸造车间、机加工车间、装配车间等。机加工车间还可按同种设备、同工种分别设立车工组、铣工组、磨工组等，如图 5.1 所示。服务业中的超级市场、迪士尼游乐场、图书馆、医院(图 5.2)等都是采用工艺原则布局的典型例子。

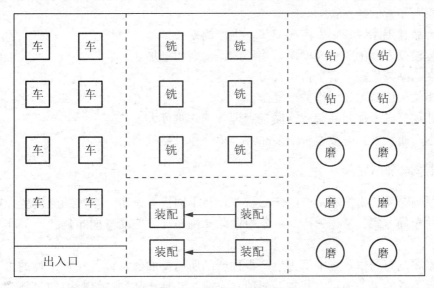

图 5.1　工艺原则布局实例

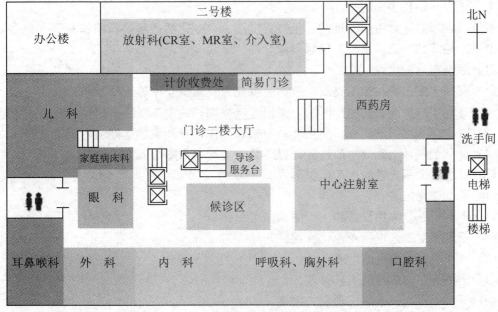

二楼门诊分布图

图 5.2　医院各单元布置示意图

工艺原则布局的优点：
(1) 产品品种适应市场需求变化的能力强，有利于更新换代。
(2) 设备可以替代使用，生产面积利用充分，负荷系数高。
(3) 系统受个别设备出故障的影响不大。
(4) 采用通用设备，投资和维护费用较低。
(5) 有利于设备维修和工具供应等工艺管理。
(6) 有利于工人技术熟练程度的提高。

工艺原则布置的缺点：
(1) 产品加工路线长，生产环节多，生产周期长。
(2) 运输投入和中间仓库增多，使厂内运输费用增加。
(3) 在制品数量多，资金占用大。
(4) 相关单位联系与协作关系复杂。
(5) 计划管理、在制品管理、质量管理等工作难度大。

这种生产布置方式一般适合于多品种、单件小批量生产。

5.2.2 对象原则布局

对象原则布局是指按照生产的产品特点，将不同机器设备、生产功能设置在同一生产工作单位的布局方式，又称为产品对象专业化原则布局、产品导向布局、产品布局、生产线布局。

在对象原则布局中，集中了为生产某种产品所需要的各种设备和各工种的工人，对同类产品进行不同的工艺加工，基本上能独立完成某几种产品（或零部件）的全部或大部分工艺过程，所以，这种车间也可以叫作封闭式车间（或工段）。在这里，加工对象是一定的，而加工工艺方法则是多样的。

对象原则布局是对生产大批量、相似程度高、少变化的产品进行组织规划。例如，汽车、家电产品等的生产都是按对象原则设计的。

对象原则布局的优点：
(1) 有利于缩短产品加工路线，节约运输能力，减少仓库等辅助面积。
(2) 有利于减少产品的生产时间，缩短生产周期，减少在制品占用量和资金占用量。
(3) 减少车间之间的联系，简化计划与核算工作，有利于建立健全生产责任制。
(4) 有利于按计划完成生产任务，提高劳动生产率和降低成本。
(5) 有利于采用先进的生产组织形式。

对象原则布局的缺点：
(1) 不利于充分利用设备和生产面积。
(2) 不利于对工艺进行专业化管理。
(3) 对产品变化的适应性差。
(4) 不利于工作单位的工艺管理。
(5) 不利于工人技术熟练程度的提高。

对象原则与工艺原则布局的比较如图 5.3 所示。

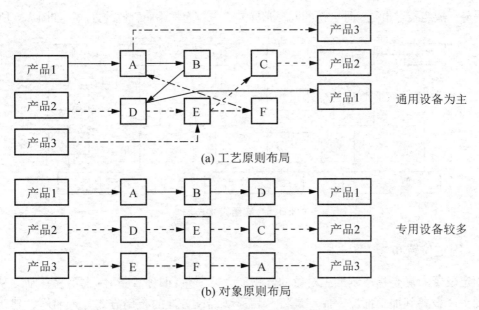

图 5.3 工艺原则布局与对象原则布局的比较

与工艺原则类似，对象原则的布局也不局限于制造业，服务业也存在这种形式，自助餐馆服务线就是其中的一例，如图 5.4 所示。

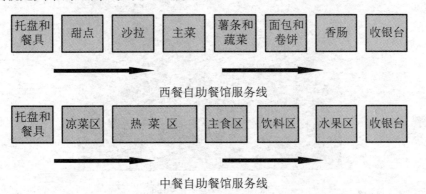

图 5.4 工艺原则布局与对象原则布局的比较

5.2.3 混合布局

混合布局是指综合利用工艺原则和对象原则建立工作单位的布局方式。

混合布置是一种常用的设施布置方法。这种布置方法的主要目的是：在产品产量不足以大到使用生产线的情况下，也尽量根据产品的一定批量、工艺相似性来使产品生产有一定顺序，物流流向有一定秩序，以达到减少中间在制品库存、缩短生产周期的目的。

按照综合原则进行的车间布局，一般都具备两种专业化的优点，因而成为一种较为灵活的生产专业化形式。它一般采用两种形式：一种是在对象原则的基础上，采用工艺原则建立生产单位。如按对象原则组建的齿轮车间，又按加工工艺不同组成插齿和滚齿的工作单元。另一种是在工艺原则的基础上，采用对象原则建立生产单位。如按工艺原则组建的铸造车间，又按其铸造对象的不同分为黑色金属（如钢和铁等）铸造和有色金属（如铝和铜等）铸造。

另外，成组技术也是一种公认的混合布局方法中较为常用而有效的方法，如图5.5所示。

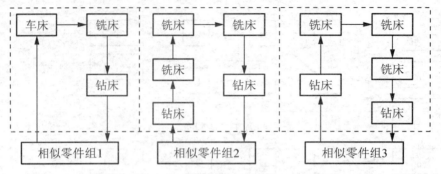

图5.5 成组技术布局

5.2.4 固定位置布局

固定位置布局是指由于加工对象的体积庞大或质量(旧称重量)巨大不易移动，从而采用移动生产设备到加工部位，而不是将产品移动到设备处的布局方式。造船厂、建筑工地和电影外景制片场往往都采用这种布局方式。图5.6就是建造中的轮船实景图。

图5.6 建造中的轮船

在固定位置布局中，生产项目保持在一个地方，工作人员和设备都到这个地点工作。但是这种布局常常遇到很多难题，一是在建设过程中，不同阶段需要不同的材料，随着时间的推移，不同材料的安排就变得很关键。二是材料所需的空间是不断变化的，例如，随着工程推进，建造一艘船的外壳所使用的钢板量是不断改变的。这些致使固定位置布局的技术发展缓慢。不同的企业处理固定位置布局时采用不同的方法。由于固定位置布局问题在现场很难解决，一个替代的策略就是将尽量多的工作在远离现场的地方得到解决。

在造船厂中，支撑管道的托架成为标准化零件，从而在邻近的装配线上装配(一种产品导向过程)，这就是一种替代方法。举一个实例，英格尔造船公司为了提高造船的效率，已在产品导向生产线上建立起生产一艘船相似部件的生产形式，或者生产几艘类似船的相同部件的生产形式。住宅的建造者们也通过在远离建筑现场的地方建造出更多的建筑构件。

企业具体采用哪一种组织形式组织生产，应从企业具体条件出发，全面分析、比较各种组织形式的利弊和经济效益，并考虑企业当前和长远发展的需要，然后加以决定。

5.3 设施布局的方法

5.3.1 基于工艺原则的布局方法

工艺原则布局是最常用的一种布局方法,其基本思想是,对具有类似工艺流程的工作部门进行布局,使其相对位置达到最优。常用的方法有物料运量图法、作业相关图法、线性规划法和计算机辅助布置法。本节主要介绍前两种方法。

1. 物料运量图法

物料运量图法就是根据生产过程各单位和部门之间的物流量大小,确定各部门之间的相互位置的布局方法。它的宗旨就是把相互间物流量大的部门尽量靠近布置。具体步骤如下。

（1）根据各单位间的物流量,初步布置各生产单位的位置。

（2）统计各单位间的物料运输量,用运量图表示各单位间的运输量。

（3）把相互间物流量大的单位尽量靠近布置。

【范例 5-1】某制造企业的生产单位主要由 5 个车间组成。

（1）初步对车间的位置进行安排,如图 5.7 所示,其中,粗线=2t,细线=1t。

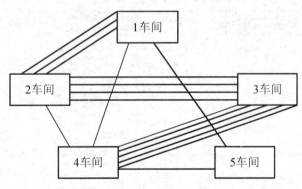

图 5.7 初步布置各生产单位位置

（2）统计 4 个车间物料流量,见表 5-1。

表 5-1 各车间之间的物料运输量

单位:t

	1车间	2车间	3车间	4车间	5车间	总 计
1车间		6		1	2	9
2车间			5	1		6
3车间		3		4		7
4车间			5		1	6
5车间				1		1
总 计		9	10	7	3	

(3) 把相互间物流量大的单位尽量靠近布置，如图 5.8 所示。

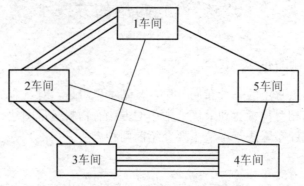

图 5.8 各生产单位位置最终结果

2. 作业相关图法

作业相关图法是通过图解判明组织各组成部分之间的关系，然后根据关系的密切程度加以布置，从而得出较优的总平面布置方案。步骤如下：

(1) 将关系密切程度划分为 A、E、I、O、U、X 等 6 个等级，见表 5-2。

表 5-2 关系密切程度表

代 号	密切程度	分 值
A	绝对密切	6
E	特别密切	5
I	密切	4
O	一般	3
U	不密切	2
X	不能靠近	1

(2) 列出导致不同程度关系的原因，见表 5-3。

表 5-3 关系密切原因表

代 号	关系密切原因
1	使用共同的原始记录
2	共用人员
3	共用场地
4	人员接触频繁
5	文件交换频繁
6	工作流程连续
7	做类似的工作
8	共用设备
9	其他

(3) 使用这两种资料，将待布置的部门一一确定出相互关系，根据相互关系重要程

度，按重要等级高的部门相邻布置的原则，安排出最合理的布置方案。

【范例 5-2】一个快餐店欲布置其生产与服务设施。该快餐店共分成 6 个部门，计划布置在一个 2×3 个的区域内。已知这 6 个部门的作业关系密切程度，如图 5.9 所示。试对各部门做出合理布置。

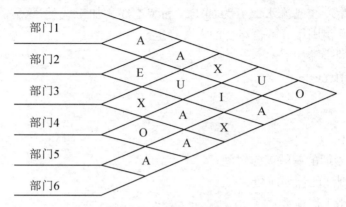

图 5.9 快餐店作业相关图

解：

(1) 列出关系密切程度（只考虑 A 和 X）：

　　　A：1—2　　1—3　　2—6　　3—5　　4—6　　5—6
　　　X：1—4　　3—6　　3—4

(2) 根据列表编制主联系簇。原则是：从关系"A"出现最多的部门开始，如本例的部门 6 出现 3 次，首先确定部门 6，然后将与部门 6 的关系密切程度为 A 的——联系在一起，如图 5.10 所示。

(3) 考虑其他"A"关系部门，如能加在主联系簇上就尽量加上去，否则画不出分离的子联系簇。本例中，所有的部门都能加到主联系簇上去，如图 5.11 所示。

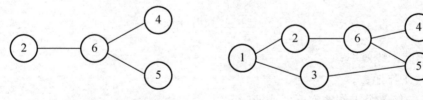

图 5.10 主联系簇示意图　　　　图 5.11 各部门主联系簇示意图

(4) 画出"X"关系联系图，如图 5.12 所示。

(5) 根据联系簇图和可供使用的区域，用实验法安置所有部门，如图 5.13 所示。

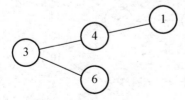

1	2	6
3	5	4

图 5.12 "X"关系联系图　　　　图 5.13 快餐店各部门布局示意图

5.3.2 基于对象原则的布局方法

对象原则布局不同于工艺原则，不存在设备或活动单元的相对位置的布局，一切都由其工艺流程决定，其重点是生产线或流水线的平衡问题。

制造业中的生产线或流水线分为加工线和装配线。加工线的平衡常常由专用设备决定，而装配线的平衡则用分解再组合的方式确定。

装配线平衡的步骤如下。

(1) 计算节拍(cycle time)：

$$r = \frac{F_e}{N}$$

式中 r——节拍；
F_e——计划期的有效工作时间；
N——计划期的计划产量。

(2) 计算最小工作地数：

$$S_{\min} = \left[\frac{\sum t_i}{r}\right]$$

式中 $S_{\min}$——最小工作地数；
t_i——第 i 工序的作业时间。中括号意味向上取整。

(3) 组织工作地。组织工作地的原则如下。
① 保持工序的先后顺序。
② 工作地综合作业时间不大于节拍，尽可能接近或等于节拍。
③ 工作地数目尽可能少，但是不能小于最小工作地数目。

(4) 计算装配线效率：

$$\eta = \frac{\sum_{i=1}^{S} T_{ei}}{S \cdot r} \times 100\%$$

式中 η——装配线效率；
S——工作地数；
T_{ei}——第 i 个工作地实际的作业时间。

【范例 5-3】一装配线由 A 至 J 等 10 个工序组成，各工序的工时定额和作业的先后次序如图 5.14 所示。如果节拍为 15 分/件，试进行装配线的平衡。

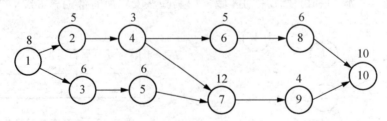

图 5.14 装配线工序关系图

解：本例节拍直接给出，故从步骤(2)开始计算。

(1) 计算最小工作地数：
$$S_{\min} = \left[\frac{\sum t_i}{r}\right] = \left[\frac{8+5+6+3+6+5+12+6+4+10}{15}\right] = 5$$

(2) 组织工作地，如图 5.15 所示。

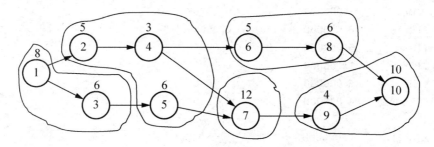

图 5.15 装配线工作地分配图

(3) 计算装配线效率：
$$\eta = \frac{\sum_{i=1}^{S} T_{ei}}{S \cdot r} \times 100\% = \frac{14+14+12+11+14}{5 \times 15} \times 100\% = 87\%$$

工作地划分亦可采用优化软件完成，下面为采用 lingo 软件编写的程序。

```
MODEL:
  ! Assembly line balancing model;
SETS:
  TASK/ A B C D E F G H I J/:T;
  PRED(TASK,TASK) / A,B  A,C  B,D  C,E  D,F  D,G  E,G  F,H  G,I  H,J  I,J/;
  STATION/1..5/;
  TXS(TASK,STATION):X;
ENDSETS
DATA:
  T = 8 5 6 3 6 5 12 6 4 10;
ENDDATA
! The model;
  @ FOR(TASK(I):@ SUM(STATION(K):X(I,K))= 1);
  @ FOR(PRED(I,J):
  @ SUM(STATION(K):
    K * X(J,K)- K * X(I,K)> = 0);
  @ FOR(STATION(K):
    @ SUM(TXS(I,K):T(I)* X(I,K))< = CYCTIME);
  ! Minimize the maximum cycle time;
  MIN = CYCTIME;
  @ FOR(TXS:@ BIN(X));
END
```

运行结果(已剔除无关的内容)：
Global optimal solution found.

```
Objective value:      14.00000
Variable        Value         Reduced Cost
CYCTIME        14.00000        0.000000
   T(A)         8.000000       0.000000
   T(B)         5.000000       0.000000
   T(C)         6.000000       0.000000
   T(D)         3.000000       0.000000
   T(E)         6.000000       0.000000
   T(F)         5.000000       0.000000
   T(G)        12.00000        0.000000
   T(H)         6.000000       0.000000
   T(I)         4.000000       0.000000
   T(J)        10.00000        0.000000
  X(A,1)        1.000000       0.000000
  X(B,1)        1.000000       0.000000
  X(C,2)        1.000000       0.000000
  X(D,3)        1.000000       3.000000
  X(E,2)        1.000000       0.000000
  X(F,3)        1.000000       5.000000
  X(G,4)        1.000000       0.000000
  X(H,3)        1.000000       6.000000
  X(I,5)        1.000000       0.000000
  X(J,5)        1.000000       0.000000
```

由此可以看出：(A,B)、(C,E)、(D,F,H)、(G)、(I,J)组成5个工作地或工位。这与手工划分的结果一致，当然结果并不唯一，存在多个可行解。Lingo程序更适于求解工序数目大的装配线工作地的划分。

在企业实际生产过程中，当流水线各工位的生产时间(工位节拍)不等时，可以用山积图进行改进或优化，如图5.16和图5.17所示。

从图5.17可以看出，改进后的流水线不仅生产节拍降低，生产速度加快，而且工位由6个减至4个，生产效率将大幅度提高，人力成本降低。

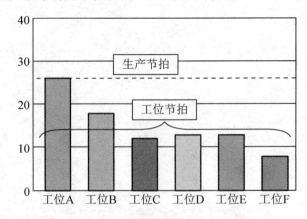

图5.16　改进前的流水线山积图

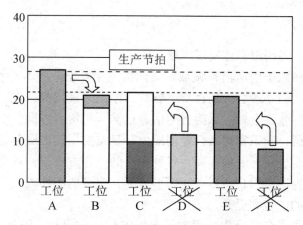

图 5.17 改进后的流水线山积图

5.3.3 基于成组技术的布局方法

成组技术充分利用工艺和对象原则的优点,通过合理的设备布局和对零件科学的分类分组,并加以有效地组织,从而提高零件的加工效率。

成组技术布局,也称单元式布局,是指将不同的机器组成加工中心(工作单元)来对形状和工艺相似的零件进行加工。成组技术布局现在被广泛地应用于金属加工、计算机芯片制造和装配作业。

成组技术布局和工艺原则布局的相似点是:加工中心用来完成特定的工艺过程,但生产的产品种类有限。

成组原则应用的目的是要在生产车间中获得产品原则布局的好处,这包括以下内容。

(1) 改善人际关系,工人组成团队来完成整个任务。

(2) 提高操作技能,在一个生产周期内,工人只能加工有限数量的不同零件,重复程度高,有利于工人快速学习和熟练掌握生产技能。

(3) 减少在制品和物料搬运,一个生产单元完成几个生产步骤,可以减少零件在车间之间的移动。

(4) 缩短生产准备时间,加工种类的减少意味着模具的减少,因而可提高模具的更换速度。

工艺原则布局转换为成组技术布局可通过以下 3 个步骤来实现。

(1) 将零件分类,建立并维护计算机化的零件分类与编码系统。目前零件编码系统有百种以上,比较典型的是奥匹兹分类系统。该分类系统由 9 位码组成,其中前 5 位码为主要编码,分别表示零件类、主要形状、回转面加工、平面加工、辅孔 & 齿形 & 成型加工;后 4 位码为辅助编码,分别表示尺寸、材料、毛坯形状、精度。

(2) 识别零件组的物流类型,以此作为工艺布置和再布置的基础。

(3) 将机器和工艺分组,组成工作单元。在分组过程中经常会发现,有一些零件由于与其他零件联系不明显而不能分组,还有专用设备由于在各加工单元中的普遍使用而不能具体分到任一单元中去。这些无法分组的零件和设备都放到"公用单元"中。

5.3.4 服务业布局

随着经济的发展,各国服务业发展飞速。

服务业由传统的局限于生活消费领域,转向为整个社会生产、生活服务的各个领域。提起传统的服务业,人们一般会想到百货、餐饮、旅馆、理发等。但时至今日,服务业已经从这些传统的行业扩张到金融、保险、通信、运输、租赁、咨询、维修等众多的行业。

随着服务业的发展,知识密集型行业的地位日显重要,其占服务业全部产出的比重越来越大。技术密集程度也在不断地提高,各种先进的工作方式也涌现得越来越多。服务业的迅猛发展,使服务生产组织日益复杂。新形势下,服务的工作方式、组织结构和管理方式必然也要进行相应的进步和提升。

由于服务业是包含了众多运作过程差异很大的行业,因此,服务业布局也不尽相同,其中,零售服务业布局是比较具有代表性的。

零售服务业布局的目的就是要使零售店铺的面积净收益最大。在实际布局中,"面积净收益最大"一般表现为:"搬运费用最小"、"产品摆放最多"、"空间利用率最大"等,同时还考虑到其他许多的人性化的因素。一般而言,零售服务场所有3个组成部分:环境条件,空间布置及设施功能,徽牌、标志和装饰品。

1. 环境条件

这是指零售服务场所的背景特征。如卖场的照明、温度、音乐、噪声等,这些条件都会直接影响雇员的业务表现和工作士气,同时也会极大地影响顾客对服务的满意程度、顾客的逗留时间以及顾客的消费态度。虽然其中的许多特征主要是受建筑设计(照明布置、吸音板和排风扇的布置等)的影响,但建筑内的布置也对其有影响。比如,食品柜台附近的地方常可以闻到食物的气味,剧院外走廊里的灯光必须是暗淡的,靠近舞台处会比较嘈杂,而入口处的位置往往通风良好。

零售服务场所的背景特征必须科学地设计,具体涉及光线、颜色、空气、声音、音乐。这些要素不能分开单独设计,因为它们相互之间具有非常相关的联系,与零售服务场所的位置、布置、设备等都密切相关。譬如,光线与颜色有关,而颜色又与商品的布置有关。

1) 光线

充足的光线是零售服务场所环境的重要因素之一。光线应使工作人员易看且不易疲劳。只有光线充足、舒适,才能够使工作人员减少疲劳、减少错误,做更多的工作,保持充沛的精力。合适的单一、彩色光线设置,有助于使消费者情绪兴奋,增加购买欲,刺激消费。

2) 颜色

颜色会影响人类的情绪、意识及思维。颜色通常对于人类的血压及性情产生重要的影响。有的颜色使人舒适,而有的颜色却使人难受;有些颜色使人心情愉快,而有的颜色则令人压抑;有些颜色能加速心智活动,而有的颜色则降低心智活动。零售服务场所的颜色一般应是丰富多彩的,这是与卖场成千上万的商品相适应的。当然,卖场中各个部分的颜色也应与对应的商品相适应。

3）空气

空气调节即控制空气的温度、湿度、流通与清洁4个基本状态。

温度会影响人的舒适与效率，也会影响消费者的购买情绪，理想的温度是20~25℃。

空气湿度对人的影响也很大。潮湿的空气令人感觉热，而干燥的空气则令人感觉冷。特别潮湿的空气，会引起呼吸器官的不舒适并引起沉闷、疲倦之感觉。同样，特别干燥的空气则经常引起焦虑与精神急躁之感。零售服务场所理想的相对湿度是40%~60%。

如缺乏必要的通风，浑浊的空气使人容易感到疲劳。正常的通风标准是每个人每小时约需2 000m³的空气。

4）声音

在零售服务场所里，由于人来人往，询问回答此起彼伏，人们说话走路、物品敲击碰撞、影音放送等应接不暇，场所内一般比较嘈杂，噪声令人感到不愉快、分散注意力、增加工作成本，且容易造成工作的错误。

因此，在设施布局上，应考虑减少或尽可能消除声音的发生。要求员工减少不必要的谈话，养成职员相互低谈的习惯。将发出音响的设备与机器，置于一个独立的场所。地板、天花板与墙壁，采用防音板或吸音的物质。窗户宜用隔音玻璃，当街市声音太嘈杂时，将窗户关闭。按照购买流程布置位置，减少消费者往返走动。

5）音乐

在零售服务场所中，适当播放轻柔、抒情、适应节庆的音乐，则可改进工作的条件，减轻消费者部分听觉、心理疲劳，缓解精神紧张，提高员工、消费者的愉快感情。

音乐应该适当地控制，音乐一般以选播轻柔的古典音乐与节奏轻快的音乐为主。分散注意力、过分引起注意力的音乐，如沉闷的管乐、高昂的独奏曲等应予排除。音乐选播应配合环境，视员工、消费者的心情需要。早晨宜选用轻松愉快的音乐，比较激昂的音乐可于中午前及下午播放。节假日可以播放一些有节日气氛的乐曲。

2. 空间布置及设施功能

这有两个非常重要的方面：科学设计、合理安排商品分组场地、空间位置、顾客的行走路径。行走路径的设计目的就是要给顾客提供一条线路，使他们沿着这条路线，能够尽可能多地看到商品，按需要程度接受各项服务。通道也非常重要，除了确定通道的数目外，还要决定通道的宽度。通道的宽度也会影响服务流的方向。

布置一些可以吸引顾客注意力的标记，这也是主动引导顾客沿着设想的路线行进的好办法。当顾客沿着主要通道行进时，为了扩大他们的视野，沿主通道分布的分支通道可以按照一定的角度布置。

将顾客们认为相关的物品放在一起，而不是按照商品的物理特性、货架大小、服务条件来摆放商品是目前很流行，也是比较符合人性需求的做法。这在百货商店的精品服务柜台、专卖店、超市的美食柜台、日用品柜台中常常使用。

对于流通规划和商品分组，市场研究提供了以下几条值得注意的指南。

（1）人们在购物中倾向于以一种环形的方式购物。将利润高的物品沿墙壁摆放可以提高他们的购买可能性。

（2）超市中，摆放在通道尽头的减价商品总是要比存放在通道里面的相同商品卖得快。

(3) 信用卡付账区和其他非卖区需要顾客排队等候服务，这些区域应当布置在上层或"死角"等不影响销售的地方。

(4) 在百货商店中，离入口最近和临近前窗展台处的位置最有销售潜力。

图 5.18 给出了家乐福超市的部分布局。

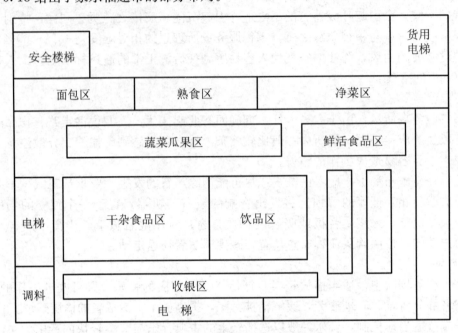

图 5.18　家乐福超市的布局示意图

3. 徽牌、标志和装饰品

徽牌、标志和装饰品是服务场所中具有极其重要社会意义的标志物。这些物品和周围环境常常体现了建筑物的风格、零售服务场所的价值取向。例如，麦当劳、肯德基、必胜客、奔驰、宝马的标志都能够使人很容易在各种招牌中一眼就识别出来。

5.4　办公室布局

在设施布局形式中，还有一种是经常遇到的布局形式：办公室布局。不论是在制造业布局中，还是在服务业布局中，都会涉及办公室布局的问题。因此，怎样通过科学合理的布局，让工作人员在舒适、和谐的办公环境中工作，也是一个值得研究的课题。

5.4.1　办公室布局中主要考虑的因素

通常要考虑的因素很多，但综合分析，一般要重点考虑两个因素。

1) 信息交流的及时性

信息交流涉及部门内部各种文件资料、电子信息的传递，也包括部门成员之间的信息沟通。对于需要流经多个部门才能完成的信息交流工作，部门之间的空间位置也应是要考虑的重要因素。应用工作设计、方法研究中的"工作流程"的思想来考虑办公室布局是很有帮助的，其中的各种图表分析技术也同样适用于办公室布局。

2）人员的工作效率

办公室布局中要考虑的另一个重要因素是办公室人员的工作效率。特别是办公室人员主要由高智力、高工资的专业技术人员组成时，提高人员的工作效率就具有更重要的意义了。办公室布局的好坏，会在很大程度上影响人员的工作效率，但也必须根据工作性质的不同、工作目标的不同来考虑什么样的布置更有利于生产率的提高。例如，在银行营业部、贸易公司、行政审批大厅的办公场地，开放式的大办公室布置让人们交流自然，容易沟通，能够促进工作效率的提高，而在出版社、医院诊室，开放式办公室布局却容易相互干扰，使人无法专心工作。

5.4.2 办公室布局基本原理

办公室布局的内容主要是确定工作人员的座位和办公室条件的合理配置。

布置时首先要了解办公室的工作性质与内容，内部组织、人员分工，办公室之间的联系。还要了解办公室定员编制，以及根据工作需要应配备的家具、通信工具、主要办公用品等。在掌握全面信息的基础上，按办公室位置、面积进行合理布置，并绘制布局的平面图。经科学比较、有效修改后，即可按图进行正式布局。

根据经验，搞好办公室布置，要注意以下一些问题。

(1) 力求使办公室有一个安静的工作环境。嘈杂的声音容易使人紧张，注意力分散，工作失误。所以，办公室布局应该考虑安静、和谐的问题。如果办公室容易被外界干扰，必须采取安装隔音器械、设置单独会客室等具体措施，以排除杂音。

(2) 有办公大楼的，办公室可以集中布置，这样便于工作上相互联系，又减少人员的移动。如果没有办公大楼，办公室布局就得分散安排，这样可以接近生产现场，便于为生产服务。

(3) 办公室应有良好的照明采光条件。光线过强或过弱，都会加速人的疲劳，降低工作效率。一般来说，自然光优于人造光，间接光优于直射光，匀散光优于聚焦光。在考虑可能的光线不足时，可以适当补充人造光。布置办公室的座位时，应尽量使自然光来自办公桌的左上方或斜后上方。

(4) 最充分地利用办公室面积，合理布置工作人员的座位。安排座位时首先要考虑业务工作的流程，其次是同一业务小组的工作需要。按工作人员数额及其办公所需的空间，设定其空间大小。通常因人、工作性质而异。一般而言，每人的办公室空间，大者可 $3\sim10m^2$，普通者 $1.5\sim8m^2$ 即可。

(5) 办公室布置应力求整齐、清洁。室内用品应摆放整齐，使用方便。文件箱、文件柜的大小、高度最好一致，并尽量靠墙放置或背对背放置。常用的文件箱相应布置在使用者附近。

5.4.3 办公室布置的主要形式

办公室布置根据行业的不同、工作任务的不同有多种，归纳起来，大致可以分为以下几个模式。

(1) 封闭式办公室。这是比较传统的布局方式。一层办公楼被分割为多个房间，伴之以一堵堵墙、一个个门和长长的走廊。这种布置可以使工作人员有足够的独立性，但是却无形中妨碍了人与人之间的交流，使人产生疏远感，不利于上下级之间的沟通，几乎没有调整和改变布局的余地，如图 5.19 所示。

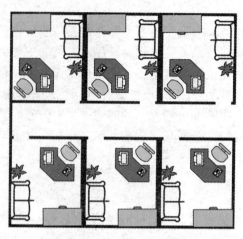

图 5.19 封闭式办公室示意图

（2）开放式办公室布置。这是近 20 年才发展起来的布局方式。在一间很大的办公室内，可同时容纳一个或若干部门的十几人、几十人甚至上百人共同工作。这种布置方式，不仅方便了同事之间的及时交流，也方便了部门领导与一般职员的沟通，在一定程度上起到消除等级隔阂的作用。但这种布局方式有一个突出的弊端，就是经常互相干扰，人员之间容易闲聊等，如图 5.20 所示。

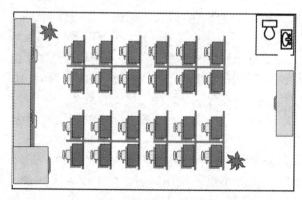

图 5.20 开放式办公室示意图

（3）半开放式办公室布局。就是在开放式办公室布局的基础上，进一步发展起来的用半截屏风将人和人适当隔离开的一种组合式布局方式。这种布置既吸收了开放式办公室布置的优点，又在一定程度上避免了开放式布置的相互干扰、闲聊等弊病，而且它还有很大的柔性，可随时根据情况的变化重新调整。据统计，采用这种形式布局，建筑费用比传统的封闭式办公建筑能节省 40%，改变布局的成本也较低，如图 5.21 所示。

实际上，在很多企业或组织中，各种布局都是综合使用的。20 世纪 80 年代，在西方发达国家又出现了一种新型办公布置——"活动中心"。在每一个活动中心里面，有会议室、讨论室、视频室、接待室、文印室、资料室等进行一项完整工作所需的各种设施场所。办公楼内设有若干个这样的活动中心，每一项独立的工作都集中在一个活动中心里进行，工作人员根据工作任务的不同在不同的活动中心之间移动。但每人仍保留自己一个传统式的办公室。这是一种比较特殊的布置，一般是针对项目型的工作。

图 5.21 半开放式办公室实景图

20 世纪 90 年代后,随着信息技术的迅猛发展,一种更新的办公形式——"远程办公",悄然而生。所谓"远程办公"是指利用信息技术和手段,将处于不同地点的工作人员联系在一起,共同完成工作的安排方式。还有一种更为形象的描述就是"在家办公"。人们可以在家、在出差地、在飞机上、在火车上办公等。

信息技术的普及和进一步发展,使人们的工作方式和对办公室的需求,都发生了新的要求,而办公室布局等工作,也发生了很大的变化。

本 章 小 结

设施布局是在企业选址之后一个重要的战略决策,它也将长期影响到企业的生产运作活动。因此,应以科学的方法确定最佳的布局方案。本章介绍了设施布局的概念、设施布局主要的形式及常用的设施布局的方法,不仅介绍了制造业的设施布局,也探讨了服务业与办公室的布局。表 5-4 总结和归纳了生产型和服务型设施布局的特点。

表 5-4 生产型和服务型设施布局的特点比较

生产型设施布局的特征	服务型设施布局的特征
直线型流动 回溯最少 生产时间可预先估计 在制品少 开放的车间,人人可看到车间里发生的情况 瓶颈操作可被控制 工作地之间距离较近 物料的搬运和储存有序 没有不必要的物料搬运 易于根据条件的变化进行调整	一目了然的服务流程 有足够的供等待时使用的设施 方便与顾客进行沟通 便于顾客监督 拥有足够的服务窗口和明确的进出口 部门的安排和商品摆放合理,顾客能轻易看到想让顾客看到的东西 休息区和服务区面积平衡 人流和物流最少 物品摆放有序 面积利用充分

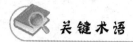

关键术语

设施布局　工作单元　产品专业化　零部件专业化　工艺阶段专业化　工艺原则布局　对象原则布局　混合布局　固定位置布局　山积图　成组技术布局　办公室布局

习　题

一、判断题

1. 企业将相同工艺的设备和人员布置在一个作业区内，这符合对象原则。（　）
2. 流水线上连续生产前后两批零件之间的时间间隔称为节拍。（　）
3. 成组生产单元既有对象专业化的优点，又有工艺专业化的长处。（　）
4. 产品专业化是未来发展的主要方向。（　）
5. 设施布局就是将企业内的各种设施进行合理布置，因此不包括操作者。（　）
6. 企业生产的协作化水平越高，企业需要设置的工作单元就越多。（　）
7. 以工艺原则来进行工作单位布局，其产品品种适应市场需求变化的能力强，有利于更新换代。（　）
8. 传统的图书馆和医院采用对象原则来进行工作单位布局。（　）
9. 以对象原则进行工作单位布局，可以缩短加工路线，减少在制品数量。（　）
10. 对象原则一般适合于多品种、单件小批量生产。（　）
11. 办公室布局主要考虑的两大因素是信息交流的及时性和面积的有效利用。（　）

二、单选题

1. 按工艺原则建立生产单位，优点是（　）。
   A. 生产系统可靠性高　　　　　　B. 可采用专用高效设备
   C. 缩短生产周期　　　　　　　　D. 简化管理工作
2. 设施布局的目标是将企业内的各种设施进行合理布置，应实现（　）。
   A. 生产成本合理　B. 库存较少　C. 保证产品质量　D. 合理的物料流动
3. 按工艺原则建立生产单位，优点是（　）。
   A. 采用通用设备　B. 在制品品种减少　C. 缩短生产周期　D. 简化管理工作
4. 适合于多品种、单件小批量生产的设施布局是（　）。
   A. 对象原则布局　B. 工艺原则布局　C. 混合布局　D. 固定位置布局
5. 按对象原则建立生产单位，其优点是（　）。
   A. 生产面积利用充分　　　　　　B. 有利于工艺管理
   C. 工人技术提高　　　　　　　　D. 生产周期缩短
6. 大批量生产、相似程度高、少变化的产品组织规划适用的设施布局形式是（　）。
   A. 工艺原则布局　B. 对象原则布局　C. 混合布局　D. 固定位置布局
7. 在作业相关图法中，代号"E"表示的组织组成部分关系密切度为（　）。
   A. 一般　　　　B. 密切　　　　C. 特别密切　　　　D. 绝对密切

第5章 设施布局

8. 一装配线由5个工序组成，各工序的工时定额分别为：3分、6分、7分、4分和8分，节拍为5分/件，其最小工作地数为（　　）。
   A. 5　　　　　　B. 5.6　　　　　　C. 6　　　　　　D. 7
9. 零售服务场所的组成部分不包括（　　）。
   A. 环境条件　　　　　　　　　　B. 空间布置和设施功能
   C. 徽牌、标志和装饰品　　　　　D. 货架摆放
10. 按对象原则建立生产单位，适用于（　　）。
    A. 单件生产　　B. 小批生产　　C. 大批大量生产　　D. 工程项目
11. 汽车装配宜采用（　　）。
    A. 流水线布置　　B. 固定位置布置　　C. 功能布置　　D. 以上都不是
12. 若以产品多样化来满足顾客个性化需求，最为理想的生产方式是（　　）。
    A. 大量生产　　B. 大批生产　　C. 小批生产　　D. 单件生产

三、简述题

1. 设施布局为什么要考虑5个基本标准？
2. 影响企业工作单元构成的因素有哪些？
3. 工艺原则布局与对象原则布局的联系和区别是什么？
4. 怎样解决造船厂固定布局中场地限制的问题？
5. 为什么说固定布局是一种比较特殊的设施布局方式？
6. 为什么说成组技术布局是一种公认的混合布局方法中较为常用而有效的方法？
7. 在零售服务场所里，为什么经常设置各种彩灯，播放各种抒情、欢快的音乐？
8. 办公室布局怎样考虑人员的工作效率问题？
9. 在家办公对设施布局有何影响？

四、分析题

1. 我国多数大学的管理学院机关采用传统的封闭式办公室的布局，根据设施布局原理，你觉得需要改变现行的布局吗？阐述你的建议可行性。
2. 吉林大学第一附属医院在全面实施信息化的同时，对其门诊大楼各个科室的布局也进行了大幅的调整。现布局的方案为：按楼层布置相关科室，且每楼层均可挂号和交款，保证患者在一个楼层内完成其就诊的全部或大部分项目和手续。根据设施布局的基本原理，分析该医院与传统医院布局有什么不同？该布局是否值得推广？阐明你的观点。
3. 某辩论会上，其正方的观点是"少品种大批量制造优于多品种小批量制造"，而反方的观点是"多品种小批量制造优于少品种大批量制造"。你支持哪一方？理由是什么？

五、计算题

1. 某新建设的企业，有A、B、C、D、E、F六个部门要布置在一个分成6块的区域内，如图5.22所示，各部门之间的流量见表5-5。

请问，怎样安排最经济？

	1	2	3
	4	5	6

图 5.22　6 块区域

表 5-5　部门间流量表

	A	B	C	D	E	F
A		7				5
B				4	10	
C		7			2	
D			8			
E	4					3
F		6			10	

2. 图 5.23 是一个工作单元内的 4 个设备的初始布局位置。每个工作日的各个设备之间的物料转移数量见表 5-6。所有的移动距离为：AB=BC=CD=10m，AC=BC=BD=20m，AD=30m，全部物料都使用同一种车辆运输。请问有几种布局方式，哪一种布局成本最小？

A	B	C	D

图 5.23　设备初始布局示意图

表 5-6　物料转移数量表

单位：m

	A	B	C	D
A		60	50	80
B	30		90	40
C	10	40		70
D	20	10	10	

3. 表 5-7 是某装配线平衡问题的数据。当节拍为 3min 时，给出一个解决办法。该装配线的效率是多少？

表 5-7　装配线各作业参数与关系

作业	时间/min	前项作业	作业	时间/min	前项作业
A	1	—	F	1	A
B	1	A	G	1	F
C	2	B	H	2	G
D	1	B	I	1	E, H
E	3	C, D			

案例研究

案例 1　汽车驾照的更新

亨利·库柏是一个大城市里的州立汽车管理办公室的主任,他现在做驾照更新操作过程的分析工作,过程包括6个步骤,见表5-8。

表5-8　州立车辆执照更新过程时间表

序　号	步　　骤	平均花费时间/s
1	检查更新申请	15
2	付费	30
3	检查违章和限制档案	60
4	视力测试	40
5	申请者照相	20
6	发放临时执照	30

库柏发现每一步骤都由一名职员负责,各步骤是独立完成的,他计划办公室应能满足每小时120份更新申请的最大需求。

他发现各职员的工作量是不平衡的,负责审查的那个职员需要缩短自己的操作时间才能赶得上其他人。在需求最大时,要排长队。

库柏还发现第1、第2、第3和第4项工作由小时工资为6美元的一般职员来做,第5项工作由小时工资为8美元的摄影师完成。第6项工作是发放临时驾照,州的政策是要由穿制服的交通管理处的官员来处理,其小时工资为9美元,但可以安排做摄影之外的任何工作。

第1项工作是检查申请表填写的是否正确,必须在其他工作开始之前做好。同样,第6项工作是发放临时驾照问题,要在其他工作做完之后才能进行。

亨利·库柏的工作压力很大,既要提高办事效率又要降低费用。此外,交通管理处的地区负责人已告知他最好能够满足新的需求,不然的话,就要被"点名批评"。

资料来源:杰伊·海泽,巴里·雷德.生产与作业管理教程.p236

讨论题:

1. 按现有的处理过程,每小时能处理的申请最多是多少?
2. 如果增加一个人负责审查,每小时可处理多少申请?
3. 假设增加了一个职员,则最多能处理多少申请?
4. 你怎样调整过程以满足每小时处理120份申请的要求?

案例 2　DM 国民银行

Des Moines 国民银行(Des Moines National Bank,DNB)最近在繁华的商业区建成一幢新楼。银行迁入新址,需要重新安排各部门的位置,以获得最优的作业效率和效果。

DNB 的主要作业部门之一是支票处理部门。这一部门是个人和商业支票的清算机构。这些支票既来自于与 DNB 有支票处理合同的小型金融机构,也来自于楼下的出纳员。根据支票底部的磁条,这些支票可按其提取处来分类。审核员保证收入和支出保持平衡,记账员进行记录完成交易。最后,这些支票束成捆,从分配部门运送过来。

这个部门的人员也负责处理政府支票和通过该系统退回的支票。因为这些支票需要不同的处理作业，所以将它们放在商业银行同一层楼上的不同部门里。

电梯只能从一层上到二层，于是支票处理部门便安排在DNB新楼的第二层。第二层楼如图5.24所示，分为8个面积相等的正方形房间（它们之间虽没有墙隔开，但我们仍称之为房间）。每间房长宽为75ft.（1英尺＝0.304 8m）见方。

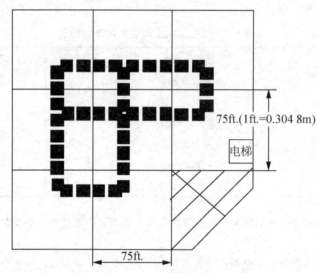

图5.24　DNB大楼第二层的计划

"物料"的流动，如要处理的支票，计算机输出核对和记账的结果，都在位于房间之间的过道上进行，支票由电梯运送上来并进行分配。所以应该将分配部门安排在靠近电梯的房间里。除此之外没有其他对部门位置的限制。

分析的第一步是要确定部门间的物流量。以几周流量的平均值来作为部门间流量的平均值。虽然一周的不同日子里处理的支票量不同，但平均值较好地体现出各部门间的物流量。

通过对物流量数据的研究，会揭示出几个未被考虑到的重要关系。例如，虽然在商业支票分类部门和政府支票部门间没有物料流动，但它们使用相同类型的设备。这种设备有很大的噪声，需要隔音墙来控制噪声。所以将设备安排在一起对降低建筑成本是很有必要的。同时，还是由于这种噪声，应将那些需要集中注意力工作的部门，如核对部门和办公室，设置在远离产生噪声的地方。根据以上类型的注意事项，现将每对部门的接近关系列成如下的等级表。

A——非常必要临近；

E——临近特别重要；

I——临近重要；

O——一般临近；

U——临近不重要；

X——不能临近；

表5-9的斜线右上角部分是部门间每天的平均物流量，斜线左下角是接近关系程度，例如，支票类部门和核对部门每天的物流量是50。接近关系程度为"X"。

表 5-9 部门间的物流量和紧密关系

序号	部门	1	2	3	4	5	6	7	8
1	支票分类		50		250				
2	支票核对	X		5					
3	支票记账	X	A						10
4	支票分配	U	U	U		40	60		
5	政府支票	A	U	U	E				
6	退回支票	U	U	U	E	U		12	
7	记账调整	X	A	A	U	U	E		10
8	办公室	X	I	I	U	—	—	I	

资料来源：[美]杰伊·海泽，巴里·雷德. 生产与作业管理教程. 4版. 北京：华夏出版社，1999. p235

讨论题：

1. 编制规划，使总物流量达到最小。
2. 根据接近关系程度表确定的相互关系来做出一个布局。
3. 做出一项既考虑物流量，又考虑接近关系的布局。
4. 评价所做出的各项布局。
5. 当对支票处理部门进行布局时，还有其他应该考虑的因素吗？

第6章 产品和服务设计

教学要求

通过本章的学习,要达到以下目的:
(1) 了解企业R&D的概念、R&D领域的选择和R&D方式;
(2) 了解产品市场寿命周期各阶段与R&D任务的关系;
(3) 了解工业设计的思想;
(4) 了解标准化及其优缺点;
(5) 理解大规模定制常用的方法;
(6) 理解稳健设计的原理和三次设计法的步骤;
(7) 了解并行工程的工作原理;
(8) 了解计算机辅助设计的工作原理;
(9) 理解质量功能配置,掌握质量屋及其构成;
(10) 了解可靠性的概念、可靠性度量的指标和常用的可靠性设计的方法;
(11) 了解产品设计和服务设计的区别;
(12) 掌握服务蓝图的绘制步骤和方法。

引 例

海尔小神童系列洗衣机的研发

1995年,海尔洗衣机的研发部门在做市场调研时发现一个奇怪的现象:每年6~10月的时间段是洗衣机生产的淡季,每到这段时间,很多厂家就把商场里的促销员撤回去了。难道天气越热出汗越多老百姓越不洗衣裳?原因何在?进一步调查发现,不是老百姓不洗衣裳,而是夏天里5kg的洗衣机不实用,既浪费水又浪费电。可见并不是人们不想用洗衣机,而是没有适合的产品。于是研发部门经过上百次的论证和200多个日夜的研发,1996年一类新型的小洗衣机走向市场,这就是小神童及小小神童等系列洗衣机。该系列洗衣机的关键技术是在最小的空间内将组件合理分装,把洗衣机的结构做得更紧凑,使洗衣机体积减小。很快,该产品成为夏季洗衣机市场的明星,上市45天销量就超过10万台,还挺进欧美、日本等发达国家市场,多年来一直雄居国内洗衣机的销量第一。

小神童系列洗衣机的成功揭示了一个道理:"只有淡季的思想,而没有淡季的市场;只有疲软的思想,而没有疲软的市场。"用户的需求无处不在,产品的研发关键是如何及时抓住机会,推出具有市场竞争力的产品,企业的"卖点"恰恰就是用户的"买点"。

资料来源:根据"http://www.managecn.org.Artide/qywh/5828—6.html"的资料整理

6.1 R&D 概述

6.1.1 R&D 的概念

研究与开发(research and development，R&D)其含义广泛，涉及的群体、机构众多，如国家的科学研究机构、大学、企业等，不同机构从事 R&D 的动机和目的不尽相同。这里主要是探讨企业的 R&D。所谓企业的 R&D 是指企业的新产品或产品生产的新技术的研究与开发。

从宏观上讲，科技的研发是推动生产力发展的主要因素。纵观世界发达国家的经济发展史，尤其是从 20 世纪 50 年代以来，现代经济的成长以及各种工业的发展越来越多地依赖于科技的进步。据统计，美国在 20 世纪 60 年代取得了显著发展的电气机械设备、通信、电子仪器、飞机制造业等 10 个行业，用于 R&D 的平均费用达到其年销售总额的 4% 以上，其中飞机制造业、通信以及电子仪器等已超过了 10%。目前国家所投入的科技预算，美国占其 GDP 的 0.91%，德国占 0.95%，日本占 1%，法国占 1.1%。可见，科学技术的发达与否，已成为国家经济增长和工业发展的先决条件。

R&D 在企业的生产经营中同样也有着越来越重要的作用。在科学技术飞速发展、市场变化十分迅速、需求日益多样化的今天，企业为了生存与发展，必须能够创造性地、有机地适应未来的变化。R&D 作为一种"对企业未来的投保"，是左右企业未来的最重要的企业活动之一。R&D 直接影响到企业的竞争力，这是因为：

其一，R&D 的质量直接影响企业的产品质量。例如，当装配的质量提高之后，影响产品质量的主要因素可能会变成零部件的加工质量，而当零部件的加工质量也提高之后，影响产品质量的主要因素就会变为产品的设计质量。日本著名的质量管理专家田口玄一认为产品的质量问题 80% 以上与产品设计有关。

其二，R&D 的效率直接影响产品的生产和上市的时间。随着市场需求的多样化和产品生命周期的缩短，新产品的研发周期对产品投放时间的影响越来越大，这也对企业快速占领市场而获取竞争优势越来越重要。如欧美等国家的汽车厂家推出一款全新的汽车需要 3~5 年的时间，而日本仅需要 2 年，显然日本汽车更具竞争优势，近些年的汽车市场也验证了这一规律。

其三，R&D 直接影响产品的成本。同样的产品、同样的功能，采用的零部件和材料不同，甚至采用的设计原理和方法不同，会使得产品的成本差异巨大。

总之，企业 R&D 的成功与否在一定程度上会影响企业的竞争力和经营业绩。

6.1.2 R&D 的分类与特征

关于 R&D 的分类方法，目前尚未有统一的标准。但一般来讲，可以分为 3 类。

(1) 基础研究(basic research，fundamental research)。

(2) 应用研究(applied research)。

(3) 开发研究(development research)。

基础研究按其研究对象的差异可进一步分为纯基础研究（pure fundamental research）和目的基础研究（objective fundamental research）。纯基础研究以探索新的自然规律、创造学术性新知识为使命，与特定的应用、用途无关。纯基础研究主要在大学、国家的研究机构中进行。目的基础研究是指为了取得特定的应用、用途所需的新知识或新规律而用基础研究的方法进行的研究。通常企业中进行的基础研究大都属于此类。无论是纯基础研究还是目的基础研究，都是非经济性的，也就是说，这类研究只是探索科学规律，而不考虑其成果未来的经济效益。

应用研究是指探讨如何将基础研究所得到的自然科学上的新知识、新规律应用于产业而进行的研究。或者说应用研究是运用基础研究的成果或知识，为创造新产品、新技术、新材料、新工艺的技术基础而进行的研究。所以有时也称为产业化研究。如产品孵化中心、中试基地等，也就是将实验室的产品或技术变为可工业化生产的产品或技术。

开发研究就是利用基础研究或应用研究的结果，为创造新产品、新技术、新材料、新工艺，或改变现有的产品、工艺、技术而进行的研究。这种研究也称为企业化研究，具有明确的生产目的，就是获取企业可以生产的新产品或可以实际应用的新技术，带有明显的经济性特征，追求开发研究的投入产出比。

随着市场竞争的日益激化，新产品和新技术在竞争中的地位越来越重要，企业越来越青睐原创的、独特的产品和技术，因此，R&D在企业也逐步升级。R&D在企业中的发展，一般从开发研究阶段开始，经过应用研究和目的基础研究，达到纯基础研究。现代国际级的大企业在目的基础研究和纯基础研究领域的投资越来越大。

6.1.3 R&D领域的选择

R&D领域的选择，其目的是发现能够最适度发挥企业资本收益，提高企业竞争力的事业领域，并对如何发挥新产品、新事业的各种机会进行探索。如图6.1所示，从企业的现有技术和现有市场向新事业领域的探索可以分为4种类型。

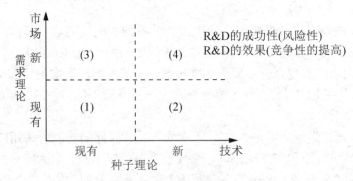

图6.1 R&D领域选择类型示意图

（1）在现有事业领域，依靠现有的技术开发多种类型或规格产品，以扩大现有的市场。该类型的特点是市场和技术都是成熟的，不成功的风险最低。例如采用显像管技术（CRT）的普通彩色电视机，在已有21in规格的基础上，可以研制其他不同规格，如25in、29in等，形成系列产品，但这样的研发对提高企业产品的竞争力也是有限的，如图6.2所示。

图 6.2 系列电视机的研发

有关系列产品的开发,可以采用两种常用的设计方法,即内插式设计和外推式设计。

内插式设计主要用于新产品规格处于既有产品规格之间的产品设计上。采用内插式设计时,对新产品不必进行大量的科研和技术开发工作,只需选用相邻产品的原理、结构乃至计算公式等进行产品设计,根据需要进行小量的研究试验。

内插式设计实际上是一种生产经验与试验研究相结合的半经验性的设计方法。采用这种设计方法的关键是选择适当的相邻产品。只要相邻产品选择适当,就可以充分利用相邻产品的结果及长处,取得事半功倍的效果,在短期内设计出成功的产品。

外推式设计是利用现有产品的设计、生产经验,将实践和技术知识外推,设计出比现有规格更大或更小的类似产品。

从表面上看,外推式设计与前述的内插式设计相似,但实际上二者有本质的不同。内插式设计可以说是在已知领域内设计新产品,而外推式设计是在未知领域内设计新产品。在现有设计基础上做外推时,需运用基础理论和技术知识,对过去的实践经验进行分析。对有关质量、可靠性等的重要环节,应进行试验,把经验总结与实验研究成果结合起来进行新产品设计。设计外推量越大,技术开发性的工作量也越大。

另外,成组技术在系列产品研发中的应用也越来越广泛,它可以大大减少设计工作量,缩短设计周期,节省设计费用,使设计人员摆脱大量的一般性重复劳动,集中力量抓关键性的零部件设计,提高设计工作的质量。

(2) 向现有市场推出用新技术开发的新产品,将市场细分为不同的层次或群体。例如在普通彩电的基础上推出采用等离子和液晶技术的平板电视,服务于高端客户。平板电视的原理和技术与普通彩电有很大的差别,属于新技术的产品,如图 6.3 所示。

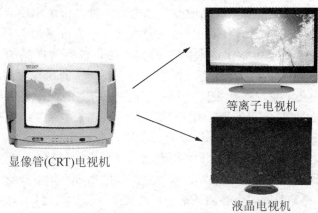

图 6.3 基于新技术的电视机的研发

（3）将利用现有技术的产品打入新市场。企业依托核心技术的关联发展就属于该范畴，例如生产摩托车的企业，利用其微型发动机的核心技术拓展其新的产品线，如割草机、微型发电机、摩托艇、机动雪橇等产品。这种所谓的"新市场"对该企业是新的，而对于社会而言并非新的，至于企业能否真正进入这样的"新市场"，还要看其新产品的竞争能力，如图6.4所示。

图6.4　基于核心技术的关联产品的研发

（4）用新技术开发新产品，并开辟新的市场。这种类型的技术和市场都是新的，因此其风险来自于两个方面，研发的成功率较小或者说风险很大，但是一旦成功，就会在技术和市场两个方面形成暂时的垄断，从而获取高额利润，如图6.5所示。

图6.5　微软和苹果新产品获取垄断利润

从图6.1的两个坐标轴来看，产品研发的动力有两种：市场驱动型和技术驱动型。

市场驱动型是指按照需求理论（need theory）方式，根据市场的需求开发新产品，即通过市场调查了解需要什么样功能和技术内容的新产品，按照新产品的要求，对其生产技术、价格、性能等方面的特性进行研究，再通过对该新产品的销售预测决定如何研发。其思路是"市场需要什么，我就做什么！"当然其前提是所需的技术是成熟的。市场驱动型的产品也称为销售导向型（sales oriented）产品。

技术驱动型是指按照种子理论（seed theory）的方式进行新产品的研发，即从最初的科学探索出发，按照新发现的科学原理来开发新产品。其研发的思路是"我能做什么，就做什么，再去卖什么！"所以技术驱动型的产品称为生产导向型（production oriented）产品。当然，这种方式的研发也不是盲目的，也必须具备一定的现实或长远的市场基础。如果某种产品或技术根本没有市场，那么对其的研发工作就不是企业行为了，仅仅是科学探索而已。

6.1.4 R&D 方式的选择

决定采用何种 R&D 的方式，应考虑的因素主要有以下两个方面。

（1）资源因素。R&D 工作是企业先期投入再有回报的，为了保证研发工作的进行，两个要素是必须具备的，这就是研发人员和资金，缺一不可。

（2）R&D 组织与预期效果。这方面的因素有研发周期、研发风险和研发收益等。

不同的研发项目其影响因素是不同的，采用的策略和方式也就不尽相同，一般来说，R&D 可以采用以下 3 种方式。

1. 独立研发方式

这是根据研发项目的要求，完全依托企业自身的技术和经济实力就能实现时所选择的方式。该方式的有利方面是，企业可以完全独立地对 R&D 活动进行管理，避免了大量的协调工作，且保密性强，可以独享 R&D 成果及其所带来的全部经济利益。不利方面是研发周期会较长，须独自承担全部的费用和 R&D 的风险。在市场竞争日趋激烈的环境下，多数大企业，甚至一些中型企业都采取这种方式，以保持在新产品、新技术研发上的主动权。当然，这种 R&D 方式是以企业较雄厚的资金和技术人才队伍做后盾的。

2. 委托研发方式

当企业的研发缺乏技术或人才要素时，通过部分或全部借助外部的技术力量来进行的 R&D，称为委托研发方式。这种方式通常发生在中小企业，很多中小企业自身没有足够的技术力量，但却对市场需求变化敏感，对新产品有基本的构想，因此往往会借助外部的技术力量来实现自己的目标，完成产品的研发工作。采用这种方式的有利方面是研发周期较短、风险小、见效快。不利方面是没有主动权，易受制于他人，且从长远的利益考虑，对企业的可持续发展不利。

3. 共同研发方式

当企业的研发要素的某些方面存在某种不足或缺乏而不能独立承担研发工作，或者从研发的利益考虑，利用本企业和其他企业或研究机构各自不同的研究基础和优势，共同或合作进行 R&D 的方式，称为共同研发方式。这种方式的成因可以归纳为 3 种：一是为了达到研发目标，仅仅依靠本企业的力量有困难，只有依靠外部合作者的专长才有可能实现，如资金的短缺或缺乏专门的技术人才；二是缩短研发周期，快速推出产品抢占市场；三是在取得开发成果的利益之外，还能获得其他的经营利益，如合作营业、建立承包关系、特许经营、共享销售网络、人才培养等。共同研发存在多种形态：基于产业链或供应链的纵向合作，如主机厂和配套厂的零部件和生产技术的研发；共同承担风险的同行业横向合作；产学研合作；政府协调下的多方合作，如载人航天工程、"歼 10"的研制和生产等。采取共同研发方式要解决的关键问题是如何根据各个企业、机构所投入的资源和分担的责任来分配今后应得的利益。

6.1.5 R&D 的评价

R&D 的评价主要从两个方面去考虑：评价标准和评价方法。

1. 评价标准

对R&D项目进行评价时，首选要明确评价标准。评价标准不同，其结论必存在差异。每项R&D项目都可以从性质不同的两个方面去评价：一是显在的企业效益，二是潜在的技术储备，即经济性评价和技术性评价。技术储备能够促进企业的发展，但它的作用只是在将来才能显示出来，而在现阶段只是一种潜力，只有其发挥作用时，技术储备才有可能用企业效益这个标准去度量。但是如果因此否认对R&D进行评价的必要性也是不正确的，为了有效地进行R&D，使企业有限的资源得到最优配置，对R&D进行评价还是不可欠缺的。

R&D评价的复杂性还表现在它的评价标准难以量化。如果某种新产品的问世完全可以归功于某项研究的成功，那么由此带来的利润即可代表这一贡献的程度。但许多产品是靠以往的种种研究和技术的积累才得以形成和存在的，在产品化的过程中还有工艺部门和制造部门的大量努力。因此，即使通过R&D开发了新产品，创立了新技术，实现了某种改进或提高了某种性能，也难以甚至几乎不可能用数字来表示其贡献程度。可见对R&D项目的评价，有些只能用定性的方式来表示。

总之，对R&D进行评价是一个复杂的问题，首先要明确进行评价的标准，而评价的标准是随着企业的指导思想和经营方针的变化而变化的。企业在选择和确定R&D项目之后，应从经济性和技术性两个方面，综合考虑项目的定性因素和定量因素，制定出较具体的评价标准。一般可以从表6-1所列举的几个方面具体考虑。

表6-1 R&D的评价标准

标准类别	具体内容
技术评价标准	成功的可能性、可靠性、操作性能、结构的新颖性和可继承性、技术的前向和后向联系等
生产评价标准	合理的制造工艺、材料的有效利用、大规模生产的可能性、标准化的可能和程度等
财务评价标准	研发和生产成本、潜在发展的可能性、与R&D相关的投入资本、经济效益等
市场评价标准	产品的独创性和新颖性、价格、质量、性能、预期的市场规模与竞争、市场需求的稳定性等
管理评价标准	产品的预期市场寿命、对企业经营目标的贡献度、对企业声誉的贡献、所需的人才和设备及其他资源、整个R&D战略计划的平衡等

2. 评价的实施方法

按照R&D的阶段顺序，评价可分为以下4种。

1) R&D开始前的评价

这种事前评价也可以称作预测，即实现对研究结果可能为企业做出多大贡献及其成功率进行预测，以此为依据考察是否有投入的价值以及如何投入。事前评价一般是在方案提出后就进行，可以由提案者和项目承担者进行，也可以由企业的R&D管理部门或有关机构进行。每个项目方案的内容和对它的评价都应记录在案，以作为今后进行技术预测和市场预测的参考。

2) R&D 过程中的评价

这种中间评价是 R&D 进行到某种程度时，定期或到一定阶段所做的评价。中间评价的内容主要有两个：先评价实际成绩，然后对未来做出预测或新的安排。中间评价要检验到目前为止的 R&D 与最初的事前评价是否有差距，特别是在 R&D 开始后外部环境发生了重大变化的情况下，对 R&D 计划是否需要变更、研究人员是否应该增减、研究时间是否可以延长或缩短、经费预算是否应该变更等事项做出判断。当一个 R&D 项目存在有几个可替代方案时，在 R&D 的初始阶段很难对这些方案分出优劣。因此，在几个方案并行开展的情况下，可通过中间评价加以淘汰，这样可以缩短研发时间，节约研发资源，提高研发的成功率。

3) R&D 结束时的评价

这种评价是为了检验和预测 R&D 的效果和效益。对研究人员而言，研究结束、研究成功就等于取得了研究成果。但从企业的角度来看，研究成功只是取得了预期的"结果"，只有研究结果为企业带来真正的效益，构成对企业的实际贡献之后，才能称为"成果"。这实际上是对研究结果从技术性和经济性两方面进行评价的结果。研究结束时的评价，总结 R&D 的全过程是具有重要意义的，大量积累这样的资料是企业宝贵的知识财富。这种评价的内容应包括 R&D 项目的完成情况、经费使用情况、目标实现的程度、研究报告书、专利、新技术等。

4) 跟踪评价

跟踪评价是在 R&D 结束，并经历一定时间后进行的评价，主要评价 R&D 项目对企业生产经营的发展、创造的经济效益以及对研究人员的成长等所起的作用。其目的是为了更有效地考察在 R&D 过程中资源配置的合理性，研究机构规模的适度性以及研究成果对企业产品和生产工艺技术的影响程度等。另外，还要评价 R&D 的投入产出的情况、给企业带来的利润等经济效益指标。

6.2 产品设计

新产品研发或设计有规范的流程或工作细则，本节不对此进行介绍，而是从产品设计的技术、方法、策略和过程管理的角度进行阐述。

6.2.1 产品生命周期

产品生命周期，也称产品寿命周期，泛指产品在某种特征状态下经历的时间长度。按特征状态的不同，产品寿命周期可分为 3 种。

(1) 自然寿命，指产品从用户购买开始，直至丧失使用功能而报废所经历的时间长度。自然寿命长度与产品的有形磨损程度有关。所谓有形磨损是指产品在使用过程中，零部件产生摩擦、振动、疲劳、锈蚀、老化等现象，致使产品的实体产生磨损，称为产品的有形磨损。其特征是物理磨损和化学磨损。

(2) 技术寿命，是指产品从用户购买开始，到功能落伍或贬值而被淘汰所经历的时间长度。技术寿命长度与产品的无形磨损有关。所谓无形磨损是指由于科技进步而不断出现新的、性能更加完善、效率更高的产品，使原产品价值降低，或者是同样结构产品的价格不断降低而使原有产品贬值。

（3）市场寿命，是指产品从投放市场开始，直到逐步被淘汰出市场的整个过程所经历的时间。本节谈及的产品生产周期就是指市场寿命。市场寿命通常分为4个阶段：投入期、成长期、成熟期和衰退期，如图6.6所示。

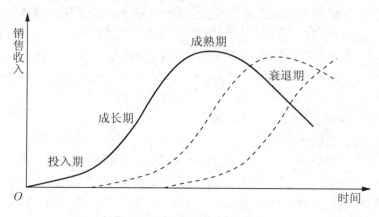

图6.6 产品生命周期示意图

与产品研发和生产有关的活动，如新产品设计、老产品改进设计、工艺准备等均与产品生命周期有密切的关系。当然，也就是在不同的阶段，研发活动，即设计与工艺活动的重点也不同。

1. 投入期

在投入期阶段，市场需求不明显，消费者在考察和认可新产品。该阶段研发活动的重点如下。

（1）对产品进行创新设计，确定最有竞争力的型号。
（2）消除设计中的缺陷。
（3）缩短生产周期。
（4）完善产品性能。

2. 成长期

成长期阶段的特征：用户需求增长迅速，产品产量大幅增加。该阶段研发工作的重点如下。

（1）产品工艺改进。
（2）降低产品生产成本。
（3）产品结构标准化与合理化。
（4）稳定产品质量。

3. 成熟期

成熟期阶段的特征为：销售和利润达到最高水平，成本竞争是关键。该阶段的研发工作的重点如下。

（1）产品系列化与标准化。
（2）提高工艺稳定性。

第6章 产品和服务设计

（3）创新服务与质量创新。
（4）产品局部改革。

4. 衰退期

衰退期的特征：销量下降，利润降低，预示更新换代开始。进入该阶段，企业应放弃那些生命周期即将结束的产品，因此，其研发工作的重点如下。

（1）不进行或很少进行产品细分。
（2）精减产品系列。
（3）决定淘汰旧产品。

通过图6.6还可以看出企业新产品推出的时机，虚线表示的曲线展示了后续产品进入市场的时间及销售收入变化情况。并非老产品离开市场，新产品才开始进入。企业的研发工作通常是生产一代，储备一代，研制一代，构思一代的梯形式的研发计划。

需要注意的是，不同产品的市场寿命周期变化规律是不同的，举例如下。

（1）音乐产品：数码磁带或数码产品，如MP3/MP4处于增长期，CD唱片处于成熟期，盒式磁带处于衰退期或即将退出市场。

（2）电视机：液晶电视、等离子电视等平板电视已处于增长期和成熟期的前期，普通彩电处于成熟期和衰退期的前期，黑白电视处于衰退期。

另外，有些产品没有显示出其在生命周期所处的阶段或者说其生命周期变化缓慢，如铅笔、剪刀、餐具、饮水杯等类似的日常用品。

有些产品则是人为或被迫地退出市场，由功能更新、更好或价格更低廉的产品所替代。

6.2.2 工业设计

工业设计通常指的是面向顾客和面向制造的产品设计。

面向顾客的设计强调顾客的使用性，即顾客使用产品的方便性、安全性、维护性，不要多余的无用的功能等。

面向制造的设计强调产品的工艺性，即产品加工和拆装的简易性，降低制造成本。

作为新产品的研发和设计者必须具备这样的理念或常识，并用其指导自己的工作。这种理念是：企业设计的产品是要满足顾客的使用要求的，用户的要求就是设计的依据，即要做到"物美"，见运作实例6-1。另外，设计的产品还要很方便地制造出来，或者说产品的生产成本低，也就是说，不仅"物美"，还要"价廉"。只有这样，设计和制造出来的产品在市场上才具有竞争优势。

运作实例6-1

雷克萨斯车的质量改进

此顾客服务案例发生在路易斯安那州的雷克萨斯汽车行。

某位女士在一周前购买了一辆新车，现在却苦恼地回到了汽车行。她穿着定制的某种品牌的鞋，右脚的鞋跟卡在加速器踏板下，加速很困难。最后非常不幸的是折断了鞋跟。汽车行服务经理记下了这一问题，并提出赔偿这双鞋。

该女士说，这将是她最后一次与雷克萨斯车行打交道。然而一周后，一名来自日本雷克萨斯的设计工程师出现在她的家门口。他察看了那双鞋，并做了测量，画下草图，之后他一句话也未说便告辞了。

一个月后，雷克萨斯车行联系到该女士，并请她将车带入车行。工程师重新设计的加速器确保不会再卡住鞋跟。他们更换了她汽车上的加速器踏板。现在向后安装的踏板已成为雷克萨斯车的生产标准之一。

资料来源：Tom Taormina, Virtual Leadership and the ISO 9000 Imperative, p. 158

6.2.3 标准化与大规模定制设计

在产品设计中经常提及的一个重要问题就是标准化程度。标准化是指构成同一种产品的不同个体之间的无差异性，即个体或零件的互换性、通用性。

标准化的产品由于其产需量大，可以采用高效的专用设备生产，这就大大提高了其生产能力和生产效率，同时极大地降低了生产成本。与定制的产品或零件相比，标准化的产品或零件的设计成本低，更换和维修也便捷。例如，丰田汽车公司有"成本杀手"美誉的现任社长渡边捷昭为降低汽车成本，将丰田汽车车门扶手的型号，由原来的 35 种减少至只有 3 种基本型号。由于减少了产品零件的多样性，丰田汽车在降低产品成本的同时，也提高了产品的质量和可靠性。

标准化的另一个优点就是减少培训员工的时间和成本，也减少了设计工作岗位的时间。

缺乏标准化经常带来困难和不便，如计算机中不同的操作系统的文档不能互换，电视机和手机的制式不同而不能通用，度量单位存在公英制等。

当然，任何事情有利必有弊。标准化的不利之处主要在于产品多样性的降低，这会限制产品吸引顾客的程度。如果竞争对手推出一种更好或更多样的产品，就会在竞争中取得优势。如 2005 年我国南北大众汽车销量大幅下滑，其罪魁祸首就是产品品种少，新品推出的速度慢。另外一个不利之处可能在产品设计不成熟时就被标准化（固化），一旦固化，就会有种种强制因素使设计难以修改。例如，某种零件存在设计缺陷，但是生产该零件的昂贵的专用设备已经到位，更改设计就意味着专用设备的报废，代价太大。另一个熟悉的例子就是计算机键盘的排列，研究表明，另一种按键排列顺序更有效，但更换现有的键盘并培训人们使用新的键盘的成本会远远大于其带来的收益。

因此，设计者在进行选择时，必须考虑与标准化相关的重要问题。表 6-2 归纳了标准化的主要优缺点。

表 6-2 标准化的优缺点

标准化的优点	在存货和制造中需要处理的零件更少； 减少培训成本和时间； 采购、处理及检查程序更加常规化； 可按照清单订购产品； 产品能长期并自动化生产； 有利于简化产品设计和质量控制； 生产与服务的成本低、经济性好
标准化的缺点	可能在设计仍有许多缺陷时就固定设计； 变动设计的高成本增加了改善设计的难度； 产品缺乏多样性，导致对顾客的吸引力降低

尽管标准化大量生产的经济性好，也有一定的客户群体，但在市场被逐步细分的今天，其所占份额必受到限制。因此，需要解决的是在不失其标准化好处的基础上，也避免多样化带来的问题，这就是大规模定制。

大规模定制设计是在标准化的基础上实现产品的个性化、多样性的设计。对装配式产品而言，零件的生产采用标准化的手段，可降低其制造成本，在产品的装配上采用定制或多样化的策略。

大规模定制设计的主要的方法是延迟差异化和模块化设计。

1. 延迟差异化

延迟差异化是一种延迟策略，是指当生产一种产品时，暂不完全定型，直至确认顾客的个性化需求时再完成定型。也就是说，整个产品的生产过程分为两个阶段：第一个阶段是产品的共性部分的生产或工艺过程，第二个阶段是完成其个性化的生产或工艺过程，实际上是把与个性化有关的过程延迟到最后进行。例如，羊毛衫的生产，有染色和编制两个环节或阶段。在款式一定的前提下，颜色即为个性化的需求。传统的方法是先给毛线染色，再编织成成衣，这就是将个性化的环节前置了，企业在满足消费者的个性化的能力方面降低，对市场的快速应变能力也降低。按照延迟差异化的策略，羊毛衫的生产应是先编织成成衣并存放至成品库，出厂前按订单的具体要求染色，这就增加了企业对市场需求个性化的应变能力。类似的例子还很多，如家具的延迟上色、裤子的裤腿口不缝边等。

2. 模块化设计

模块化设计是标准化的变形，类似于堆积木的游戏，即运用不同种类的标准化的零部件，通过不同的组合方式，形成多种性能有一定差异的个性化的产品。

模块化设计分为两个不同层次：第一个层次为系列模块化产品研制过程，需要根据市场调研结果对整个系列进行模块化设计，本质上是系列产品研制过程，如图6.7所示。第二个层次为单个产品的模块化设计，需要根据用户的具体要求对模块进行选择和组合，有时需要必要的设计计算和校核计算，本质上是选择及组合过程，如图6.8所示。通常的模块化设计是指第二个层次。模块化设计的关键是模块标准化和模块的划分。

1) 模块标准化

模块标准化即模块结构标准化，尤其是模块接口标准化。模块化设计所依赖的是模块的组合，即连接或啮合，又称为接口。显然，为了保证不同功能模块的组合和相同功能模块的互换，模块应具有可组合性和可互换性两个特征，而这两个特征主要体现在接口上，必须提高其标准化、通用化、规格化的程度。例如，具有相同功能、不同性能的单元一定要具有相同的安装基面和相同的安装尺寸，才能保证模块的有效组合。在计算机行业中，由于采用了标准的总线结构，来自不同国家和地区厂家的模块均能组成计算机系统并协调工作，使这些厂家可以集中精力，大量生产某些特定的模块，并不断进行精心改进和研究，促使计算机技术达到空前的发展。相比之下，机械行业针对模块化设计所做的标准化工作就逊色一些。

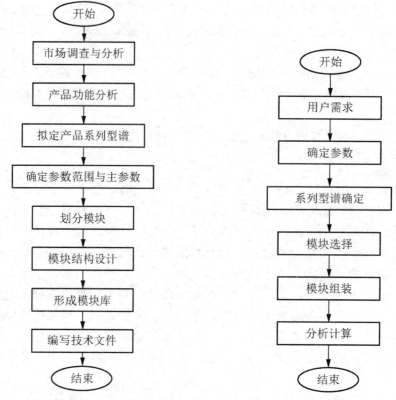

图 6.7　系列化模块产品研制流程图　　图 6.8　模块化产品设计流程图

2）模块的划分

模块化设计的原则是力求以少数模块组成尽可能多的产品，并在满足要求的基础上使产品精度高、性能稳定、结构简单、成本低廉，且模块结构应尽量简单、规范，模块间的联系尽可能简单。因此，如何科学地、有节制地划分模块，是模块化设计中很具有艺术性的一项工作，既要照顾制造管理方便，具有较大的灵活性，避免组合时产生混乱，又要考虑到该模块系列将来的扩展和向专用、变型产品的辐射。划分的好坏直接影响到模块系列设计的成功与否。总的说来，划分前必须对系统进行仔细的、系统的功能分析和结构分析，并要注意以下各点。

(1) 模块在整个系统中的作用及其更换的可能性和必要性。
(2) 保持模块在功能及结构方面有一定的独立性和完整性。
(3) 模块间的接合要素要便于连接与分离。
(4) 模块的划分不能影响系统的主要功能。

运作实例 6-2 给出了一汽大众高尔夫轿车的模块化设计的实际做法。

运作实例 6-2

一汽大众的高尔夫轿车的模块化设计

高尔夫轿车是德国大众经典的车型，全球累计销量在 1 500 万辆以上，性能稳定、耐用，有"小钢炮"之称。一汽大众引进该车型后,可按用户的个性化需求组装产品,提供性能和价格有一定差异的轿车。第六代高尔夫提供可选择的主要模块有:

发动机:1.6、1.4T等两种;

变速箱:5挡手动、DSG等自动两种;

内饰与附加功能:标准型、舒适性、豪华型等3种;

天窗:可选;

车体颜色:蓝系列、红系列、灰系列、白系列等。

用户可按自己的喜好在上述模块中选择,确定自己个性化需求的轿车。

资料来源:一汽大众高尔夫车型设计标准

6.2.4 稳健设计(robust design)

稳健设计(也称为鲁棒设计、robust设计、健壮设计、健全设计),是在日本著名质量管理专家田口玄一提出的三次设计法上发展起来的、低成本、高稳定性的产品设计方法。

一般来讲,产品的质量会受到各种设计、工艺、环境等因素的综合影响,具有一定的分散性。而这些因素可以分为两种:可控因素和不可控因素(噪声因素)。可控因素如零件的几何尺寸、材料性能、加工精度等,可以通过合理设计来保证其质量。不可控因素如加工机器误差、工人操作熟练度、使用环境影响、材料老化等,只能通过提高设计安全裕度(允许超越额定参数的程度,如汽车油箱额定的容积为100L,实际可以达到110L,则安全裕度位为10%)、缩小容差来提高可靠性,但这会大幅提高制造成本。

有些产品只有在严格的制造和使用条件下才能实现设计功能,而另一些产品则能在较宽松的条件下实现设计功能,则称后者的稳健性高。

一种产品或服务的稳健性越好,因环境变化发生故障的可能性就越低。因此,设计者在产品中引入的稳健性越多,产品的耐久性就越好,从而顾客的满意度就越高。

稳健设计包括产品设计和工艺设计两个方面。通过稳健设计,可以使产品的性能对各种噪声因素的不可预测的变化,具有很强的抗干扰能力,产品性能将更加稳定,质量更加可靠。

三次设计法的基本步骤具体如下。

1. 系统设计

系统设计阶段,是应用专业技术进行产品的功能设计和结构设计的阶段,是从定性角度考虑各参数对产品质量的综合影响,它是整个产品质量设计的基础。

2. 参数设计

参数设计阶段,是稳健设计中最重要的阶段。

参数设计是获得高质量产品的关键,也是质量鲁棒性设计的中心内容。它通过各参数的最优组合,使产品对环境条件或其他噪声因素的敏感性降低,在不提高产品成本的前提下使产品质量最好。

例如,AT&T曾研制了一种用途颇广的集成电路,用于扩大声音信号。按照原来的设计,这种电路制造时精确度要求非常高,只有这样才能避免信号强度的波动。由于精度要求高,在制造过程中的不合格品很高,制造成本居高不下。后来AT&T的工程师们经过试验和分析，在不增加成本的前提下，减少电路中的电阻，该电路制造时对波动的敏感性就大大降低，结果产品质量提高了40%。

3. 容差设计

容差也就是容许偏差。通过参数设计确定了系统各构件参数的最佳组合之后，需要进一步确定这些设计参数波动的容许范围，就是容差设计。

容差设计是在参数设计不能满足稳健性要求时，采取的一种补救方法，它往往意味着花钱买更好的材料、零件和机器，将使产品成本大幅度提高。

6.2.5 并行工程(concurrent engineering)

时间竞争是当代市场竞争的焦点之一，快速地将产品投放市场是企业获取竞争优势的主要手段。时间竞争包括两个方面：一是产品开发周期的缩短，二是制造销售周期的缩短。产品开发周期缩短的主要方法是并行工程。

并行工程的概念是美国国防部防御研究所1986年在R-338报告中首先提出来的。并行工程是对产品及其相关的各种过程（包括制造过程、服务过程、维修过程等支持过程）进行并行的、集成的设计的一种系统工程。

当然，对研发工作而言，并行工程是指在产品设计的早期，工艺人员就介入进来，与设计人员一道共同进行产品的设计与工艺准备工作。

并行工作是相对传统的串行工作而言的，将串行工作变为并行工作的途径，如图6.9所示。

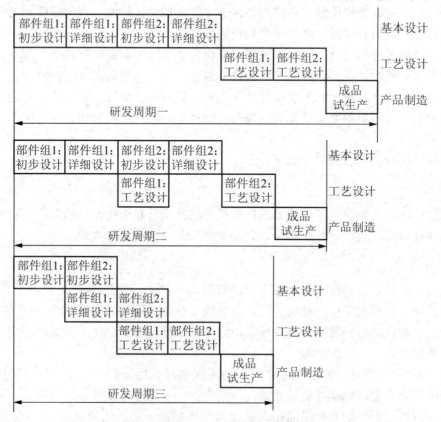

图6.9 并行工程工作示意图

在图 6.9 中，新产品研发工作简单地分为 3 个阶段，即基本设计、工艺设计和产品制造。基本设计完成产品的设计工作，工艺设计完成产品的制造工艺方案设计，即生产技术准备工作，产品制造则是完成新产品的试生产工作，而实际工作并非如此简单。再进一步假设产品由两个部件组成，基本设计分为初步设计和详细设计，工艺设计按部件组进行。

传统的研发过程按图 6.9 研发周期一所示的串行进行，可以理解为基本设计和工艺设计分别由一组设计人员和一组工艺人员完成，他们采用串行的工作方式进行，显然这种形式的研发周期很长。

基于并行工程的思想，工艺人员在设计人员完成部件组 1 的设计后就进入部件组 1 的工艺设计，如图 6.9 的研发周期二，此种形式下的研发周期较第一种方式缩短。

如果在基本设计阶段再投入较多的人力，可分为 2 个设计小组，分别负责 2 个部件组的初步设计和详细设计。这 2 个小组也可以采用并行的工作方式，整个的研发周期可以进一步缩短，如图 6.9 的研发周期三。

除了可以缩短研制周期外，并行工程还有其他的优点，例如：工艺人员可以帮助设计人员全面了解企业的生产能力；较早地设计或采购关键的设备或工具；较早地考虑一种特殊设计或设计中某些部分的技术可行性等。

当然并行工程的实施也存在难点，如设计和工艺属于不同的部门，不同部门之间存在的界限很难马上克服，将它们组织在一起有效合作，必须有充分的沟通和灵活性，这会有一定的难度。

6.2.6 计算机辅助设计

计算机辅助设计（CAD）是指设计人员借助于计算机，来实现高效率、高精度产品设计的方法。其特点是将人的创造能力和计算机的高速运算能力，巨大存储能力和逻辑判断能力很好地结合起来。在工程、产品设计中，许多繁重的工作，例如非常复杂的数学和力学计算，多种设计方案的提出、综合分析比较与优化，工程图样及生产管理信息的输出等，均可由计算机完成。设计人员则可对计算、处理的中间结果做出判断、修改，以便更有效地完成设计工作。计算机辅助设计能极大地提高设计质量，减轻设计人员的劳动，缩短设计周期，降低产品成本，为开发新产品和新工艺创造了有利条件。

CAD 系统由硬件系统和软件系统构成。

硬件系统在近几十年发生了很大的变化，在 20 世纪 60 年代，以大型机系统为主，即以大型机为主机，配之以图形终端、字符终端、绘图机等构成的主从式系统；20 世纪 70 年代发展为以小型机为主机，配以机械、电子或建筑业通用软件的小型成套系统；20 世纪 80 年代以来，则以工作站及网络构成的分布式系统为主流。目前，随着 CPU 性能的飞速提高，微机在逐渐挤占工作站市场的份额。

软件系统有以下四大类型。

（1）只能从计算机内已存储的图形信息中检索出符合订货要求的最佳图样的检索型系统。

（2）针对具体设计对象编制并调试、修改程序，直到输出满意设计图样为止的试行型系统。

（3）按照产品设计要求，抽象出设计对象的目标函数、约束条件及设计变量，通过优化程序计算出最优设计结果的自动设计型系统。

（4）设计人员直接与计算机对话，调用计算机内已有的产品信息、各种设计资料以及各种软件功能进行设计，对于以图形显示的设计结果可以反复地进行修改，直到取得满意结果为止的交互式系统。交互式系统由于能实时、灵活地将人与计算机结合起来，易于为人们所接受和掌握，近年来发展比较迅速。

CAD系统一般以工程数据库、形库为支持，实现交互式图形设计、几何造型、工程分析与优化设计、人工智能与专家系统等功能。随着CAD在企业的推广应用，人们日益重视它与计算机辅助制造（CAM）之间的信息集成。这种信息集成避免了产品信息的重复输入，可以提高产品质量、缩短产品开发周期、提高企业效益。为此，国内外近期着重发展产品整个生命期内的产品数据描述与交换技术。如果再进一步实现计算机集成制造系统，将极大地改变企业面貌。并行设计与并行工程技术力图在产品设计阶段尽可能早地解决后续加工制造、维护等阶段所发生的问题，将使新产品的开发发展到更高的水平。此外，进一步引入人工智能与专家系统技术，将增强计算机辅助设计智能化。

总之，计算机辅助设计系统不是简单地取代传统的设计方法，而是向设计人员提供崭新的技术手段。它不但改善了设计人员的工作条件，而且可以帮助设计人员思考、改进、完善设计方案，使许多传统方法难于解决的工程问题，获得满意的解决方案，更好地实现设计人员的设计意图，从而提高了设计质量、缩短了设计试制周期、降低了设计试制费用、增强了产品市场中的竞争能力。

CAD技术进一步发展的几个领域主要如下。

1. 基于互联网的CAD集成

这种集成可以充分整合和利用世界各地的设计资源，提高产品设计的效率，大大缩短产品开发的周期。运作实例6-3介绍的波音777的设计就是一个成功的案例。

运作实例6-3

波音777的"无纸化"设计

世界上最大的双引擎客机之一、波音公司21世纪的主力产品——波音777型飞机的设计，从头到尾没有图纸，全部在计算机网络平台上完成。该公司在美国国内和日本等国设立1 700个CAD工作站，把用户、原材料和零部件供应商的意见都收集起来，有关设计和生产部门通过网络交流反馈合作完成各项设计，形成整体设计方案。从1990年开始，包括美国联合航空公司、中国香港国泰航空公司、日本航空公司、全日空等多家订户全程参与了飞机的设计过程，提出1 000多条意见，大到机身宽度，小到操作按钮的尺寸，许多意见被采用。波音公司还改变了整个设计流程，打破以往各部门单独设计的传统，把各方面的专家组合成一个个综合设计组，不再画图样，直接在计算机上完成各种部件的设计、修改、组装、模拟操作试验等工作，这样相关部门可以通过网络在1 700个工作站之间及时传递进展情况，反馈意见，既保证设计的合理可靠性，也大大加快了设计进程，波音777型飞机成为波音公司历史上从设计到生产用时最短的飞机，设计制造周期由原计划的8年缩短到5年。整个设计、生产过程基本实现了"无纸化"，就连最后交给客户的飞机操作保养手册，3万多页的内容，也存在一张光盘里。无纸化设计和计算机模拟调试还大大节省了设计费用，仅计算机模拟组合调试就节省常规测试费用2 000多万美元，也提高了部件的安全可靠性。据估计，如果采用传统的图样，光纸张就要消耗数十吨，加上中途修改消耗的，要上百吨纸张，相当于地球上又少了数百棵大树。

资料来源：根据网络资料整理

2. CAD 与 3D 技术的集成

这种集成主要有两种形式：一种是 3D 实物造型，适用于小产品的原型开发。该技术可以使用一些薄的合成材料快速建立产品的实物模型来评估设计和生产方案，避免生产流程和工艺的试验，加速产品开发的过程。另一种形式就是 3D 虚拟技术，即利用 CAD 信息的三维图像替代实物，实现与用户的互动。例如，通用汽车公司的欧宝虚拟汽车设计就是利用投影机投射出立体图像，设计者和用户带上特殊的眼镜就可以看到汽车的三维模型，模型会显示新的汽车设计内部结构，以便直观地发现设计的缺陷或问题。在设计阶段对设计缺陷的改动所花费的成本比以后再改动的成本要低得多。

3. CAD 与供应链管理的集成

基于互联网平台，CAD 软件可以将设计与采购、外包、生产及维修保养联系起来，为产品快速开发和实现大规模定制的发展趋势提供支持。企业可以进入供应商的设计信息库并改变原有的设计，供应商则根据改动的设计及时完成自动制图、更新物料清单和相关的生产流程，实现定制产品的快速变更设计和更低成本的生产。

6.3 质量功能配置

6.3.1 质量功能配置的概念

质量功能配置（quality function deployment，QFD），又称质量功能展开，是将顾客需求融入产品开发流程的一种设计方法。QFD 从质量保证的角度出发，通过一定的市场调查方法获取顾客需求，并采用矩阵图解法将顾客需求分解到产品开发的各个阶段和各职能部门中，通过协调各部门的工作以保证最终产品质量，使得设计和制造的产品能真正地满足顾客的需求。因此，QFD 是一种顾客驱动的产品开发方法，是一种在产品设计阶段进行质量保证的方法，也是使产品开发各职能部门协调工作的方法。其目的是使产品能以最快的速度、最低的成本和最优的质量占领市场。质量功能配置包括如下基本阶段。

1. 调查和分析顾客需求

顾客需求是质量功能配置的出发点。顾客需求的获取是质量功能配置过程中最为关键，也是最为困难的一步。必须通过各种市场调查方法和各种渠道准确而全面地搜集顾客需求，并进行汇集、分类和整理，确定顾客需求的相对重要度。

2. 顾客需求的瀑布式分解

采用矩阵组（也称为质量屋）的形式，将顾客需求逐步展开，分层地转换为产品特性、零部件特性、工艺特性和工艺质量控制方法。QFD 分解通常通过以下 4 个矩阵实现，如图 6.10 所示。

（1）产品规划矩阵。通过产品规划矩阵，将顾客需求转换为产品技术特征，并根据顾客竞争性评估（从顾客的角度对市场上同类产品进行的评估）和技术竞争性评估（从技术的角度对市场上同类产品的评估）结果确定产品各个技术需求的目标值。

（2）零部件配置矩阵。以产品技术特征为输入，从多个产品设计方案中选择最佳的方案，并通过零部件配置矩阵将产品技术特征转换为关键的零部件特征。

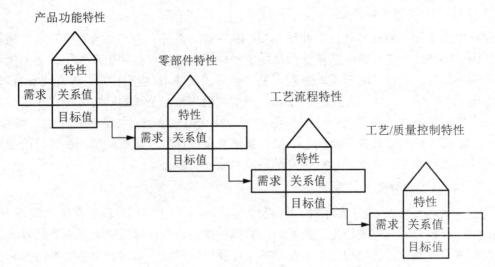

图 6.10　质量功能配置过程图

（3）工艺规划矩阵。通过工艺规划矩阵，确定为实现关键产品特征和零件特征所必须保证的关键工艺参数。

（4）工艺/质量控制规划矩阵。通过工艺/质量控制矩阵将关键工艺参数转换为具体的质量控制方法。

QFD 的作用主要是以下几个方面。

（1）产品整个开发过程以顾客需求为驱动，将增加顾客对产品的满意度。

（2）促使产品开发人员在产品设计阶段考虑制造问题，产品设计和工艺设计交叉并行进行，因此可使工程设计更改减少 40%～60%，产品开发周期缩短 30%～60%，QFD 强调在产品早期概念设计阶段的有效规划，因此可使产品开发和试制成本降低 20%～40%。

另外，QFD 提供了系统的、层次化的顾客需求分析手段，把顾客的声音(voice of customer，VOC)转变为顾客所需要的质量特征，是支持并行工程的重要技术和方法，为企业实施并行工程提供了有力的支持。

QFD 方法的核心思想是：注重产品从开始的可行性分析研究到产品的生产都是以市场顾客的需求为驱动，强调将市场顾客的需求明确地转变为产品开发的管理者、设计者、制造工艺部门以及生产计划部门等有关人员均能理解执行的各种具体信息，从而来保证企业最终能生产出符合市场顾客需求的产品。

6.3.2　质量屋的构成

每个阶段的矩阵组的结构，其结构类似于一个小屋，所以又称质量屋(house of quality)。质量屋由 8 个部分组成，如图 6.11 所示。

1. 用户需求

用户需求为多行单列矩阵，其所反映的内容是市场顾客对产品的各种需求(WHATS 项)。这些市场顾客需求是通过对市场和顾客的需求将按过程驱动产品的 QFD 过程展开。市场顾客的需求是各种各样的，因此，矩阵的建立应尽量充分、准确和合理，否则后续的所有需求变换会导致顾客需求失真。

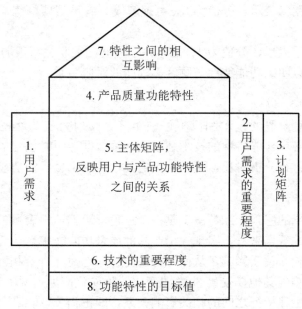

图 6.11 质量屋结构示意图

2. 用户需求的重要性程度

就顾客的要求而言，亦有主次、轻重之分，QFD 将对市场顾客的各项需求给以权重因子以便进行排序，也可以用打分的方法来实现。注意，这里有顾客对象的权重区分，例如有主要客户对象和一般客户对象之分，显然不同客户需求的重要程度是不同的。

3. 计划矩阵

计划矩阵，又称为市场评估矩阵，其行数与市场顾客需求矩阵相同，列数取决本企业与竞争对手产品的数量。计划矩阵根据待开发的产品针对市场顾客各项需求的竞争能力估价值，和竞争对手同类产品进行比较，以判断产品的市场竞争力，并据此调整企业产品的设计定位，即对顾客功能需求权重的重新分配。

4. 产品质量功能特性

该矩阵是单行多列的行矩阵，用来描述对应于市场顾客需求的功能特性要求，即有什么样的市场顾客需求就应有什么样的功能特性要求来对应保证。这种对应是多相关性的，市场顾客的某种需求可能对应着若干项功能特性要求，或者说，若干种功能特性要求有机结合才能满足某种市场顾客需求项。反过来讲，某种功能特性也可以同时满足若干项市场顾客的需求。功能特性要求是市场顾客需求的映射变换结果。

5. 质量屋中心矩阵

该矩阵是一个关系矩阵，其行数与用户需求矩阵相同，列数与产品质量功能特性矩阵相同。它表示各功能特性项与各顾客需求项的相互关系，各项之间的关系紧密程度可以定量地用分值来表示，一般可分为 3 种。

（1）强相关，用 ⊙ 表示，分值为 9，可理解成为满足某项顾客需求必须具备某项功能特性要求。

(2) 一般相关，用○表示，分值为3，可理解成为满足某项顾客需求可以采用不同的功能特性与之对应。

(3) 弱相关，用□表示，分值为1，表示两项之间的关联关系很弱。

利用关系矩阵可以明确功能特性与顾客需求间的对应关系。

6. 技术的重要程度

该矩阵是产品规划阶段的技术和成本评估矩阵，其列数与功能特性矩阵相对应，其中，要建立的内容是各项功能特性的技术和成本评价数据，同时也建立若干个同类产品的相对应的数据信息以进行分析对比，找出不足之处，为确定最后的功能特性提供依据。

7. 特性之间的相互影响

该矩阵位于质量屋的屋顶，在数学上是一个三角形矩阵，它表示的是功能特性之间的相互关系。从辩证法的观点来看，实现一个产品的质量功能需求对应着诸多功能特性，各项顾客需求之间有着相互关联影响，从而各种功能特性之间亦有着相互关联影响，某一项功能特性的改变会影响到其他功能特性联动变化。为简化问题起见，在QFD技术中以3种形式来定性地描述工程特征之间的相关影响关系，即正相关（向相同方向变化）、不相关和负相关（向相反方向变化）。对相关程度还可以进一步地细分为强相关、一般相关和弱相关几种关系，并给以标度值来表达相关程度。据此可以对工程特征进行分析研究，发现各种工程特征之间可能存在的矛盾，由此重新进行设计，避免矛盾的产生。

8. 功能特性的目标值

在技术重要程度矩阵分析结果的基础上，确定产品的各项功能特性的具体技术指标。这也是QFD的输出结果。

以上8个部分的矩阵构造完成后便形成了产品规划阶段的质量屋，这个质量屋的基本输入是顾客需求，针对需求的对策是一组功能特性需求，通过变换将顾客对产品的相对离散和模糊的需求变换为明确的功能特性需求。

当然，在这个变换的过程中会不可避免地产生各种矛盾冲突。例如有顾客对产品的各项需求的冲突，如质量和成本的冲突，功能间的冲突等；有功能特性之间的矛盾关系；还有与同类产品对比而产生的竞争力和技术成本的不协调问题等。这些矛盾冲突是需要解决的，决定产品规划阶段质量屋的输出工作就是利用质量屋这种形式化的工具进行迭代分析来解决上述的矛盾冲突。对复杂的问题可以采用计算机辅助QFD过程。

6.3.3 应用实例

下面通过铅笔的质量屋（图6.12）来说明QFD方法。

从图6.12可以看出，质量屋的左边是用户需求，主要涉及4项，即容易握住、不易涂污、笔尖耐磨性、不易翻滚等需求。这些需求的重要性程度可以通过市场调研获取，即图右侧的"用户需求重要程度"矩阵中的分值。

与用户需求重要程度矩阵相邻的是两个竞争对手X和Y的产品、本企业现有产品等用户需求满足程度评价，比较其结果，提出新产品质量改进目标（新产品目标值），并根据企业的产品质量现状与目标值之间的差距（即改进率＝目标值/现值）和竞争程度，重新计算用户需求的各项权重。

第6章 产品和服务设计

		两次切削间隔(写作行数)	石墨数量(粒/行)	铅笔长度(英寸)	六角形(%)	用户需求重要度(最高=5)	竞争对手X产品	竞争对手Y产品	本企业现有产品	新产品目标值	新产品改进率	市场竞争程度	用户需求权重 分值	用户需求权重 比重(%)
用户需求	容易握住			○	○	3	3	3	4	4	1.0	1.0	3	15.5
	不易涂污	○	⊙			4	4	4	5	5	1.0	1.2	4.8	24.9
	笔尖耐磨性	⊙	○	□		5	5	3	4	5	1.25	1.4	8.8	45.6
	不易翻滚			□	⊙	2	3	3	3	4	1.33	1.0	2.7	14.0
功能重要性	分值	485.1	360.9	106.1	172.5	Σ=1 124.6							19.3	100
	权重(%)	43.1	32.2	9.4	15.3	Σ=100								
竞争对手X产品		84	12	5	80%									
竞争对手Y产品		41	10	4	60%									
本企业现有产品		56	10	5	70%									
新产品目标值		100	6	5.5	80%									

图6.12 铅笔产品功能特性质量屋

本例中,笔尖耐磨性的改进率=6÷4=1.25,市场竞争程度为1.4,其用户权重的计算为

笔尖耐磨性权重分值=用户需求重要程度×新产品改进率×市场竞争程度
=5×1.25×1.4=8.8(保留一位小数)

同理可以分别计算其他用户需求的权重分值,用户需求权重的总分值为19.3。据此再分别计算用户需求权重的相对比重。如笔尖耐磨性权重比例=8.8÷19.3×100%=45.6%,其他项的计算类推。

铅笔的功能特性包含4项,即两次切削间隔(用写作行数表示)、石墨数量、铅笔长度和六角形比例等。功能特性与用户需求各项的关系矩阵,分别用⊙、○、□和空格(表示无关系)表示其相关的程度,其分值分别为9、3、1和0。

质量屋的顶部呈三角形的部分表示功能特性之间的相互影响。如两次切削间隔和石墨数量是强的负相关关系,写作行数越多,石墨的数量越少。

下一步将功能特性的定性描述转换为定量的分值和相对权重。以石墨数量为例:

石墨数量的分值=∑关系相关程度×用户需求权重=9×24.9+3×45.6=360.9

其他功能特性的分值计算类推。

与用户需求权重比例的计算一样,功能特性的权重用各自的分值与总分值之比求出。由图可以看出,两次切削间隔和石墨数量的权重很大,也就是说石墨的成分应是关注的重点。

因此,根据竞争对手X和Y,及本企业现有产品的功能特性现状,并考虑各功能特性的重要程度(权重),确定出未来新产品的功能特性目标值。

本例的产品结构简单，各项功能特性不必进一步展开。而对于复杂的产品而言，则是多阶段的质量屋设计。在第一阶段的质量屋完成后，得到产品各项功能特性的设计目标值。之后，在进行第二阶段的质量屋(如零部件质量屋)时，将第一阶段的产品各项功能特性的目标值，变为第二阶段的"用户需求"，并确定出第二阶段的功能特性目标值。依此类推，可以确定后续各阶段的质量屋，直至完成全过程。

6.4 可靠性设计

6.4.1 可靠性的概念

可靠性是指产品在规定的条件和规定的时间内，完成规定的功能的能力。可靠性是衡量产品质量的一个重要指标，尤其是一些安全性要求高、重要的产品或系统，其失效或失败的代价太大，因此，必须进行专门的可靠性分析与设计。例如，美国的宇宙飞船阿波罗工程有700万只元器件和零件，参加人数达420 000人，参与制造的厂家达15 000多家，生产周期达数年之久。像这样庞大的复杂系统，一旦某一个元件或某一个部件出现故障，就会造成整个工程失败，造成巨大损失。

即使普通的产品，对其可靠性进行研究也是必要的，因为可靠性对产品形象、企业的信誉和用户的购买欲望都有直接的影响。当然，影响可靠性的因素也是多方面的，见表6-3。

表6-3 可靠性的影响因素

可靠性类别	影响因素	影响程度(%)
固有可靠性	零部件材料	30
	设计技术	40
	制造技术	10
使用可靠性	使用(运输、操作安全、维修、环境)	20

表6-3中的固有可靠性是指通过设计、制造赋予产品的可靠性；使用可靠性是指产品在使用状态下具有的可靠性。使用可靠性不仅与固有可靠性有关，也受使用条件的影响。因此，一般使用可靠性总低于固有可靠性。从固有可靠性的影响因素来看，设计技术的影响最大。提高设计水平，是提高可靠性的重要途径。

6.4.2 可靠性的度量

衡量产品可靠性的指标很多，各指标之间有着密切联系，这里介绍其中最主要的几个。

1. 可靠度 $R(t)$

把产品在规定的条件下和规定的时间内，完成规定功能的概率定义为产品的"可靠度"，用 $R(t)$ 表示：

$$R(t) = P(T > t)$$

式中 $P(T>t)$——产品使用时间 T 大于规定时间 t 的概率。

若受试验的样品数是 N_0 个，到 t 时刻未失效的有 $N_s(t)$ 个；失效的有 $N_f(t)$ 个。则没有失效的概率估计值，即可靠度的估计值为

$$R(t)=\frac{N_s(t)}{N_s(t)+N_f(t)}=\frac{N_s(t)}{N_0}=\frac{N_0-N_f(t)}{N_0}$$

2. 不可靠度（或称故障概率）$F(t)$

如果仍假定 t 为规定的工作时间，T 为产品故障前的时间，则把产品在规定的条件下，在规定的时间内丧失规定的功能（即发生故障）的概率定义为不可靠度（或称为故障概率），用 $F(t)$ 表示：

$$F(t)=P(T\leqslant t)$$

同样，不可靠度的估计值为

$$F(t)=\frac{N_f(t)}{N_s(t)+N_f(t)}=\frac{N_f(t)}{N_0}=\frac{N_0-N_s(t)}{N_0}$$

显然，$F(t)=1-R(t)$。

3. 故障率 $\lambda(t)$

故障率 $\lambda(t)$ 是衡量可靠性的另一个重要指标，其含义是产品工作到 t 时刻后的单位时间内发生故障的概率，即产品工作到 t 时刻后，在单位时间内发生故障的产品数与在时刻 t 时仍在正常工作的产品数之比。$\lambda(t)$ 可由下式表示：

$$\lambda(t)=\frac{1}{N_s(t)}\times\frac{dN_f(t)}{dt}$$

式中 $dN_f(t)$——dt 时间内的故障产品数。

4. 平均寿命

平均寿命是指产品从投入运行到发生故障的平均工作时间。对于不维修产品又称失效前平均时间 MTTF(mean time to failure)；对于可维修产品而言，平均寿命指的是产品两次相邻故障间的平均工作时间，称为平均故障间隔时间 MTBF(mean time between failure)。

5. 重要度

在由若干个部件组成的复杂系统中，每个部件并非等同重要，在可靠性分析中，一般将各部件在系统中的重要程度进行定量描述，用 w_j 表示。即

$$w_j=\frac{第 j 个部件故障而引起系统故障的次数}{第 j 个部件故障总次数}$$

显然，$0\leqslant w_j \leqslant 1$。这个重要度是从系统的结构来看部件的重要程度，因此它是结构重要度。

除了上述与可靠性有关的指标外，还有有效度、故障密度函数等指标。

6.4.3 可靠性设计

产品可靠性设计可分为定性可靠性设计和定量可靠性设计。

定性可靠性设计就是在进行故障模式影响及危害性分析的基础上，有针对性地应用成功的设计经验使所设计的产品达到可靠的目的。

定量可靠性设计就是在充分掌握所设计零件的强度分布和应力分布以及各种设计参数的随机性基础上，通过建立隐式极限状态函数或显式极限状态函数的关系设计出满足规定可靠性要求的产品。

定性可靠性设计是常用的方法，是目前开展产品，尤其是装配式产品可靠性设计的一种最直接有效的方法，无论结构可靠性设计还是机构可靠性设计都是大量采用这样的方法。可靠性定量设计虽然可以按照可靠性指标设计出满足要求的恰如其分的零件，但目前由于材料的强度分布和载荷分布的具体数据还很缺乏，加之其中要考虑的因素很多，从而限制其推广应用，一般在设计关键或重要的零部件的时候采用。

可靠性设计由于产品的不同和构成的差异，可以采用的设计方法有以下几种。

1. 预防故障设计

由于多数产品属于串联系统，要提高整机可靠性，首先应从零部件的严格选择和控制做起。例如，优先选用标准件和通用件；选用经过使用分析验证的可靠的零部件；严格按标准的选择及对外购件的控制；充分运用故障分析的成果，采用成熟的经验或经分析试验验证后的方案。

2. 简化设计

在满足预定功能的情况下，产品设计应力求简单、零部件的数量应尽可能减少，越简单越可靠是可靠性设计的一个基本原则，是减少故障，提高可靠性的最有效方法。但不能因为减少零件而使其他零件执行超常功能或在高应力的条件下工作。否则，简化设计将达不到提高可靠性的目的。

3. 降额设计和安全裕度设计

降额设计是使零部件的使用应力低于其额定应力的一种设计方法。降额设计可以通过降低零件承受的应力或提高零件的强度的办法来实现。工程经验证明，大多数零件在低于额定承载应力条件下工作时，其故障率较低，可靠性较高。为了找到最佳降额值，需做大量的试验研究。当零部件的载荷应力以及承受这些应力的具体零部件的强度在某一范围内呈不确定分布时，可以采用提高平均强度（如通过加大安全系数实现）、降低平均应力、减少应力变化（如通过对使用条件的限制实现）和减少强度变化（如合理选择工艺方法，严格控制整个加工过程，或通过检验或试验剔除不合格的零件）等方法来提高可靠性。对于涉及安全的重要零部件，还可以采用极限设计方法，以保证其在最恶劣的极限状态下也不会发生故障。

4. 余度设计

余度设计是对完成规定功能设置重复的结构、备件等，以备局部发生失效时，整机或系统仍不至于发生丧失规定功能的设计。当某部分可靠性要求很高，但目前的技术水平很难满足，比如，采用降额设计、简化设计等可靠性设计方法，还不能达到可靠性要求，或者提高零部件可靠性的改进费用比重复配置还高时，余度技术可能成为唯一或较好的一种设计方法，例如采用双泵或双发动机配置的机械系统、银行系统的双服务器系统、服务器中的磁盘阵列镜像等。但应该注意，余度设计往往使整机的体积、重量、费用均相应增加。余度设计提高了任务可靠度，但产品可靠性没有增加，甚至有可能降低，因此采用余度设计时要慎重。

5. 耐环境设计

耐环境设计是在设计时就考虑产品在整个寿命周期内可能遇到的各种环境影响，例如装配、运输时的冲击，振动影响，储存时的温度、湿度、霉菌等影响，使用时的气候、沙尘振动等影响。因此，必须慎重选择设计方案，采取必要的保护措施，减少或消除有害环境的影响。具体地讲，可以从认识环境、控制环境和适应环境3方面加以考虑。认识环境指的是：不应只注意产品的工作环境和维修环境，还应了解产品的安装、储存、运输的环境。在设计和试验过程中必须同时考虑单一环境和组合环境两种环境条件；不应只关心产品所处的自然环境，还要考虑使用过程所诱发出的环境。控制环境指的是：在条件允许时，应在小范围内为所设计的零部件创造一个良好的工作环境，或人为地改变对产品可靠性不利的环境因素。适应环境指的是：在无法对所有环境条件进行人为控制时，在设计方案、材料选择、表面处理、涂层防护等方面采取措施，以提高零部件本身耐环境的能力。

6. 人机工程设计

人机工程设计的目的是为减少使用中人的差错，发挥人和机器各自的特点以提高产品的可靠性。当然，人为差错除了人自身的原因外，操纵台、控制及操纵环境等也与人的误操作有密切的关系。因此，人机工程设计是要保证系统向人传达信息的可靠性。例如，指示系统不仅显示器可靠，而且显示的方式、显示器的配置等都使人易于无误地接受；二是控制、操纵系统可靠，产品不仅有满意的功能，而且适于人的使用习惯，便于识别操作，不易出错，与安全有关的，更应有防误操作设计；三是设计的操作环境尽量适合于人的工作需要，减少引起疲劳、干扰操作的因素，如温度、湿度、气压、光线、色彩、噪声、振动、沙尘、空间等。

7. 权衡设计

权衡设计是指在可靠性、维修性、安全性、功能、质量(俗称重量)、体积、成本等之间进行综合权衡，以求得最佳的结果。

8. 模拟设计方法

随着计算机技术的发展，模拟方法日趋完善，它不但可用于零部件的可靠性定量设计，也可用于系统级的可靠性定量设计。

另外，前述的稳健设计本身也是一种可靠性设计的方法。

6.5 服务设计

6.5.1 产品设计与服务设计的比较

产品设计与服务设计有许多相似之处，但由于服务的本质与产品存在差异，这就导致二者在设计上存在重大的差别。产品设计和服务设计的区别主要有以下几个方面。

1. 顾客对产品仅仅强调结果，对服务既强调结果也重视过程

顾客购买产品通常只关注其功能和价格等因素，即表现在产品实体上的特征，产品是如何生产出来的，其过程如何，顾客一般不会关注。何况产品的生产和用户的购买使用不仅在时间上是不同步的，地点也是不同的。然而，大多数服务的形成和提供在时间上是同步的，地点基本上也相同，也就是说顾客是参与到服务过程中去的，服务对顾客而言是高度可见的，因此顾客不仅关注服务的结果，也关注服务的过程。例如，顾客去饭店就餐，多数人不仅要关注是否吃饱和吃好，也关注就餐的环境、服务员的服务态度和服务质量等服务过程中的问题。另外，由于服务的形成和提供是同步的，在顾客察觉之前发现和改正错误的可能性很小，因此，员工培训、流程设计及与顾客的关系就显得非常重要。

2. 评价产品质量的标准客观，而服务质量标准常常难以统一

产品是有形的，反映其质量特征的标志是实实在在存在的，评价标准和结果都是客观的。如一个水杯，它的容积、材质、形状和款式等特征是可以客观度量的，不可能因人而异。服务往往因服务对象个体的差异性，导致服务的质量和顾客的满意度差异很大。因为服务质量的评价标准除少部分是客观的以外，多数是人为主观的，不同的人其评价标准也就不同。因此，就会出现同一个服务项目除了服务对象不同外，其他的因素都相同，但评价结果却差异很大的现象。

3. 产品可以允许有库存，而服务不能有存货，这就限制了其柔性

产品的生产过程和销售是分离的，一般来讲，生产能力是均衡的，销售则随需求而变化，是波动的，这可以通过库存调节生产与销售的平衡，不会因为需求的小幅变化而影响生产的进行。也就是说，当产大于销时，生产能力可以转化产品的库存。服务业则没有服务能力的弹性，也就是其闲置的能力不能追加到后续的服务过程中去的。例如，一个宾馆有 200 个床位，某天的入住率为 50%，100 个床位闲置，但第二天的床位数量不能因为今天床位的闲置而增加到 300 个。也就是说，服务能力或服务资源是不能在不同的时间段互相转移的。因此，提高服务资源的利用率是服务设计的重要策略之一。

4. 相对产品制造而言，有些服务进入、退出的阻碍很小

与制造业相比，服务业在资金投入、人才和技术等方面要求较低。也就是说，服务业企业开办很容易，门槛较低，其竞争也就很激烈。因此，除了某些特殊的服务行业外，服务业很难有暴利行业，其原因就在这里。因此，服务创新和降低服务成本是服务设计的关键。

5. 便利性设计是服务设计的主要因素之一

遍布城市居民区各个角落的便民店或小卖部，在购物环境和提供的商品种类、质量、价格等方面与大商场、超市相比，均处于劣势。这些便民店之所以能生存，就是其便利性。因此，服务设计的选址非常重要。

6.5.2 对服务设计的要求

詹姆斯·海克特(James Hekett)认为服务设计涉及 4 个要素。

(1) 目标市场。即服务的对象或群体的定位,如面向高收入阶层还是大众,主要是男性还是女性等。

(2) 服务概念或服务创新。如何使服务在市场中与众不同。

(3) 服务策略或服务内容。全部服务是什么?服务运作的着眼点在哪里?

(4) 服务过程。应采用什么样的服务过程?雇用什么样的服务人员和服务设施来完成服务?

在服务设计的过程中,要注意的两个关键点是服务要求变化的程度及顾客接触的程度,这影响到服务的标准化或服务定制的程度。一般来讲,顾客接触的程度和服务要求变化的程度越低,服务能达到的标准化程度越高。没有接触或接触很少,或没有流程变化的服务设计与产品设计非常相似。相反,接触程度高及服务变化大则表明服务必须是高度定制的。

另外,服务设计还需注意以下的几个原则。

(1) 服务系统对用户是友好的。

(2) 服务系统具有稳定性和标准化的特点,保证服务人员和服务系统提供一致的服务。

(3) 服务系统为后台和前台之间提供有效的联系方式。

(4) 强调服务质量证据的管理,使顾客了解系统所提供服务的价值。

(5) 服务系统所耗费的都是有效成本。

6.5.3 服务设计的步骤

产品设计的结果是形成全套的产品与零部件的图样,或者完成样机。服务设计则要形成服务蓝图或服务流程图。

绘制服务蓝图的主要步骤如下。

(1) 划分各服务环节的分界线。

(2) 确定和描绘各服务环节所包括的步骤。

(3) 准备主要环节各步骤的流程图。

(4) 指出可能出现故障的步骤及避免的措施。

(5) 建立执行服务的时间框架,估计各服务环节所需时间的可变性。

(6) 分析盈利能力。

【范例 6-1】汽车修理厂的服务蓝图设计。

随着我国轿车进入家庭的步骤加快,汽车维修保养业也发展迅速。但目前汽车修理企业在规模、服务设施、技术水平和服务质量等方面参差不齐。一个规范的汽车修理的服务蓝图如图 6.13 所示。

本服务蓝图分为 4 个层面,用虚线和点划线分开,对应于服务系统中的 4 个群体或人员,分别是:顾客、服务前台、服务后台和财务人员。蓝图由 4 个环节组成,即预备工作、问题诊断、修理和付款与取车等。每个环节包含若干个步骤。

蓝图设计的一个重要的内容是找出可能出现的问题并制定相应的避免措施(poka-yokes,日语,"防误防错")。

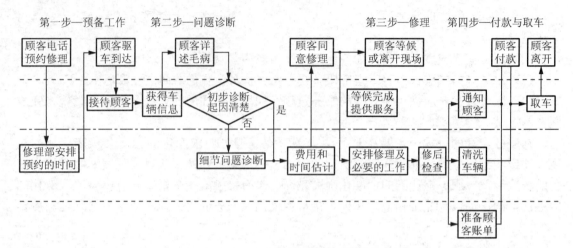

图 6.13　汽车修理服务蓝图

防误防错设计

POKA-YOKE 意为"防误防错",亦即 Error & Mistake Proofing。日本的质量管理专家、著名的丰田生产体系创建人新江滋生(Shingeo Shingo)先生根据其长期从事现场质量改进的丰富经验,首创了 POKA-YOKE 的概念,并将其发展成为用以获得零缺陷,最终免除质量检验的工具。

防误比防错更高级,更有效,例如十字路口,要避免南北向行驶的车辆与东西向行驶的车辆相撞,有两种办法:一是设置红绿灯,二是建立交桥。但是设置了红绿灯并不能完全避免南北向行驶的车辆与东西向行驶的车辆相撞,因为有很多的司机会违规驾驶,红绿灯只能起到警告作用,这是防错。但是如果建造了立交桥,就能完全避免相撞,这就是防误。

许多产品的设计就体现了防误防错的思想,如三相插头、USB 接口、梯形接口的数据线、充电器等。

OHP-01

资料来源:根据网络资料整理

本蓝图中可能出现问题的有 11 处。
1) 顾客电话预约修理
问题:顾客忘了修理的要求;忘了电话号码;要去其他的修理店。
防误设计:给顾客发送××折的自动服务卡。
2) 修理部安排预约的时间
问题:未接顾客的预约电话;未注意到顾客的到来。
防误设计:与前台明确电话预约的接待者;用一条铃链提示顾客的到来。

3）顾客驱车到达

问题：顾客找不到修理地点或正确的流程。

防误设计：用简洁的标志引导顾客。

4）接待顾客

问题：顾客未按到达的顺序得到服务。

防误设计：当顾客到达时给车辆排号。

5）获得车辆信息

问题：车辆信息不准或处理太费时间。

防误设计：保存顾客数据和历史信息表。

6）顾客详述毛病

问题：顾客难以将毛病讲清楚。

防误设计：设检修顾问，帮助顾客澄清问题。

7）细节问题诊断

问题：毛病诊断错误。

防误设计：配备高科技检测设备，如专家系统和诊断仪。

8）费用和时间估计

问题：估计错误。

防误设计：在核对表上根据普通的修理类型开列各类费用。

9）顾客同意修理

问题：顾客不明白修理的必要性。

防误设计：预先印好多数服务项目、工作细节和理由的资料，尽可能使用图文信息。

10）安排修理并进行必要的工作

问题：配件库里没有所需的零件。

防误设计：当零件存量低于定购点时，限量开关打开信号灯。

11）顾客离开

问题：没有得到顾客的反馈信息。

防误设计：将车钥匙和调查问卷表一同交给顾客。

本 章 小 结

劳动对象是生产力三要素之一，产品或服务则是生产运作系统构建的主要组成部分。产品和服务设计是企业生产运作的重要内容，是企业获取竞争优势的主要手段之一。

本章的主要内容包括以下几项。

(1) R&D 领域的选择及 R&D 的方式。

(2) 产品的生命周期的各阶段与 R&D 的关系。

(3) 标准化与大规模定制的方法。

(4) 稳健设计的原理与方法。
(5) 并行工程。
(6) 计算机辅助设计。
(7) 质量功能配置与质量屋。
(8) 可靠性设计。
(9) 服务设计与产品设计的区别，服务设计的方法。

 关键术语

研究与开发　市场驱动型研发　技术驱动型研发　产品生命周期　工业设计　大规模定制设计　稳健设计　并行工程　计算机辅助设计　质量功能配置　质量屋　可靠性　可靠性设计　服务设计　服务蓝图

习　题

一、判断题

1. 依据现有技术和市场开发产品可以降低风险，却能大大地提高产品的竞争力。
（　　）
2. 产品从用户购买开始到功能落伍或贬值而被淘汰所经历的时间长度称为产品的自然寿命。（　　）
3. 面向顾客的设计要强调产品加工和拆装的简易性。（　　）
4. 大规模定制设计是在标准化的基础上实现产品的个性化、多样化的设计。（　　）
5. 大规模定制设计主要方法是延迟差异化和模块化设计。（　　）
6. QFD 是一种技术驱动的产品开发方法。（　　）
7. 定性可靠性设计是装配式产品可靠性设计的一种最直接有效的方法。（　　）
8. 稳健设计可以使产品的性能更加稳定，包括产品设计和质量设计两个方面。
（　　）
9. 对完成规定功能设置重复的结构、备件，以备局部发生失效时，整机或系统仍不至于发生丧失规定功能的设计称为余度设计。（　　）
10. 产品的生命周期大致分为导入期、成长期、成熟期和衰退期。（　　）
11. 便利性设计是服务设计的主要影响因素之一。（　　）

二、单选题

1. 产品处于生命周期中的投入阶段，其研发活动的重点是（　　）。
A. 创新设计　　　B. 工艺改进　　　C. 稳定质量　　　D. 降低生产成本
2. 产品处于生命周期中的成长阶段，其研发活动的重点是（　　）。

第6章 产品和服务设计

A. 创新设计　　　　B. 生产周期缩短　　C. 完善产品性能　　D. 工艺改进
3. 产品处于生命周期中的成熟阶段,其研发活动的重点是(　　)。
A. 工艺改进　　　　B. 服务创新　　　　C. 缩短生产周期　　D. 完善产品性能
4. 稳健设计可使产品性能稳定性强,质量更加可靠,其中最重要的阶段是(　　)。
A. 系统设计　　　　B. 产品性能设计　　C. 参数设计　　　　D. 容差设计
5. 质量功能屋中的最左边的部分是(　　)。
A. 计划矩阵　　　　B. 产品功能特性　　C. 主体矩阵　　　　D. 用户需求
6. 标准化指构成同一种产品的不同个体之间的无差异性,其优点不包括(　　)。
A. 生产能力提高　　　　　　　　　　　B. 新产品推出快
C. 生产成本降低　　　　　　　　　　　D. 员工培训简化
7. 根据顾客竞争性评估和技术竞争性评估结果确定产品技术需求的目标值是(　　)。
A. 产品规划矩阵　　　　　　　　　　　B. 零部件配置矩阵
C. 工艺规划矩阵　　　　　　　　　　　D. 工艺/质量控制规划矩阵
8. 哪项不是服务运作的特点?(　　)
A. 生产率难以确定　　　　　　　　　　B. 质量标准难以建立
C. 服务过程可以与消费过程分离　　　　D. 纯服务不能通过库存调节
9. 新产品开发决策应该由企业(　　)。
A. 最高领导层制定　　　　　　　　　　B. 最低领导层制定
C. 中间管理层制定　　　　　　　　　　D. 职工代表大会制定

三、填空题

1. 产品生命周期通常包括：＿＿＿＿＿＿＿＿＿＿等3种。
2. 质量屋的8个部分是＿＿＿＿＿＿＿＿＿＿。
3. 大规模定制常用的方法是＿＿＿＿＿＿＿＿＿＿。
4. 三次设计法的步骤是＿＿＿＿＿＿＿＿＿＿。
5. 常有的可靠性设计的方法有＿＿＿＿＿＿＿＿＿＿。
6. 可靠性度量的指标有＿＿＿＿＿＿＿＿＿＿。

四、简述题

1. R&D的作用是什么?
2. R&D领域的有几种?其特征是什么?企业选择不同的R&D领域的动机和条件是什么?
3. R&D的方式有几种?其应用场合是什么?
4. 产品生命周期有几种?其各自的特征和用途是什么?
5. 工业设计的思想是什么?
6. 什么是标准化?标准化的优缺点是什么?
7. 大规模定制常用的方法是什么?
8. 稳健设计的作用是什么?三次设计法的步骤有哪些?
9. 什么是并行工程?其工作原理是什么?
10. 什么是计算机辅助设计?其工作原理是什么?

11. 什么是质量功能配置？质量屋由哪几部分构成？如何将用户需求转换为产品功能特性需求？
12. 什么是可靠性？可靠性度量的指标有几个？常有的可靠性设计的方法是什么？
13. 产品设计和服务设计的区别有哪些？
14. 服务蓝图绘制的主要步骤有哪些？
15. 大规模定制与大量生产、单件小批生产的区别与联系是什么？
16. 大规模定制适用于制造业的哪些行业？服务业能不能采用这种方式？
17. 如何理解防误防错设计？列举你所见过的防误防错设计的实例。
18. 根据你的亲身体验，我国的服务设计是否存在需要改进之处？

五、分析题

根据"运作实例10-3 赫兹公司的收益管理"的背景描述，设计一个位于某机场的出租车代理机构的服务蓝图。要求分析可能发生问题的环节，并制定相应的防误措施。

通用电气公司的旋转压缩机

1981年，通用电气公司(GE)的家用电器部门的市场份额和利润都在下降。与外国的竞争对手相比，该公司的技术已经过时了。例如，该公司制造电冰箱压缩机需要65min的工时，而在日本和意大利的竞争对手只需25min。此外，GE的劳动成本也较高。摆在面前的选择是明显的：要么从日本或意大利购买压缩机，要么设计制造更好的压缩机。

到1983年，GE决定制造新型的室内用旋转压缩机，同时，决定投资约1.2亿美元建一个新工厂。GE并非旋转压缩机技术方面的新手，该公司发明了这项技术，多年来一直把这项技术应用在空调机上。与普通的往复式压缩机相比，旋转压缩机较轻，零件减少了1/3，而且更节省能源。旋转压缩机占用的空间较小，可以给电冰箱里面提供更大的空间，以更好地满足消费者的要求。

一些工程师对此持反对意见，他们指出旋转压缩机运转起来产生更多的热量，虽然对大多数空调机来说这不是一个问题，因为冷却剂可以把压缩机冷却。但是，在冰箱中，冷却剂流动的速度只有在空调中的1/10，而且压缩机在一年内比空调运转的时间长4倍。GE在空调中使用早期的旋转压缩机时曾遇到了困难。尽管较小型的旋转压缩机消除了缺陷，GE在较大的设备中还是停止使用旋转压缩机，原因是这些旋转压缩机在相对较热的环境里经常失灵。

GE的管理人员和设计工程师也很关心其他的一些问题。旋转压缩机发出音调比较高的呜呜声，管理人员担心这会严重影响顾客对产品的接受。管理人员和消费者调查小组的人员就这个问题讨论了许多个小时。新的设计也要求关键的零件工作能够吻合得相当好，至多允许1/5 000万英寸的误差。以前从来没有大批量生产过如此精密的产品，但是制造工程师们确信他们能够生产出来。

他们设计出来的压缩机几乎和在空调中使用的一模一样，只有一次改动。压缩机中的两个小零件是由粉末金属制成的，而不是像在空调中那样使用淬火钢和铸铁。选择这种材料是因为它能够制成精密度很高的产品，并且降低加工成本，10多年前，粉末冶金就被使用于空调中，但是都失败了。没有以前压缩机设计经验的设计工程师并没有很重视过去的失败。

一个顾问建议GE和一家在市场上已经推出冰箱压缩机的日本公司合资生产该产品，决策层拒绝了这一建议。空调旋压机的原设计者现已离开GE，他提出愿意给GE当顾问。GE没有同意他的请求，并写信告诉他GE有足够的技术能力开发这一产品。

1983年，GE测试了600个压缩机，没有一个失败。这些压缩机在较高温和较高压力的环境下不停地旋转了两个月，GE 认为这样可以模拟 5 年的运转。GE 通常对新产品进行两年测试，由于要完成这一项目的时间很紧，测试时间减少至 9 个月。

拆开并检查零件的技术员认为这些零件不太正常。马达的一些部位变色了，表明热量过大。轴承被磨损了，看来过高的热量破坏了润滑油。技术员的上司也没有把这些发现放在心上，也没有报告给上一级的管理人员。另一个评估测度结果的顾问认为检测可能有问题，因为在两年时间内只有一个产品失灵，并建议加大测试环境的强度。但这一建议也遭到决策层的拒绝。

到 1986 年，在获得董事会批准之后只有两年半，新建的工厂就以每分钟 10 个的速度生产压缩机。到该年底，工厂就生产了 100 多万台这样的产品。产品的市场份额猛增，看来新推出的冰箱将大功告成。但是在 1987 年 7 月，第一台压缩机坏了。不久，从波多黎各也传来了产品失灵的报告。到 9 月，家用电器部门知道他们出了大问题。到 12 月，工厂停止生产这种压缩机。直到 1988 年才诊断出问题在于两个粉末金属制件过分磨损，烧光了润滑油。仅在 1989 年一年旋转压缩机带来的损失就达 4.5 亿美元。到了 1990 年，GE 自愿给顾客替换了将近 110 万个压缩机，换上去的压缩机是从 6 个供应商那里购买的，其中 5 个供应商来自国外。

资料来源：James dean and James Evans, Total Quality p.256—257.
转载自杰伊·海泽和巴里·雷德的《生产与作业管理教程》p141.

讨论题：

1. 在产品开发过程中的哪些因素导致了这一灾难？哪些人应负责任？
2. 怎样做可以避免这一灾难？你认为 GE 从中能吸取什么教训？
3. GE 试图在什么基础上夺取竞争优势？又是怎样失败的？
4. 本案例中的哪些情形与本章提及的技术或术语有关？

第 7 章 工作设计

教学要求

通过本章的学习，要达到以下目的：
(1) 了解工作设计的概念及其重要性；
(2) 掌握满足员工工作需求的主要工作方式；
(3) 了解方法研究与时间研究的关系；
(4) 掌握过程分析常用的方法；
(5) 了解动作经济原则；
(6) 了解工作测量的主要方法；
(7) 了解工作环境设计的要素。

引 例

也许人们很难相信，美国西南航空公司（SWA）的员工在工作中很有乐趣，他们像一个幸福的大家庭成员一样拥抱和接吻。事实上，他们的确有一个幸福的大家庭，那就是西南航空公司。同时，他们又是一群认真投入工作的行家，给予顾客最好的服务。

西南航空公司的前任主席（也是公司创始人之一）赫伯·凯莱赫（Herb Kelleher）开创了一种尊重员工的企业文化，并且一直延续到今天。赫伯·凯莱赫认为，如果人们喜欢自己做的事，就会做得更好，包括在必要的时候加班加点。例如，公司的一位常客误了飞机，检票员认出了这位顾客并用自己的飞机把他送到目的地参加一个重要的会议。与其他公司不一样的是，在西南航空公司，顾客未必是对的，但员工一定是正确的。任何对员工粗暴无礼或是不喜欢其服务的顾客在西南航空都将不受欢迎。

员工是西南航空公司最大的财富。公司在员工招聘与培训方面的投入比其他任何公司都多，多年来这样的投入一直取得了成功。

- SWA是全美唯一一家从1973年开始每年都盈利的美国航空公司，并且其利润是同行业中最高的。
- 在竞争激烈的航空业，SWA一直保持低价。
- SWA拥有行业中劳动生产率最高的员工队伍，每位乘客的每英里的成本最低。
- SWA是同行业中员工流动率最低的。
- 在行李托运、准时到达与顾客投诉方面，SWA都拥有最好的服务记录。

资料来源：[美]马克 M. 戴维斯. 运营管理基础. 北京：机械工业出版社，2004：281.

从本例可以看出，人力资源是企业最大的财富，正确的工作设计，为员工创造良好的工作环境，将会大大激发员工工作的积极性和创造性，提高企业的竞争能力。

工作设计是人力资源工作的核心工作之一，也是从事生产运作管理的人员必须掌握的管理技能之一。

7.1 工作设计概述

7.1.1 工作设计的含义

1. 生产率及其影响因素

生产运作管理的目标之一，就是在满足市场需求的前提下提高生产系统的生产率。所谓生产率是指生产系统输出的产品或服务与生产这些产品或服务所消耗资源之比，即

$$生产率 = \frac{生产系统输出的产品或服务}{消耗的资源}$$

从上式看出，要想提高生产率，就必须尽可能提高生产系统的输出而减少其消耗的资源。可能的组合方案有以下几种。

(1) 在资源消耗量一定或减少的情况下，增加产出。
(2) 在产出一定或增加的情况下，减少资源消耗量。
(3) 资源消耗量略微增加，但产出大幅度增加。
(4) 产出略微减少，但资源消耗量大幅度减少。

要把握提高生产率的要点，必须了解影响生产率的因素。从企业内部环境来说，影响生产率的因素有两大类：技术因素和行为因素。技术因素主要指企业生产产品或提供服务所必需的生产技术和生产装备的技术水平，如新设备、新工艺、新材料的采用可以大大提高生产率。由于技术因素与生产设备、设施等有密切关系，因此有人将其称为"硬因素"。行为因素是指操作者的心理需求和感情变化对生产率的影响。由于操作者的行为因素是易变的，因此有人将其称为"软因素"。新技术的应用必须通过人的劳动才能落到实处，随着人们接受教育程度的不断提高，人的心理需求逐渐超越经济需求而占据主导地位，如图 7.1 所示。

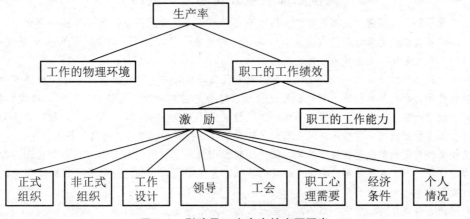

图 7.1 影响员工生产率的主要因素

2. 生产运作管理中人的行为影响

为达到提高生产率的目的，人们除了采用技术先进的装备之外，还必须考虑使用和管理这些设备的人的因素。在人类目前所能掌握的生产技术水平条件下，任何设备的使用和维护都离不开人。除了操作者的技能等技术要素外，其心理活动、情绪等也会影响到生产率的提高。

传统的生产运作管理在考虑人的因素对生产率的影响时，主要关注的是操作者的工作环境，如工作地布置、照明强度、通风、温度、劳动场所的色彩等方面的因素，而对操作者的社会需要关注较少。随着社会经济的发展，人们在解决基本生存问题之后，越来越注重心理上的需求。单调乏味的流水作业渐渐为工人所厌倦，经过精确设计的操作动作并没有给企业带来期望中的高效率。经过研究发现，一个人长期从事一种简单劳动会使他丧失对工作的热情。为了保持操作者对工作的热情，应该不断变化工作内容，增加对操作者的吸引力。因此，现代生产运作管理中非常强调工作的扩大化、多样化和丰富化，通过工作轮换保持操作者的兴趣和对工作的热情。所有这些措施，都是为了满足操作者的心理需求，通过强化其行为因素保持和提高生产率。经过不断实践和理论探索，在生产与运作管理系统中逐渐形成了工作设计（job design）和工作测量（work measurement）学说，在生产系统设计时同时考虑技术和社会两个方面的因素，争取为操作者提供一个理想的劳动场所。

3. 工作设计的目标

构建生产运作系统的任务之一就是对员工工作的设计。所谓工作是指一个工人承担的一组任务（tasks）或活动（activities）的总称。工作设计则是确定具体的任务和责任、工作环境以及完成任务以实现生产运作管理目标的方法。工作设计要满足两个目标：一是满足生产率和质量的目标，二是使工作安全、有激励性、能使工人有满意感。一个经过良好设计的工作，可以使员工在工作中心情愉快、疲劳感下降、自我实现感得到满足，对实现企业总体目标很有帮助。通过工作设计，达到提高生产率和质量、降低成本、缩短生产周期的目的。

运作实例 7-1 描述了工作设计的实例。

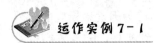

阿拉斯加航空公司的工作设计

人机工程学和人力因素为提高人类活动的水平提供了机会，这种机会存在于各种应用之中，包括商业飞机。一种新驾驶舱显示设备能减少人为错误，而在商业飞机事故中，有 2/3 是由人为错误造成的，在驾驶舱中一秒之差实际上意味着生死之别。

改进驾驶舱显示的方法之一是简化仪表板。新一代驾驶舱内安装了显示屏，它比传统的圆形刻度盘能更准确地显示信息，显示屏使飞行员能更迅速地获取各种控制参数，包括空气速度、海拔和拔高率。针对人体系统的需要，运用人力因素的知识，飞机控制台将 19 项重要控制直接与"示警"显示相连，飞行员可以在头盔护目镜或一种挡风玻璃上看到示警显示。阿拉斯加航空公司已将其投入使用。

华盛顿至西雅图的航线地区经常多雾，能见度较低，但由于使用这种新的"示警"显示，改善了其飞行能力。这种人力因素的改善能减少飞行员的错误，并提高飞行员的反应能力，这样使阿拉斯加航空公司飞行更加安全，同时更具有竞争力。

资料来源：转载自［美］杰伊·海泽，巴里·雷德. 生产与作业管理教程. 4 版. 北京：华夏出版社，2002：237.

7.1.2 工作设计的发展过程

在 20 世纪初,泰勒首创了时间研究和动作研究。与泰勒同时代的吉尔布雷斯夫妇、甘特以及埃默森等人,发展了泰勒的科学管理思想,丰富了方法研究和工作测定的方法,使之发展成为工作研究体系。将近一个世纪过去了,社会生产已进入了自动化和计算机控制的时代,就业结构已从制造业为主转向了服务业为主。面对如此巨大的变革,科学管理的思想和方法仍然有效。

泰勒在倡导科学管理运动时,提出过一些重要的思想。在泰勒看来,管理技术就是"确切知道要别人干什么,并注意让他们用最好最经济的方法去干"。他认为整个作业管理制度应当是"建立在对单位工时的精确和科学的研究上,这是科学管理中最重要的因素"。倘若工作的性质要求多次重复去做,则时间研究应当做得更仔细、更精确。每项工作应当妥善地分成若干基本动作,对每个单位工时应当加以最细致的时间研究,而不是笼统地对整项工作定出一个工时和工资数额。

泰勒早就预见到并提出,高工资和低劳动成本相结合是可能的,这种可能性"主要在于一个第一流的工人,在有利环境下所能做的工作量和普通水准的工人实际做的工作量之间的巨大差距"。而使这种可能性变为现实的途径就是:基于方法研究和时间研究基础上的科学管理。事实表明,泰勒的这种预言已经被当代一些发达国家和许多世界级企业实现了。

任何组织和作业几乎都可以应用工作研究的原理和方法,来帮助寻求一种更好的作业程序和作业方法。无论是制造业,还是服务业,无论是企业,还是政府或其他非营利组织,都面临改进作业方法与提高生产率的问题。过去如此,现在如此,将来也是如此。提高生产率是一个永恒的主题,随着技术的进步,工作的改进永无止境。现代社会中的各种服务性作业,如商店的售货作业、餐馆的烹调作业、银行的出纳作业、邮局的打包作业、医院的门诊作业、电话局的维修作业、政府部门的审批作业以及办公室的收发作业等,如果都能像吉尔布雷斯研究砌砖那样加以细致分析,使之简化和标准化,整个社会的效率将会大大提高,人们的生活也将会更加舒适愉快。

7.1.3 工作设计的重要性

生产运作系统是人和技术构成的有机体系,是一个复杂的社会技术系统。人是生产运作系统中最主要的生产要素,生产运作系统的功能和效率的高低,最终取决于人的因素,即取决于人的工作态度和工作方式,特别是现代生产运作的新特征和发展趋势,使工作设计变得越来越重要。工作设计在生产运作管理中起着重要的作用,合理的工作设计可以起到以下作用。

1. 提高员工的工作积极性

随着大多数工人文化水平的提高以及随之增多的要求,人们期望从工作中得到的东西和实际得到的差距越来越大。许多人能够忍受工作挫折是由于他们认为工作能提供一定价值的报酬(例如现金、有价证券、高水平生活和资料信息)。然而越来越多的人难以忍受工作环境带来的牺牲和挫折,成千上万的人寻求的则是能够实现自我满意的工作形式。员工的离职、厌倦、沮丧、疏远影响了企业目标的实现。员工们缺勤率高,完成任务的质量差,甚至故意捣乱。

2. 提高企业的生产效率

一个人长期从事一种简单的劳动会使他丧失对工作的热情，为了保持操作者对工作的热情，应该不断变化工作内容，增加对操作者的吸引力。通过工作的扩大化、工作职务轮换和丰富化等多种劳动组织形式，保持操作者的兴趣和对工作的热情，满足操作者的心理需求以提高生产率。

3. 改善企业的管理

通过工作设计，将决策的权力和责任层层下放，直至每一个普通员工。以往任务分配方式、工作进度计划、人员雇用计划等是由不同层次、不同部门的管理人员来决定的。现在则将这些权力下放，从而调动每个人的积极性和创造性，使工作效果尽可能好，实行人性化管理，同时，可以使整个企业组织的层次变少，使企业的管理得到改善。

7.1.4 工作设计的内容

工作设计是为有效组织生产劳动过程，确定一个组织内的个人或小组的工作内容，从而实现工作的协调和确保任务的完成。其目标是建立一个工作结构，以满足组织及其技术的需要，满足工作者的个人心理需求。图7.2给出了与工作设计决策有关的几项主要内容。

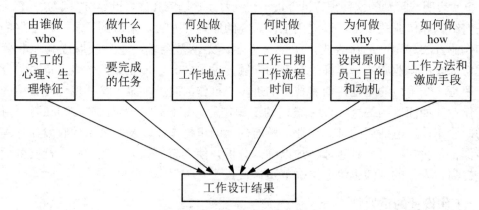

图7.2 工作设计决策主要内容

工作设计的内容包括：明确生产任务的作业过程；通过分工确定工作内容；明确每个操作者的工作责任；以组织形式规定分工后的协调工作，保证任务的完成。这些决策受到以下几个因素的影响。

(1) 员工工作组成部分的质量控制。
(2) 适应多种工作技能要求的交叉培训。
(3) 工作设计与组织的员工参与及团队工作方式。
(4) 自动化程度。
(5) 对所有员工提供有意义的工作和对工作出色员工的奖励。
(6) 远程通信网络和计算机系统的使用，扩展了工作的内涵，提高员工的工作能力。

工作设计必须改变以技术为中心的传统做法，转移到以人为中心的工作态度和工作方式，才能真正达到提高劳动生产率的目的，特别是现代生产运作的新特征和发展趋势，使工作设计变得越来越重要。

7.2 工作方式

所谓的工作方式是指企业员工工作组织的形式和方法。管理学派和行为学派在工作设计的争论焦点也主要体现在工作方式上。管理学派的泰勒制强调工作专业化，提高工作效率，而行为学派则强调满足人的工作动机，认为人的工作动机对工作的形式和工作的结果有很大的影响。但不论是基于何种理论的工作方式，均有相应的群体与之相适应，都有其存在的价值。

7.2.1 工作专业化

工作专业化是指将工作任务分为若干细小的单元，每人只完成其中一个单元的工作。由于工作专业化对员工所需的工作技能要求单一，工作内容少，因此，其熟练程度高，可大大提高工作效率，降低成本。反之，则意味着工作任务范围比较宽，变化较多，需要员工有多种技能来完这些工作。

工作专业化程度高低、劳动分工粗细尺度掌握在什么范围比较合适，应当因地制宜。因为工作专业化不仅仅有优点，也有缺点。

1. 工作专业化的优点

(1) 对企业而言：
① 能迅速培训劳动力；
② 使招聘新工人变得容易；
③ 更换劳动力比较容易，可降低工人工资；
④ 由于工作单一重复，故生产效率高；
⑤ 对工作流程和工作负荷可以严密控制。

(2) 对劳动者而言：
① 为了获取工作只需很少或不需受教育；
② 能比较容易地学会干一项工作。

2. 工作专业化的缺点

(1) 对企业而言：
① 工作任务的细分化不容易做到均衡，会导致作业不平衡，作业人员忙闲不均；
② 由于工作环节增多，不同环节之间要求有更多的协作，物流、信息流都较复杂；
③ 分工过细导致无人对整个生产负有责任，质量控制比较困难；
④ 由于工人的期望有限，从而降低了改善制造过程的可能性；
⑤ 改变生产过程以适应生产新的或改进产品的灵活性有限。

(2) 对劳动者而言：
① 重复同一性质的工作容易产生疲劳和厌烦感；
② 由于对每一项任务的贡献很小，从而对工作本身难以产生满足感；
③ 由于技能有限，很少有机会获得更好的工作。

一般来讲，在大多数以产品对象专业化为生产组织方式的企业里，高度工作专业化可取得较好的效果；对于主要进行多品种小批量生产的企业来说，工作专业化程度应低一些才能有较强的适应性。

前述的工作专业化除了所描述的缺点外，还没有考虑人工作动机层面的精神因素。当工作专业化程度较高时，人往往无法控制工作速度（例如装配线），也难以从工作中感受到一种成就感、满足感。此外，与他人的交往、沟通较少，升迁的机会小。因此，像这样专业化程度高、重复性很强的工作往往容易导致人对工作变得淡漠，从而影响到工作结果。西方的一些研究表明，这种状况给"蓝领"员工带来的结果是：员工变换工作频繁，缺勤率高，闹情绪，甚至故意制造生产障碍。对于"白领"员工，也有类似的情况。由于这些问题直接影响着一个生产运作系统产出的好坏，因此，需要在工作设计中考虑一些新的工作方式来解决这些问题。

7.2.2 工作扩大化与工作职务轮换

工作扩大化（job enlargement）是指工作的横向扩大，即增加每个人工作任务的种类，从而使他们能够完成一项完整工作（例如，一个产品或提供给顾客的一项服务）的大部分程序，这样他们可以看到他们的工作对顾客的意义，从而提高工作积极性。进一步，如果顾客对这个产品或这项服务表示十分满意并加以称赞，还会使该员工感受到一种成功的喜悦感和满足感。工作扩大化通常需要员工有较多的技能和技艺，这对提高员工钻研业务的积极性，使其从中获得一种精神上的满足也有极大帮助。

工作职务轮换（job rotation）是指允许员工定期轮换所做的工作，时间可以是小时、天、数日或数月。这种方法可以给员工提供更丰富、更多样化的工作内容。当不同工作任务的单调性和乏味性不同时，采用这种定期轮换方式很有效。采用这种方式需要员工掌握多种技能，可以通过"在岗培训"（on-the-job training）来实现。这种方法还增加了工作任务分配的灵活性，例如，派人顶替缺勤的工人；往瓶颈环节多派人手等。此外，由于员工互相交换工作岗位，可以体会到每一岗位工作的难易，这样比较容易使员工理解他人的不易之处，互相体谅，结果使整个生产运作系统得到改善。

在很多国家的企业中都使用工作职务轮换的方法，但各企业的具体实施方法和实施内容则多种多样。

工作扩大化与工作职务轮换尽管形式上有一定的差别，但其本质是一致的，即工作是横向的扩大化，工作内容有变化而工作的性质没有变化。

7.2.3 工作丰富化

1959年，赫茨伯格（Ferderick Herzberg）和他的助手发表了一项著名的研究成果，指出内在工作因素（如成就感、责任感、工作本身）是潜在的满足因素，而外在工作因素（如监督、工资、工作条件等）是潜在的不满足因素。赫茨伯格指出满足感和不满足感不是一条直线上的对立面，而是两个范围。满足感的对立面不是满足，不满足感的对立面不是不满足。根据这个原理，改进外在因素，如增加工资，可能降低不满足感，但不会产生满足感。根据赫茨伯格的理论，唯一能使工人产生满足感的是工作本身的内在因素。赫茨伯格将对工作的满足感与激励联系起来，提出了强化内在因素使工作丰富化的观点，不仅可以提高工人的满足感，而且可以提高生产率。

工作丰富化(job enrichment)是指工作的纵向扩大，即给予职工更多的责任，更多地参与决策和管理的机会。例如，一个生产第一线的工人，可以让他负责若干台机器的操作，检验产品，还负责设备的维护与保养，包括一些故障的排除等。工作丰富化在所需技能要求高的同时，可以给人带来成就感、责任心和得到认可(得到表彰等)的满足感。当他们通过学习，掌握丰富化的工作内容之后，他们会感到取得了成就；当他们从顾客那里得到了关于他们工作成果——产品或服务的反馈信息时，他们会感受到被认可；当他们需要自己安排几台设备的操作、自己制定保养计划、制定所需资源的计划时，他们的责任心也就会大为增强。

运作实例7-2描述了在服务行业应用工作丰富化的实例。

运作实例 7-2

保险公司团体保险服务部门的工作丰富化

保险公司团体保险服务部门的主要工作是对事件进行分类拆封，并且归入相应的客户卷宗，检查团体保险单以及为需要保密的保险单设置密码。一名经理和一名监督员领导这个部门。雇员被分成4个职能组，即办事员、密码设置者、高级技术人员和专业职员。

这种工作分配、人事和信息档案的安排导致了一些问题的发生，工作的分派和选择是随意的，雇员既没有享有主权的感觉，也没有个人责任感。档案经常被放错，雇员在接客户电话和回复客户的请求书时常出现一些差错。

雇员觉得工作只是不断地重复，太单调乏味。最为典型的是，一个职员在大约11min的时间里可同时完成两项任务。雇员们很少有机会改变他们完成任务的次序，他们只需很少的训练。一些职员做着相同的工作，只是对不同的档案而已。这些因素使公司无法衡量个人的成绩，所以雇员很少甚至得不到任何信息反馈。

公司的结算部门的工作包括处理档案、保险账单和从团体保险服务部门收取支票。职员将保险费输入计算机，原则上将保持内部账目的收支平衡。结算部门也同样设有一名经理和一名监督员，雇员被分成高级技术人员、保险费输入员和专业职员。

这种工作范围的安排及工作内容的限制带来与前一个部门类似的问题。工作是随便分派的，雇员们认为工作千篇一律，很乏味，没有自由处理的机会。

为了使这两部分的工作能很好地衔接起来，这两个部门的经理和负责人参加了一系列研习班。他们调整工作内容，以此来增加工作的多样性和提高职员对工作的责任感。例如，每个职员现在要完成8项任务，而以前只有两项。他们呼吁建立他们自己的工作定量配额、工作速度和改变他们的工作方法，按地域来分派每个职员的保险单。这样就可以明确每个人的工作，评估他的工作成绩，提供建议性的信息反馈。

现在新的工作单位，在组织结构上一般将这两个部门合并成一个部门。出于行政原因，这个部门被分成两部分、个体负责根据投保人的住处来分发保险单。然而这样的分组只是为了行政上的方便，他们并不是决策实体，也就是说，他们不能选择成员、选举领导、制定分配工作、评估工人或决定补偿等。

资料来源：根据网络资料整理

7.2.4 团队工作方式

团队工作方式(team work)是指与以往每个人只负责一项完整工作的一部分(如一道工

序、一项业务的某一程序等)不同,由数人组成一个小组,共同负责并完成这项工作。在小组内,每个成员的工作任务、工作方法以及产出速度等都可以自行决定,在有些情况下,小组成员的收入与小组的产出挂钩,这样一种方式就称为团队工作方式。其基本思想是全员参与,从而调动每个人的积极性和创造性,使工作效果尽可能好。这里工作效果是指效率、质量、成本等的综合结果。

团队工作方式与传统的泰勒制工作分工方式的主要区别见表7-1。这种工作方式可以追溯到20世纪20～30年代。在现代管理学中,系指20世纪80年代后期才开始大量研究、应用的一种人力资源管理方法。这种方法实际上是一种工作方法,即如何进行工作,因此,在工作设计中有更直接的参考意义。

表7-1 泰勒制与团队工作方式的对比

泰勒制工作方式	团队工作方式
最大分工与简单工作	工作人员高素质、多技能
最少的智能工作内容	较多的智能工作内容
众多的从属关系	管理层较少、基层自主性强

团队工作方式也可以采取不同的形式,以下是3种常见的方式。

1) 解决问题式团队

解决问题式团队(problem-solving teams)实际上是一种非正式组织,它通常包括七八名或十来名自愿成员,他们可以来自一个部门内的不同班组。成员每周有一次或几次碰头,每次几小时,研究和解决工作中遇到的一些问题,例如质量问题、生产率提高问题、操作方法问题、设备、工具的小改造问题(使工具、设备使用起来更方便)等,然后提出具体的建议,提交给管理决策部门。这种团队的最大特点是:他们只提出建议和方案,但并没有权力决定是否实施。这种团队在20世纪70年代首先被日本企业广泛采用,并获得了极大的成功,日本的QC小组就是这种团队的最典型例子。这种方法对于提高日本企业的产品质量、改善生产系统、提高生产率起了极大的作用,同时,对于提高工作人员的积极性、改善职工之间、职工与经营者之间的关系也起了很大的作用。这种思想和方法首先被日本企业带到了其在美国的合资企业中,在当地的美国工人中运用,同样取得了成功,因此其他美国企业也开始效仿,进而又扩展到其他的国家和企业中,并且在管理理论中也开始对这种方式加以研究和总结。

这种方式有很多优点,但也有其局限性。因为它只能建议,不能决策,又是一种非正式组织,所以,如果这样的团队所提出的建议和方案被采纳的比率很低,这种团队就会自行消亡。

2) 特定目标式团队

特定目标式团队(special-purpose teams)是为了解决某个具体问题,达到一个具体目标而建立的,例如一个新产品开发、一项新技术的引进和评价、劳资关系问题等。在这种团队中,其成员既有普通职工,又有与问题相关的经营管理人员。团队中的经营管理人员拥有决策权,也可以直接向最高决策层报告。因此,他们的工作结果、建议或方案可以得到实施。或者,他们本身就是在实施一个方案,即进行一项实际的工作,这种团队不是一个常设组织,也不是为了进行日常工作,而通常只是为了一项一次性的工作,实际上类似于一个项目组。这种团队的特点是，容易使一般职工与经营管理层沟通，使一般员工的意见直接反映到决策中。

3) 自我管理式团队

自我管理式团队(self-managing teams)是最具完整意义的团队工作方式。解决问题式团队是一种非正式组织，其目标只是在原程序中改善任务，而不是建立新程序，也无权决策和实施方案；特定目标式团队主要是为了完成一些一次性的工作，类似于项目组织。而在自我管理式团队中，由数人(几人至十几人)组成一个小组，共同完成一项相对完整的工作，小组成员自己决定任务分配方式与任务轮换，自己承担管理责任，诸如制订工作进度计划(人员安排、轮休等)、采购计划、决定工作方法等。在这种团队中，包括两个重要的新概念。

(1) 员工授权(employee empowerment)，即把决策的权力和责任层层下放，直至每一个普通员工。如上所述，以往任务分配方式、工作进度计划、人员雇用计划等是由不同层次、不同部门的管理人员来决定的，现在则将这些权力交给每一个团队成员，与此同时，相应的责任也由他们承担。

(2) 组织重构(organizational restructuring)，这种组织重构实际上是将权力交给每一个职工的必然结果。采取这种工作方式后，原先的班组长、工段长、部门负责人(科室主任、部门经理等)等中间管理层几乎就没有必要存在了，他们的角色由团队成员自行担当，因此整个企业组织的层次变少，变得更"扁平"。

这种团队工作方式是近些年才开始出现并被采用的，在企业中取得了很大成功，在制造业和非制造业都有很多成功事例。

7.3 工作研究

7.3.1 工作研究概述

工作研究又称作业研究，是指运用系统的方法对人的工作进行分析、设计和管理，把工作中不合理、不经济、混乱的因素排除，寻求更好、更经济、更容易的工作方法，以提高系统的生产率。这里的"工作"，包括人们所进行的生产活动的全部，其中最基本最主要的是产品的制造活动，其基本目标是要避免浪费，包括时间、人力、物料、资金等多种形式的浪费，通过工作研究寻求最佳工作方法，使生产活动按先进的方法、规定的程序和标准的时间进行，从而提高生产效率和经济效益。工作研究的目标在西方企业曾经用一句非常简短的话描述过："Work smart, not hard"。

提高生产率或效率的途径有多种，有外延式的，如用更先进的设备，提高劳动强度等来实现；有内涵式的，工作研究则属于以内涵式提高效率的原则，在既定的工作条件下，不依靠增加投资，不增加工人劳动强度，只通过重新结合生产要素，优化作业过程，改进操作方法，整顿现场秩序等方法，消除各种浪费，节约时间和资源，从而提高产出效率。同时，由于作业规范化，工作标准化，还可以使产品质量稳定和提高，人员士气上升，因此，工作研究是企业提高生产率与经济效益的一个有效方法。

从某种意义上讲，人类在发展过程中一直都在自觉不自觉地进行工作研究，并对工作研究的更高级形式——工具的改进和发明以及工作过程管理进行研究，因而人类的生产能力和生产率不断提高。另一方面，每一个人在其一生当中也都在尽力从多方面进行工作研究。但是，并不是每个人都使用了科学方法来研究和改进他的工作，这里要介绍的工作研究，就是要提供这样的科学方法和步骤，这些方法被称为系统方法（systematic approach）。

工作研究的奠基人是泰勒。他发现装卸工人劳动效率的高低与工人所使用的装卸工具有关，同一种装卸工具在装卸不同货物时效率也不相同，这促使他进一步研究用何种工具和装卸何物时效率最高。

工作研究的代表人物是吉尔布雷斯夫妇，他们发现工人砌砖方法无一类同，不同砌砖方法的工作效率也不相同，从而促使他们开始研究最佳的工作方法，他们毕生从事各种作业的分析，提出了动作分析、微动作分析、操作程序图以及节约动作的原则，他们的理论和方法的要点具体如下。

（1）构成作业的动作要素要少。
（2）每个动作要素的动作时间要短。
（3）每个动作要素带给人的疲劳要少。
（4）不同作业方法的主要制约因素，如工艺装备和设备等，要发现那些使作业方法变坏的各种主要因素。

在泰勒和吉尔布雷斯夫妇以后，一大批学者进一步进行了工作研究，提出了宽放率理论、疲劳理论以及在工作研究中统计方法的应用理论，到20世纪50年代，有关工作研究的理论和方法已经成熟，并得到普及和推广。

7.3.2　工作研究的内容和特点

工作研究的内容主要包括：方法研究和时间研究。这两个方面又体现在以下情况。
（1）寻求最经济合理的工作方法。
（2）工作标准化。
（3）制定时间标准。
（4）培训操作人员，贯彻实施新工作方法。

工作研究是由方法研究和时间研究两部分构成的，两大部分的关系是既有区别又有联系的对立统一关系，如图7.3所示。

1. 方法研究与时间研究的区别

1）研究的具体对象不同

方法研究是对生产流程和工序操作进行研究，从中消除不合理、不经济的工序、操作和动作，使工作方法最经济合理有效；时间研究是对某种既定操作方法的消耗时间进行研究，从中找出最正常、最合理的标准时间。

2）研究的理论依据不同

方法研究所依据的理论是生产流程分析理论、动作分析理论等；而时间研究所依据的理论是工作抽样理论、工时消耗分类及测时理论。

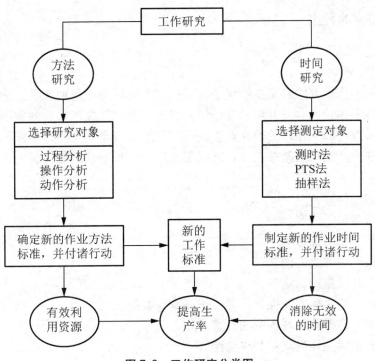

图 7.3 工作研究分类图

3) 研究要达到的具体目的不同

方法研究的目的是希望达到使设备布局更加合理,工作环境更加良好,工人的无效劳动更少,疲劳程度进一步降低等;而时间研究的目的是寻求标准工作时间,确定经济合理的工时成本,合理使用劳动力并促进劳动生产率提高。

2. 方法研究和时间研究的联系

(1) 方法研究是时间研究的前提和基础,时间研究是在一定的方法研究基础上进行的,不进行方法研究,也就不存在和不需要时间研究。

(2) 时间研究对方法研究有促进作用,通过时间研究可以选择和比较哪种工作方法最佳,从这个意义上说,方法研究又离不开时间研究,最好的工作方法并不仅仅通过方法研究就能寻到,而必须经过时间研究才能最终得到。

(3) 方法研究和时间研究都涉及一个共同的目标,就是科学地确定最经济、合理、有效的工作方法,提高生产率和经济效益,这个共同的目标把两者统一起来,成为不可分割、相辅相成、相互促进的统一体。

工作研究作为一种科学的方法体系,有这样一些特点。

① 指导思想是创新。
② 系统分析的方法。
③ 着眼点是挖掘企业内部潜力。
④ 致力于工作方法的标准化。
⑤ 是一种极为有效的管理手段和管理工具。

7.3.3 工作研究的程序

工作研究包括以下步骤。

1) 选择研究对象

一般来说,工作研究的对象主要集中在系统的关键环节、薄弱环节,或带有普遍性的问题方面,或从实施角度容易开展、见效快的方面,因此,应该选择效率明显不高,成本耗费较大,急需改善的工作作为研究对象。研究对象可以是一个生产运作系统全部,或者是某一局部,如生产线中的某一工序,某些工作岗位,甚至是操作人员的具体动作,时间标准等。

2) 确定研究目标

这些目标包括以下内容。

(1) 减少作业所需要时间。
(2) 节约生产中的物料消耗。
(3) 提高产品质量的稳定性。
(4) 增强职工的工作安全性,改善工作环境与条件。
(5) 改善职工的操作,减少劳动疲劳。
(6) 提高职工对工作的兴趣和积极性等。

3) 记录现行方法

将现在采用的工作方法或工作过程详细地记录下来,借助于各类专用表格技术来记录,动作与时间研究还可借助于录像或电影胶片来记录,尽管方法各异,但都是工作研究的基础,而记录的详尽、正确程度直接影响着下一步对原始记录资料所做的分析效果。

4) 分析

主要是分析研究记录事实,寻求新的方法。详细分析现行工作方法中的每一步骤和每一个动作是否必要,顺序是否合理、哪些可以去掉、哪些需要改变,这里可以运用"5W1H"分析方法来从6个方面反复提出问题。因为实际上并不存在"最好"的工作方法,而可以不断寻求"更好"的工作方法,所以"5W1H"法可以反复多次使用,其中Why是最重要的。一般认为要解决某个问题,必须至少问5个"为什么"才能由现象触及本质,见表7-2。

表7-2 "5W1H"法基本内容

Why (为什么)	为什么这项是必不可少	What	这项工作的目的何在
	为什么这项工作要以这种方式这种顺序进行	How	这项工作如何能更好完成
	为什么这项工作制定这些标准	Who	何人为这项工作的恰当人选
	为什么完成这项工作需要这些投入	Where	何处开展这项工作更恰当
	为什么这项工作需要这种人员素质	When	何时开展这项工作更为恰当

5) 设计和试用新方法

这是工作研究的核心部分,包括建立、试用和评价新方法3项主要任务。建立新的改进方法可以在现有工作方法基础上,通过"取消—合并—重排—简化"4项技术形成对现有方法的改进,这4项技术又称工作研究的 ECRS(或四巧)技术,其具体内容见表7-3。

表7-3 ECRS(四巧)技术的内容

ECRS(四巧)技术	具 体 内 容
Elimination(取消)	对任何工作首先要问:为什么要干?能否不干?包括: ① 取消所有可能的工作步骤或动作。 ② 减少工作中不规则性,比如确定工作、工具的固定存放地,形成习惯性机械动作。 ③ 除需要的休息外,取消工作中一切怠工和闲置时间
Combination(结合)	合并:如果工作不能取消则考虑是否应与其他工作合并。 ① 对于多个方向突变的动作合并,形成一个方向的连续动作。 ② 实现工具的合并,控制的合并,动作的合并
Rearrangement(重排)	对工作的顺序进行重新排列
Simplification(简化)	指工作内容、步骤方面的简化,亦指动作方面的简化、能量的节省

经过 ECRS 处理后的工作方法可能会有很多,于是就有从中选择更佳方案的任务。评价新方法的优劣主要从经济价值、安全程度和管理方便程度等几方面来考虑。

6) 方法实施

工作研究成果的实施可能比对工作的研究本身要难得多,尤其是这种变化在刚开始还不被人了解,而且改变人们多年的老习惯时,工作研究的新方法的推广会更加困难。因此,在实施过程中要认真做好宣传、试点工作,做好各类人员的培训工作,切勿急于求成。

【范例7-1】轴套检验方法的改进。

轴套是机械产品中常用的零件,其主要的质量控制参数是内径。原方案的检验工具是两个塞规Ⅰ和Ⅱ,其直径分别是公差的上下限。操作说明如图7.4所示。

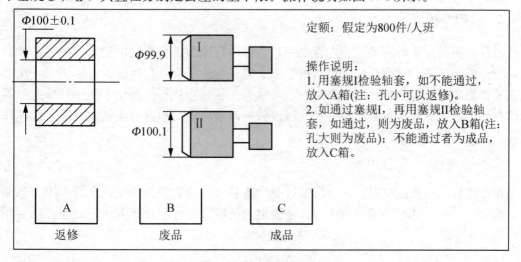

图7.4 轴套原检验方案

显然，原方案有可以改进的余地。

1) 改进方案一

将塞规Ⅰ和塞规Ⅱ做成一体，如图7.5所示。该方案一次即可完成检验工作。检验原理与原方案相同。即轴套未通过塞规Ⅰ需返修，通过Ⅰ而未通过Ⅱ是成品，Ⅰ和Ⅱ均通过则为废品。因此，该方案至少提高效率一倍以上，达到1 600件/人班。

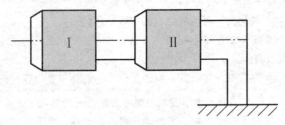

图7.5　改进方案一

2) 改进方案二

改进方案一提高检验效率是值得肯定的，但是能否进一步改进呢？答案也是肯定的。因为方案一的操作一只手就可以完成，另一只手处于闲置状态，两只手可以同时操作。

改进方案二如图7.6所示。

改进方案二可再提高效率一倍，产量能达到3 200件/人班，而且根据动作经济原则：双手对称或反向运动比单手重复运动更省力。

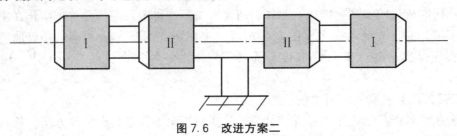

图7.6　改进方案二

7.3.4　过程分析

过程分析是方法研究的重要内容之一，它将现行流程进行系统的记录、描述，然后对它进行分析与改进。过程分析法可以用于不同的行业或场合，其叫法也有所不同，用于制造业被称为生产过程分析，用于服务行业可称为作业过程分析，而用于信息处理业务则称为信息处理过程分析或数据流程分析。过程分析可采用专门的图表绘制程序图来描述作业流程，常用的图表技术有以下几种。

1. 作业流程图

作业流程图是描述材料、表格单据(信息)或各种作业活动所经过的全部程序，包括加工、搬运、检验、储存和等待等内容，还要记录所经历的时间和距离。作业流程图常用的符号见表7-4。

第7章 工作设计

表7-4 作业流程图所用的符号及其含义

符　号	名　　称	说　　明
○	加工 operations	改变加工对象物理状态或化学性质的活动
◎	加工 operations	文字加工处理符号，表示生成一个记录、一个报告
⊘	加工 operations	文字加工处理符号，表示向一个记录上添加信息
⇨	搬运 transportation	将物件从一个位置搬运到另一个位置的活动
▽	储存 storage	物料或文件处于储备状态
□	检验 inspection	对材料或制品的质量、数量进行检查，查看仪表数据等
D	延迟 delay	在加工、运输、检验之前发生的等待

运作实例7-3

流程图和工序图帮助了一家英国配件厂

采纳顾问们的建议，运用流程图和工序图来重新安排工厂的生产，这对一名经理来说是需要一些勇气的，而接受这些改变则需员工们的理解。一天早晨，英国的帕蒂·霍普科克(Paddy Hopkirk)汽车附件厂乱糟糟的生产线旁边堆满了装有半成品的板条箱。两天后，当180名工人来工作时，那些机器已经归置成整齐的"单元"。成堆的零件已经消失，新清扫的地面用彩条线标出了材料的流动方向。一夜之间就发生了巨变。在变化后的第一个工作日，一些生产线的产出率提高了30%，一些生产过程所需的场地减少了一半，而且在制品大量减少。改善后的布局使一些工作相组合，得到"解放的"作业人员能在工厂其他岗位发挥作用。"我期待着一个转变，但任何变化都比不上这个变化那么巨大。"公司董事会主席帕蒂·霍普科克说道，"真是太神奇了！"

资料来源：[美]杰伊·海泽，巴里·雷德.生产与作业管理教程.4版.北京：华夏出版社，2002：249.

【范例7-2】作业流程图的应用——某校学生食堂面条制作过程的改进。

改进前流程描述，见表7-5。

表7-5 面条制作流程(改进前)

序　号	步　　骤	符　　号	备　　注
1	面条置于储藏架上	▽	
2	将面条拿到厨房	⇨	
3	煮熟	○	
4	放到盆里	⇨	
5	送到水池边	⇨	需要搬运重物

续表

序号	步骤	符号	备注
6	过水	○	
7	送到操作台	⇨	需要搬运重物
8	分装入盘	⇨	6个重复动作
9	加肉末和番茄酱	⇨	6个重复动作
10	将盘子送到加热器	○	
11	保温	▽	
12	送到出售台	⇨	6个重复动作

由表7-5可以看出,改进前的流程搬运环节过多,影响工作效率。可增加一个紧邻锅台的水龙头(已有水管),直接加上肉末和番茄酱,并就地在锅台保温。改进后的流程见表7-6。

表7-6 面条制作流程(改进后)

序号	步骤	符号	备注
1	面条置于储藏架上	▽	
2	将面条拿到厨房	⇨	
3	煮熟	○	
4	放到盆里	⇨	
5	在锅台过水	○	增加一个紧邻锅台的水龙头
6	加肉末和番茄酱	○	
7	保温	▽	
8	分装入盘	⇨	6个重复动作
9	送到出售台	⇨	6个重复动作

2. 人机操作程序图

人机操作程序图用来描述操作者和机器的交互作用过程,把一个工作周期内操作者的作业活动和机器的作业活动在时间上的配合关系绘制在一张图表上,从而分析作业安排的合理性。该图多用于多机床看管、多工位加工或人机共动的作业安排与分析。通过对人机操作程序图的分析,可获得减少人机空闲的时间、提高人机效率的新方法。

【范例7-3】人机操作程序图的应用——立式铣床上精铣铸件的改进。

在立式铣床上精铣铸件的设备与工件加工要求如图7.7所示。现行方法的人机工作过程如图 7.8 所示。在一个周程之内，铣床有 3/5 的时间没有工作，工人 2/5 的时间空闲。这是由于当工人操作时，机床停止工作；机床自动铣削时，工人也无事可做。分析机器和工人的工作过程，可以看出：工人将工件夹紧在机床台面上和加工完成后松开夹具、取下零件等环节是必须在机床停止时才能进行的，而其他的环节则不需要机床停止。因此要缩短其周程时间，应尽量利用机器工作的时间进行手工操作，如检查工件尺寸、去毛刺，将完工的工件放入成品箱，取出新工件等。

图 7.7 立式铣床及精铣铸件过程示意图

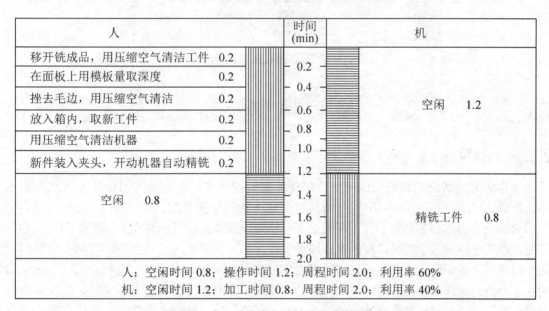

图 7.8 在立式铣床上精铣铸件（现行方法）

图 7.9 为改进后的程序图，按新的方法，在不增加设备和工具的前提下，仅在 2min 内就节省了工时 0.6min，提高工效 30%。

3. 双手操作程序图

双手操作程序图是按操作者双手动作的相互关系记录其手（或上、下肢）动作的图表。分析研究双手操作程序图的目的，在于平衡左右手的负荷，减少无效动作，减轻工人疲劳，缩短作业时间，使操作过程合理化，并据此拟定操作规程。

双手操作程序图一般用来表示一个完整工作循环时的重复操作。它和人机操作程序图的区别在于：前者是分析操作者左右手的动作情况，着眼于工作地点布置的合理性和零件摆放位置的方便性；而后者则是分析人、机的相互协调配合关系，着眼于人如何利用机动时间来做其他工作或增加看管机器的台数，以提高人力、机器的利用率。

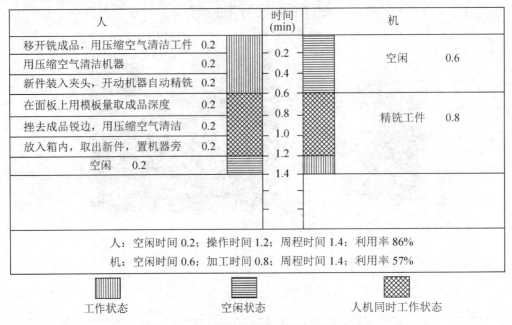

图 7.9 在立式铣床上精铣铸件(改良方法)

7.4 动作研究

7.4.1 动作研究发展过程

动作研究是研究和确定完成一个特定任务的最佳动作的个数及其组合。弗兰克·吉尔布雷斯(Frank B. Gilbreth，1868—1924)被公认为动作研究之父。

弗兰克·吉尔布雷斯对动作的研究始于早年对建筑工人砌砖的研究。1885年弗兰克通过了麻省理工学院的入学考试，却因家庭困难没有入学，而是进入建筑行业，并以一个砌砖学徒工的身份开始了职业生涯。后来，他成为建筑工程师，被晋升为承包公司总管，不久又成为独立经营的建筑承包商。在工作中，弗兰克发现工人们砌砖的动作各不相同，速度也有快有慢。因此，他对砌砖动作和速度的关系产生了兴趣。他仔细观察砌砖工在工作中所用的各种动作模式，探索究竟哪一种动作模式是最好且效率最高的。在此基础上，他联系工人所做的工作和使用的工具对工人的动作进行了进一步研究，并制定了一种经过改进的工作方法。例如，在砌外层砖时，他把砌每块砖的动作从18个减少到4.5个；在砌内层砖时，把动作从18个减少到2个，使每个工人1小时的砌砖数从120块增加到350块。他还想出了一种堆放砖的方法，使工人不用像往常那样检查砖的哪一面最好。他设计出一种可调整的支架，使得工人不必像往常那样弯腰取砖。他还调制了一种有精确浓度的灰浆，使得砌砖时不必多余地用泥刀涂抹。弗兰克通过对工人的动作进行科学的研究和分析，制定出更有效的砌砖方法，并不知不觉地开始以研究进行任何工作的最好方法作为终身事业。

弗兰克于 1904 年与莉莲·莫勒(Lillian M. Gilbreth，1878—1972)结婚。莉莲毕业于加州大学，是美国第一个获得心理学博士学位的妇女，被称为"管理学的第一夫人"。从此，吉尔布雷斯夫妇共同开始了改进工作方法的探索。

吉尔布雷斯夫妇在动作研究中主要采用观察、记录并分析的方法。为了分析和改进工人完成一项任务所进行的动作和顺序，他们率先将摄影技术用于记录和分析工人所用的各种动作。由于当时的摄影技术无法确定一个动作所花费的时间，他们还发明了一种瞬时计，用这种瞬时计进行现场摄影，就可以根据影片分析每一个动作并确定完成每一个动作所需要的时间。为了在影片中更清楚地描述出一组动作的顺序，他们在工人的手上绑上一个小电灯泡，并显示出时间。这样，所拍摄的电影中的灯光轨迹就表示完成某一工作所用的动作模式。但是，这种没有变化的灯光轨迹却不能确定动作的速度和方向。因此，他们又在电路中增加了一个间断开关，使得灯泡可以时亮时暗，这样，可以利用这种装置从影片拍摄灯泡痕迹的长度和方向来确定动作的加速、减速和方向。

吉尔布雷斯夫妇通过对手动作的分解研究发现，一般所用的动作分类，如"移动手"，对于细致分析来说是过于粗略了。因此，吉尔布雷斯把手的动作分为 17 种基本动作，他把这些叫做分解动作(therbligs，除了 t 和 h，以及增加的 s，是 Gilbreth 的倒写)。

吉尔布雷斯夫妇为了记录各种生产程序和流程模式，制定了生产程序图和流程图。这两种图至今还被广泛应用。吉尔布雷斯夫妇除了从事动作研究以外，还制定了人事工作中的卡片制度——这是现行工作成绩评价制度的先驱。他们竭力主张，管理和动作分析的原则可以有效地应用在自我管理这一尚未开发的领域。他们开创了对疲劳这一领域的研究，该研究对工人健康和生产率的影响一直持续到现在。

虽然吉尔布雷斯被人们称为动作研究之父，但他的研究领域远远超出了动作研究的范围。他致力于通过有效的训练、采用合理的工作方法、改善环境和工具，使工人的潜力得到充分的发挥，并保持健全的心理状态。总之，他致力于改善人及其环境。他把新的管理科学应用到实践中，从而使它更容易被人们所接受并取得成功。人们可以根据他的工作成果制定出更好的动作模式，提高生产率，并以此建立健全激励报酬制度。吉尔布雷斯的思想对后来行为科学的发展有一定的影响。

7.4.2 动作经济原则

任何操作都是以人工的动作为基本单元，特别是劳动密集型企业，组装工序、加工工序等这些以手工劳动为主体的工序，动作是产生效益的一个非常重要的因素。

进行动作分析，最主要的目的就是消除无效的动作，以最省力的方法实现最大的工作效率。通过动作研究几乎不花一分钱，就可以大大提高生产效率。例如在现实生活中，为什么有的人包饺子会比一般人快很多？为什么有的人插秧会比一般人快很多？那都是因为他们掌握了一定的诀窍，能够用最科学的方式，以最经济的动作来完成包饺子和插秧的动作。

具体而言，动作分析要遵循动作经济原则。动作经济原则包括以下几项。

1. 双手并用原则

双手的动作尽可能同时开始、同时结束；除规定休息时间外，双手不应同时空闲，如图 7.10 所示。

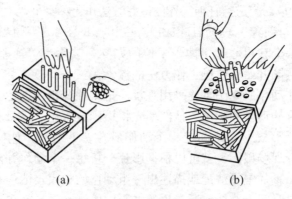

图 7.10 双手并用原则示意图

2. 排除合并原则

排除不必要的动作。尽量减少动作，或使两个以上的动作能合并动作。

3. 降低动作级别原则

人工作时根据效率和省力的不同，可将动作分为 5 级，见表 7-7。级别数越小，效率越高，也越省力。

表 7-7 动作级别一览表

级别	动作枢轴	运用部位
1	手指	手指
2	手腕	手指、手腕
3	肘	手指、手腕、前臂
4	臂	手指、手腕、前臂、上臂
5	身体	手指、手腕、前臂、上臂、肩及身体其他部位

图 7.11 给出了降低动作级别的改进方法。其中，图(a)中下图的开关比上图更方便，图(b)中下图的按键式拨号更快捷。

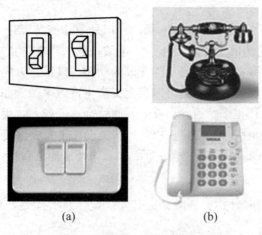

图 7.11 降低动作级别原则示意图

4. 利用惯性原则

物体的动量,应尽可能利用,但如须肌肉制止时,则应将其减至最小度。图 7.12(a) 的操作者用力的效果不及图 7.12(b)。

图 7.12 利用惯性原则示意图

5. 手脚并用原则

通常人工作时,仅仅用手的时候居多,脚则闲置。如果手脚并用,解除手的工作,用脚踏工具代替,则可以大大提高工作效率,如图 7.13 所示。

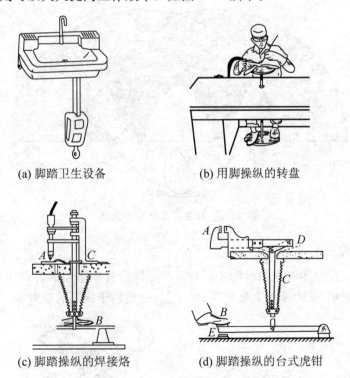

(a) 脚踏卫生设备　　(b) 用脚操纵的转盘

(c) 脚踏操纵的焊接烙　　(d) 脚踏操纵的台式虎钳

图 7.13 手脚并用原则示意图

6. 适当姿势原则

在垂直面上,人工作时手臂也有适宜的上下范围,要求操作者使用适当姿势操作,避免疲劳及劳动伤害的动作,如图 7.14 所示。

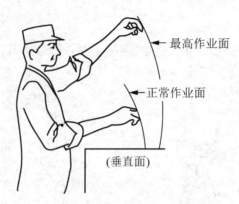

图 7.14 适当的姿势原则示意图

7. 双手可及原则

由于手臂长度的限制,其所触及的范围有限。工具、物料应置于固定处所及工作者前面近处,并依最佳的工作顺序排列,如图 7.15 所示。

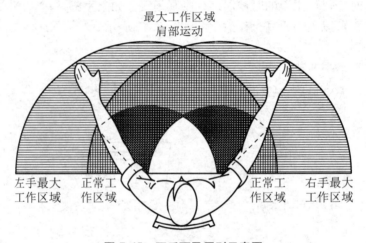

图 7.15 双手可及原则示意图

8. 使用容器原则

产品装配,尤其是零件是小件的装配时,将零件放置于适当的容器中有助于查找和取用,节省时间,如图 7.16 所示,显然图(b)比图(a)更利于提高装配效率。

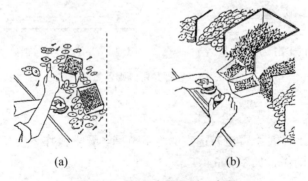

图 7.16 使用容器原则示意图

9. 重力坠送原则

如果产品加工完毕，需要放置到相关的容器中，特别是操作面与容器有一定的高度差时，利用重力坠送原则可省力，且避免不必要的磕碰而影响表面质量，如图 7.17 所示。

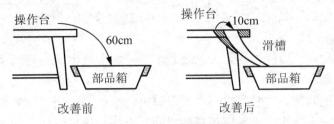

图 7.17 重力坠送原则示意图

另外，相邻工序间的在制品的传递，也可以使用重力坠送原则由前工序送至后工序的使用点，越近越佳，常用的重力滑道和滚道就是这一原则的应用。

10. 利用保持器具原则

要想长时间地保持物与人的良好结合状态，就必须利用保持器具。因为人体的耐久力是有限的，所以要想保持一定的工作状态，就需要一定的工具加以支持。保持器具就是人在特殊工作情况下可以利用的工具。

11. 动作顺序原则

把动作的顺序确定下来，才能保证动作有节奏地、自动地进行。有节奏、自动地进行某种动作，有助于提高工作的效率。

12. 对称动作原则

使双手同时朝着相反方向进行动作，不可同时朝着相同的方向活动叫对称动作。研究表明，进行对称的运动，不容易疲惫，所以尽量进行对称的动作有助于提高工作效率。

根据以上 12 个原则来全面地改良自己的动作，在一些以手工劳动为主体的工作中就会取得明显的成效。

7.5 工作测量

7.5.1 生产时间消耗及工时定额

1. 生产产品时间消耗

产品在加工过程中的作业总时间包括：产品的基本工作时间、产品设计缺陷的工时消耗、工艺过程缺陷的工时消耗、管理不善而产生的无效时间、工人因素引起的无效时间。

1) 产品的基本工作时间

产品的基本时间是指在产品设计正确、工艺完善的条件下，制造产品或进行作业所用的时间，也称定额时间。

基本工作时间由作业时间与宽放时间构成。所谓宽放时间是劳动者在工作过程中，因工作需要、休息与生理需要，需要作业时间给予补偿的时间。宽放时间一般用宽放率表示。

$$宽放率=\frac{宽放时间}{工作时间}$$

宽放时间由三部分时间组成。

（1）休息与生理需要时间。由于劳动过程中正常疲劳与生理需要所消耗的时间，休息饮水、上厕所所需的时间。

（2）布置工作地时间。它是指在一个工作班内，生产工人用于照看工作地，使工作地保持正常工作状态和文明生产水平所消耗的时间，例如交接班时间、清扫机床时间等。它以一个工作班内所消耗布置工作地时间作为计量单位。

（3）准备与结束时间。它是指在加工一批产品或进行一项作业之前的技术组织准备和事后结束工作所耗用的时间，不同的生产类型其准备与结束时间不同，准备结束时间一般可通过工作抽样或工作日写实来确定。

休息与生理需要时间的确定，应进行疲劳研究，即研究劳动者在工作中产生疲劳的原因、劳动精力变化的规律，测量劳动过程中的能量消耗，从而确定恢复体力所需要的时间。

一般用能量代谢率标度作业过程中能量消耗的程度，其计算如下式：

$$能量代谢率=\frac{作业时能量消耗量-安静时能量消耗量}{基础代谢量}$$

式中　基础代谢量——劳动者在静卧状态下维持生命所需的最低能量消耗量；

安静时能量消耗量——劳动者在非工作状态，即安静状态的能量消耗，按基础代谢量的1.2倍计算。

能量代谢率用RMR表示，上述公式中每一项的取值都是在同样时间范围内的能量消耗量。

能量代谢率划分为不同级别，按照不同级别的能量代谢率确定相对应的疲劳宽放率。

由于宽放时间直接影响作业者一天的工作量及定额水平的制定，外国对此类时间的研究十分重视，对宽放时间做了更细致的分类，并制定了各种宽放时间的宽放率，其宽放率为宽放时间与作业标准时间之比。宽放时间主要有以下几种。

（1）作业宽放。作业过程中不可避免的特殊的作业中断或滞后，如设备维护、刀具更换与刃磨、切屑清理、熟悉图样等。

（2）个人宽放。与作业无关的个人生理需要所需的时间，如上厕所、饮水等。

（3）疲劳宽放，休息宽放。

（4）管理宽放。非操作者个人过失所造成的无法避免的作业延误，如材料供应不足、等待领取工具等。

对机械制造行业而言，各种宽放率的取值参考表7-8。

表 7-8 宽放率参考值

序 号	宽放率类型		参考数值
1	作业宽放率		3%～5%
2	个人宽放率		2%～5%
3	疲劳宽放率	极轻劳动	0%～5%
		轻度劳动	5%～10%
		中等劳动	10%～20%
		重劳动	20%～30%
		极重劳动	30%以上
4	管理宽放率		3%～5%

2) 无效时间

无效时间是由于管理不善或工人控制范围内的原因，而造成的人力、设备的窝工闲置的时间。无效时间造成的浪费十分惊人，以生产管理为例，超过必要数量的人、设备、材料和半成品、成品等的闲置与存放造成浪费，就会使生产成本提高，产生第一次浪费。人员过多，生产过程各环节不平衡，工作负荷不一致，导致奖惩不公，引起部分工人不满，进而怠工或生产效率降低等。企业管理者为了解决上述问题，增加管理人员，制定规章制度，最终浪费了人力、物力、财力，消耗了时间，形成恶性循环，这是第二次浪费。最终造成劳务费、折旧费和管理费增加，提高了制造成本。这些浪费往往会将仅占销售总额10%～20%的利润全部吃掉。若能消除上述两次浪费，减少无效劳动所带来的无效时间损失，则十分有意义。在企业产品成本中，材料、人工费、管理费之和占总成本的90%，减少生产过程中无效劳动的浪费是比较容易做到的，但利润提高一成就需营业额提高一倍，这将是十分困难的。因此，减少无效劳动、走挖掘企业内部潜力的道路是生产运作管理的首要任务。

生产过程中由于无效劳动所带来的浪费归纳为以下几个方面。

(1) 生产过剩的浪费。整机产品中部分零件生产过多或怕出废品有意下料过多，造成产品的零件不配套，积压原材料、浪费加工工时。

(2) 停工等待的浪费。它是由于生产作业计划安排不当，工序之间衔接不上，或由于设备突发事故等原因产生的。

(3) 搬运的浪费。如由于车间布置不当造出产品生产过程中迂回搬运。

(4) 加工的浪费。如加工过程中切削用量不当，引起时间浪费。

(5) 动作的浪费。由于操作工人操作动作不科学，引起时间浪费。

(6) 制造过程中产生的废品的浪费。

减少以致消除无效时间，是工业工程中工作研究探讨的基本内容之一。

2. 工时定额

工时定额，又称为标准工作时间，是在标准的工作条件下，操作人员完成单位特定工作所需的时间。这里标准工作条件的含义是指，在合理安排的工作场所和工作环境下，由经过培训的操作人员，按照标准的工作方法，通过正常的努力去完成工作任务。可见，工时定额的制定应当以方法研究和标准工作方法的制定为前提。

工时定额是企业管理的一项基础工作，其作用如下。

（1）确定工作所需人员数和确定部门人员编制的依据。

（2）计划管理和生产控制的重要依据。任何生产计划的编制，都必须将产品出产量转换成所需的资源量，然后同可用的资源量进行比较，以决定计划是否可行，这步工作称为负荷平衡。无论是出产量转换，还是可用资源量的确定，都应当以工时定额为标准，这样的生产计划才具有科学性和可行性。此外，生产进度的控制和生产成果的衡量，都是以生产计划为基础的，从而也是以工时定额为依据的。

（3）控制成本和费用的重要依据。在绝大多数企业中，尤其是服务企业中，人工成本在全部成本中都占有较大的比重。降低人工成本必须降低工时消耗，而工时定额是确定工时消耗的依据，从而也是制定成本计划和控制成本的依据。

（4）提高劳动生产率的有力手段。劳动生产率的提高，意味着生产单位产品或提供特定服务所需的劳动时间的减少。而要减少和节约劳动时间，必须设立工时定额，据以衡量实际的劳动时间，找到偏差，采取改进措施。无标准，则难分优劣；无规矩，则不成方圆。

（5）制定计件工资和奖金的标准。在实行计件工资的条件下，工时定额（有时换算成小时或每日的工作量或产量）是计算计件工资单价的重要依据，在实行奖金制度条件下，工时定额是核定标准工作量（或产量）、计算超额工作量（或产量）、考核业绩、计算奖金和进行赏罚的主要依据。

通过工作测量法可以得到科学合理的工时定额。工作测量法常用的技术有测时法、预定标准时间法和工作抽样法等。

7.5.2 测时法

测时法，又称直接时间研究，是用秒表和其他一些计时工具，来实际测量完成一件工作所需要的实际时间。其基本过程叙述如下。

（1）选择观测对象。被观测的操作者应是一般熟练工人。避免选择非熟练和非常熟练的人员，因为非熟练人员不能很好地完成标准作业，而非常熟练的人员的动作过于灵巧，如果以超出正常作业速度为依据，就很难为大多数人所接受。被选定的操作者还应与观测者协作，心理和操作尽量不受观测因素的影响。

（2）划分作业操作要素，制定测时记录表。

（3）记录观察时间，剔除异常值，并计算各项作业要素的平均值。设 t_{ij} 是作业要素 i 的第 j 次观察时间，则作业要素 i 的平均观察时间为

$$平均时间 = \frac{1}{n}\sum_{j=1}^{n} t_{ij}$$

（4）计算作业的观察时间。作业的观察时间等于该作业的各项作业要素平均时间之和。

（5）效率评定，计算正常作业时间。评定，也称评比，是时间研究人员将所观测到的操作者的操作速度，与自己理想中的速度（正常速度）进行对比。即

$$\text{正常时间} = \text{观测时间} \times \text{评定系数}$$

(6) 考虑宽放时间比率，确定标准作业时间。在获取正常时间的基础上，考虑前述的各种宽放时间，即可获得标准时间。

$$\text{标准时间} = \text{正常时间} \times (1 + \text{综合宽放率})$$

【范例 7-4】 某高校的工业工程兴趣小组应企业之邀参与工序改善活动，在生产现场接受的任务是计算某工序的标准时间。他们首先分析了该工序的作业要素，由 A、B、C 三个要素构成。之后用秒表记录了 6 轮次的观测时间，见表 7-9。

表 7-9 作业要素观测时间记录表

作业要素	观测时间(min)						效率评定系数
	1	2	3	4	5	6	
A	0.1	0.3	0.2	0.9	0.2	0.1	0.9
B	0.8	0.6	0.8	0.5	3.2	0.7	1.1
C	0.5	0.5	0.4	0.5	0.6	0.5	0.8

若假定作业的宽放率分别取：作业宽放率 3%、个人宽放率 2%、疲劳宽放率 10%、管理宽放率 5%，确定该工序的标准时间。

解：观测表中数据，会发现要素 A 的 0.9min 和要素 B 的 3.2min 为特异值，应剔除。

$$A \text{ 的平均观测时间} = \frac{0.1 + 0.3 + 0.2 + 0.2 + 0.1}{5} = 0.18(\text{min})$$

$$B \text{ 的平均观测时间} = \frac{0.8 + 0.6 + 0.8 + 0.5 + 0.7}{5} = 0.68(\text{min})$$

$$C \text{ 的平均观测时间} = \frac{0.5 + 0.5 + 0.4 + 0.5 + 0.6 + 0.5}{6} = 0.50(\text{min})$$

A 的正常时间 = 0.18 × 0.9 = 0.16(min)
B 的正常时间 = 0.68 × 1.1 = 0.75(min)
C 的正常时间 = 0.50 × 0.8 = 0.40(min)
该工序的正常时间 = 0.16 + 0.75 + 0.40 = 1.31(min)
标准时间 = 1.31 × (1 + 3% + 2% + 10% + 5%) = 1.57(min)

7.5.3 预定时间标准法

预定时间标准法(predetermined time standard，PTS)把人们所从事的所有作业都分解成基本动作单元，对每一种基本动作都根据它的性质与条件，经过详细观测，制成基本动作的标准时间表。当要确定实际工作时间时，只要把作业分解为这些基本动作，从基本动作的预定时间表中查出相应的时间值，累加起来作为正常时间，再适当考虑宽放时间，即得到标准作业时间。

PTS 的具体操作形式有多种。常见的有工作要素法(work factor，WF)、标准时间测量法(methods of time measurement，MTM)、基本动作时间研究法(basic motion study，BMS)等，其中用得较多的是 MTM。

PTS 起源于 20 世纪 30 年代，目前已发展到了第三代。第一代 PTS 主要有动作因素分析法和动作时间测定法，上述两种方法很复杂，动作分类很细，不易掌握，目前国外仍在使用。第二代PTS如简易动作因素分析和动作时间测定法Ⅱ(MTM-2)等，是在第一代PTS方法基础上简化而来的。第三代PTS是模特法（modular arrangement of predetermined time Standard，MOD）。MOD是澳大利亚的海德（G. C. Heyde）在长期研究第一代与第二代PTS法的基础上创立的更简便且精度不低于传统PTS的新方法，目前得到了较为普遍的应用。

7.5.4 模特法

模特法（MOD）与上述的两种PTS相比，它具有形象直观、动作划分简单、好学易记、使用方便的优点。模特法适用于加工部门、生产技术、设计、管理、服务等方面，以及制定时间标准、动作分析等。模特法将动作分为四大类：移动动作、终止动作、身体动作、其他动作，共计21个动作。

1. 移动动作

移动动作指抓住或挪动物件的动作。根据手臂所使用的身体部位不同，手臂移动距离的不同，时间值也不相同。移动动作分为如下5种。

（1）手指动作（M1）。指用手指第三关节前部分进行的动作。每动作一次时间值为1MOD。

（2）手的动作（M2）。指手腕关节前部分进行的动作，每次时间值定为2MOD。

（3）前臂动作（M3）。指肘关节前部分进行的动作，每次时间值定为3MOD。

（4）上臂动作（M4）。指上臂及前面各部分以自然状态伸出的动作，每次时间值定为4MOD。

（5）肩动作（M5）。指整个胳膊伸出再伸直的动作，每次时间值定为5MOD。

以手拿着工具反复重复上述的移动动作，称为反射动作，可视为移动动作的特殊形式，所用的时间值小于正常移动动作。如手指反射时间值为1/2MOD，手反射时间值为1MOD，前臂反射时间值为2MOD，上臂反射时间值为3MOD。

2. 终止动作

终止动作指在移动动作之后，动作的终结。动作终结时，操作者的手必定作用于目的物。终止动作有下列6种。

（1）触碰动作（G0）。指用手接触目的物的动作。如摸、碰等动作，它仅仅是移动动作的结束，并未进行新的动作，每次时间值定为0MOD。

（2）简单抓握（G1）。指在移动动作触及目的物之后，用手指或手掌捏、抓握物体的动作。简单抓握必须保证目的物附近无妨碍物，动作没有迟疑，每次时间值定为1MOD。

（3）复杂抓握（G3）。指抓握时要注视，抓握前有迟疑，手指超过两次的动作，每次时间值为3MOD。

（4）简单放下（P0）。指目的物到达目的地之后立即放下的动作，每次时间值为0MOD。

（5）注意放下（P2）。指注视目的物放到目的地的动作。在放置目的物的过程中只允许一次方向与位置的修正。每次时间值定为2MOD。

(6) 特别注意放下(P5)。指把目的物准确地放置在规定的位置或进行装配的动作,动作有迟疑,眼睛注视,有两次以上的方向、位置的修正动作,时间值定为5MOD。

3. 身体动作

身体动作指躯干、下肢的动作,分为下列4种类型。

(1) 踏板动作(F3)。指足颈摆动进行脚踏地的动作,每下踏一次时间值定为3MOD,返回一次时间值也为3MOD,因此往返踏板一次,时间值定为6MOD。

(2) 步行动作(W5)。指步行或转动身体的动作,每次时间值定为5MOD。

(3) 向前探身动作(B17)。指以站立状态弯曲身体、弯腰、单膝跪地,之后再返回站立状态的一个循环过程的动作,每一动作循环时间值定为17MOD。

(4) 坐和站起动作(S30)。指坐在椅上,站起之后再坐下的动作,每一循环过程时间值为30MOD。

4. 其他动作

其他动作包括以下内容。

(1) 校正动作(R2)。指改变原来抓握物体方式的动作,但只有独立的校正动作才赋予时间值,每次时间值定为2MOD。

(2) 施压动作(A4)。指作用于目的物推、拉、压的动作,推、拉、压的力在20N以上,并为独立的施压动作,每次时间值定为4MOD。

(3) 曲柄动作(C4)。指以手腕或肘关节为轴心划圆形轨迹的动作,每次时间值定为4MOD。

(4) 眼睛动作(E2)。指眼睛移动动作或眼睛对准目标的动作,每次时间值定为2MOD。在正常视界内(距眼睛40cm范围内),不赋予眼睛移动时间值。当眼睛注视范围较广时,颈部需要伴随眼球运动而转动时,其时间值定为6MOD。

(5) 判断动作(D3)。指在两个动作之间判断要从事的下一动作所需时间的动作,每次时间值定为3MOD。判断动作一般是在前一动作停止时,判断下一个动作如何进行时发生的。

(6) 质量(俗称重量)修正(L1)。指用手搬运时,不同物体质量所耗用的时间需要修正。单手负重,若不足2kg时不作质量修正;每增加4kg质量,单手负重的时间值增加1MOD。双手搬运时应换算为单手搬运进行修正。当物体滑动时,手的负重减轻,用有效质量计算,有效质量为实际质量的1/3;在滚道上滑动时,有效质量为实际质量的1/10。

模特法的原理是根据操作时人体动作的部位、动作距离、工作物的质量,通过分析和计算,确定标准的操作方法,并预测完成标准动作所需要的时间。模特法的制定比较科学,使用时也十分方便。模特法的实施过程,必然包含着操作方法的改进和工作场地的合理布置,以方便工人操作。

模特法特别适用于手工作业较多的劳动密集型产业,如电子仪表、汽车工业、纺织、食品、建筑、机械等行业。在中外合资企业改造与发展过程中,模特法是有效的手段。

模特法以MOD为时间单位,其与标准时间的换算关系为

$$1\text{MOD}=0.129\text{s}$$
$$1\text{s}=7.75\text{ MOD}$$
$$1\text{min}=465\text{ MOD}$$

按人类工程学原理，以人的最小能量消耗为原则，以手指移动 2.5cm 距离所需的平均时间为基本单位，即 1MOD，其他任何动作时间都是它的倍数。

使用模特法进行作业分析，作业时间值计算举例如下。

例如，将螺丝刀插入螺钉槽内这一动作排列式为 M2 G1 M2 P5。

M2 表示开始手的移动时间为 2MOD；G1 表示简单抓取的时间为 1MOD；M2 表示第二次手的移动时间为 2MOD；P5 表示螺丝刀特别注意放下插入螺钉槽内的时间为 5MOD。

动作时间值为[(2+1+2+5)×0.129]s＝1.29s

7.5.5 工作抽样法

工作抽样法又称瞬间观测法。其基本原理是间断性地、大量随机地观测工作人员在瞬间时刻的工作状态(正在工作或处于空闲)，以获得一定数量的子样。根据数理统计理论，从大量事件中随机取样，当样本足够多时，就可以通过子样来反映出母体的特征。该方法并不去测定具体动作所耗用的时间，而是为了了解某些行为在一项工作所占的时间比例。

工作抽样法是根据子样来估计母体的状况，所得数据的准确性(即估计的精度)与观测的次数，获得子样的数量有关。子样越多，估计的精度越高，其数据的准确程度就越高。但观测次数越多，所需的时间和费用也越多。因此，在观测前对观测数据的估计精度应确定一个合理的要求，并根据精度要求计算应观测的次数。推导过程如下。

设 $\bar{p}$ 为观测到的某事件的发生率，n 为观测总次数，m 为该事件出现的次数，则 p 的估计值为

$$\bar{p} = \frac{m}{n}$$

标准偏差为

$$\sigma_p = \sqrt{\frac{\bar{p}(1-\bar{p})}{n}}$$

根据抽样统计理论，当置信度取 95% 时，工作抽样的数值范围在 ±2σ 之间，如图 7.18 所示。

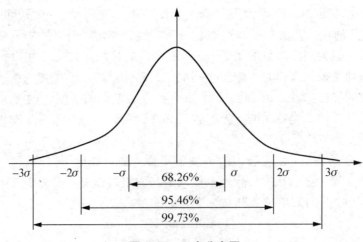

图 7.18 正态分布图

定义抽样的绝对精度为

$$\varepsilon = 2\sigma_p = 2\sqrt{\frac{\bar{p}(1-\bar{p})}{n}}$$

则抽样的相对精度为

$$\theta = \frac{\varepsilon}{\bar{p}} = 2\sqrt{\frac{1-\bar{p}}{n\bar{p}}}$$

此时，观测次数为

$$n = \frac{4(1-\bar{p})}{\theta^2 \bar{p}} \quad \text{或} \quad n = \frac{4\bar{p}(1-\bar{p})}{\varepsilon^2}$$

下面举例说明工作抽样法的应用。

【范例7-5】某医院拟对护士的有效工作时间利用率进行估算，以便制定人员的增减计划。现随机观测了300次，护士处于工作状态有197次。试计算该医院护士时间利用率的估计值和抽样的绝对精度。

解： 由题意 $n=300$，$m=197$，则

$$\bar{p} = \frac{m}{n} = \frac{197}{300}\% = 65.67\%$$

取置信度95%，其绝对精度为

$$\varepsilon = 2\sigma_p = 2\sqrt{\frac{\bar{p}(1-\bar{p})}{n}} = 2 \times \sqrt{\frac{0.6567 \times (1-0.6567)}{300}}\% = 5.48\%$$

因此，时间利用率在 $65.67\% \pm 5.48\%$ 内，即 $60.19\% \sim 71.15\%$。

【范例7-6】某冲压设备的模具调整时间通常占日工作时间的20%左右，现要求对其百分比做出比较准确的估计。若确定估计的相对精度为10%，则观测次数至少应达到多少次？

解： 根据 $\bar{p}=20\%$，$\theta=10\%$，则观测次数为

$$n = \frac{4(1-\bar{p})}{\theta^2 \bar{p}} = \frac{4 \times (1-0.2)}{0.1^2 \times 0.2} = 1600(\text{次})$$

7.6 工作环境设计

工作环境是指人操纵机器设备或利用各种工具进行劳动生产时在工作地周围的物理环境因素，它们主要包括气候状况、照明与色彩状况、噪声与振动状况四大类影响因素。

7.6.1 气候状况的影响分析与设计

工作地和工作用房的气候状况决定于下列因素：空气的温度、空气的流动速度、气压与大气污染等。

1. 温度对人劳动的影响

一个有生命的人本身就是一个热源，需要向外散发热量。如果人体产生的热量等于向体外散发的热量，人便处于热平衡状态，此时体温约36.5℃，人会感到比较舒适，当产生

的热量大于散发的热量时，人便会感到发热，相反则会感到发冷。人体无时无刻不在产生和散发着热，研究表明一位正常男子在休息或静止状态下平均每小时要产生 293 J 的热量，而在劳动和激烈运动中，产生的热量可达到平常值的 20 倍。所以在工作环境中有适宜的温度条件是获得良好工作能力的前提。室内的温度高会引起瞌睡、疲劳，从而使工作能力降低，增加差错，若室内温度低则会分散注意力，因此需要确定一个适宜的温度（包括湿度）。但对于冷热的主观感觉不仅依赖于温度条件，而且也与工作人员的体质、年龄、性别、对水土的适应、工作的难易、服装等因素有关，也就是说对适宜温度的评定是与主观态度有关的。因此，所谓最佳温度不是某一固定的数值，而是指某一区域。再加上主观因素的影响，最佳温度的评定就不一样了。例如美国的统计资料规定的最佳温度范围是脑力劳动为 60~65℉（相当于 15.5~18.3℃）；轻劳动为 55~65℉（相当于 12.7~18.3℃）；体力劳动为 50~62.5℉（相当于 10~16.9℃）。

我国一般企业对温度控制比较困难，而且往往多限于冬季供暖。冬季供暖的温度以距地板 1.5m、离墙 1m 处的干燥温度为准，

2. 空气流通对人劳动的影响

工作环境的空气流动情况也会影响劳动效率，试验表明在温度相同的情况下，保持空气新鲜的工作地要比空气浑浊的工作地效率高出约 10%。一般认为在工作人员不多的房间中，空气流动的最佳速度估计约为 0.3m/s，在拥挤的房间中约为 0.4m/s，而当室内温度、湿度都很高，空气流速应最好达到 1~2m/s。

3. 空气污染对人劳动的影响

工作环境中的空气污染源有两个：一是来源于人，在人的呼吸过程中会排出二氧化碳，随着劳动强度的增大，二氧化碳的排放量会随之增加，与此同时，劳动汗水的蒸发也会污染空气。

二是空气污染源来自生产过程（包括加工、运输、储存等），生产过程中产生出的粉尘、烟雾、气体、纤维质、蒸汽都会造成对人体不同器官的刺激、损害。有些污染不仅影响效率，更严重的是损害健康，甚至影响工作安全。因此保持室内空气清洁，必须把污染控制在许可范围之内。

7.6.2 照明的影响与设计

视觉对人在工作环境中正确定向起着最重要的作用，正常人通过视觉刺激的反应大约可以得全部信息的 80%。眼睛作为接受视觉显示信息的器官，其功能及其效率的发挥依赖于照明条件和显示物的颜色特征。

1. 照明对工作人员的影响

人的视觉功能的发挥依赖于周围环境的照明水平和对比度。所谓对比度是指观测物体与其背景的亮度差。统计分析表明，照明条件与对比度情况越好，工作中的差错率、事故率越低，而且对于效率的提高也有促进作用。

照明除对工作人员的效率有一定影响外，试验还表明在照明不好时人会更快地疲劳，工作效果更差。如果创造舒适的光线条件，不仅在从事手工劳动时，而且在从事要求紧张

的记忆、逻辑思维的脑力劳动时，都会提高工作能力。此外照明对人的自我感觉也有影响，它主要影响工作人员的情绪状态和动机，而这些对工作能力也有影响。一般认为明亮的房间是令人愉快的，而且许多人都认为光应从左侧投射。因此人选择工作地点时都喜欢比较明亮的地方。在供休息的房间里，多数人都喜欢较暗的地区。

2. 工作场地和厂房的照明

工作场地上必须有适宜的照明，一般在设计照明系统时，应考虑以下几方面的因素。
(1) 工作附近的适当亮度。
(2) 工作附近的固定照明。
(3) 工作与背景之间应有适当的亮度差。
(4) 避免光源或作业区域发出眩光。

根据以上这些因素，并结合科研成果和经验，确定最适当的照明条件(照明要求、照明方式选择、照明方法的确定、照明设备的安装等)。既要避免作业损失和工伤设备事故的发生，又要防止照明上的浪费。因此，合理的工作地照明应是使工作面照度适宜、均匀、稳定，而且无目眩感。良好的照明，不仅要明亮，还需要消除黑角暗道，更要避免闪光反射和产生过高热量。因此在进行工作地照明的组织工作时，不仅要考虑光源，还要考虑距离及分布，也应考虑操作者视网膜对光线的适应性。表7-10所提供的数据可供设计时参考。

表7-10 不同工作条件的照明要求

工作分类	举 例	标准照度/(lx)	照度范围/(lx)
超精密工作	超精密机械加工、刺绣	1 000	700~1 500
精密工作	汽车和飞机组装	500	300~700
普通工作	机械加工、铸造、焊接	200	150~300
粗工作	木工	100	70~150
非工作	车间非工作区	50	30~70
非工作	附属生活区及厕所	20	15~30

注：1 勒克斯(lx)=1 流明/m²(lm/m²)。

7.6.3 色彩对工作人员的影响

由于色彩容易创造形象与气氛，激发心理联想和想象，因此色彩能够比普通照明产生更进一步的效果。许多国家的工业卫生、环境保护专家和劳动心理学家以及医学家证明厂房、建筑物及工作地装备的色调，对工人的劳动情绪，生产效率和作业质量有明显的影响。

实践证明，色彩已不是可有可无的装饰，而是一种管理手段，可以为改善劳动环境、提高生产效率服务。

1. 颜色的表示方法

为分辨不同的颜色，人们以色调(H)、明度(V)和彩度(C)3个要素将各种各样的颜色排列起来。

色调分为5种基本色调：红(R)、黄(Y)、绿(G)、蓝(B)、紫(P)，加上5种中间色调：黄红(YR)、绿黄(GY)、蓝绿(BG)、紫蓝(PB)、红紫(RP)，也叫做10色环。每一色调又分为10个等级。

明度指在一定背景下的明亮感觉,在白黑中间分成由0~10感觉上等距离的等级。

彩度指颜色的浓淡饱和程度。无彩色如黑、白、灰的彩度为0。彩度分为12~14个等级。当某颜色达到饱和时,便为纯色。

色彩的标定方法:HV/C(色调、明度/彩度)。

例如,7.5YR8/4的颜色,就代表色调是7.5黄红(橙),明度为8,彩度为4。这种颜色对保护眼睛很好。

2. 颜色对人的影响

色彩对工作人员的影响表现在两个方面:一方面是对人的机体的影响,另一方面是对人的心理的影响。

医学家从医学上证实,颜色光对人体的机能和过程会发生作用,影响到内分泌系统、含水量的平衡、血液循环和血压。红色和红的色调会使人各种器官的机能兴奋和不稳定,而蓝色和绿色色调则会使人各种器官的机能稳定。之所以颜色对人的心理会产生影响,是因为色彩与它所属的对象和物品是紧密相连的,所以,颜色对心理的影响受制于生活中积累起来的人与物品交往的经验,以及对物的态度。也就是说色彩能引起某种情绪或改变某种情绪。如"明快"的颜色引起愉快感,"阴郁"的颜色可能是心情不佳的起因。一般情况下,红、橙、黄色给人以温暖感觉,这些颜色叫暖色;青、绿、紫给人以寒冷感觉,这些颜色叫冷色。因此朝北的房间室内温度低时,可用暖色;高温车间则必须用冷色。

暖色一般起积极的兴奋的心理作用。红色系列颜色对人在生理上起增加血压及脉搏的作用,在心理上有兴奋作用,并有不安感及令神经紧张的副作用,因此一般不广泛使用;橙色系列颜色可以增加食欲,故适合于食堂;在暖色中黄色系列颜色的生理反应近于中性,所以可用于一般工作场所,特别是女性工作人员为主的场所,用暖色为宜。

冷色一般起消极的镇静的心理作用。青色系列颜色对人在生理上起降低血压及脉搏的作用,在心理上有镇静作用,有清洁感,但大面积使用会给人荒凉的感觉,所以只能配套使用。在冷色中,绿色系列颜色的生理反应近于中性,可给人以平静感。

明色调与暗色调,由反射决定的色彩亮度可能影响人的情绪。如明色调会使人产生轻松、自在、舒畅的感觉。暗色调会使人产生压抑和不安的感觉。色彩的选择除了上述的一般情况外,还与人的个别特点如年龄、性别、生活经验等有关。例如,儿童喜欢更鲜艳的色调,如红色或黄色。成年人往往更喜欢蓝色、绿色和红色。曾有统计调查得出了成人所喜爱的色调顺序为:蓝、红、绿、黄、橙、紫、褐、灰、黑、白与粉色。

3. 生产环境与设备的色彩调节

生产用房一般不主张把房间涂成单一的颜色或者一种色调占主要地位。因为单一的颜色会使视觉疲劳,把表面涂成对比色是有效的。具体颜色还要适合于房间的用途,如普通生产用房应采用明快的色调;温度很高的房间最好涂上冷色调;俱乐部和休息室应采用使人感到舒适的热色调;而会客室则可涂上暗色调。通常天花板要具较大的反射值,而墙与地板的反射值应较小。表7-11提供了可供参考的工作环色彩。

对设备而言,不论其规模大小,大体上可分为主机、辅机和动力来源,以及控制盘、座面和工作台等。对这些进行色彩装饰时,要考虑生产用房的环境色和工作内容才能确定设备本体的色调。一般来说,设备使用中性色的绿色系列和没有刺激的灰色系列较佳,因为这种色彩能予以静感而使工作人员眼睛不会过度疲劳。因此，生产用房的环境色、机械色、作业时的材料色要结合在一起考虑。此外，对于需要卫生管理的食品、饮料工厂的设备，则采用白色或近于白色为最佳。

表 7-11 工作环境用色的建议值

场 所	天 花 板	墙壁上部	墙壁下部
车间	7.5GY9/2	7.5GY8/2	10GY5.5/2
办公室	7.5GY9/2	7.5GY8.5/2	7.5GY7.5/2
食堂	7.5GY9/2	6YR8/3	7.5GY8/2
候诊室	N(白)9/0	6.5YR8/3	5YR6/3
走廊	7.5GY9/2	7.5GY9/2	7.5GY8/2

7.6.4 噪声状况的影响与控制

人机工程学对噪声的理解是：凡是对生产者形成了干扰，使其感到不快、不安或者有伤害的一切声音信号。它主要包括城市交通噪声、工厂噪声、建筑施工噪声以及商业、体育和娱乐场所的人群喧闹声等。

1. 噪声对工作效率的影响

噪声直接或间接影响工作效率。在嘈杂的环境里，人们心情烦躁，工作容易疲劳，反应迟钝，注意力不容易集中等都直接影响工作效率、质量和安全。尤其是对一些非重复性的劳动影响更为明显。通过许多试验得知，在高噪声下工作，心算速度降低，遗漏和错误增加，反应时间延长，总的效率降低。降低噪声给人带来舒适感，精神轻松，工作失误减少，精确度提高。例如对打字员做过的试验表明，把噪声从 60dB 降低到 40dB，工作效率提高 30%。对排字、速记、校对等工种进行的调查发现，随着噪声级增高，错字率迅速上升。对电话交换台调查的结果是，噪声级从 50dB 降至 30dB，差错率可减少 12%。

噪声干扰对人的脑力劳动会有消极影响，使人的精力分散。例如，让一组脑力劳动的人记住几组单词，然后复述出来。在安静的环境中他们能按顺序再现出单词，但是随着从安静转入噪声环境，思路遭到破坏，记忆的东西会按另一种顺序排列，所记单词的数量会减少。可见，从事脑力劳动的人对噪声特别敏感。分散注意力的噪声会使劳动生产率下降，可能导致劳动能力的损耗，在从事要求长时间内保持紧张注意的工作，如检查作业、监视控制作业等，噪声干扰会大大降低工作能力。

由于噪声的心理作用，分散人们的注意力以及高噪声掩饰危险、警报信号，容易引起工伤事故。实践证明，噪声较高的工厂，如钢铁厂等，噪声是酿成事故不可忽视的原因。噪声造成经济上的损失也是十分可观的。据世界卫生组织估计，仅工业噪声，每年由于低效率、缺勤、工伤事故和听力损失赔偿等，就使美国损失近 40 亿美元。

值得注意的是，声音过小也会成为问题。在一个寂静无声的房间里工作，心理上会产生一种可怕的感觉，使人痛苦，这也必然影响工作。

2. 噪声控制

形成噪声干扰的过程是：声源—传播途径—接收者。因此，噪声控制必须从这三方面研究解决。首先是降低声源本身的噪声级，如果技术上不可能或经济上不合算，则考虑从传播途径中来降低，如果这种考虑达不到要求或不合算，则可从接收者方面采取个人防护措施。

1) 声源控制

减少机器设备本身的振动和噪声，通过研制和选择低噪声的设备和改进生产加工工艺，提高机械设备精度和安装技术，使发声体不发声或降低发声强度，就可以从根本上解决噪声的污染。工厂中的噪声主要是机械噪声和空气动力性噪声。要选择低噪声机器或对现有声源采取措施，首先需要了解各种声源的性质和发声机理。目前，我国机械制造部门正在着手制定有关低噪声产品的噪声容许标准，已开始研制和生产低噪声的各种生产设备。

2) 限制噪声传播

在传播途径上阻断和屏蔽声波的传播，或使声源传播的能量随距离衰减，这是控制噪声、限制噪声传播的有效方法。

(1) 工厂总体设计布局要合理。预计工厂建成后可能出现的厂区环境噪声情况，在总图设计时予以全盘考虑。例如，将高噪声车间、场所与噪声较低的车间、生活区分开设置，以免互相干扰，对特别强烈的噪声源，可设在厂区比较边远偏僻的地区，使噪声级最大限度地随距离自然衰减。

(2) 利用天然地形，如山冈上坡、树丛草坪和已有的建筑屏障等有利条件，阻断或屏蔽一部分噪声向接收者传播。在噪声严重的工厂、施工现场或交通道路的两旁设置足够高的围墙或屏障，可以减弱声音的传播。绿化不仅能净化空气、美化环境，而且还可以限制噪声的传播。

(3) 利用声源的指向性来控制噪声。

(4) 在声源周围采用消声、隔声、吸声、隔振、阻尼等局部措施，降低噪声。

3) 接收者的防护

当其他措施不成熟或达不到预期效果时，使用防护用具进行个人防护是一种经济、有效的方法。常见的防护用具有橡胶或塑料制的耳塞、耳罩、防噪声帽以及耳孔内塞防声棉（加上蜡或凡士林）等，可以降低噪声 20～30dB。在噪声强烈的车间，也可以开辟小的隔声间，工人在其中进行仪表控制或休息。

此外，可以从劳动组织上采取轮换作业，缩短工人在高噪声环境中的工作时间。

本 章 小 结

人是最具活力的生产要素，是企业的核心，设计合理的工作系统会调动员工的积极性和创造性。本章首先介绍了工作设计的有关原理和方法，探讨了工作专业化、工作扩大化、工作职务轮换、工作丰富化和工作团队等满足员工工作需要的多种方式。在工作研究一节中介绍了方法研究与时间研究的关系，探讨了方法研究中的作业流程图法、人机操作程序图法等过程分析的方法。在工作测量一节简单介绍了测时法、模特法、预定标准时间法及工作抽样法等制定标准作业时间和劳动定额的方法。最后介绍了工作环境设计中涉及的气候、照明、色彩和噪声等要素。

第7章 工作设计

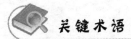

关键术语

工作设计　工作专业化　团队工作方式　员工授权　工作研究　方法研究　动作研究　时间研究　ECRS　过程分析　作业流程图　人机操作程序图　双手操作程序图　动作经济原则　工作测量　生产时间消耗　工时定额　测时法　模特法　工作抽样法

习　题

一、单选题

1. 在工作设计中倡导工作专业化，其优点之一是（　　）。
   A. 作业人员工作均衡　　　　　B. 物流、信息流较简单
   C. 有利于质量控制　　　　　　D. 劳动人员不需很多的教育
2. 在工作设计中倡导工作专业化，其缺点之一是（　　）。
   A. 需对工人进行大量培训　　　B. 招聘新工人不易
   C. 工作流程控制较复杂　　　　D. 生产效率低
3. 提出动作分析、微动作分析、操作程序图以及节约动作原则的是（　　）。
   A. 泰勒　　　　B. 吉尔布雷斯夫妇　C. 亨利·福特　　D. 梅奥
4. 对现有工作方法进行改进，常采用 ECRS 技术，其中 E 表示（　　）。
   A. 结合　　　　B. 重排　　　　C. 取消　　　　D. 简化
5. 下列叙述不符合动作经济合理的原则是（　　）。
   A. 双手的动作同方向运动时省力
   B. 手臂直线运动比曲线运动省力
   C. 工具、材料、控制装置应靠近作业位置
   D. 尽量以夹具或脚踏工具替代手的操作

二、填空题

1. 方法研究和时间研究的不同点是：_____、_____、_____。
2. 人机操作程序图通过寻求和提高人机的_____时间，以达到提高人和机器效率的目的。
3. 作业流程图由 5 个符号组成，通常重点改善的环节是：_____。
4. 工作环境设计主要考虑_____四大类影响因素。
5. "四巧"的含义是：_____。
6. 某项作业观测到的平均时间为 100s，操作者的工作效率评定为 90%，宽放率为 10%，则该作业正常时间应为_____，标准时间为_____。
7. 工时定额通常由_____等四部分构成。
8. 常用的满足人工作需求的工作方式有_____。
9. 团队工作方式主要有_____等 3 种。
10. 工作研究通常包括_____。

三、简述题

1. 工作设计的内容主要有哪些?
2. 如何看待工作专业化?
3. 常用的满足人工作需求的工作方式有几种?其各自特点是什么?
4. 简述工作扩大化与工作丰富化的区别。
5. 团队工作方式进行工作设计和传统生产组织原则区别何在?
6. 团队工作方式可以采用哪些方式?
7. 工作研究的概念是什么?工作研究的内容有哪些?
8. 方法研究和时间研究的关系是什么?
9. 工作研究的特点是什么?
10. 工作研究的程序包括哪些步骤?
11. 工作研究在选择对象时要考虑什么因素?
12. 在现有工作方法基础上可以采用"四巧"技术建立新的改进方法,那么"四巧"技术指的是什么?
13. 什么是定额时间?其组成有哪些?
14. 画出过程分析中常用的图表。
15. 简述动作经济的主要原则中有关使用身体的原则。
16. 简述空气、温度、色彩、噪声等环境对工作效率的影响。
17. 针对你熟悉的情形,举例说明工作扩大化与工作丰富化的不同。
18. 泰勒的理论对现代工作设计而言过时了吗?谈谈你的个人观点。
19. 行为学派在现代工作设计中的重要作用是什么?
20. 在你的学习和生活中,哪些方面应用了动作经济性的原理?举例说明。
21. 产品设计和服务设计的区别有哪些?

四、分析题

1. 回忆你亲身经历或观察的一件事或一种现象,用流程图描述其全过程,并从工业工程(工作研究)的角度分析是否可以改善。
2. 在方法研究中的"分析"环节常常用递进的"为什么"提问找出问题真正的原因,以便采取行之有效的改进措施。例如"机器停了"问题,可以这样提问:
   (1)"为什么"机器停了——因为超负荷保险丝断了。
   (2)"为什么"超负荷了呢——因为轴承部分的润滑不够。
   (3)"为什么"润滑不够——因为润滑泵吸不上油。
   (4)"为什么"吸不上油——因为油泵轴磨损松动了。
   (5)"为什么"磨损了呢——因为没有安装过滤器混进了铁屑。
   当然,问题的数目不是固定在5个,而是至少5个,具体多少个取决于给定的问题。结合你亲眼所见的一至两个现象(要有时间地点),用递进的"为什么"找出问题的直接原因。
3. 在现代工作设计中运用了许多行为学派的理论和方法,根据你所学的有关知识,谈一谈你对此现象的解释。泰勒的思想在现代工作设计中还有没有用武之地?

五、计算题

1. 观察到某包装公司的一个操作者的 5 次包装的时间分别是 2.2 分钟,2.6 分钟,2.3 分钟,2.5 分钟,2.4 分钟。如果此操作者的效率评定系数为 105%,宽放系数为 10%,此作业的标准时间为多少?

2. 对一家电话公司的 4 个作业元素进行 6 次观测,见表 7-12(剔除不寻常的),作业的宽放率为 12%,确定此作业的标准时间。

表 7-12 作业观测值一览表

作业	操作效率评定(%)	观测值(min)					
		1	2	3	4	5	6
1	85	2.5	3.5	2.8	2.1	2.6	3.3
2	100	0.8	0.8	0.6	0.8	—	0.7
3	95	0.4	0.5		0.3	0.6	0.5
4	125	1.0	—	0.9	1.0		0.9

3. 坐在椅子上的操作者,用右手抓收音机盒,放在传送带指定位置上。上述动作,用模特法分析如表 7-13 所列。

表 7-13 动作记录表

右手动作	标记符号	数量(MOD)
抓盒的拉手	M3G1	4
放在传送带指定位置	M4P2	6
重量修正	L1	1

根据表 7-10 的内容计算正常时间。

4. 某汽车租赁公司进行车辆利用率调查,任意抽取 140 辆汽车,发现被租用的只有 54 辆,问该公司车辆利用率 p 的估计值和抽样的绝对精度是多少?

5. 某银行在使用工作抽样方法确定出纳人员的工作时间和空闲时间的百分比。初始估计出纳员有 12% 的空闲时间,为了达到对空闲时间实际百分数误差不超过 5%、置信度为 95% 的估计,大约需要多少次观察?

6. 某时间研究分析员想达到的最大误差为样本的 ±6%,置信度为 95.5%,预先研究得出均值为 5.2 分钟,标准差为 1.1 分钟,计算所需观测的总次数。

案例 1 生产电炉

10 人小组负责组装用于医院和药物实验室的电炉(一种将溶液加热到指定温度的装置),他们要组装的电炉有多种类型,有的带有振动装置,以便加热时溶液能混合均匀;有的仅用加热试管;还有的用于加热不同容器里的溶液。

电炉在装配线上完成全部的组装工作。装配线上的每个工人都运用一些恰当的小工具组装电炉的一部分，完成后，电炉部件由传送带送至下一工序。电炉完全组装好后，由一个质检人员检查整个电炉以确保质量。检查好的电炉由工人放到早已准备好的特制纸盒箱中以备装运。

整个装配线由从事时间和动作研究的工业工程师来平衡，他将整个组装工作分解为若干个恰好在3min完成的子任务，且这些子任务都是精心平衡的，以保证每个工人完成组装任务所用的时间几乎相等。这些工人的工资直接用其工作时间来计量。

然而，这种工作方式出现了许多的问题：工人的士气很低，质检员检查出来的不合格电炉的比例很高，那些由于操作原因而不是零件原因引起的可控废品率高达23%。

经过讨论，生产经理决定对生产采取革新措施，他将工人召集起来，询问他们是否愿意单独组装电炉。工人同意尝试这种新方法，条件是如果这种方法不能奏效，他们可以回到原来的工作方式。经过数天的培训，每个工人都可以组装整个电炉。

不久，尤其是进入下半年，生产情况就有了显著的改观。工人的劳动生产率开始迅速上升，生产率比上半年提高84%。尽管没有任何人事或其他方面的改变，整个期间可控废品率由原来的23%降低到1%，工人的缺勤率也由8%降低到不足1%。工人对工作变化反应积极，士气很高，正如其中一个工人所讲，"现在可以说这是我生产的电炉了"，最终，由于废品率降低，原来由质检员担任的工作改由组装工人自己来承担，专职检验员转到企业的其他部门去了。

资料来源：改编自[美]威廉 J. 史蒂文森. 运营管理. 北京：机械工业出版社，2005：169.

讨论题：

1. 本案例中出现了工作设计中的几种方式？
2. 什么导致了生产率的提高和可控废品率的降低？
3. 员工缺勤率的减少和士气的增加的原因是什么？
4. 管理人员和工人的职能和活动前后有什么变化？
5. 如果回到原工作方式，会发生什么？

案例2　沃尔沃公司的工作团队

沃尔沃公司非常相信工作团队的作用，认为该方式将使团队中的成员在其工作中提高质量，并能增强他们的自豪感。1990年新建的尤德威拉(Uddevalla)分厂就采用团队工作方式组织生产。

尤德威拉分厂主要生产40和940两种型号的汽车，1991年底其产量已达22 000辆。若充分发挥其能力，该厂可雇用1 000名工人，年产量将达40 000辆。在尤德威拉分厂的生产车间内，由8~10个成员组成的自我管理小组，完成从开始到结束的整个装配工作。被装配的汽车不是通过传送带从一个工人移送到另一个工人，而是在一个固定的地点进行装配。一个特殊的装置可使汽车按需要任意倾斜，以便使工人能顺利地完成装配工作。每一团队有高度的自治权和高度的责任感，他们可以自己制定暂停和休假计划，当团队中某一成员缺席时，他们可以自己重新分配工作。这些团队同样也参与决策，并且对很多任务负有责任，包括质量控制、生产计划、制定工作程序、维修装备和下达供应任务。

尤德威拉分厂中的工人依据其表现获得工资。除了工资外，质量维护、生产维护以及达到预定的交货目标都将获得奖金。该厂中没有监督人员和领班，其6个车间中，每一车间都有80~100名工人，这些工人又分成装配小组。每一装配小组由一名协调员（按轮流的方式选择）同管理人员保持直接的联系。为了确保系统正常工作，工厂为工人提供了大量的信息。沃尔沃公司也做了大量的深入的工作，以保证工人对公司历史、传统和策略有一个比较透彻的理解，同时鼓励工人接受自由信息流，而且工人已接受了从装配过程到新产品革新等方面的大量信息。

另外，沃尔沃公司在尤德维拉分厂员工培训方面的投资力度很大。首先，员工要参加为期16周的初级课程学习，这仅是工人学习汽车装配方面的知识须进行的16个月培训的一部分。公司鼓励员工分享各自的经验并交流思想。

但尤德威拉分厂的新系统总体上并不成功。虽然工人士气很高且缺勤率已降下来了，但生产效率仍低于沃尔沃公司在比利时的根特（Ghent）分厂，该分厂在装配线上生产一辆汽车的成本仅为尤德威拉分厂的一半。尤德威拉分厂的工会主席认为该方法可以行得通，"我相信我们的班组能够成功并具有较强的竞争力，我们的目标要比根特分厂干得更好。"

资料来源：改编自［美］理查德 B. 蔡斯．生产与运作管理．北京：机械工业出版社，1999：419．

讨论题：

1. 沃尔沃公司尤德威拉分厂车间授权的重要性何在？
2. 该分厂按团队工作方式组建班组遭到部分工人的反对，原因是什么？
3. 尤德威拉分厂1996年关闭，为什么尤德威拉分厂的成本高于根特分厂？（提示：尤德威拉分厂在瑞典而根特分厂在比利时。）

附加问题：

两个案例中生产组织方式的变革一个成功，一个不成功，其原因在何处？这对我国的企业有什么借鉴意义？谈谈你的观点。

第3篇

生产运作系统的运行

第8章 预　　测

教学要求

通过本章的学习，要达到以下目的：
(1) 了解预测的概念及分类；
(2) 了解定性预测方法的种类；
(3) 掌握德尔菲法的基本原理和预测过程；
(4) 掌握移动平均预测法原理与应用；
(5) 掌握指数平滑预测法原理与应用；
(6) 了解回归分析的一般方法。

引　　例

预测为特百惠带来竞争优势

特百惠(Tupperware)，国际上著名的塑料食品容器生产商，在全球拥有13家工厂，其中欧洲和亚洲各4家、拉丁美洲3家、非洲和美国本土各1家。特百惠以质量优异著称，该公司承诺其400种塑料产品中的每一个都终生不会破裂和脱落。

预测对特百惠而言是至关重要和持续的过程，其全球的50个利润中心都要进行月、季度及全年的销售预测，并由位于美国佛罗里达奥兰多的总部进行汇总，指导各工厂安排生产。

在总部拥有大型的数据库来储存和分析每个产品的销售数据、新产品试销的结果，及每个产品在其生命周期所处的阶段。特百惠预测中3个关键因素为：①已注册的销售代表或销售顾问的数量；②处于营业状态的经销商的百分比(此数据实时变化)；③按周统计的处于营业状态的经销商的销售额。预测需要结合历史数据、当前状况和促销活动。

特百惠通过集体讨论进行统计预测，从而取得强有力的竞争优势。虽然输入数据来自于销售、市场、财务和生产等不同的部门，但最终预测结果是经所有参与的经理一致认同的。

那特百惠运用什么样的方法进行预测的呢？移动平均法、指数平滑法和回归分析法等。

资料来源：改编自杰伊·海泽等.运作管理.8版.北京：中国人民大学出版社，2006：128—129.

8.1 预测简述

8.1.1 预测的概念

预测是指对未来不确定事件的推断和测定,是研究未来不确定事件的理性表述,是对事物未来发展变化的趋向,以及对人们从事活动所产生后果而做的估计和测定。

预测是从已有事件测定未知事件。

一般来讲,预测的基本作用有 3 点:第一,预测是进行决策的依据。决策就是对未来事物做出的重要决定。要想使决策切实可行,就必须了解经济发展形势和市场变化的实际情况,并科学地预见其发展前景。第二,预测是计划工作的基础,计划是预测和决策目标的体现。决策做出后,尚需对决策实现的全过程做出妥善的安排和部署,即要有一个实现决策目标的计划,而计划是以调查资料及预测信息为依据的。第三,预测是促使企业改善经营管理的手段。通过预测,企业可以掌握市场需求和市场竞争状况。

而预测与生产管理活动有关的作用主要表现在:帮助管理者设计生产运作系统;生产什么产品,提供何种服务;在何处建立生产/服务设施;采用什么样的流程;供应链如何组织;帮助管理者对系统的使用进行计划;今年生产什么,生产多少;如何利用现有设施提供满意服务;等等。

8.1.2 预测的分类

预测的对象或内容非常广泛,如:市场需求、消费品购买力及投向、价格变动趋势、产品生命周期、科技前景、商业营销发展趋势、市场占有率、成本与效益等。

预测按照不同的分类方法可分为多种,比较典型的有以下几种。

(1) 按预测的功能或作用,可分为科学预测、经济预测、技术预测、社会预测和需求预测。科学预测是对科学发展情况的预计与推测。如门捷列夫预计有 3 个当时未发现的元素:亚铝、亚硼和亚硅,即我们所熟知的镓、钪和锗。

经济预测是指政府部门以及其他一些社会组织经常就未来的经济状况发表经济预测报告。

技术预测是对技术进步情况的预计与推测。

社会预测是对社会未来的发展状况的预计和推测。比如人口预测、人们生活方式变化预测、环境状况预测等。

需求预测为企业给出了产品在未来的一段时间里的需求期望水平,为企业的计划和控制决策提供了依据。

(2) 按预测的时间跨度,可分为长期预测、中期预测和短期预测。长期预测(long-range forecast)是指对 5 年或 5 年以上的需求前景的预测,是企业长期发展规划的依据。

中期预测(intermediate-range forecast)是指对一个季度以上两年以下的需求前景的预测,是制定年度生产计划、季度生产计划的依据。

短期预测(short-range forecast)是对一个季度以下的需求前景的预测,是调整生产能力、采购、安排生产作业计划等具体生产经营活动的依据。

(3) 按预测的空间范围，可分为国内预测和国际预测。
(4) 按预测的主体，可分为宏观预测(国家或地区)和微观预测(企业)。
(5) 按预测方法(主客观因素所起的作用)可分为定性预测和定量预测，其中定量预测通常包括时间序列法和回归分析法。

8.1.3 预测的步骤

需求预测是建立在对数据分析的基础上，一般要依赖企业的产量或销量的历史数据，并做一定的假设，对过去的数据和现有的数据进行统计分析。按何种方法进行预测取决于企业的实际情况和产品的市场特征，此外对预测的结果还要进行适当评价，并对预测的结果进行监控。因此，预测通常遵循的步骤如下。
(1) 预测的目的和用途的选择。
(2) 根据企业不同的产品及其性质分类。
(3) 产品需求影响因素及其重要性选择。
(4) 收集资料。
(5) 分析资料。
(6) 预测方法与模型选择。
(7) 计算并核实初步预测结果。
(8) 考虑和设定无法预测的内外因素。
(9) 修正初步预测结果。
(10) 根据预测结果编制生产计划。
(11) 根据实际需求数据对预测进行监控。

8.2 定性预测

8.2.1 定性预测的特征

定性预测，是在缺乏定量数据时，凭借预测者的直觉、经验，根据预测对象的性质、特点、过去和现在的延续状况及最新信息等，对预测对象未来的发展趋势做出预测，并估计其可能达到的程度。

定性预测的最大优点是在缺乏足够的统计数据和原始资料的情况下，可以做出定量估价，而且能考虑无法定量的因素，比较简单可行，是一种应用历史较久的方法。考虑到定性预测的作用，即使在定量预测中也要结合定性预测。

8.2.2 专家预测法

专家预测法是运用专家的知识经验，并结合有关的背景统计资料进行预测的一类定性预测方法。

专家预测法特点有三：一是具有一套选择和组织专家、充分利用专家创造性思维的基本理论和方法；二是主要依靠专家作预测；三是预测结果可以量化。

专家预测法最常用的有头脑风暴法和德尔菲法。

1. 头脑风暴法

头脑风暴法是通过一组专家共同开会讨论，进行信息交流和互相启发，从而激发出专家们的创造性思维，以达到互相补充，并产生"组合效应"的预测方法。

组织头脑风暴会议应遵守以下原则。

（1）选择的专家应与预测的对象相一致，而且要注意选择那些在方法论和专业技术领域的资深专家。

（2）被挑选的专家最好彼此不相识。如果彼此相识，则应从同一资历中挑选。在会议上不公布专家所在的单位、年龄、职称或职务，使与会者感到平等和一视同仁。

（3）要为会议创造良好的环境条件，使专家能将注意力高度集中在所讨论的问题上。所谓良好的环境条件是指有一个可以真正自由发言的环境，组织者要说明政策，使专家没有心理顾虑，做到真正的畅所欲言。

（4）要有措施鼓励讨论者对已提出的设想作任何改进。

（5）最好选择熟悉预测程序和处理方法并具备相关经验的专家来负责会议的领导主持工作。

头脑风暴法是一种直观的预测方法。它具有以下优点。

（1）可最大限度地发挥专家的个人才智，且不受外界影响，没有心理压力。

（2）通过信息交流，进而激发创造性思维，并在短期内取得成果。

（3）由于信息量大，考虑的因素多，因此所提供的方案也比较全面。

当然也有明显缺点。

（1）由于受专家个人在知识、爱好、经验、成见等方面的限制，预测结论易产生片面性。

（2）易受领导或权威的影响，不能真正畅所欲言和充分发表意见。

（3）易受个人自尊心的影响，有的专家听不进不同意见或不能及时公开修正自己的意见等。

2. 德尔菲法

德尔菲法是头脑风暴法的发展和完善。它是以匿名的方式，通过多轮函询专家对预测事件的意见，由组织者进行集中汇总，最终得出较为一致的专家预测意见的一种经验判断法。因此，这种方法有效地克服了头脑风暴法的不足。德尔菲法的主要过程包括以下几个阶段。

1）准备阶段

准备阶段的工作由预测组织者进行，其主要任务是挑选专家、提出预测问题与编制调查表。

（1）选择专家，准备预测对象的背景材料。专家根据预测的任务和内容以及专家对所预测的问题能提供的有价值信息的多少来决定。应涉及面广泛，具有足够的代表性。按工作的复杂程度一般10~50人为宜，否则调查表回收率太低影响预测质量。

（2）预测问题的提出与调查表的编制。确定预测的总目标，并从各侧面提出针对性问题作为子目标。题意要明确，用词应确切。各项调查问题要有说明，交代预测的目的、任务及对专家的要求，并向专家提供有关的背景资料。

2）征询阶段

第一轮征询，规定时间内征询结束并收回，对专家的不同意见进行综合、分类，列成另一个调查表。

第二轮征询，被征询意见的专家将得到一份列有第一轮征询中全部可能意见的调查表及补充的背景材料以及预测组织者的要求。请专家对表中的意见加以评论。在规定时间内收回专家新的意见，汇总整理，准备下一轮调查。

如此往复。共四轮或多轮征询。每次将上次结果汇总整理后，再反馈给各位专家，并附上新的背景材料。定期收回，汇总整理，最终各位专家的预测意见将呈收敛趋势，趋于一致。

8.2.3 市场调研法

所谓市场调研就是运用科学的方法，系统地搜集、整理、记录和分析有关市场信息，了解市场发展现状，探究市场发展变化规律和趋势的一种认知活动。

1. 市场调研的主要内容

通常市场调研的内容主要包括：市场需求方面的调查；市场供给方面的调查；企业经营决策与实施方面的调查；市场信息与竞争对手方面的调查；市场环境的调查；等等。

2. 市场调查的步骤

（1）调查准备阶段，制定市场调查的计划及必要的准备工作，主要包括：确定调查项目；确定调查对象；确定调查的方式、方法、时间、地点；确定调查期限和进度；确定调查预算；确定组织机构和调查人员；等等。

（2）调查实施阶段，按照市场调研的计划组织具体的实施工作。

（3）汇总分析阶段，将调查的数据运用相关的方法归纳、整理和统计分析，形成市场调研报告。

3. 市场调查的方法

市场调查的方法主要有：普查、重点调查、典型调查和抽样调查等。

普查是专门组织的，对研究母体（或称总体）进行逐一的、普遍的、全面的调查。其特点是对每个子体都进行调查。如工业普查就涉及所有的工业企业。在对市场作调查时，通常仅在子体数量较少时采用普查的方法。

重点调查是指在调查对象中选取一部分重点单位进行调查。这些重点单位虽为少数，但却在调查总量中占较大的比重。

典型调查是指在调查对象中有意识地选择一部分有代表性的典型单位进行调查，以调查的结果来推断母体。其优点是节省人力和物力，同时由于调查单位少，调查的内容指标可多一些，有利于进行深入细致的研究。

抽样调查是指从研究母体中抽取部分子体作为样本进行调查，以其结果来推断所研究母体状况的方法。由于此法具有费用小、工作量小、省时的特点，所以在实际做市场调查时，抽样调查的方法被广泛采用。

4. 数据处理

整个整理过程一般要经过对资料的编辑、分类汇总等基本步骤。要注意以下几点。

（1）编辑的目的是要保证有用资料的完整性和准确性。

（2）分类汇总包括定量资料和定性资料的分类汇总。

5. 数据分析

（1）平均值法。对有些问题来说，特别是对有关被调查者态度问题的回答情况，常用样本平均值来进行描述。

（2）频率分布法。该方法是根据相应变量值出现的次数占总数的百分比来进行分析方法。

（3）多问题和多因素的综合分析法。该方法是指针对各个问题对不同的被调查者（或不同因素）所进行的分解分析法。

除了上述的典型的定性预测方法外，还有主观概率法、情景预测法、相互影响法、推销员估计法等。

8.3 时间序列预测

8.3.1 时间序列预测概述

时间序列是指某种统计指标的数值，按照时间先后顺序排列起来的数列。时间序列预测是将预测对象的历史数据按照时间的顺序排列成为时间序列，然后分析它随时间的变化趋势，外推预测对象的未来值。

1. 时间序列的因素分析

时间序列中每个时期数值的大小，都受到许多不同因素的影响。通常对各种可能发生影响的因素按性质不同分为四大类。

1）长期趋势

长期趋势是指由于某种根本性因素的影响，时间序列在较长时间内朝着一定的方向持续上升或者下降，以及停留在某一水平上的倾向。它反映了时间序列的主要变化趋势。

2）季节变动

季节变动是指由于自然条件和社会条件的影响，时间序列在一年内随着季节的转变而引起的周期性变动。有自然方面因素的季节性与人为因素的季节性。一般周期比较稳定。

3）周期变动

周期变动是以数年为周期的重复变动。它与长期趋势不同，不是朝单一方向持续发展，而是涨落相间的波浪式起伏变动。它与季节变动也不同，它的波动时间较长，变动周期长短不一，短则在一年以上，长则数年、数十年，上次出现以后，下次何时出现，难以预料。

4) 不规则变动

不规则变动是指由各种偶然因素引起的无周期变动。不规则变动又可分为突然变动和随机变动。所谓突然变动是指诸如战争、自然灾害、意外事故、方针、政策的改变所引起的变动，随机变动是指由于大量的随机因素所产生的影响。

上述4种因素影响的结果如图8.1所示。

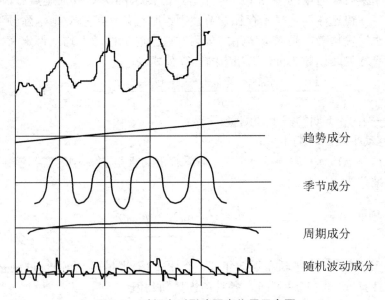

图 8.1　时间序列影响因素作用示意图

2. 时间序列的组合形式

由上面的分析可知，时间序列是由长期趋势、季节变动、循环变动和不规则变动这4类因素组成的。组合的形式，常用的有以下几种类型。

（1）加法型：$Y_t = T_t + S_t + C_t + I_t$

（2）乘法型：$Y_t = T_t \cdot S_t \cdot C_t \cdot I_t$

（3）混合型：$Y_t = T_t + S_t \cdot C_t \cdot I_t$ 或 $Y_t = T_t \cdot S_t \cdot C_t + I_t$

其中：Y_t 为时间序列的全变动；T_t 为长期趋势；S_t 为季节变动；C_t 为循环变动；I_t 为不规则变动。

对于一个具体的时间序列，要由哪几类变动组合，采取哪种组合形式，应根据所掌握资料、时间序列的性质及研究的目的来确定。

3. 时间序列预测法的主要方法

时间序列预测主要用于库存量、需求或销售额等与时间密切相关的预测事件。

时间序列预测法通常有很多种，这里主要介绍移动平均法和指数平滑法，其中移动平均法分为简单移动平均法和加权移动平均法，指数平滑法分为一次指数平滑法和二次平滑法。为了简化起见，上述方法均不考虑季节和趋势的因素，只考虑影响需求的随机因素。

8.3.2 移动平均预测法

1. 简单移动平均法

在所有定量预测方法中，简单移动平均法是最简单的方法，它是用某段时间的实际需求平均值作为未来后续时段的预测值，采用对产品需求的历史数据逐点分段移动的方法。当产品需求不存在快速波动，且不存在季节性因素时，该法能有效地消除预测中的随机变动，预测结果也比较精确，是简单实用的预测方法。简单移动平均法假定每期数据权重系数相等，移动平均的时期数为 n，则相应的计算公式为

$$F_{t+1} = \frac{D_t + D_{t-1} + D_{t-2} + \cdots + D_{t-(n-1)}}{n} = \frac{1}{n}\sum_{i=t-(n-1)}^{t} D_i$$

式中 F_{t+1}——第 $t+1$ 期的需求预测量；

n——移动平均的时期个数；

$D_i(i=t, t-1, \cdots, t-(n-1))$——前若干期直至前 n 期的实际销售量。

其误差标准差为

$$S_F = \sqrt{\frac{\sum_{i=t-(n-1)}^{t}(D_i - F_{t+1})^2}{n-1}}$$

【范例 8-1】某品牌中级轿车近 3 年（36 个月）的销售量（数据进行过调整）见表 8-1，根据上述公式计算 $n=3$ 和 $n=6$ 时，各月销售量预测值。

表 8-1 简单移动平均法实际销量与预测结果对照表

月份	实际销量	移动平均 $n=3$	移动平均 $n=6$	月份	实际销量	移动平均 $n=3$	移动平均 $n=6$
1	4 682			19	1 170	1 873	1 946
2	1 326			20	1 517	1 595	1 716
3	2 063			21	1 914	1 511	1 748
4	1 628	2 690		22	1 910	1 534	1 704
5	2 031	1 672		23	1 466	1 780	1 688
6	907	1 907		24	2 023	1 763	1 637
7	1 025	1 522	2 106	25	1 403	1 800	1 667
8	1 126	1 321	1 497	26	1 294	1 631	1 706
9	2 152	1 019	1 463	27	1 765	1 573	1 668
10	1 400	1 434	1 478	28	1 523	1 487	1 644
11	2 038	1 559	1 440	29	2 017	1 527	1 579
12	2 623	1 863	1 441	30	1 456	1 768	1 671
13	2 555	2 020	1 727	31	1 478	1 665	1 576
14	1 324	2 405	1 982	32	1 779	1 650	1 589
15	2 179	2 167	2 015	33	2 252	1 571	1 670
16	2 004	2 019	2 020	34	2 519	1 836	1 751
17	1 771	1 836	2 121	35	3 112	2 183	1 917
18	1 845	1 985	2 076	36	2 644	2 628	2 099

解：当 $n=3$，即前 3 个月的销售量的平均值作为第 4 个月的销售量预测值，则

$$F_4=\frac{D_1+D_2+D_3}{3}=\frac{4\,682+1\,326+2\,063}{3}=2\,690$$

依次可以类推到其他月份的预测销量。预测的全部结果见表 8-1 和图 8.2。

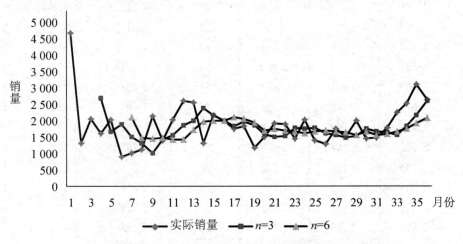

图 8.2　简单移动平均法实际销量与预测结果比较示意图

从图 8.2 可以看出，无论是 $n=3$ 还是 $n=6$，预测销量的最大值较实际销量的最大值偏小，较最小值偏大，且区间越大，偏离平均值的程度越小，即标准差越小。另外，预测的波峰或波谷总是落后于实际销量的波峰或波谷。这种结果是一种滞后现象，说明该种预测方法其结果永远落后于原始的数据。

另外，区间的选择范围没有严格的限制，但 3～4 使用的最多。

简单移动平均法使用简单，但各期权重系数均相等，没有考虑各期销量数据对预测结果的影响程度，这往往会造成一定的误差，因此提出了相应的改进方法，即加权移动平均法。

2. 加权移动平均法

前述的简单移动平均预测法是将各期的权重按均等处理，而通常越靠近近期的数据对预测结果的影响越大，越靠近远期的数据对预测结果的影响越小。因此，对近期数据赋予较大的权值，对远期数据赋予较小的权值，这就是加权移动平均法。该法给各期的值赋予一定权重，且其权重之和为 1。相应的公式为

$$F_{t+1}=\sum_{i=t-(n-1)}^{t}w_iD_i$$

式中：$\sum_{i=t-(n-1)}^{t}w_i=1$，$w_t>w_{t-1}>\cdots>w_{t-(n-1)}$，$w_i$ 为各期的权重。

【**范例 8-2**】以表 8.1 中实际销量数据为例，采用加权移动平均法进行预测。设 $n=3$，分别取两组不同的权重，第一组为 $\{4/9, 3/9, 2/9\}$，第二组为 $\{9/15, 5/15, 1/15\}$，预测结果如表 8-2 和图 8.3 所示。

表 8-2 加权移动平均法实际销量与预测结果对照表

月份	实际销量	加权移动平均		月份	实际销售	加权移动平均	
		加权一	加权二			加权一	加权二
1	4 682			19	1 170	1 856	1 831
2	1 326			20	1 517	1 529	1 435
3	2 063			21	1 914	1 474	1 423
4	1 628	2 399	1 992	22	1 910	1 616	1 732
5	2 031	1 706	1 753	23	1 466	1 824	1 885
6	907	1 904	1 899	24	2 023	1 714	1 644
7	1 025	1 442	1 330	25	1 403	1 812	1 830
8	1 126	1 209	1 053	26	1 294	1 624	1 614
9	2 152	1 044	1 078	27	1 765	1 492	1 379
10	1 400	1 560	1 735	28	1 523	1 528	1 584
11	2 038	1 590	1 632	29	2 017	1 553	1 588
12	2 623	1 851	1 833	30	1 456	1 796	1 836
13	2 555	2 156	2 346	31	1 478	1 658	1 647
14	1 324	2 463	2 543	32	1 779	1 590	1 507
15	2 179	2 023	1 821	33	2 252	1 607	1 657
16	2 004	1 978	1 919	34	2 519	1 922	2 043
17	1 771	1 911	2 017	35	3 112	2 266	2 381
18	1 845	1 939	1 876	36	2 644	2 723	2 857

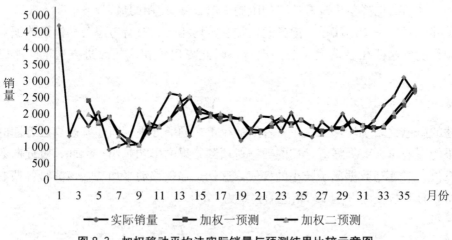

图 8.3 加权移动平均法实际销量与预测结果比较示意图

3. 对移动平均预测法的评价

利用移动平均法进行预测，样本值得到修匀，对具有水平趋势的时间序列预测效果较好。但移动平均预测法也存在很多的缺点，移动平均预测需要保存很多的历史数据，当观察值少时，得到的预测值往往是不真实的，而且只能用于近期预测，即只能对后续相邻的那一项进行预测，而对远期预测不适用。

更为重要的是，对于移动平均预测法，移动步长 n 的确定和加权移动平均预测法中各个权值的确定均没有坚实的理论依据，仅仅是凭借试算比较的方法来得到的。

8.3.3 指数平滑预测法

指数平滑法是利用平滑系数将数据序列的数量差异抽象化的原理，对历史的统计数据进行加权修正，使修正后的数据信息排除异常数据的影响，从而显示出预测对象变动的基本趋势。

利用指数平滑预测法，可以对近期的数据赋以较大的权值，远期的数据赋以较小的权值，但不像移动平均法那样需要 n 期的历史数据，也不需要像加权移动平均法那样，对每期的资料作逐期的加权运算。常用的指数平滑方法有一次指数平滑法、二次指数平滑法和高次指数平滑法。为简单起见，本部分仅介绍一次指数平滑法。

一次指数平滑法是用于常数模式的预测，其计算公式为

$$F_{t+1}=F_t+\alpha(D_t-F_t)$$

式中　F_{t+1}——第 $t+1$ 期的预测销量；

　　　F_t——第 t 期的预测销量；

　　　D_t——第 t 期的实际销量；

　　　α——平滑常数（$0 \leqslant \alpha \leqslant 1$）。

上述公式可以变换一下形式，即

$$F_{t+1}=\alpha D_t+(1-\alpha)F_t$$

从公式等号的右边参量可以看出，仅仅需要本期的实际销量、预测销量和平滑常数即可预测下一期的销量，所需的信息量极小。进一步观察可以看出，该方法也是一种加权评分法，当平滑常数较大时，表明本期的实际销量权重较大，预测值权重较小。若平滑常数较小，则表明本期的预测值权重较大，实际销量权重较小。

平滑常数 α 代表了当前信息（实际销量）与历史信息（预测销量）的分配值，其大小体现了预测结果对当前信息和历史信息的依赖程度，α 越大，表明预测越依赖近期的信息。如果序列的长期发展趋势比较稳定，即产品的销量比较平稳，α 值应取得小一些。与移动平均法相比较，α 的取值可以参考下式：

$$\alpha=\frac{2}{n+1}$$

除了 α 影响预测结果外，初始预测值 F_1 对结果也有影响。一般来讲，若有且历史数据较少，则常以销量数据的算术平均值作为初始预测值；若有历史数据，且历史数据较多，则用第一个销量数据作为初始预测值；若无历史数据，需要主观估计来确定，并设置较大的 α 值来弱化初始预测值的影响。

【范例 8-3】仍以表 8-1 中实际销量数据为例，采用一次指数平滑法并分别取 $\alpha=0.1$，$\alpha=0.5$ 和 $\alpha=0.9$，对前述数据进行预测。预测结果如表 8-3 和图 8.4 所示。

表 8-3 一次指数平滑法实际销量与预测结果对照表

月份	实际销量	指数平滑 0.1	指数平滑 0.5	指数平滑 0.9	月份	实际销量	指数平滑 0.1	指数平滑 0.5	指数平滑 0.9
1	4 682	4 682	4 682	4 682	19	1 170	2 317	1 868	1 840
2	1 326	4 682	4 682	4 682	20	1 517	2 202	1 519	1 237
3	2 063	4 346	3 004	1 662	21	1 914	2 134	1 518	1 489
4	1 628	4 118	2 534	2 023	22	1 910	2 112	1 716	1 872
5	2 031	3 869	2 081	1 667	23	1 466	2 092	1 813	1 906
6	907	3 685	2 056	1 995	24	2 023	2 029	1 639	1 510
7	1 025	3 407	1 481	1 016	25	1 403	2 028	1 831	1 972
8	1 126	3 169	1 253	1 024	26	1 294	1 966	1 617	1 460
9	2 152	2 965	1 190	1 116	27	1 765	1 899	1 456	1 311
10	1 400	2 884	1 671	2 048	28	1 523	1 885	1 610	1 720
11	2 038	2 735	1 535	1 465	29	2 017	1 849	1 567	1 543
12	2 623	2 665	1 787	1 981	30	1 456	1 866	1 792	1 970
13	2 555	2 661	2 205	2 559	31	1 478	1 825	1 624	1 507
14	1 324	2 651	2 380	2 555	32	1 779	1 790	1 551	1 481
15	2 179	2 518	1 852	1 447	33	2 252	1 789	1 665	1 749
16	2 004	2 484	2 015	2 106	34	2 519	1 835	1 958	2 202
17	1 771	2 436	2 010	2 014	35	3 112	1 904	2 239	2 487
18	1 845	2 370	1 890	1 795	36	2 644	2 125	2 675	3 050

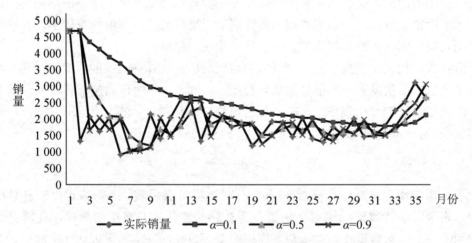

图 8.4 一次指数平滑法实际销量与预测结果比较示意图

由表 8-3 和图 8.4 可以看出，预测结果与实际销量相比均存在滞后现象，也就是说，实际销量上升时，预测结果偏低，而当实际销量下降时，预测结果则偏高。这种滞后现象和简单移动平均方法一样，只是在指数平滑法中，不同的平滑常数其偏差的幅度有所不同。

8.3.4 预测误差分析

顾名思义，预测误差就是预测值与实际值的偏差。预测误差产生的原因很多，这主要是因为产品销量是由很多因素共同作用的结果，而这些因素却往往难以用一个准确的数学模型来描述，可见预测一定会存在误差。而预测误差分析就是计算误差值的大小并分析其成因，以便对误差进行适当的控制，提高预测的准确程度。预测误差可以简单地用下述公式描述：

$$e = D - F$$

式中　e——为预测误差；
　　　D——为实际销量；
　　　F——为预测销量。

前述方法只考虑了随机因素形成的偏差，因此，e 可以看作服从均值为 0 的正态分布。

但除了随机误差之外，还有一种误差为系统误差（偏移误差），特指数据轨迹（模型）等判定或选择的问题形成的误差。

误差大小的描述用方差（或样本方差）和平均绝对偏差（MAD），公式为

$$S = \frac{1}{n} \sum_{i=1}^{n} (D_i - F_i)^2$$

$$MAD = \frac{1}{n} \sum_{i=1}^{n} e_i = \frac{1}{n} \sum_{i=1}^{n} |D_i - F_i|$$

式中　n——时期总数；
　　　D_i——第 i 期实际销量；
　　　F_i——第 i 期预测销量。

为了保证预测的不偏性，可以采用跟踪信号（tracking singal，TS），即平均误差和平均绝对偏差的比值，公式为

$$TS_i = \frac{E(e_i)}{MAD_i}$$

式中　$E(e_i)$——i 期累计预测误差。

【范例 8-4】以表 8-3 中后 6 个月（31～36）的实际销量和 $\alpha = 0.5$ 的预测销量等数据，计算各种偏差及跟踪信号等评价参数。结果见表 8-4。

表 8-4 各偏差和跟踪信号的计算结果

期间	实际销量	预测销量	偏差	累计偏差	绝对偏差	累计绝对偏差	MAD	TS
1	1 478	1 624	−146	−146	146	146	146.00	−1.00
2	1 779	1 551	228	82	228	374	187.00	0.44
3	2 252	1 665	587	669	587	961	320.33	2.09
4	2 519	1 958	561	1 230	561	1 522	380.50	3.23
5	3 112	2 239	873	2 103	873	2 395	479.00	4.39
6	2 644	2 675	−31	2 072	31	2 426	404.33	5.12

跟踪信号在纠正指数平滑预测偏差中很有用处，指数平滑法的控制参量 α 可以用 TS 的绝对值来替代以实现对预测结果准确性的动态控制。如跟踪信号绝对值增加，表明实际销量与预测销量误差增大，可通过增大 α 以增加实际销量的权重，减少预测销量的权重对后期的预测结果进行修正。若预测不偏，则跟踪信号接近于 0，α 也接近于 0，不需要对预测结果进行修正。

8.4 回归分析

8.4.1 回归分析概述

客观事物相互依存，且具有存在和发展的内在规律。对于数量性质的事物，其规律性可以用数学公式或数学模型来描述。而事物规律性的表象可以分为两类，一类为随机现象，另一类为非随机现象。因此，对于数量性质的事物，表达随机现象的数量称为随机变量，表达非随机现象的数量称为确定性变量或非随机变量。由此事物之间的关系也表现为不同的关系，主要包括以下几种。

（1）函数关系。具有一一对应的关系，可以用函数来描述。

（2）统计关系。存在非确定关系，必须借助数理统计方法寻求其统计规律性，统计关系可以表示为确定性部分和随机性部分二者之和。

（3）相关关系。一种特殊的统计关系，研究相关关系的方法称为相关分析，在相关分析中变量都是随机变量。

一般讲，回归分析就是对后两种关系的分析。

回归这个术语是由英国著名统计学家 Francis Galton 在 19 世纪末期研究孩子及其父母的身高时提出来的。Galton 发现身材高的父母，他们的孩子身材也高。但这些孩子平均起来并不像他们的父母那样高。对于比较矮的父母情形也类似：他们的孩子比较矮，但这些孩子的平均身高要比他们的父母的平均身高高。Galton 把这种孩子的身高向平均值靠近的趋势称为一种回归效应，而他提出的研究两个数值变量的方法称为回归分析。

回归分析是用来研究一个变量（被解释变量或因变量）与另一个或多个变量（解释变量或自变量）之间的关系。比如商品的需求量与该商品的价格、消费者收入以及同类商品价格之间的关系，或产品销量与产品广告费之间的关系等。

一般的在回归分析中我们用 Y 代表因变量，用 X 代表自变量。回归分析可以用来：①通过已知变量的值来估计应变量的均值；②对独立性进行假设检验；③通过自变量的值，对因变量的均值进行预测；④对上述多个目标的综合。

8.4.2 线性回归

顾名思义，线性回归是指变量之间的函数关系是线性的。根据自变量的个数线性回归又分为一元线性回归和多元线性回归。

1. 一元线性回归

一元回归是处理一个自变量和一个因变量之间关系一种统计技术，其基本假设是两变量之间存在着线性关系，比如商品的需求量与商品的价格等，如果用 y 代表因变量，用 x 代表自变量，用 ε 表示随机误差。则这一关系可以表示为

$$y = \beta_0 + \beta_1 x + \varepsilon$$

式中：y 是 x 的线性函数（部分）加上误差项，线性部分反映了由于 x 的变化而引起的 y 的变化。

误差项 ε 是随机变量，反映了除 x 和 y 之间的线性关系之外的随机因素对 y 的影响，以及不能由 x 和 y 之间的线性关系所解释的变异性。

β_0 和 β_1 称为模型的参数。

德国科学家 Karl Gauss(1777—1855) 提出用最小化图中垂直方向的误差平方和来估计参数，使因变量的观察值与估计值之间的误差平方和达到最小来求得 β_0 和 β_1 的方法。即

$$\sum_{i=1}^{n}(y_i - y)^2 = \sum_{i=1}^{n}(y_i - \beta_0 - \beta_1 x_i)^2 = 最小$$

用最小二乘法拟合的直线来代表 x 与 y 之间的关系与实际数据的误差比其他任何直线都小，如图 8.5 所示。

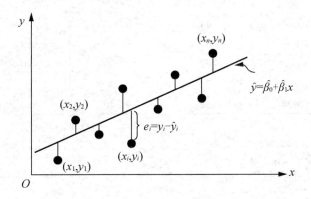

图 8.5 最小二乘法示意图

根据最小二乘法，若有 n 组 x 与 y 的数据，可得求解 β_0 和 β_1 的公式如下：

$$\begin{cases} \dfrac{\partial Q}{\partial \beta_0} = -2\sum_{i=1}^{n}(y_i - \beta_0 - \beta_1 x_i)^2 = 0 \\ \dfrac{\partial Q}{\partial \beta_1} = -2\sum_{i=1}^{n} x_i (y_i - \beta_0 - \beta_1 x_i)^2 = 0 \end{cases}$$

相应参数的值为

$$\beta_1 = \frac{n\sum_{i=1}^{n} x_i y_i - \left(\sum_{i=1}^{n} x_i\right)\left(\sum_{i=1}^{n} y_i\right)}{n\sum_{i=1}^{n} x_i^2 - \left(\sum_{i=1}^{n} x_i\right)^2} \quad \beta_0 = \bar{y} - \beta_1 \bar{x}$$

此外，相关系数 r 可用来评价两个变量之间的相关程度，其公式为

$$r = \frac{n\sum_{i=1}^{n} x_i y_i - \sum_{i=1}^{n} x_i \cdot \sum_{i=1}^{n} y_i}{\sqrt{\left[n\sum_{i=1}^{n} x_i^2 - \left(\sum_{i=1}^{n} x_i\right)^2\right]\left[n\sum_{i=1}^{n} y_i^2 - \left(\sum_{i=1}^{n} y_i\right)^2\right]}}$$

r 根据值的正负与大小，可分为以下几种情况：①r 为正，表明正相关，若值接近 1，则为完全正相关；②r 为负，表明负相关，若值接近 -1，则为完全负相关。

【范例 8-5】某汽车 4S 店的主营业务为汽车销售与售后服务，去年各月的营业额与利润原始数据及相关数值的计算见表 8-5。

表 8-5　营业额与利润一览表

月份	营业额(x_i)	利润(y_i)	$x_i \cdot y_i$	x_i^2	y_i^2
1	1 400	25	35 000	1 960 000	625
2	200	10	2 000	40 000	100
3	400	15	6 000	160 000	225
4	600	15	9 000	360 000	225
5	1 000	20	20 000	1 000 000	400
6	800	19	15 200	640 000	361
7	700	17	11 900	490 000	289
8	500	16	8 000	250 000	256
9	2 000	44	88 000	4 000 000	1 936
10	1 600	24	38 400	2 560 000	576
11	1 400	27	37 800	1 960 000	729
12	1 200	20	24 000	1 440 000	400
合计	11 800	252	295 300	14 860 000	6 122

根据前述的公式，各参数分别为

$$\beta_1 = \frac{12 \times 295\ 300 - 11\ 800 \times 252}{12 \times 14\ 860\ 000 - (11\ 800)^2} = 0.015$$

$$\beta_0 = \bar{y} - \beta_1 \bar{x} = 252/12 - 0.015 \times 11\ 800/12 = 6.25$$

$$r = \frac{12 \times 295\ 300 - 11\ 800 \times 252}{\sqrt{[12 \times 14\ 860\ 000 - (11\ 800)^2] \times [12 \times 6\ 122 - (252)^2]}} = 0.91$$

$$y = 6.25 + 0.015x$$

可见利润与营业额是强相关的关系。

2. 多元线性回归

多元线性回归处理一个因变量与两个及两个以上自变量的关系问题。描述因变量 y 如何依赖于自变量 $x_1, x_2, \cdots, x_k$ 和误差项 ε 的方程，称为多元回归模型。

涉及 k 个自变量的多元回归模型可表示为

$$y = \beta_0 + \beta_1 x_1 + \beta_2 x_2 + \cdots + \beta_k x_k + \varepsilon$$

式中　$\beta_0, \beta_1, \beta_2, \cdots, \beta_k$——参数；

ε——被称为误差项的随机变量；

y——$x_1, x_2, \cdots, x_k$ 的线性函数加上误差项 ε。

ε 包含在 y 里面但不能被 k 个自变量的线性关系所解释的变异性。

这里基本假定：①误差项 ε 是一个期望值为 0 的随机变量，即 $E(\varepsilon)=0$；②对于自变

量 $x_1, x_2, \cdots, x_k$ 的所有值，ε 的方差 σ^2 都相同；③误差项 $\in$ 是一个服从正态分布的随机变量，即 $\in \sim N(0, \sigma^2)$，且相互独立。

与一元线性回归相似，对模型的各系数求偏导，并令其为零，就可以求得系数矩阵，相关的内容不再展开。

8.4.3 非线性回归

与线性回归不同，非线性回归是指因变量 y 与自变量 x 之间不是线性关系。但大多数非线性回归问题可通过变量代换转换成线性关系，并用最小二乘法求出参数的估计值。一般的步骤如下。

（1）根据经验或者绘制散点图，选择适当的回归模型。
（2）通过变量置换，把非线性回归模型转换为线性模型。
（3）采用线性回归方法确定各参数的值。
（4）对各参数进行显著性检验。

这里简单介绍常用的非线性回归模型及线性化的方法。

1. 双曲线模型

基本形式：$y = \alpha + \beta \dfrac{1}{x}$

线性化方法：令 $x' = 1/x$，则有 $y = \alpha + \beta x'$

2. 幂函数曲线模型

基本形式：$y = \alpha x^\beta$

线性化方法：

两边取对数，得：$\lg y = \lg \alpha + \beta \lg x$

令：$y' = \lg y$，$x' = \lg x$，则 $y' = \lg \alpha + \beta x'$

3. 对数曲线模型

基本形式：$y = \alpha + \beta \ln x$

线性化方法：令 $x' = \ln x$，则 $y' = \alpha + \beta x'$

4. 指数曲线模型

基本形式：$y = \alpha e^{\beta x}$

线性化方法：

两边取对数，得：$\ln y = \ln \alpha + \beta x$

令：$y' = \ln y$，则 $y' = \ln \alpha + \beta x$

5. S 曲线模型

基本形式：$y = \dfrac{1}{\alpha + \beta e^{-x}}$

线性化方法：令 $y' = 1/y$，$x' = e^{-x}$，则有 $y' = \alpha + \beta x'$

本 章 小 结

　　预测是企业进行生产决策与计划前的重要环节，准确的预测信息是正确编制生产计划的基础条件。本章介绍了预测的基本知识，包括预测的概念、预测的分类及预测的步骤；定性预测方法，比较典型的有专家预测法和市场调研法；定量预测方法包括有时间序列法和回归分析，其中常用的时间序列法有移动平均预测法和指数平滑预测法，回归分析又可分为线性回归和非线性回归。

关键术语

　　预测　定性预测　定量预测　专家预测法　德尔菲法　市场调研法　时间序列预测　移动平均预测法　简单移动平均法　加权移动平均法　指数平滑预测法　回归分析　线性回归　一元线性回归　多元线性回归　非线性回归

习　　题

一、判断题

1. 时间序列预测模型是以历史数据分析为基础的对将来的预测。（　　）
2. 对一组产品的预测比对个别产品的预测要准确。（　　）
3. 预测帮助管理者对生产系统的发展做出规划，同时也帮助管理者对生产系统的应用做出计划。（　　）
4. 预测的准确性随着预测时间范围的缩短而提高。（　　）
5. 德尔菲法就是让专家在一起讨论，以取得共识的方法。（　　）
6. 当采用简单等移动平均法预测时，取平均值的数据越多，则对实际变化的响应就越灵敏。（　　）
7. 简单移动平均法实际上是给每个数据分配相等的权重。（　　）
8. 指数平滑法也是一种加权移动平均法。（　　）
9. 平滑系数取 0.1，比取 0.3 能使预测值更快地反映外部需求的变化。（　　）
10. 用一次指数平滑法预测，平滑系数 α 越大，则预测的响应性越好。（　　）
11. 平均绝对偏差（MAD）可以衡量预测值的无偏性。（　　）

二、单选题

1. 预测能帮助经理（　　）。
   A. 预期未来　　　　　　　　　　　　B. 对生产系统的发展进行规划
   C. 对生产系统的使用进行计划　　　　D. 以上都是
   E. 以上都不是

2. 预测是（　　）的依据。
A. 能力计划　　　　　　　　　　B. 预算
C. 销售计划　　　　　　　　　　D. 制造计划
E. 以上都是

3. 预测（　　）。
A. 时间比较长的更准确　　　　　B. 对单项产品的预测比整体项目的更准
C. 是不完美的　　　　　　　　　D. 以上都对
E. 以上都不对

4. 两个一般的预测方法是（　　）。
A. 数学的和统计的　　　　　　　B. 定性的和定量的
C. 判断的和定性的　　　　　　　D. 历史的和相关的
E. 判断的和相关的

5. 下列哪一项不是主观判断的预测方法？（　　）
A. 主管的意见　　　　　　　　　B. 销售队伍的意见
C. 消费者调查　　　　　　　　　D. 德尔菲方法
E. 时间序列分析

6. 时间序列数据可能表现为（　　）。
A. 趋势　　　　　　　　　　　　B. 季节波动
C. 周期波动　　　　　　　　　　D. 不规则波动
E. 以上所有的

三、简述题

1. 为什么说预测不是一门精确的科学？
2. 需求预测与生产计划是什么关系？
3. 定性预测方法和定量预测方法各有哪些？指出它们各自的特点和适用范围。
4. 预测可分为哪些类型？时间序列分析预测法一般用于哪些方面？它有哪些明显的优缺点？
5. 如何选择指数平滑法中的平滑常数？
6. 计算预测误差有什么作用？如何根据预测误差修正预测模型？

四、计算题

1. 某公司出售罐头开启器，近期 8 个月的销售情况见表 8-6。

表 8-6　罐头开启器 8 个月的实际销量数据

月份	销售量/千单位	月份	销售量/千单位
1月	17	5月	20
2月	19	6月	18
3月	18	7月	22
4月	15	8月	20

利用以下各种方法预测9月份销售量。
(1) 序时项数为5的移动平均法。
(2) 加权平均法，权重分配为：8月，0.60；7月，0.30；1月，0.10。
2. 冰山品牌的冰激凌专卖店近6周来，某种口味冰激凌销售记录见表8-7。

表8-7　冰淇淋6周实际销量数据

周	重量(升)	周	重量(升)
1	19	4	25
2	18	5	29
3	22	6	32

(1) 用3周移动平均的方法预测下一周需求量。
(2) 用加权移动平均预测的方法预测下一周需求量，按与预测期的接近程度，加权指数分别为0.6、0.3及0.1。
(3) 比较上述两种预测模型，哪一种更适合，为什么？
3. 某种式样的旱冰鞋在过去5个月内的销售情况见表8-8。

表8-8　旱冰鞋5个月实际销售数据

月　份	销量(双)	月　份	销量(双)
4月	321	7月	482
5月	396	8月	331
6月	487		

(1) 假定4月份的预测值为330，令 $\alpha=0.2$，用一次指数平滑模型预测5～9月份各月的产品需求量并利用5、6、7、8月份的数据计算该预测模型的MAD。
(2) 将 α 换为0.4，重新计算上述数据。
(3) 取 $\alpha=0.2$ 和 $\alpha=0.4$，哪一种预测效果更好？
4. 表3-1给出了某食品店一年来每月牛奶的销售情况见表8-9(单位为100升)。

表8-9　牛奶一年销量数据

月份	销售量	月份	销售量	月份	销售量	月份	销售量
1	97	4	101	7	100	10	106
2	107	5	101	8	95	11	103
3	101	6	99	9	107	12	100

(1) 若1月份，预测值为100，$\alpha=0.2$，用一次指数平滑模型预测需求量。
(2) 若初始预测值为100，$\alpha=0.3$，用一次指数平滑模型预测需求量。
(3) 计算两种预测的MAD(用上12个月的所有数据)

5. 某产品的历史需求数据见表 8-10。

表 8-10 牛奶一年销量数据

月 份	需 求 量	月 份	需 求 量
1月	12	4月	12
2月	11	5月	16
3月	15	6月	15

(1) 使用 3 个月的简单移动平均,计算 7 月的预测量。
(2) 使用加权移动平均计算 7 月的需求量。权重分别为 0.60,0.30,0.10。
(3) 使用指数平滑法($\alpha=0.20$,6 月的预测需求量=13),计算 7 月的预测需求量。
(4) 使用简单线性回归分析,为先前的需求数据计算回归方程。
(5) 使用(4)中得出的回归方程计算 7 月的需求。

第9章 供应链与采购管理

教学要求

通过本章的学习，要达到以下目的：
(1) 了解供应链和供应链管理的概念；
(2) 了解供应链管理的主要特征；
(3) 了解基于供应链的采购方法；
(4) 掌握常用的供应商选择的方法；
(5) 掌握准时采购的原理和方法；
(6) 了解国际采购的组织。

引例

供应商的选择

一汽集团按业务对其所辖企业进行大重组，成立了若干子公司。如以卡车生产为主的一汽解放公司、以轿车为主的一汽轿车公司、以客车生产为主的一汽客车公司和以零部件生产为主的一汽富奥公司等全资子公司，以及一汽大众、一汽丰田、一汽海马、一汽丰越等合资公司。一汽客车公司由原一汽客车底盘厂、大连客车厂和无锡客车厂等单位为班底组建，该公司下设综合管理部、采购部、生产部、销售部、财务部等职能部门，在成立之初在一汽范围内招聘有关人员。公司对此招聘活动非常重视，由公司总经理和党委书记挂帅，相关部门的部长参加，并从某大学的管理学院聘请了两位专家共同组成了考核小组。在采购部的招聘考核中，某专家对竞聘的3位员工提出了同样的问题，但回答的结果差别很大。这个问题是：某企业的采购部针对其物料的采购需求拟选择一家供应商长期合作，先后有4家供应商参与竞争，这4家各有独特的竞争优势，即供应商A质量最好、供应商B价格最低、供应商C交货最及时、供应商D服务最好。你作为采购部的主管要从4个供应商中选择一家，如何选择？现提供的信息对你的决策是否够用？如不够用，还需要什么信息？

资料来源：根据一汽客车公司招聘纪实整理

本案例提出的问题是企业采购管理的重要职能之一，即如何科学、正确地选择供应商，在供应链环境下就是如何选择合作伙伴。

理解本章中有关供应商管理的主要内容，掌握正确的评价方法，就可以正确地回答此问题。

9.1 供应链与管理

9.1.1 价值链与供应链

随着世界经济的发展，全球化的市场竞争使消费者的需求和期望值变得越来越高，客户希望获得的不再是统一的标准产品，而是真正满足个性化要求的产品和服务，同时要求成本也越来越低。企业正面临着从面向稳定的市场提供标准化产品的大规模生产方式转化为向动态的个性化市场提供差异化产品（或服务）的业务运作方式转变。

由美国哈佛大学工商管理学院迈克尔·波特（Michael Porter）教授提出的价值链理论，是在发达国家跨国公司于 20 世纪 80 年代中末期基本上完成了国际化并向全球化阶段过渡的前提下产生的。波特教授提出的竞争战略包括产业和企业两个方面，即产业长期盈利的吸引力和各个企业在产业内的相对竞争地位。他认为，一个企业要善于发现自己潜在的竞争优势。这些竞争优势包括成本领先优势（专有技术、规模经济、原材料、人力资源的开发等方面）、产品差异化优势（在创新程度、产品设计、结构、规格档次等方面明显区别于竞争对手）和集中于细分市场的优势（在市场细分基础上的具体目标市场）。

每一个企业都是在设计、生产、销售、发送和辅助其产品的过程中进行种种经营活动的集合体，所有这些经营活动都可以用一个价值链来表示。而一个企业的价值链又处在一个范围更广的一连串活动中，波特教授称之为价值系统。这样，一个企业的自身活动和通过与上下游企业的供需联系组成一个环环相扣的链条。这个链条决定着企业为顾客创造价值的大小和盈利的多少。

在新的经济环境下，全球化竞争已经不是单纯的企业和企业之间的竞争，而是以核心企业为主导的供应链之间的竞争。供应链管理将企业管理规模拓展，不仅考虑优化企业内部资源，而且考察在整个供应链（包括多级供应商、经销商）范围内以最小的成本、高质量地满足需求。

供应链管理的本质是研究供应如何有效（供应链总成本最低）地满足需求。供应链管理的灵魂是协同作用，它包括整个供应链中所有上下游企业的信息共享和业务协作，只有这样才能减少供应链各环节的无效作业，产生增值。协同意味着企业内部部门之间、分销商和零售商甚至终端客户联系起来，共同挖掘和满足市场需求，形成企业的动态联盟，统一计划、统一数据模式，所有供应链结点企业在统一计划的运作下进行产品的协同开发、物料的协同采购、生产、分销和交付。

传统的业务流程和信息传递方式，使整个供应链无法对市场的变化进行快速响应，订单需求变化 5~6 天后供应商才能做出反应，一方面造成库存积压加大了成本，另一方面由于不能及时供货而降低了客户的满意度，增加了客户转换厂家的可能性。

供应链管理能够引起人们的注意，一方面是因为它在许多企业成功地应用，获得了巨大成就。国外学者 Bendiner 调研了 90 家装配型制造企业和 75 家流程型制造企业，对供应链管理的效果进行了为期两年的研究和调查之后，发表了如下结论：使用了供应链管理方法后，总成本下降了 10%、交货率提高了 15% 以上、生产的周期缩短了 25%~35%、生产率提高了 10% 以上、核心企业的资产增长率为 15%～20%。显然，供应链中的各个组织在不同程度上都取得了发展。另一方面，主要原因还在于人们对供应链管理在企业生存发展中的作用和地位有了新的认识。MIT 斯隆管理学院的查尔斯·法思教授根据他的案例研究成果和调查得出这样的结论：在今天比拼竞争力的战场上，一家企业最根本、最核心的竞争力在于对供应链的设计。

通过流程再造和信息平台的建立，一方面企业实现了信息合成、并行处理，使产品计划和采购计划通过物流需求平台实现计划的一体化运算，大大提高了计划调整的效率；另一方面利用 B2B 销售平台缩短了客户订单调整的反馈时间，同时 B2B 采购平台实现了企业与外部供应商之间的信息一体化，从而使整个"供应链"可适时地对订单变化进行响应。

企业通过电子虚拟市场将终端客户、经销商、制造厂商和配套厂商的信息系统连接在一起，中小型的配套厂商可采用托管的方式将自己的某些业务（计划、采购库存、销售等）管理起来。这样，经销商可通过电子虚拟市场根据集成的制造厂商的产品计划信息与配套厂商的配套件能力信息进行交货期的适时确认；制造厂商可按照客户订单规模生产，并通过共享的配套厂商的供货能力和库存信息进行采购计划的适时调整；配套厂商可在第一时间得知市场的变化，从而调整计划。

知识经济的兴起，经济全球化、信息化、网络化时代的到来，企业将面对的是越来越多的竞争对手和越来越难以满足的顾客群体。企业每天都在感受到新一轮竞争的惨烈，不得不倍加关注、拓展自己的生存空间，以适应新的竞争环境的挑战。而麦克尔·波特教授提出的价值链理论为企业系统地分析竞争对手提供了有力的武器。

9.1.2 供应链管理思想的提出

20 世纪后半叶，特别是进入 20 世纪 90 年代以后，由于生产力的发展，顾客（customer）消费水平的提高，导致需求日益多样化。随着科学技术的飞速进步，企业之间的竞争（competition）加剧，加上政治、经济、社会环境的巨大变化（change），使得需求的不确定性大大加强。"3C"是带来市场需求多样性与不确定性的根源，也是促使企业不断提高自身竞争能力的外在压力。企业之间在全球市场的激烈竞争中面对一个变化迅速且无法预测的买方市场，致使传统的生产模式对市场剧变的响应越来越迟缓和被动。为了摆脱困境，企业虽然采取了许多先进的单项制造技术和管理方法，如 CAD、CAM、FMS、JIT、MRPⅡ等，并取得了一定实效，但在响应市场的灵活性、快速满足顾客需求方面并没有实质性改观，而且巨额投资与实际效果形成了强烈反差。人们才意识到问题不在于具体的制造技术与管理方法本身，而是它们仍局限在传统的生产模式框框内。当代先进生产模式就是在对传统的大量生产模式的质疑、反思和扬弃过程中应运而生的。

供应链管理早在 20 世纪中叶就已经提出，最初用于军事作战中，对需求量的确定、物资的储存、运输、仓储统一管理，合理地调配所需物资，迅速满足战场的需要，后转为商业使用。

当今世界各种技术和管理问题日益复杂化，促使人们认识、分析和解决问题的思想方法开始从点的思考和线的思考向面的思考和多维空间思考转化，或从纵向思维方法向横向思维方法转化。在此背景下，横向思维正成为国际管理学界和企业界的热门话题和新的追求，供应链管理（supply chain management）便是其中一个典型代表。

一直以来，企业出于管理和控制上的目的，与产品制造有关的活动和资源一直是采取自行投资或兼并的"纵向一体化"（vertical integration）的模式，即某核心企业与其他为其提供原材料、半成品或零部件的企业是一种所有权关系。例如，美国福特汽车公司拥有一个牧场，出产的羊毛用于生产汽车坐垫；某报业大王有一片森林，专为生产新闻用纸提供木材。脱胎于计划经济体制下的中国企业更是有过之而无不及，"大而全"、"小而全"的思维方式至今仍在各级企业领导者头脑中占据主要位置，许多制造企业拥有从铸造、零件加工、装配、包装、运输、销售等一整套设备、设施及组织机构。

"纵向一体化"管理模式的主要特征可以从它的决策背景、管理制度等几个方面来看。首先，它是以规模化需求和区域性的卖方市场为决策背景，通过规模效应降低成本，获得效益。在这种决策背景之下，它所选择的生产方式，必然是少品种、大批量，采用刚性和专用的流水生产线，因为这种生产方式可以最大限度地提高效率，降低成本，其规模化效益是最好的。但是其致命弱点是适应品种变化的能力很差，一旦外界发生新的需求，原有的生产系统很难适应。其次，从组织结构的特征来看，它是一种多级递阶控制的组织结构，管理的跨度小、层次多，管理层次的增加必然影响整个企业的响应速度。再从管理思想和管理制度的特征看，主要是以一种集权式管理，以追求稳定和控制为主。就是说，过去为了控制影响企业生产的这些资源，企业要么是自己投资建设，要么是参资控股，目的只有一个，就是要控制可能影响自己生产和经营的资源。要最大限度地来控制这些资源，必然走向集权式，因为只有集权式管理才能实现企业最大限度地对资源进行控制的愿望。

"纵向一体化"的目的是加强企业对原材料、制造、分销和销售全过程的控制，使企业能很好地适应市场的发展变化，增加各个业务活动阶段的利润。在相对稳定的市场环境中，采用"纵向一体化"战略是有效的，但是，面对高科技的迅速发展、全球性竞争日益激烈、顾客需求不断变化的局势，对大多数企业来说，纵向发展战略不仅无法实现上述目的，而且会增加企业的投资负担，使企业背上沉重的利息负担，并且迫使企业从事并不擅长的业务活动。纵向发展不仅使企业在各项业务活动阶段面临极大风险，而且会增大企业面临的行业风险。如果整个行业不景气，采用纵向发展战略的企业不仅会在最终用户市场遭受损失，而且会在各个纵向发展的市场上遭受损失。

现在，人们已经认识到了在新的历史时期"纵向一体化"模式的弊端，越来越多的企业放弃了这种经营模式。20世纪80年代中期以后，在工业发达国家有近80%的企业放弃了"纵向一体化"，转向了供应链管理这一新的经营模式。

目前供应链管理还没有一个统一的定义，一般认为供应链管理是通过前馈的信息流（需方向供方流动，如订货合同、加工单、采购单等）和反馈的物料流及信息流（供方向需方的物料流及伴随的供给信息流，如提货单、入库单、完工报告等），将供应商、制造商、分销商、零售商直到最终用户连成一个整体的管理模式。例如，美国VTI公司通过电子通信系统，与客户一起设计特殊应用的集成电路。该公司在美国的硅谷使用计算机软件设计完掩膜之后，然后在日本蚀刻芯片，在韩国切割、固定，在马来西亚封装集成电路，再由货运公司将产品送到世界各地的客户。VTI的产品从设计、制造、运输、销售，形成了一条从供应商到最终用户的供应链系统。它既是一条从供应商的供应商到用户的物流链，又是一条价值增值链，因为各种物料在供应链上的移动，是一个不断增加其市场价值或附加价值的增值过程。因此，供应链管理不同于企业中传统的采购供应管理职能。

供应链管理的基本思想就是"横向一体化"（horizontal integration），即把原来由企业自己生产的零部件外包出去，充分利用外部资源，于是就跟这些企业成了一种水平关系，人们形象地称其为"横向一体化"。供应链管理跟人们通常所讲的一个组织内部的管理是不一样的，组织内部的管理体现为一种权力关系，即上级可以指挥下级。而供应链是具有独立法人地位企业的合作链，企业无论大小都是平等的，因此供应链管理主要体现为如何加强合作、加强对资源的协调运作和管理水平。

供应链管理的效益很明显。实践证明，供应链的实施可以给企业带来很多好处，使企业在降低成本、改善客户服务、加快资金周转、增加市场占有率等方面都得到很大改观。以减少降价处理的损失为例，过去由于信息不协调，在很大程度上导致企业生产或订货批量决策的盲目性，而且越往原材料这个方向移动，投入的批量就越大，即理论上所讲的"需求放大效应"，这样就导致多余的货物只能降价处理；实施供应链管理之后，加强了信息流和物料流的协调，信息可以及时、准确地传递给合作企业，这样一来就减少了降价处理的损失。更重要的是，供应链上各结点企业，不论大小都能够成为受欢迎的业务伙伴，增加企业自身的生存能力。

需要说明的是，所谓的纵向一体化和横向一体化，实际上是解决自制与外购的问题，即利用内部资源还是外部资源的问题。企业采用何种方式需要考虑相关的影响因素，见表9-1。

表9-1 自制和外购选择所考虑的因素

自制的理由	外购的理由
1. 维持核心竞争力 2. 低生产成本 3. 没有适宜的供应商 4. 确保足够的供应（数量和运输） 5. 利用剩余劳动力和设备 6. 获得需要的高质量 7. 防止供应商串通 8. 可以获得从供应商那里难以得到的特殊物品 9. 防止员工失业 10. 保护专利设计和质量 11. 扩大或维持公司规模	1. 使管理者有精力处理更重要的业务 2. 低购置成本 3. 保持与供应商的合作 4. 获技术与管理优势 5. 自身无法满足生产能力需求 6. 降低库存成本 7. 能够选择供应商 8. 自身无法满足管理和技术资源需求 9. 互惠互利 10. 物品受到专利和贸易保护

9.1.3 供应链的运行机制

社会组织和自然界一切生命体一样，都存在一个起源—成长—发育—成熟—衰退—解体（灭亡）的生命周期。供应链有广义和狭义两种解释：狭义地讲，供应链是指一种企业网络；广义地讲，任何一个企业组织都是一个供应链结构体（产供销一体化）。因此，应该从集成化的角度研究供应链管理模式，即综合这两方面的内容，由内向外，由表及里，由企业内部的协调分工到企业间的协作与联盟，最终目的是追求企业更强的竞争力和更大的效益。供应链运作的表象是物流、信息流、资金流（即人们通常所说的三流），但是供应链的成长过程实质同时包含两方面的含义：一是通过产品(技术、服务)的扩散机制来满足社会的需求，二是通过市场的竞争机制来发展壮大企业的实力。因此，供应链管理实际上是一种基于竞争－合作－协调机制的、以分布企业集成和分布作业协调为保证的新的企业运作模式。

当考察一个供应链成长过程时，不仅应该看到企业有形的力量在壮大，更应该看到企业无形的能量在升华，因此供应链的成长过程既是一种几何(组织)生长过程，也是一种能量的集聚过程和思想文化的变迁过程。

供应链成长过程体现在企业在市场竞争中的成熟与发展之中，通过供应链管理的合作机制(cooperation mechanism)、决策机制(decision mechanism)、激励机制(encourage mechanism)和自律机制(benchmarking mechanism)等来实现满足顾客需求、使顾客满意以及留住顾客等功能目标，从而实现供应链管理的最终目标：社会目标(满足社会就业需求)、经济目标(创造最佳利益)和环境目标(保持生态与环境平衡)的合一，这可以说是对供应链管理思想的哲学概括。

1. 合作机制

供应链合作机制体现了战略伙伴关系和企业内外资源的集成与优化利用。基于这种企业环境的产品制造过程，从产品的研究开发到投放市场，周期大大地缩短，而且顾客导向化(customization)程度更高，模块化、简单化产品、标准化组件使企业在多变的市场中柔性和敏捷性显著增强，虚拟制造与动态联盟提高了业务外包(outsourcing)策略的利用程度。企业集成的范围扩展了，从原来的中低层次的内部业务流程重组上升到企业间的协作，这是一种更高级别的企业集成模式。在这种企业关系中，市场竞争的策略最明显的变化就是基于时间的竞争(time-based)和价值链(value chain)及价值让渡系统管理或基于价值的供应链管理。

2. 决策机制

由于供应链企业决策信息的来源不再仅限于一个企业内部，而是在开放的信息网络环境下，不断进行信息交换和共享，达到供应链企业同步化、集成化计划与控制的目的，而且随着Internet/Intranet发展成为新的企业决策支持系统，企业的决策模式将会产生很大的变化，因此处于供应链中的任何企业决策模式应该是基于Internet/Intranet的开放性信息环境下的群体决策模式。

3. 激励机制

归根到底，供应链管理和任何其他的管理思想一样都是要使企业在21世纪的竞争中在"TQCSF"上有上佳表现(T为时间，指反应快，如提前期短，交货迅速等；Q指质量，控制产品、工作及服务质量，达到高质量；C为成本，企业要以更少的成本获取更大的收益；S为服务，企业要不断提高用户服务水平，提高用户满意度；F为柔性，企业要有较好的应变能力)。缺乏均衡一致的供应链管理业绩评价指标和评价方法是目前供应链管理研究的弱点和导致供应链管理实践效率不高的一个主要问题。为了掌握供应链管理的技术，必须建立、健全业绩评价和激励机制，使人们知道供应链管理思想在哪些方面、多大程度上给予企业改进和提高,以推动企业管理工作不断完善和提高,也使得供应链管理能够沿着正确的轨道与方向发展,真正成为能为企业管理者乐于接受和实践的新的管理模式。

4. 自律机制

自律机制要求供应链企业向行业的领头企业或最具竞争力的竞争对手看齐,不断对产品、服务和供应链业绩进行评价,并不断地改进,以使企业能保持自身竞争力和持续发展。自律机制主要包括企业内部的自律、对比竞争对手的自律、对比同行企业的自律和比较领头企业的自律。企业通过推行自律机制,可以降低成本,增加利润和销售量,更好地了解竞争对手,提高客户满意度,增加信誉,企业内部部门之间的业绩差距也可以得到缩小,从而提高企业的整体竞争力。

9.1.4 供应链中的供需合作关系

进入 20 世纪 90 年代以来,随着全球经济一体化的迅猛发展,供应链管理成了学术界研究的热门领域之一,同时也成为增强企业竞争力的最重要的方法之一。供应链中企业间的合作关系不仅是协调、解决冲突、确保整个供应链稳定运行的基础,也是供应链企业间利益分配和风险共担机制、进行供应链整体绩效评价的基础。

1. 供应链中企业间合作伙伴关系的实现过程

1) 合作伙伴的选择

主导企业在进行伙伴企业选择时,必须权衡各种因素,全面考察潜在的伙伴企业,从中做出最优选择。通过对各潜在伙伴企业的特征信息进行分析、整理、评估,确定一个最优的伙伴企业构成方案。

在这一阶段,主导企业根据建立的供应链模型,确定所需要的性能水平、关键经营过程与核心资源;开发供应链组织经营视图并评价这些过程和性能以进一步确定当前所拥有的核心资源与能力;进行缺陷分析以确定企业核心能力之外所需的经营能力,以确定伙伴选择的领域范围,并进行合作伙伴的初选;接下来通过对潜在的伙伴企业进行多目标综合评价优化,得到一个最优的合作伙伴集成。

2) 合作伙伴关系的建立

对具有潜在合作伙伴关系的企业进行评价与选择,虽然是供应链主导企业单方面进行的必要行为,仍然需要在企业之间通过一系列的沟通与协商谈判,最终确立供应链企业间的合作伙伴关系。

一般情况下,企业之间可以通过一对一的协商谈判机制来确立供应链中企业间的合作伙伴关系。比如对某个核心资源拥有垄断地位的单个或少数几个供应商的选择。然而,在大多数情形下,主导企业将面临多个潜在合作伙伴的情形。

对于一对多情形下的供应链合作伙伴关系建立的行为对策,同样可以采用协商谈判的方式来建立合作伙伴关系。但是需要进行协商与谈判的代价过大时,可以采用招标/拍卖的方法进行任务的招标。通过建立合理的招标/拍卖机制,可以快速高效地在多个潜在的合作伙伴中进行选择,使得对策结果朝着有利于双方的方向发展。

同时，由于构成供应链的企业具有分布、自治的特点，造成了供应链企业间信息的不对称现象。在供应链企业间合作伙伴关系的建立过程中，有必要在合作伙伴关系中建立约束机制，最终建立供应链企业间合作伙伴关系。

由于供应链管理中不确定性因素的存在，单一结点的供应源对供应链的运营将导致潜在的风险。因此，有时主导企业会同时与多个具有同样核心资源的企业建立合作伙伴关系组成供应链组合。

2. 供应链中企业间合作伙伴关系的益处和风险

供应链是围绕主导企业，由多个具有需求关系的企业构成的网络化系统，通过企业间的协作，完成产品或服务从原始供应商，经过制造、分销等环节，直到最终客户的增值过程。企业间合作关系的建立是供应链在动态环境中高效地进行供需协作过程的基础。供应链合作伙伴关系是指在一定时期内，基于利益共享和风险共担原则的一种协议关系。这种合作伙伴关系是为了特定的目标和利益，通过信息共享实现集成化的供应链管理关系。合作的原因是为了抓住机遇，优化地实现机遇、占领市场、取得竞争的成功。显然，合作伙伴关系要强调企业间的合作互利和相互的信任。

一般情况下，供应链中企业间的合作通常表现为以下一些形式：供应商—制造商（supplier-manufacturer）；制造商—分销商（manufacturer-distributor）；制造商—客户（manufacturer-customer）。

1）供应链中企业间合作伙伴关系的益处

与精心挑选的少量供应商和经销商建立合作伙伴关系之后，供应商、制造商和经销商之间通过协商来解决产品设计、生产、零配件的供应以及销售、配送和售后服务等的问题，将使各方都受益。

对制造商而言，与供应商以及经销商合作伙伴关系的建立将有益于以下目标的实现。

（1）新产品上市时间缩短。通过与供应商建立合作伙伴关系，制造商可以不必通过昂贵而风险巨大的垂直集成就能充分利用供应商的专长，将大量自己不擅长的零配件等的设计和生产任务"外包"，而集中力量于自己的核心竞争能力。这样充分发挥各方的优势，并行开展新产品的设计和制造，从而使新产品的上市时间明显缩短。

（2）生产成本降低。合作伙伴关系的建立，将使得供应商更多地参与新产品的设计、工艺及生产过程；制造商也不再是仅仅被动地接受供应商的产品，也将对供应商的设计和制造过程进行更多的了解。本着"双赢"的原则，供需双方都将对对方设计和生产中的缺陷和问题提出及时的改进意见，从而使生产成本大大降低。

（3）用户满意度的增加。用户满意度的增加主要有以下三方面保证。

① 产品设计的保证。合作伙伴关系不仅仅存在于供应商与制造商之间，也存在于制造商与经销商之间。据统计，企业70%～80%的创新来自于客户的意见。经销商更贴近用户，更知道用户的喜好，从而能在新产品的需求定义方面提出更为恰当的建议，使得产品的设计能做到以用户需求来拉动，而不是按惯例将产品推向用户。供应商的合作也能使制造商在产品的设计之初就充分考虑用户的需求，从而能生产出更符合用户使用习惯的产品。

② 产品制造过程保证。供应质量的提高使得制造商可以在正确的时间、恰当的地点，获得符合质量要求的正确数量的零配件，从而使得产品质量大为提高，同时也将使生产的提前期大大缩短。

③ 售后服务保证。用户的喜好千差万别，产品的设计不可能完全符合用户的胃口，同时产品的质量又不可能做到绝对无缺陷，因此，用户的不满意总是存在的。而关键在于当用户不满意时，经销商、制造商和供应商将齐心协力来解决出现的问题，而不是互相推卸责任。

对供应商而言，当合作伙伴关系建立以后，制造商可以向供应商进行投资，以帮助其更新生产和配送设备，加大对技术改造的投入，提高配送质量。虽然制造商往往会向供应商提出持续降低其供应价格的要求，但同时也会承诺持续增大其对供应商的需求。这种要求虽然对供应商带来了相当大的压力，但是增大的市场份额、稳定的市场需求以及制造商的投资可使其改进技术，进一步增强其核心能力，扩大规模效应。另外，合同期限的延长也使得供应商在相当长的一段时间内必要的利润有了保证，从而有利于供应商将更多的注意力放在企业的长远发展上去，而不至于为了企业的生存疲于奔命。

2) 供应链中企业间合作伙伴关系的风险

合作伙伴关系也存在着潜在的风险。

(1) 过分地依赖于某一个或某些供应商将是很危险的。某一新产品能否比其竞争对手早一两个月上市对于企业来说是十分重要的，这需要全部合作伙伴的努力，发挥出整个供应链的最高效率。但是，当制造商将某一关键技术或部件外包给某个特定的供应商，而该供应商又无法按期完成任务时，整个企业将面临灾难：有时产品比竞争对手晚上市半年意味着几乎无市场份额可言。因此，对关键技术或零部件供应商的选择应更为慎重，而且在其后的时间内应加强双方的交流与沟通，加大合作力度，做到防患于未然。一些学者则认为可以采用单/双供应商混合策略来应对上述风险。

(2) 随着大量部件的外包以及供应商数目的减少，制造商对供应商的影响力减小而依赖性增强，此时，供应商的"机会主义"行为对制造商带来损害的可能性就很难避免。"机会主义"产生的原因是：人是"经济人"，在约束条件下总要追求自己的利益；又因为人无法确知交易过程中可能出现的一切情况，即"有限理性"，所以人在市场交易过程中总会设法损人利己。为尽量避免上述问题，制造商应在选择合作伙伴之初就将合作可能产生的好处尽可能明确地通告各合作伙伴，即展示一个美好而又可信的共同远景。这样，供应商将发现，从长远看最大化群体利益的同时也将最大化自己的利益，损人利己的行为也将被利人利己所取代。

(3) 随着大量部件的外包，有可能使企业的核心竞争优势丧失。制造商与供应商们建立了合作伙伴关系之后，一些自己不擅长的零配件的生产被外包出去。这样既分散了风险、保证了最终产品的质量，又加快了产品上市的速度。因此，制造商将进一步加大外包的力度。但是，长期这样做的恶果是企业如果不能明确哪些是自己必须拥有或保持的核心能力，而把它们也外包出去，最终企业将被架空。如果供应商的势力做大，有时会像特洛伊木马那样，从内部夺取制造商的市场。

需要说明的是，结成合作伙伴关系后，其优势一般要等到3年以后才能显现。因此，将合作伙伴关系当作企业的短期行为或"救命稻草"是不可取的。

9.1.5 供应链系统设计

1. 供应链系统的典型结构

人们一般所指的供应链系统,是站在一个核心企业的角度来看的,实际的供应链系统在形式上可能是千差万别的,但是其主要特征确实是共同的。更确切地讲,供应链是一个网状的"链",或简称网链,这个网链上有一个核心企业,以核心企业为中心,上、下游各有若干结点企业。核心企业可以是制造型企业,也可以是零售型企业。有的供应链系统上游企业多一些,有的供应链系统下游企业多一些,不一而足。

2. 供应链系统的设计问题

供应链系统的设计,就是要建立以一个重要的企业为核心,联盟上游企业和下游企业的协调系统。要想提高供应链管理的运作绩效,除了要有一个高效的运行机制外,建立一个优化的供应链系统也是极为重要的一个环节。

供应链的构成不是一成不变的,但是在实际经营中,不可能像改变办公室的桌子那样随意改变供应链上的结点企业。因此,作为供应链管理的一个重要环节,无论是理论研究人员还是企业实际管理人员,都非常重视供应链的构建问题。

1) 供应链设计与环境因素的考虑

一个设计精良的供应链在实际运行中并不一定能按照预想的那样完美,甚至无法达到设想的要求,这是主观设想与实际效果的差距。原因并不一定是设计或构想的不完美,而是环境因素在起作用,因此构建和设计一个供应链,一方面要考虑供应链的运行环境(地区、政治、文化、经济等因素),同时还应考虑未来环境的变化对实施的供应链的影响。必须用发展的、变化的眼光来设计供应链,无论是信息系统的构建还是物流通路设计都应具有较高的柔性,以提高供应链对环境的适应能力。

2) 供应链设计与企业再造工程

从企业的角度来看,供应链的设计是一个企业的改造问题。因为供应链管理引进的是一种新的思想,要按照这种思想重构企业的运作框架和战略系统,就要对原有的管理架构进行反思,必要时要进行一些革命性的变革。所以,供应链系统的建设也就是企业或者是企业群体进行业务流程的重构过程。要从管理思想革新的角度,以创新的观念武装企业(比如动态联盟与虚拟企业、精益生产)。

3) 供应链设计与先进制造模式的关系

供应链设计既是从管理新思维的角度去改造企业,也是先进制造模式的客观要求和推动的结果。如果没有全球制造、虚拟制造这些先进制造模式的出现,供应链的管理思想是很难得以实现的。正是先进制造模式的资源配置沿着"劳动密集—设备密集—信息密集—知识密集"的方向发展才使得企业的组织模式和管理模式发生相应的变化,从制造技术的技术集成演变为组织和信息等相关资源的集成。供应链管理适应了这种趋势,因此,供应链的设计应把握这种内在的联系,使供应链管理成为适应先进制造模式发展的先进管理思想。

3. 供应链系统设计的指导思想和原则

供应链系统设计的指导思想可以分为下列几个方面。

（1）根据不同群体的需求划分顾客，以使供应链适应市场面需求，按市场面进行物流网络的顾客化改造，满足不同顾客群需求及确保供应链企业能够盈利。

（2）根据市场动态使整个供应链需求计划成为一体，保证资源的最优配置。上、下游企业的计划应该跟市场需求动态协调编制，保证需求与供给之间在时间、品种、数量上满足配套要求。一方面保证生产能力的有效利用，另一方面减少由于不协调而产生的库存量。

（3）产品差异化尽量靠近用户，并通过供应链实现快速响应。

（4）对供应资源实施战略管理，减少物流与服务的成本。

（5）实施整个供应链系统的技术开发战略，以支持多层决策，清楚掌握供应链的产品流、服务流、信息流。

（6）采取供应链绩效测量方法，度量满足最终用户需求的效率与效益。

除了供应链设计的指导思想之外，还有一些供应链设计的原则。遵循这些基本的原则，就可以减少供应链系统设计中的失误，节省时间，并且保证供应链的设计和重建能满足供应链管理的战略目标。供应链设计的原则如下。

（1）自顶向下的设计和自底向上相结合的设计原则。在系统设计方法中，有两种设计方法，即自顶向下和自底向上的方法。自顶向下的方法是从全局走向局部的方法，自底向上的方法是一种从局部走向全局的方法；自上而下是系统分解的过程，而自下而上则是一种集成的过程。在设计一个供应链系统时，往往是先由主管高层做出战略规划与决策，规划与决策的依据来自市场需求和企业发展规划，然后由下层部门实施决策过程，因此供应链的设计是自顶向下和自底向上的综合。

（2）简洁性原则。简洁性是供应链的一个重要原则，为了能使供应链具有灵活快速响应市场的能力，供应链的每个结点都应是精简具有活力的能实现业务流程的快速组合。比如供应商的选择就应以少而精的原则，通过和少数的供应商建立战略伙伴关系，有利于减少采购的成本，有利于实施JIT采购法和准时生产。生产系统的设计更是应以精细思想为指导，从精细的制造模式到精细的供应链是企业努力追求的目标。

（3）互补性原则。供应链的各个结点的选择应遵循强—强联合的原则，达到实现资源外用的目的，每个企业只集中精力致力于各自核心的业务过程，就像一个独立的制造单元（独立制造岛），这些所谓单元化企业具有自我组织、自我优化、面向目标、动态运行和充满活力的特点，能够实现供应链业务的快速重组。

（4）协调性原则。供应链业绩好坏取决于供应链合作伙伴关系是否和谐，因此建立战略伙伴关系的合作企业关系模型是实现供应链最佳效能的保证。席酉民认为和谐是描述系统是否形成了充分发挥系统成员和子系统的能动性、创造性及系统与环境的总体协调性。只有和谐而协调的系统才能发挥最佳的效能。

（5）动态性原则。不确定性在市场中随处可见，供应链运作效率也会受到不确定性的影响。由于不确定性的存在，导致需求信息的扭曲，因此要预见各种不确定性因素对供应链运作的影响，减少信息传递过程中的信息延迟和失真。降低安全库存总是和服务水平的提高相矛盾。增加透明性、减少不必要的中间环节、提高预测的精度和时效性对降低不确定性的影响都是极为重要的。

（6）战略性原则。供应链的构建应有战略性观点，通过战略的观点考虑减少不确定性的影响。从供应链的战略管理的角度考虑,供应链设计的战略性原则还体现在供应链发展的长远规划和预见性,供应链的系统结构发展应和企业的战略规划保持一致,并在企业战略指导下进行。

4. 供应链系统设计的步骤

图 9.1 给出了供应链设计的基本步骤。在上述供应链设计指导思想和原则的指引下,参考下面的设计步骤,借用一定的方法,就可以完成供应链系统的设计。

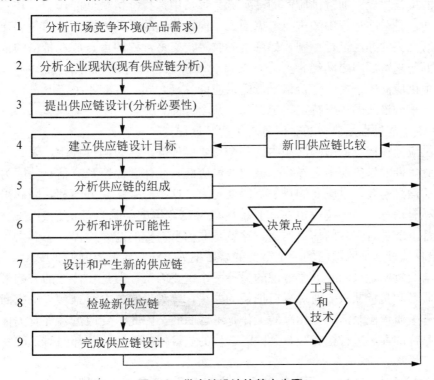

图 9.1　供应链设计的基本步骤

9.2　采购管理

9.2.1　采购管理的意义

采购是通过一系列活动或过程,获得企业运营所需的物质要素。如制造业获得生产所需的原材料和外购件等。

采购管理(procurement management)是计划下达、采购单生成、采购单执行、到货接收、检验入库、采购发票的收集到采购结算的采购活动的全过程,对采购过程中物流运动的各个环节状态进行严密的跟踪、监督,实现对企业采购活动执行过程的科学管理。采购管理包括采购计划、订单管理及发票校验 3 个组件。

采购管理是物流管理的重点内容之一,它在供应链企业之间的原材料和半成品生产合作交流方面架起一座桥梁,沟通生产需求与物资供应。为使供应链系统能够实现无缝连接,并提高供应链企业的同步化运作效率,就必须加强对采购的管理。

在供应链管理模式下,采购工作要做到5个恰当:恰当的数量、恰当的时间、恰当的地点、恰当的价格、恰当的来源。

9.2.2 传统的采购模式

传统采购的重点放在如何和供应商进行商业交易的活动上,特点是比较重视交易过程中供应商的价格比较,通过供应商的多头竞争,从中选择价格最低的作为合作者。虽然质量、交货期也是采购过程中的重要考虑因素,但在传统的采购方式下,质量、交货期等都是通过事后把关的办法进行控制,如到货验收等,交易过程的重点放在价格的谈判上。因此在供应商与采购部门之间经常要进行报价、询价、还价等来回的谈判,并且多头进行,最后从多个供应商中选择一个价格最低的供应商签订合同,订单才决定下来。

传统的采购模式的主要特点表现在如下几个方面。

1) 传统采购过程是典型的非信息对称博弈过程

选择供应商在传统的采购活动中是一个首要的任务。在采购过程中,采购一方为了能够从多个竞争性的供应商中选择一个最佳的供应商,往往会保留私有信息,因为如果给供应商提供的信息越多,供应商的竞争筹码就越大,这样对采购一方不利,因此采购一方尽量得保留私有信息,而供应商也在和其他的供应商竞争中隐瞒自己的信息。这样,采购、供应双方都不能进行有效的信息沟通,这就是非信息对称的博弈过程。

2) 验收检查是采购部门的一个重要的事后把关工作,质量控制的难度大

质量与交货期是采购一方要考虑的另外两个重要因素,但是在传统的采购模式下,要有效控制质量和交货期只能通过事后把关的办法,因为采购一方很难参与供应商的生产组织过程和有关质量控制活动,相互的工作是不透明的。因此需要通过各种有关标准如国际标准、国家标准等,进行检查验收。缺乏合作的质量控制导致采购部门对采购物品的质量控制的难度增加。

3) 供需关系是临时的或短时期的合作关系,而且竞争多于合作

在传统的采购模式中,供应与需求之间的关系是临时性的,或者短时性的合作,而且竞争多于合作。由于缺乏合作与协调,采购过程中各种抱怨和扯皮的事情比较多,很多时间消耗在解决日常问题上,没有更多的时间用来做长期性预测与计划工作,在供应与需求之间这种缺乏合作的气氛中增加了许多运作中的不确定性。

4) 响应用户需求能力迟钝

由于供应与采购双方在信息的沟通方面缺乏及时的信息反馈,在市场需求发生变化的情况下,采购一方也不能改变供应一方已有的订货合同,因此采购一方在需求减少时库存增加,需求增加时出现供不应求。重新订货需要增加谈判过程,因此供需之间对用户需求的响应没有同步进行,缺乏应付变化需求的能力。

9.2.3 供应链管理环境下采购的特点

在供应链管理的环境下,企业的采购方式和传统的采购方式有所不同。这些差异主要体现在如下几个方面。

1. 从为库存而采购到为订单采购的转变

在传统的采购模式中,采购的目的很简单,就是为了补充库存,即为库存而采购。采购部门并不关心企业的生产过程,不了解生产的进度和产品需求的变化,因此采购过程缺乏主动性,采购部门制定的采购计划很难适应制造需求的变化。在供应链管理模式下,采购活动是以订单驱动方式进行的,制造订单的产生是在用户需求订单的驱动下产生的,然后,制造订单驱动采购订单,采购订单再驱动供应商。这种准时化的订单驱动模式,使供应链系统得以准时响应用户的需求,从而降低了库存成本,提高了物流的速度和库存周转率。

订单驱动的采购方式有如下特点。

(1) 由于供应商与制造商建立了战略合作伙伴关系,建立供应合同的手续大大简化,不再需要双方的询盘和报盘的反复协商,交易成本也因此大为降低。

(2) 在同步化供应链计划的协调下,制造计划、采购计划、供应计划能够并行进行,缩短了用户的响应时间,实现了供应链的同步化运作。采购与供应的重点在于协调各种计划的执行,使制造计划、采购计划、销售计划保持同步。

(3) 采购物资直接进入制造部门,减少采购部门的工作压力和不增加价值的活动过程,实现供应链精益化运作。

(4) 信息传递方式发生了变化。在传统采购方式中,供应商对制造过程的信息不了解,也无需关心制造商的生产活动,但在供应链管理环境下,供应商能共享制造部门的信息,这提高了供应商的应变能力,减少了信息失真。同时在订货过程中不断进行信息反馈,修正订货计划,使订货与需求保持同步。

(5) 实现了面向过程的作业管理模式的转变。订单驱动的采购方式简化了采购工作流程,采购部门的作用主要是沟通供应与制造部门之间的联系,协调供应与制造的关系,为实现精益采购提供基础保障。

2. 采购管理向外部资源管理转变

在建筑行业中,当采用工程业务承包时,为了对承包业务的进度与工程质量进行监控,负责工程项目的部门会派出有关人员深入到承包工地,对承包工程进行实时监管。这种方法也可以适用于制造企业的采购业务活动中,这是把事后把关转变为事中控制的有效途径——供应管理或者叫外部资源管理。

那么,为什么要进行外部资源管理,以及如何进行有效的外部资源管理?

正如前面所指出的,传统采购管理的不足之处就是与供应商之间缺乏合作,缺乏柔性和对需求快速响应的能力。准时化思想出现以后,对企业的物流管理提出了严峻的挑战,需要改变传统的单纯为库存而采购的管理模式,提高采购的柔性和市场响应能力,增加和供应商的信息联系和相互之间的合作,建立新的供需合作模式。

一方面,在传统的采购模式中,供应商对采购部门的要求不能得到实时的响应;另一方面,关于产品的质量控制也只能进行事后把关,不能进行实时控制,这些缺陷使供应链企业无法实现同步化运作。为此,供应链管理采购模式的第二特点就是实施有效的外部资源管理。

实施外部资源管理也是实施精益化生产、零库存生产的要求。供应链管理中一个重要思想是,在生产控制中采用基于订单流的准时化生产模式,使供应链企业的业务流程朝着精益化生产努力,即实现生产过程的几个"零"化管理:零缺陷、零库存、零交货期、零故障、零(无)纸文书、零废料、零事故、零人力资源浪费。

供应链管理的思想就是系统性、协调性、集成性、同步性,外部资源管理是实现供应链管理的上述思想的一个重要步骤——企业集成。从供应链企业集成的过程来看,它是供应链企业从内部集成走向外部集成的重要一步。

要实现有效的外部资源管理,制造商的采购活动应从以下几个方面着手进行改进。

(1) 和供应商建立一种长期的合作关系,一种互惠互利的合作关系。这种合作关系保证了供需双方能够有合作的诚意和共同解决问题的积极性。

(2) 通过提供信息反馈和教育培训支持在供应商之间促进质量改善和质量保证。传统采购管理的不足在于没有给予供应商在有关产品质量保证方面的技术支持和信息反馈。在顾客化需求的今天,产品的质量是由顾客的要求决定的,而不是简单地通过事后把关所能解决的。因此在这样的情况下,质量管理的工作需要下游企业提供相关质量要求的同时,应及时把供应商的产品质量问题及时反馈给供应商,以便及时改进。对个性化产品的质量要提供有关技术培训工作,使供应商能够按照要求提供合格的产品和服务。

(3) 参与供应商的产品设计和产品质量控制过程。同步化运营是供应链管理的一个重要思想。通过同步化的供应链计划使供应链各企业在响应需求方面取得一致性的行动,增加供应链的敏捷性。实现同步化运营的措施是并行工程。制造商企业应该参与供应商的产品设计和质量控制过程,共同制定有关产品质量标准等,使需求信息能很好地在供应商的业务活动中体现出来。

(4) 协调供应商的计划。一个供应商有可能同时参与多条供应链的业务活动,在资源有限的情况下必然会造成多方需求争夺供应商资源的局面。在这种情况下,下游企业的采购部门应主动参与供应商的计划协调。在资源共享的前提下,保证供应商不至于因为资源分配不公或出现供应商抬杠的矛盾,保证供应链的正常供应关系,维护企业的利益。

(5) 建立一种新的有不同层次的供应商网络,并通过逐步减少供应商的数量,致力于与供应商建立合作伙伴关系。在供应商的数量方面,一般而言,供应商越少越有利于双方的合作。但是,企业的产品对零部件或原材料的需求是多样的,因此不同企业的供应商数目不同,企业应该根据自己的情况选择适当数量的供应商,建立供应商网络,并逐步减少供应商的数量,致力于和少数供应商建立战略伙伴关系。

外部资源管理并不是采购一方(下游企业)的单方面努力就能取得成效的,需要供应商的配合与支持,为此,供应商也应该从以下几个方面提供协作。

① 帮助拓展用户(下游企业)的多种战略。
② 保证高质量的售后服务。
③ 对下游企业的问题做出快速响应。
④ 及时报告可能影响用户服务的内部问题。
⑤ 基于用户的需求,不断改进产品质量和服务质量。
⑥ 在满足自己的能力需求的前提下提供一部分能力给下游企业——能力对外援助。

3. 从一般买卖关系向战略协作伙伴关系转变

供应链管理模式下采购管理的第三个特点是供应与需求的关系从简单的买卖关系向双

方建立战略协作伙伴关系的转变。

在传统的采购模式中，供应商与需求企业之间是一种简单的买卖关系，因此无法解决一些涉及全局性、战略性的供应链问题，而基于战略伙伴关系的采购方式为解决这些问题创造了条件。这些问题具体如下。

（1）库存问题。在传统的采购模式下，供应链的各级企业都无法共享库存信息，因此，各级结点企业都独立地采用订货点法进行库存决策（在第9章中有详细论述），不可避免地产生需求信息的扭曲现象，因此供应链的整体效率得不到充分的提高。但在供应链管理模式下，通过双方的合作伙伴关系，供应与需求双方可以共享库存数据，因此采购的决策过程变得透明多了，减少了需求信息的失真现象。

（2）风险问题。供需双方通过战略性合作关系，可以降低由于不可预测的需求变化带来的风险，比如运输过程的风险、信用的风险、产品质量的风险等。

（3）通过合作伙伴关系可以为双方共同解决问题提供便利的条件，通过合作伙伴关系，双方可以为制定战略性的采购供应计划而共同协商，不必为日常琐事消耗时间与精力。

（4）降低采购成本问题。通过合作伙伴关系，供需双方都为降低交易成本而获得好处。由于避免了许多不必要的手续和谈判过程，信息的共享避免了信息不对称决策可能造成的成本损失。

（5）战略性的伙伴关系消除了供应过程的组织障碍，为实现准时采购创造了条件。

运作实例 9-1

上海联华以强大供应链对垒国际巨头

在对外开放最前沿的上海，近些年来不乏一些国际零售业巨头在激烈的市场竞争中败走麦城。但是令人称奇的是，出自本土的上海联华却在去年取得了年销售额达 180 多亿元、销售额高居国内零售业第一的佳绩。

锻造企业核心竞争力

要成功实施联华战略，最重要的一条是用最先进的管理技术来锻造企业的核心竞争力。这个技术主要包括采购技术、物流技术和信息技术等在内的管理技术。

1999 年，联华采购的商品已有 2 万多种，采购、财务部门与 3 000 多家供应商有着业务和资金往来。传统的经营方式已经与现实需求越来越不适应。联华为此启用了 EDI 自动订货系统，至今联华的订货系统已与上百家大型供应商联网。

目前，上海联华通过供应商平台采购的商品数量在 20 000～40 000 种，涉及的供应商有 3 000 多家。其中，像上海家化、达能饼干、雀巢公司等在内的 1 000 多家供应商已通过供应商平台自动供货。通过联华所构建的供应商服务平台，外部供应商可以清晰地看到自己商品的销售、库存情况，以便进行下一步的及时供货。

与外部供应链不同，联华的内部供应链系统致力于解决企业总部与分支机构、下属门店、分公司、代理商之间的业务管理问题。现在联华在几乎所有连锁店之间建立起统一的信息系统，总部可以通过网络对所有门店进行业务监控和管理。

供应链管理使得上海联华的总运营成本下降了 10%。上海联华苦心构建的这条供应链不仅是一条连接供应商和用户的信息链、物流链和资产链，更是一条增值链，它使联华订货—生产周期缩短为原来的 25%～30%。

以往，上海市大大小小的超市几乎都是同一个"面孔"——百货为主，生鲜为次，而上海联华就是在这单一的面孔背后发现了自己的商机。在对本地市场需求进行详细分析后，他们准确地选择了"生鲜"作为自己的经营个性。为了进一步强化生鲜这一个性，联华苦心编织了一张覆盖全国的采购网，在山东、四川等地建立生鲜食品供应基地，专门引进其他同类超市没有的个性化商品，并建立了覆盖全国网络的采购点。由于实行规模采购，上海联华生鲜商品的销售量一路猛增至总销售量的40%。

供应链带来的竞争优势

拥有快速物流配送的能力和超低的物流成本，是一家现代连锁商业企业取得自己竞争优势的关键一环。在这方面，联华曾对外界发布过一个引以为豪的数字——联华物流的配送费率一直被控制在2%以内，这甚至低于沃尔玛4.5%的水平。

单一个例子就很容易看清其奥妙所在。在上海联华投资6 000多万元兴建的生鲜食品加工配送中心，每天由各门店的计算机终端将当日的生鲜食品要货指令发送给配送中心的计算机系统加以处理，之后产生两条指令清单：一条指令会直接提示采购部门按具体的需求安排采购，另一条指令会即时发送给各加工车间的控制加工流水线的计算机控制系统，按照当日的需求进行食品加工。更为巧妙的是，这个系统还会根据门店的要货时间和前往各门店的送货路线远近自动安排生产次序。

要"鲜"则必须要"快"。上海联华曾为此做过研究：自己要完成30家门店配送6 000箱商品的任务，从门店发出要货指令到配货中心仅需40min；而如果通过传统的操作流程，这项配货作业至少需要4h。配送速度提高了，商品周转速度加快了，单位时间内货物配送总量的增加使得配送的费率自然而然地降了下来。先进物流技术的力量，在商品配送中得到了真实的体现。

不只是成品生产流程，上海联华的大型智能配送中心实现了从门店发出要货指令，到配货完成发车，作业前后只需几十分钟的高速运转。在其他超市尚在使用传统配送系统的时候，联华已经有了通过国家有关部门鉴定的先进物流控制系统，这使得上海联华能够实现以两个总面积仅为5.7万m^2的配送中心满足1 000家门店配送需求、配送费率一直在2%以下的"奇迹"。联华的供应链建设，从1999年6月便开始起步。起初建立的仅仅是仓储系统，但当开始跨地域布置门店的时候，采购系统也需要同时扩大到更大规模，于是相应产生的数据量急剧加大。为了适应需要，着手建立了自己的智能配送系统，这样做的初衷主要是为了使仓库系统有一个很大幅度的提升，但从客观上反而提升了核心竞争技术。

资料来源：根据网络资料整理．

9.2.4 基于供应链的采购方法

企业采购管理是企业为了实现生产或销售计划，在确保适当品质的条件下，从适当的供应商，在适当的时间，以适当的价格，购入必需数量的物品或劳务所采取的一切管理活动。采购是企业全部经营活动的起点，这一环节对企业整体经营活动效率的提高非常重要，在一定意义上是企业的成本之源、质量之源和效率之源，将来也必将成为企业的创新之源。

采购是供应链管理中非常重要的一个环节，会卖不如会买已成为一种共识。一般来说，生产型的企业至少要用销售额的50%来进行原材料、零部件的采购。采购的速度、效率、订单的执行情况会直接影响到本企业是否能够快速灵活地满足下游客户的需求。采购成本的高低会直接影响到企业最终产品的定价情况和整个供应链的最终获利情况。物资采购实现对整个企业的物资供应，有3个基本目标：适时适量、保证质量和费用最省。

企业采购中有大量的活动是不增加产品价值的。例如订货、修改订货、收货、开票、装卸、运输、质量检查、入库、点数、转运、送货等。在供应链环境下，可以采用JIT的方法来实现上述的企业采购的 3 个目标。JIT 是 Just-In-Time 的简称，意即准时化，是应用拉式生产物流控制原理的方法。JIT 采购的目的就是要消除企业采购环节中的浪费，消除原材料和外购件库存。减少并最终消除原材料和外购件库存，不仅取决于企业内部，而且取决于供应商的管理水平，取决于全社会的物资管理水平。只有当企业需要什么样的原材料，就能供给什么样的原材料，什么时间要就能什么时间供应，需要多少就能供给多少时，企业的原材料和外购件库存才能降到最低水平。在这个意义上，企业物资的采购和供应才具有真正的柔性。

从实施 JIT 生产方式的角度来看，实行 JIT 采购是推行 JIT 生产的必然要求和实现条件。JIT 采购是企业内部 JIT 系统的延伸，JIT 生产方式必须把供应商也纳入企业整个系统之中。消除原材料和外购件库存，要比消除工序间的在制品库存困难得多，因为它不仅取决于企业内部，还取决于供应商和物资部门。另一方面，由于原材料和外购件占用大量资金，如据估计，汽车产品中购买的原材料和零部件的价值占其总成本的 50%～80%，而且 30% 的质量问题和 80% 的产品交货期是由物资采购引起的。不消除这种浪费，推行 JIT 生产方式的效果就不会好。因此，实施 JIT 采购至关重要。

9.3 供应商管理

9.3.1 选择供应商的因素

企业发展初期，相应地选择的供应商规模也不大。随着企业的阶段性成长，原来小型供应商会变得不太适应企业业务扩大的需要。需要有计划地更换供应商。当然要看实际业务需要，而且要分期分阶段进行。

9.3.2 供应商选择的方法

供应商选择的方法有多种，如可以采用类似设施选址采用的因素分析法，即首先确定评价因素并赋之权重，按各候选供应商满足各评价因素的程度打分，计算权重与分数之积并求和，分值最高的即为首选供应商。

这里介绍另一种常用的方法——层次分析法。

层次分析法(analytic hierarchy process，AHP)是由美国运筹学家 T. L. Saaty 教授在 1973 年提出的一种能有效地处理决策问题、实用的多方案或多目标的决策方法。其主要特征是，它合理地将定性与定量的决策结合起来，按照思维、心理的规律把决策过程层次化、数量化。

层次结构模型是运用 AHP 进行系统分析时，将所包含的因素分组，每一组作为一个层次，按照最高层、若干有关的中间层和最底层的形式排列起来，并用连线表明上一层因素与下一层的联系而形成的结构模型。

图 9.2 中，最高层表示解决问题的目的，即应用 AHP 所要达到的目标；中间层表示采用某种措施和政策来实现预定目标所涉及的中间环节，一般又分为策略层、约束层、准则层等；最底层表示解决问题的措施或政策(即方案)。

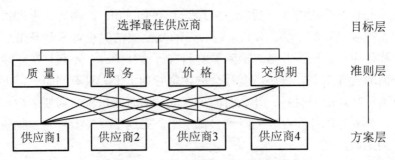

图 9.2　供应商选择层次结构模型

主要步骤具体如下。

1. 确定评价指标权重

AHP 的信息基础主要是人们对每一层次各因素的相对重要性给出的判断，这些判断用数值表示出来，写成矩阵形式就是判断矩阵。各因素的相对重要性是利用两两比较来确定的，比较结果的差异程度见表 9-2。

表 9-2　评价尺度

评价描述	评　分
绝对重要	9
明显重要	7
很重要	5
比较重要	3
重要性相同	1

2. 层次单排序

它是指根据判断矩阵计算的对于上一层某因素而言，本层次与之有联系的因素的重要性次序的权值。如各供应商按质量指标排序。

3. 层次总排序

它是利用同一层次中所有层次单排序的结果计算出来的针对上一层次而言本层次所有因素重要性的权值。如各供应商按质量、价格、服务、交货期等确定的综合排序。

下面结合一个具体的事例说明其计算过程。

【范例 9-1】见本章的引例和图 9.2，现给出企业对供应商的评价指标，即质量、价格、服务和交货期，并假定企业对这 4 个指标的两两比较的重要性，见表 9-3。

表 9-3　评价指标权重——初始矩阵

	质　量	价　格	服　务	交货期
质量	1	2	4	3
价格	1/2	1	3	3
服务	1/4	1/3	1	2
交货期	1/3	1/3	1/2	1
合计	25/12	11/3	17/2	9

对该组数据进行处理，得出每个指标的相对权重。其步骤如下。
(1) 表 9-3 中各列纵向相加求和。
(2) 表 9-3 中的每个值除以相应列之和，见表 9-4。
(3) 计算每行平均值，见表 9-4，其最后一列即为相对权重。

表 9-4 评价指标权重——调整后的矩阵

	质 量	价 格	服 务	交货期	权重(行均值)
质量	12/25	6/11	8/17	3/9	0.457
价格	6/25	3/11	6/11	3/9	0.300
服务	3/25	1/11	2/17	2/9	0.138
交货期	4/25	1/11	1/17	1/9	0.105
合计					1.000

同理计算供应商各指标的单排序，见表 9-5 至表 9-8。

表 9-5 供应商质量指标单排序

	S1	S2	S3	S4
S1	1	5	6	1/3
S2	1/5	1	2	1/6
S3	1/6	1/2	1	1/8
S4	3	6	8	1
权重	0.297	0.087	0.053	0.563

表 9-6 供应商价格指标单排序

	S1	S2	S3	S4
S1	1	1/3	5	8
S2	3	1	7	9
S3	1/5	1/7	1	1/2
S4	1/8	1/9	1/2	1
权重	0.303	0.537	0.078	0.046

表 9-7 供应商服务指标单排序

	S1	S2	S3	S4
S1	1	5	4	8
S2	1/5	1	1/2	4
S3	1/4	2	1	5
S4	1/8	1/4	1/5	1
权重	0.597	0.140	0.124	0.050

表9-8 供应商交货期指标单排序

	S1	S2	S3	S4
S1	1	3	1/5	1
S2	1/3	1	1/8	1/3
S3	5	8	1	5
S4	1	3	1/5	1
权重	0.151	0.060	0.638	0.151

最后计算供应商的总排序，见表9-9。

表9-9 供应商层次总排序

	质 量	价 格	服 务	交货期	权 重
S1	0.457×0.297	0.300×0.303	0.138×0.597	0.105×0.151	0.325
S2	0.457×0.087	0.300×0.573	0.138×0.140	0.105×0.060	0.237
S3	0.457×0.053	0.300×0.078	0.138×0.214	0.105×0.638	0.144
S4	0.457×0.563	0.300×0.046	0.138×0.050	0.105×0.151	0.294

注：质量+价格+服务+交货期＝权重。

本例供应商S1的综合权重最高，为首选供应商。

至此，引例的谜底也已揭开。问题答案的要点是：首先，企业应确定评价指标的权重，也只是说，企业对质量、价格、服务和交货期等指标的重视程度，给它们排序以确定其相对重要性。其次，应获取4个供应商在上述4个指标的比较结果，仅仅知道每个供应商的单一的优势还不够，还应知道其他指标比较后各供应商所处的位置。最后，将企业的指标权重乘以各供应商在各指标比较的结果并求和，得出总排序，选择分值最高的供应商。

除了前述的两种方面外，还有适合某些特殊场合的方法，如直观判断法、招标法、采购成本比较法等，以及更复杂的数学方法，如神经网络分析法等，在此不赘述。

9.3.3 供应商管理

供应商管理是供应链管理中一个很重要的问题，它在实现准时采购中有很重要的作用，在物流与采购中提出客户关系管理并不是什么新概念。在传统的市场营销管理中早就提出了关系营销的思想，但是，在供应链环境下的客户关系和传统的客户关系有很大的不同。在市场营销中的客户指的是最终产品的用户，而这里的客户是指供应商，不是最终用户。另外，从供应商与客户关系的特征来看，传统的企业关系表现为3种：竞争性关系、合同性关系（法律性关系）、合作性关系，而且企业之间的竞争多于合作，是非合作性竞争。供应链管理环境下的客户关系是一种战略性合作关系，提倡一种双赢机制。从传统的非合作性竞争走向合作性竞争、合作与竞争并存是当今企业关系发展的一个趋势。

1. 两种供应关系模式

在供应商与制造商关系中，存在两种典型的关系模式：传统的竞争关系和合作性关系或称双赢关系。两种关系模式的采购特征有所不同。

竞争关系模式是价格驱动的。这种关系的采购策略表现为以下几个方面。

(1) 买方同时向若干供应商购货，通过供应商之间的竞争获得价格好处，同时也保证供应的连续性。

(2) 买方通过在供应商之间分配采购数量对供应商加以控制。

(3) 买方与供应商保持的是一种短期合同关系。

双赢关系模式是一种合作的关系，这种供需关系最先是在日本企业中采用。它强调在合作的供应商和生产商之间共同分享信息，通过合作和协商协调相互的行为，其特点如下。

(1) 制造商对供应商给予协助，帮助供应商降低成本、改进质量、加快产品开发进度。

(2) 通过建立相互信任的关系提高效率，减少交易/管理成本。

(3) 通过长期的信任合作取代短期的合同。

(4) 比较多的信息交流。

前面介绍的准时采购采用的模式就是合作性的关系模式，供应链管理思想的集中表现就是合作与协调性。因此建立一种双赢的合作关系对于实施准时采购是很重要的。

2. 双赢供应关系管理

双赢(winner-winner)关系已经成为供应链企业之间合作的典范，因此，要在采购管理中体现供应链的思想，对供应商的管理就应集中在如何和供应商建立双赢关系以及维护和保持双赢关系上。

1) 信息交流与共事机制

信息交流有助于减少投机行为，有助于促进重要生产信息的自由流动。为加强供应商与制造商的信息交流，可以从以下几个方面着手。

(1) 在供应商与制造商之间经常进行有关成本、作业计划、质量控制信息的交流与沟通，保持信息的一致性和准确性。

(2) 实施并行工程。制造商在产品设计阶段让供应商参与进来，这样供应商可以在原材料和零部件的性能和功能要求上提供有关信息，为实施 QFD 的产品开发方法创造条件，把用户的价值需求及时地转化为供应商的原材料和零部件的质量与功能要求。

(3) 建立联合的任务小组解决共同关心的问题。在供应商与制造商之间应建立一种基于团队的工作小组，由双方的有关人员共同组成，解决供应过程以及制造过程中遇到的各种问题。

(4) 供应商和制造商工厂互访。供应商与制造商采购部门应经常性地互访，及时发现和解决各自在合作活动过程中的困难和出现的问题，便于建立良好的合作气氛。

(5) 使用电子数据交换(EDI)和互联网技术进行快速的数据传输。

2) 对供应商的激励机制

要保持长期的双赢关系，对供应商的激励是非常重要的，没有有效的激励机制，就不可能维持良好的供应关系。在激励机制的设计上，要体现公平、一致的原则。给予供应商价格折扣和柔性合同，以及采用赠送股权等，使供应商和制造商分享成功，同时也使供应商从合作中体会到双赢机制的好处。

3) 合理的供应商评价方法和手段

要进行对供应商的激励，就必须对供应商的业绩进行评价，使供应商不断改进。没有合理的评价方法，就不可能对供应商的合作效果进行评价，这将大大挫伤供应商的合作积极性和合作的稳定性。对供应商的评价要抓住主要指标或问题，比如交货质量是否改善了，提前期是否缩短了，交货的准时率是否提高了等。通过评价，把结果反馈给供应商，和供应商一起共同探讨问题产生的根源，并采取相应的措施予以改进。

9.4 准时采购

9.4.1 准时采购及特点

1. 准时采购的特点

准时采购又称为JIT采购法，是一种先进的管理理念和采购模式，其基本思想是：在恰当的时间、地点，以恰当的数量、质量提供恰当的物品。准时采购的运作过程是：制造部门提出制造需求，采购部门接到需求后，以采购订单的方式将需求传递给供应商，供应商以此为依据进行备货发货。同时，制造部门将制造过程中影响采购的各项信息实时反馈给采购部门，采购部门据此对采购订单进行修正调整，同时将最新需求信息反馈给供应商，供应商据此进行备货交货。根据这样的操作模式，供应商必须实时响应制造过程中的不同需求，这也意味着供应商可能一天一次、一天两次，甚至几个小时一次提供采购物品。这一模式与传统采购在制造之前把采购产品大批量送到的方法形成了鲜明的对比。具体而言，供应链管理环境下的准时采购战略具有以下几个特点。

1) 供应商数量较少

传统采购模式中企业一般是采取多头采购，供应商的数目相对较多。供应链管理环境下准时采购模式中的供应商数量较少，甚至采取单一供应商。这种变化一方面可以使供应商获得长期订货和内部规模经济效益，从而降低产品的价格；另一方面有利于供应商与采购商之间建立长期稳定的战略合作关系，保证产品质量的可靠稳定。

2) 综合评价供应商

在传统采购模式中，供应商是通过价格竞争而确定的，供需双方的关系是短期合作关系，一旦发现供应商不符合要求，可以通过市场招标的方式重新选择。但在准时采购模式中，供需双方是长期战略合作关系，因而对供应商的选择非常慎重，需要对供应商进行综合评价。在选择供应商时，价格不再是主要的因素，质量成为最重要的标准，这里的质量不仅包括产品质量，还包括工作质量、交货质量、技术质量等多个方面的内容。

3) 小批量采购

小批量采购是准时采购的一个基本特征。由于准时制生产过程中企业对原材料和外购件的需求是不确定的，而准时采购又旨在消除原材料和外购件的库存，为了保证准时供应所需的原材料和外购件，采购必然小批量。当然，小批量采购会增加运输次数和成本，这可以通过混合运输、代理运输、第三方物流等方式，或尽量使供应商在地理位置上比较接近等加以解决。

4) 有效的信息交流

只有供需双方进行可靠而迅速的双向信息交流，才能保证所需的原材料和外购件的准时供应，同时充分的信息交流可以增强供应商的应变能力。所以，实施准时采购就要求上下游厂商之间进行有效的信息交流。信息交流的内容包括生产作业计划、产品设计、工程数据、质量、成本、交货期等。现代信息技术的发展，如 EDI、电子商务等，为有效的信息交换提供了强有力的支持。

5) 交货具有准时性

准时采购的一个重要特点是要求交货准时，这是实施准时生产的前提条件。准时交货能力取决于供应商的生产与运输条件。作为供应商来说，要做到交货准时，首先应当不断改进生产条件，提高生产的可靠性和稳定性，减少延迟交货或误点现象，为此，供应商同样应当采用准时生产模式，提高生产过程的准时性；其次应当改进运输系统，因为运输问题决定了交货准时的可能性。特别是全球的供应链系统，运输路线长，而且可能要先后经过不同的运输工具，需要中转运输等，因此要通过有效的运输计划与管理，使运输过程准确无误。

6) 从根源上保证产品质量

实施准时采购以后，企业的原材料和外购件的库存很少甚至为零，因此为了保障企业生产经营的顺利进行，采购物资的质量必须从根源上予以保证。也就是说，购买的原材料和外购件的质量保证，应由供应商负责，而非下游厂商的采购部门。准时采购就是把质量责任返回到供应商，从而在根源上保证产品质量。为此，供应商应当参与制造商的产品设计过程，制造商也应帮助供应商来提高技术水平和管理水平。

2. 准时采购对供应链管理的意义

准时采购对于供应链管理思想的贯彻实施有重要的意义。从前面的论述中可以看到，供应链环境下的采购模式和传统的采购模式的不同之处在于采用订单驱动的方式。订单驱动使供需双方都围绕订单运作，也就实现了准时化、同步化运作。要实现同步化运作，采购方式就必须是并行的，当采购部门产生一个订单时，供应商即开始着手物品的准备工作。与此同时，采购部门编制详细采购计划，制造部门也进行生产的准备过程，当采购部门把详细的采购单提供给供应商时，供应商就能很快地将物资在较短的时间内交给客户。当客户需求发生改变时，制造订单又驱动采购订单发生改变，这样一种快速的改变过程，如果没有准时的采购方法，供应链企业很难适应这种多变的市场需求，因此，准时采购增加了供应链的柔性和敏捷性。

综上所述，准时采购策略体现了供应链管理的协调性、同步性和集成性，供应链管理需要准时采购来保证供应链的整体同步化运作。

9.4.2 准时采购的方法

前面分析了准时采购的特点和优点，从中可以看到准时采购和传统的采购方法的一些显著差别，要实施准时采购，以下 3 点是十分重要的。

(1) 选择最佳的供应商，并对供应商进行有效的管理是准时采购成功的基石。

(2) 供应商与客户的紧密合作是准时采购成功的钥匙。

（3）卓有成效的采购过程——质量控制是准时采购成功的保证。

在实际工作中，如果能够根据以上3点开展采购工作，那么成功实施准时采购的可能性就很大了。

如何有效地实施准时采购法呢？

（1）创建准时采购班组。世界一流企业的专业采购人员有3个责任：寻找货源、商定价格、发展与供应商的协作关系并不断改进。因此专业化的高素质的采购队伍对实施准时采购至关重要。为此，首先应成立两个班组，一个是专门处理供应商事务的班组，该班组的任务是认定和评估供应商的信誉、能力，或与供应商谈判签订准时化订货合同，向供应商发放免检签证等，同时要负责供应商的培训与教育。另外一个班组是专门从事消除采购过程中的浪费的班组。这些班组人员，对准时采购的方法应有充分的了解和认识，必要时要进行培训，如果这些人员本身对准时采购的认识和了解都不彻底，就不可能指望供应商的合作了。

（2）制订计划，确保准时采购策略有计划有步骤的实施。要制定采购策略，以及改进当前采购方式的措施——如何减少供应商的数量，供应商的评价，向供应商发放签证等内容。在这个过程中，要与供应商一起商定准时采购的目标和有关措施，保持经常性的信息沟通。

（3）精选少数供应商，建立伙伴关系。选择供应商应从这几个方面考虑：产品质量、供货情况、应变能力、地理位置、企业规模、财务状况、技术能力、价格、与其他供应商的可替代性等。

（4）进行试点工作。先从某种产品或某条生产线的试点开始，进行准时零部件或原材料的准时化供应试点。在试点过程中，取得企业各个部门的支持是很重要的，特别是生产部门的支持。通过试点，总结经验，为正式的准时采购实施打下基础。

（5）搞好供应商的培训，确定共同目标。准时采购是供需双方共同的业务活动，单靠采购部门的努力是不够的，需要供应商的配合，只有供应商也对准时采购的策略和运作方法有了认识和理解，才能获得供应商的支持和配合，因此需要对供应商进行教育培训。通过培训，大家取得一致的目标，相互之间就能够很好地协调做好采购的准时化工作。

（6）向供应商颁发产品免检合格证书。准时采购和传统采购方式的不同之处在于买方不需要对采购产品进行比较多的检验手续，要做到这一点，需要供应商提供百分之百的合格产品。当其做到这一要求时，即发给免检手续的免检证书。

（7）实现配合准时化生产的交货方式。准时采购的最终目标是实现企业的生产准时化。为此，要实现从预测的交货方式向准时化交货方式转变。

（8）继续改进，扩大成果。准时采购是一个不断完善和改进的过程，需要在实施过程中不断总结经验教训，从降低运输成本，提供交货的准确性，提高产品的质量，降低供应商库存等各个方面进行改进，不断提高准时采购的运作绩效。

9.5 国际采购

国际采购是指利用全球的资源，在全世界范围内去寻找供应商，寻找质量最好、价格合理的产品（货物与服务）。经济的全球化使企业在一个快速变化的新世界和新经济秩序中生存与发展，采购行为已成为企业的重大战略。从某种意义上讲，采购与供应链管理可以使一个企业成为利润的"摇篮"，同样也可以使一个企业成为利润的"坟墓"。

美国著名经济学家克里斯多夫讲过这样的话："市场上只有供应链而没有企业，真正的竞争不是企业与企业之间的竞争，而是供应链与供应链之间的竞争。"

由于经济的全球化，以及跨国集团的兴起，围绕一个核心企业（不管这个企业是生产企业还是商贸企业）的一种或多种产品，上下游企业形成战略联盟，上游与下游企业涉及供应商、生产商与分销商，这些厂商可能在国内，也可能在国外，商流、物流、信息流、资金流在这些企业之间形成一体化运作。

这种供应链的理念与运作模式，使采购成了供应链在系统工程中不可分割的一部分，采购商、供应商不再是单纯的一种买卖关系，而成了一种战略伙伴关系。

进入国际采购系统，成为全球供应链的一环。不论是建立企业自身的区域性或全球性采购系统，或进入跨国企业集团的供应链，成为稳定的供应商或销售商，还是成为跨国公司在中国设立的采购中心的供应商、成为联合国采购供应商、成为国际采购组织和国际采购经纪人的供应商，这些都是各个货主企业的终极追求。要进入国际采购系统，首先必须了解国际采购的特点、趋势，才能因势而动进入国际采购市场。

9.5.1 国际采购的必要性

要弄清为什么一个组织机构要从国外采购是很重要的，因为这会影响到谈判时所采取的姿态。国际性采购的原因包括以下几个。

（1）业务环境的改变。

（2）与企业的需求或竞争力有关的因素。对于前者，Carter 和 Narasimhan 确认了下列的各项挑战。

① 激烈的国际竞争。

② 降低各项成本的压力。

③ 对制造业灵活性的需要。

④ 更短的产品开发周期。

⑤ 严格的质量标准。

⑥ 日益变化和更新的技术。

关系到企业的需求或竞争力的因素包括以下几个。

① 国内无法供货，例如矿产品、橡胶等。

② 国内满足需求的能力不充足。

③ "保险"的原因，由于缺货或罢工而从国外购买以维持供应的连续性。

④ 海外资源的竞争力，例如较低的价格、完善的交货服务、更好的质量。

⑤ 由于政策原因或出于对收支平衡的考虑而来自政府的压力，需要进行的互惠贸易和反向贸易。

⑥ 对世界性技术的了解与采纳。

⑦ 能渗透到成长的市场中去。例如丰田公司从环太平洋地区组织货源，不仅获取了较低廉的成本，而且通过增加轿车中当地零部件成分，使其以限制性的定额进入了这些市场。

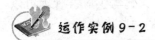

运作实例 9-2

波音公司从国际采购中找到竞争优势

航空业中企业与供应商之间的关系是较为复杂的。飞行器的系统设计和巨大的财务风险不得不要求供应商一开始就成为该项目的一个组成部分。

新型波音 777 飞机耗去投资 40 亿美元。波音公司实际支出 25 亿美元,供应商则投资剩下的 15 亿美元。由于投资金额巨大,波音飞机设计者和负责采购的人员与供应商的联系在较早时期就已认真开展。引擎、起落架和数以千计其他元件和零部件作为飞机整体设计的一部分要从其他企业获得。因此,供应商在设计初期就与波音公司休戚与共。除非波音公司以每月 6 架或 7 架的速度卖掉 300 架飞机,否则投资是无法收回的。由于风险如此之高,供应商作为"合伙人"也应负担一定责任。

有效的采购不仅需要找到优秀的供应商,而且这些供应商也愿意承担新产品试制的风险。这些供应商是形形色色的,他们遍布于世界各地,从中东到太平洋沿岸地区。

获取零部件的国际化分散了波音公司的风险,并且增强了波音公司的优势。那些参与制造波音飞机的国家更愿意购买波音公司的产品,而不去做麦道或空中客车的顾客。

资料来源:[美]杰伊·海泽,巴里·雷德. 生产与作业管理教程. 潘洁夫等译. 北京:华夏出版社,2002:257.

9.5.2 国际采购的组织

1. 国际采购的步骤

步骤是一套方法,它讲述如何有次序地一步一步地完成某个任务或某项工作。它又是一种正式的安排,使衔接各层次策略构想的政策得以实施。一系列操作组成一个步骤,多个可靠的步骤形成一组步骤群,从而综合地提供信息,同时让员工去实施或者让经理去管理控制的一项业务活动,这种步骤群称为系统。

除了采购前的事务外,如参与制定具体规范和决定预算的准备工作,采购工作传统上可分成 3 个主要阶段,每个阶段有着各自特定的单证和相当多的文书工作。

1) 辨别阶段

由以下方式通知需要进行采购。

(1) 商店或库存控制提出需求单。

(2) 由提货部门或生产控制部提交物资单。

2) 下达订单阶段

在收到需求单或物资单后,负责采购人员会核对其准确性和规格是否相符,并对比采购记录,来确定该需求是重复订购还是新订购物品。如果需求是标准的重复订购物品,并且该物品前次已从可靠的供应商那里以合理价格购进,则会直接制作重复订购单。但如果是从未订购过的新产品,那么就需涉及以下更多的步骤。

(1) 询价单随同其他单据,如图样、规格等,发给可能的供应商,以便让他们报价。

(2) 收到针对询价的报价单(quotations)后,比较每个报价单的价格、质量、交货、模具成本,以及商务条款等。

(3) 当订货数量可观,且质量和预交货期也相当重要时,采购方可能会要求与供应商们进一步协商包括供方接单能力的问题。

(4) 在最终谈判后,订单(purchase order)会下给价格最合适的供应商。采购部会保存一份订单副本,有时采购部会保存两份订单副本,以便按字母顺序和数字顺序同时存档。订单副本还可能提供给以下部门。

① 初始申请订购的部门。
② 进展部。
③ 库存部。
④ 生产控制部。
⑤ 电脑部。
⑥ 会计部。
⑦ 质检部。

(5) 订单确认回执(order acknowledgement)应由供方提供。采购方在收到订单确认回执时,应复核以确保订单按双方协定的条款和条件来执行,并且将其存档。

3) 完成订单后阶段

(1) 催促订单以保证按期交货或催促已延迟的订单加快交货。

(2) 由供方签发发货或接货通知单。通知单副本发给相关部门,如进展部或库存部。

(3) 收货时,由库存部门清点到货数量。涉及产品质量和规格时,则由质检部负责检验。如合格,则签发物品验收单并抄送采购部。如有不符,则通知采购部向供应商投诉。

(4) 买方收到供应商发出的货价发票。发票应与订单及物品签收单对比,通常会由采购部门审核发票价格,如有与报价不符的地方应特别注意变化是否合理。如发票金额无误,则转会计部付款。

(5) 上述步骤完成后,该订单可归入已完成订单文档内存档。

9.5.3 国际采购进程中应注意的问题

1. 国际采购所需的信息

由于从国外采购的复杂性,采购人员必须掌握有关下列信息以及相应的专业知识。

(1) 有意愿去采购的那个国家的经济和政治情况,以及有关出口津贴的政策。

(2) 有意愿去采购的那个供应商的实力、财务状况、声誉和可靠性等。

(3) 法律上和商务上的考虑因素,以及从国外采购的步骤,例如订货、运输和付款等。

这些信息可以从下列来源获取。

(1) 走访所提议的海外供应商。只有通过走访,购买者才能看到卖方现场的第一手情况,并且确认商品是在何种条件下制作的。这应该是一个多重约束的方法,而且把旅行、生活费和旅馆费用也考虑进去,是一种昂贵的实践。但是如果要买的商品是重要的,那么走访的成本是完全值得的。

(2) 由提议的海外供应商准备参考材料。

(3) 进口商。对一个刚涉足进口业务的企业,在具备自己从国外采购的经验专长之前,使用进口商来为自己服务是明智的选择。

（4）国外的商务专员和他们政府的其他部门。
（5）运输和货运代理。
（6）银行。
（7）商会，尤其是伦敦商会。
（8）工商企业名录，例如 Kompass，Thompson，Jaeger 和 Waldmano。
（9）专业寻访代理，例如 Dun 和 Bradstreet 这样的机构提供寻找产品的服务，以及对预期供应商的信用进行考证。
（10）商品交易会和贸易展览会。
（11）专业的组织机构和贸易机构。
（12）海关和税务部门。
（13）互联网，尽管有可能感到陷入了信息泛滥的大潮中。

2. 质量管理

在国外采购时，从距离和时间的观点来看，要减少，或者更确切地说，要消除由于质量问题而造成的延误。至于技术规范可能被翻译成卖方的语言，产品的号码和计量结果可能不尽相同。在世界上有超过 100 个制定标准的机构，这些都是事实。在短期内对质量的管理可以通过下列一些措施。

（1）制定和采用明确的、不含糊的和清晰的技术规范。
（2）在下达订单前对供应商进行全面的评估性的实地考察。
（3）对实际生产进行走访和考核，或者聘请第三方完成这些任务。
（4）坚持要求提供质量证书或达标证书。
（5）先试用样品。
（6）由第三方进行运输前的检验。典型的第三方检验机构包括 Crown 代理、伦敦劳埃德(Lloyds)船级协会，以及监控总会(SGS)。
（7）使用公认的有关标准，例如国际标准。

从长远的观点来看，有必要使用或开发一个供应商评级或打分系统，以监控供应商的绩效和建立更密切的关系，促成对质量问题的共识。

3. 报价要求

在国外组织货源时，买方很有可能在报价要求(request for quotation，RFQ)中包括这些栏目：商品描述(或技术规范)、所需货量、交货要求或提前期要求、货币种类、付款方式和计量单位。在这一阶段的周密考虑能消除可能在未来造成延误的含糊不清。

在对报价或投标进行评估的阶段一定要小心谨慎，由于卖方国家使用的是不同的会计惯例，从开始的报价来看似乎显得毫无吸引力，但是实际上却使购买者错失了良机，因此评估时必须进行仔细的分析。

4. 货币管理

在从国外采购时，货币管理是需要周密考虑的一个方面。这是因为，货币有涨落的风险，所以采购可能会以支付多于原先设想的价钱而告终。采购人员参与货币管理的程度在不同的组织机构中有所不同。非官方证据表明，在英国很少有采购人员涉足货币管理。大型的组织机构如跨国公司通常有一个集团的财务部门是管理货币交易的。作为一个组织机构，它本身要以交易风险、转化风险和经济风险等形式来承担货币变动的风险。交易风险是短期现金流动受到外汇兑换浮动影响的程度。转化风险是货币变化对组织机构收支平衡所产生的影响。经济风险是兑换率浮动对于组织机构盈利能力将产生的影响。

可供采购人员参考的货币管理的技巧如下。

（1）使用本国的货币支付。一个国外的卖方很可能会接受买方用本国的货币支付。这可能是由于当时买方的货币币值具有吸引力，或者卖方也要在买方的所在国内购买商品。这种方法的危险性是，卖方很可能提高价格以保护自己免受货币汇率变动的不利影响。

（2）使用双方协定的货币来支付。那就是既非买方也非卖方所在国的货币，例如美元或欧元等。

（3）在合同中可增加一项条款，如"该合同中的货币兑换率受制于X％加或减Y％"。如果兑换率超出了这些参数限定的范围，那么合同价格就可另行商定。

（4）在合同中可增加上一项条款，取签订合同当时和交货时的货币兑换率的平均数。

（5）达成一个期货合同，协议在未来的某个日期（即交货日期）以商定的兑换率购买一定数量的货币，合同中商定的兑换率即该日期所使用的兑换率，而不是在协议当天通行的货币兑换率。

（6）现在就买进货币，并持有它一直到需要卖出的时候。尽管这样做会捆住资金，但是它能赚取利息，而且兑换率从一开始就是知道的。

（7）套头交易。就如同对商品期货进行套头交易一样，也可以对货币进行套头交易。

5. 付款方式

在国外采购时，可以使用好几种付款方式。但是必须记住，在国外采购时，卖方可能不愿意在款项付清之前就发货。同样的，买方也可能不会愿意在收到货物之前支付款项。因此实际的付款方式有以下几种。

（1）待结算账目。哪怕以前从来没有同某个供应商打过交道，但是根据商品的性质和价值，仍有可能使用这种方式付款，通常在收到货物 30 天内支付货款。

（2）预先付款。事实上，这种方法是买方有诚意预先为交易提供资金，但是，总会有卖方违约的可能性。

（3）分阶段付款或部分付款。该方式通常是在采购基本项目设备时采用的。

（4）跟单信用证明——信用证。这种付款方式消除了买方或卖方在付款时或履行合同时对对方可能的违约现象的担忧。这种交易的核心是买方和卖方之间已达成协议的一系列文件。正是这些文件确保了买方将收到所订购的商品。同样的，卖方也将知道如果合同履行符合所要求的标准，那么款项的支付是有保证的。可撤销信用证是一种可以由任意一方对其条款进行修改的（或者甚至可以被取消的），而无需互相通知的信用证。这种形式一般认为是较为不安全。在没有双方同意的情况下，不可撤销信用证是不能被更改或取消的。一封被确认了的信用证是向卖方付款的保证，当对买方国家的政治或经济的稳定性有所怀疑时，它就特别有用了。其他信用证的形式包括：备用型、周转型、可转让型和预先付款型。信用证是昂贵的，因此在订单额度的价值很低的时候就不值得使用它。互联网上的跟单信用证明也已使用，跟上它的发展是很必要的。

(5) 票据。这些票据在国际贸易中已经得到大量的使用,并且被描述为"为商业车轮加油的工具"。它们的另一个名称是汇票。交换票据已经被定义为"一个无条件的书面指令",由一个人(开票人)开给另一个人,由开票人要求那个被指名的人按要求付款,或者在未来某个固定的或可确定的时间内,将确定数目的钱付给或转给某个特定的人或持票人(受款人)。交换票据可以有不同的形式,它可以是即期汇票,也可以是限期汇票。一份限期汇票通常有一个设定的付款期限(30 天、60 天或 90 天)。对于卖方来说,有可能事实上通过对票据的贴现而获得买方在制造商品上的花费。

本 章 小 结

本章介绍的是当前运作管理中最新发展动态——供应链管理。站在生产与运作管理的角度来理解,供应链管理实际上就是放大了的生产管理,也就是说,它突破了传统生产管理理论与方法局限于某一单个企业的边界,上至供应商,下到分销零售商,都纳入了现代运作管理的范畴,而且将过去操作性的生产管理上升到战略性的生产与运作管理。因此,供应链管理已经成为企业决策者关注的提高企业竞争力的新模式。正是从这个观点出发,本章对供应链管理产生的背景作了一定的分析,并且认为从"纵向一体化"转向"横向一体化"是供应链管理的基本管理思想。以这一思想为基础,供应链管理体系中的库存控制、采购管理、供应商与国际采购等内容都有着不同于传统管理思想的新内容。

 关键术语

  价值链 供应链 供应链管理 纵向一体化 横向一体化 供应商管理 层次分析法 准时采购 国际采购

习 题

一、判断题

1. 供应链管理倡导的是纵向一体化,即企业控制上下游流程,以获得较好的管理效果。
( )
2. 供应链中的企业决策模式是基于开放信息环境下的群体决策模式。( )
3. 供应链管理中企业可将不擅长的业务外包,专心于自己的核心竞争能力,因此不易造成核心竞争优势的丧失。( )
4. 由于供应链是多个企业集成的管理模式,因此进行供应链设计时要遵循复杂性原则,即要涵盖关联企业的主要业务流程。( )
5. 在供应链管理中进行采购时是以库存为主。( )
6. 供应商选择、质量控制是准时采购的核心。( )

二、单选题

1. 关于JIT采购，不正确的说法是（　　）。
   A. 更少的供应商　　B. 小批量发送　　C. 准时送货　　D. 短期合作
2. 传统的"纵向一体化"管理模式的特点是（　　）。
   A. 不易获得规模效应　　　　　　B. 适用于少品种生产
   C. 应变能力强　　　　　　　　　D. 联盟式管理
3. 常见的供应链运行机制不包括（　　）。
   A. 合作机制　　B. 决策机制　　C. 激励机制　　D. 均衡机制
4. 供应链中企业间合作伙伴关系的益处是（　　）。
   A. 新产品上市时间缩短　　　　　B. 制造商的影响力增加
   C. 核心竞争力不易丧失　　　　　D. 管理成本减少
5. 供应链管理环境下准时采购战略具有的特点是（　　）。
   A. 供应商数量较多　　　　　　　B. 大批量采购
   C. 有效的信息交流　　　　　　　D. 在生产中控制质量

三、简述题

1. 简述企业实施供应链管理的原则和步骤，并以制造型企业为例，分析我国企业传统制造模式如何实现再造。
2. 为了实现对消费者需求快速有效的响应，你认为供应链上各成员之间应建立一种怎样的关系？并简述这种关系的内涵。
3. 试解释你是怎样理解一体化管理原理的。
4. 供应链管理环境下，准时采购的特点及遵循的原则有哪些？
5. 简述选择供应商的因素与方法。
6. 如何理解供应链环境下企业与供应商的关系？
7. 为什么要进行国际采购？
8. 准时化采购与制造业的"聚集效应"有没有关系？
9. 电子商务的普及对企业构建供应链有何影响？
10. 如何认识准时化采购的作用及条件？是不是所有的企业都可以实施准时化采购？

案例研究

托马斯制造公司

托马斯制造公司的总裁托马斯先生正在和副总裁麦克唐耐尔先生商谈未来的经济状况会对公司的产品——家用空气净化器有何影响。他们特别关注成本的增加。该公司去年已经提高了价格，如果再次提价会影响销售量，为了保持现有的价格结构就得降低成本。

麦克唐耐尔前几天参加了一个购买协会的会议，聆听一家工具公司的总裁关于如何降低成本的讲话。这家工具公司雇用了一个购买代理机构，使成本降低了15%。麦克唐耐尔认为一些主意也许对托马斯制造公司有用。公司现主管采购的奥尔德先生为公司工作了25年，而且并未受到什么指责，生产也从未因材料而中断过，然而成本减少15%毕竟不是一件可以忽略的事情。托马斯先生让麦克唐耐尔针对这方面的情况提出一些建议。

麦克唐耐尔接触了几所设有管理专业的学校，商谈雇用几名毕业生，要求申请者提交一篇如何改善公司购买职能的论文。几位申请者在撰写论文前参观了工厂并分析了采购部门的情况。最具吸引力的论文是由蒂姆·扬格提交的。他是这样的建议的：

(1) 缩短订货时间(从60天降至45天)，这样就减少了存货。
(2) 分析各种零件的规格说明。
(3) 使零件标准化以减少零件种类。
(4) 分析零件种类，看是否可以通过总购买订单来购买更多的产品，这样最终达到减少采购人员的目的。
(5) 寻找新的低成本的供货来源。
(6) 增加投标者数目以获得更低的价格。
(7) 在谈判中更具进取性，少做一点让步。
(8) 保证所有交易的数量和现金折扣。
(9) 从低价货源进货，而不要顾及地区公众关系。
(10) 停止向从本公司购买产品的购货商提供优惠。互利是让位于价格的。
(11) 根据现有需求而非市场行情来购买，否则会使过多的资金压于存货之中。

读过这些论文后，麦克唐耐尔先生琢磨，他应向托马斯先生建议些什么。就在部门会议的前一周，奥尔德先生建议了许多相反的措施。他尤其建议增加存货以防价格上涨，还强调了与供应商保持良好的关系，而且如果情况允许，依赖他们更好地为本公司服务。许多供应商从托马斯制造公司购买空气净化器，但蒂姆·扬格却说优惠他们的做法是错误的，应该停止。麦克唐耐尔犹豫他应如何建议，明天一早托马斯就需要答复。

资料来源：[美]杰伊·海泽，巴里·雷德. 生产与作业管理教程. 潘洁夫等译. 北京：华夏出版社，2002：275.

讨论题：

1. 如果你是麦克唐耐尔先生，你会做出什么样的建议？为什么？
2. 分析蒂姆·扬格的每条建议，你同意这些建议吗？为什么？

第 10 章 库存分析与库存控制

教学要求

通过本章的学习，要达到以下目的：
(1) 了解企业库存的概念及其分类；
(2) 了解库存的作用及带来的问题；
(3) 了解库存的 ABC 分类法；
(4) 了解独立需求库存的控制机制；
(5) 掌握基本经济订货批量模型、价格折扣模型的原理、使用条件与应用；
(6) 了解经济生产批量模型、常见的时变需求的库存控制模型。

引 例

某公司一年一度的年末总结会在位于某风景区的宾馆召开，参加会议的有生产、采购、销售、物流、设计及财务等部门的主管领导。会议有多项议题，其中的大多数进行得比较顺利，但在本年度缺货统计和库存控制的议题上引发了争议。

采购主管发言："为了避免缺货或库存短缺，建议在明年年初实施所有项目需求物料的采购方案，所有物料尽快到位入库。"

生产主管马上提出反驳意见，他强调自己的观点："库存是万恶之源！"。随后他分别征求了其他部门主管的意见。

物流主管表态："如果我们实施此方案，就需要新建或租用一大型的仓库来存储这些物料，目前难以做到。"

财务主管认为这需要增加一大笔流动资金，从目前资金的使用情况来看还有很大的缺口。

生产主管又问销售主管能否给出下一年度的准确预测，答案是否定的。

生产主管将最后一个问题抛向设计主管，"明年对产品设计不作任何改变，可以吗？"设计主管说："那是不太现实的。"

最后，大家都认可了生产主管的观点："库存的确是万恶之源！"

资料来源：改编自[美]马克 M. 戴维斯. 运营管理基础. 北京：机械工业出版社. 2004：427.

从本引例可以得出这样的结论，库存是有百弊而只有一利。如何趋利避害正是我们要解决的问题。

10.1 库存的基本概念

10.1.1 库存的定义及其分类

库存(inventory)，从管理学上来讲，就是具有经济价值的任何物品的暂时闲置或储藏。也可以表述为：库存是为了满足未来需要而暂时闲置的资源。

库存的状态和作用是多种多样的，可以从不同的角度对其进行分类。

1. 按所处状态，库存可以分为原材料库存、在制品库存和成品库存

从供应链的角度看，3种库存位于一条供应链的不同位置。原材料库存可以存放在供应商处，也可以存放在企业的原材料库中。生产企业的原材料投入生产后，随着生产的进行，其价值不断增加，在其完工入库之前，会在不同的环节形成不同价值的在制品(work in process，WIP)库存。成品库存通常位于生产企业的成品库或配送中心、零售商处。各库存的状态和位置如图10.1所示。

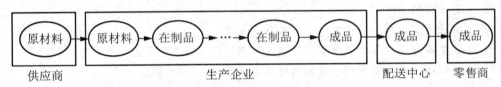

图10.1 不同形态的库存及其位置

2. 按库存的作用分，库存可分为周转库存、安全库存、调节库存和在途库存

周转库存产品的背景是：一般情况下，企业的原材料是成批采购，分批使用的。每次采购的批量越大，采购的间隔就越大，在两次采购间隔之间形成的库存，就是周转库存。当然，采购批量太大或太小都是不经济的，哈里斯的经济订货批量就是基于这样的情景推导出的，具体的过程和方法见本章10.4节。

安全库存是为了应付需求、生产周期或供应周期可能发生的不测变化而设置的库存。例如，供应商没有按预定的时间供货，或者需求突然增大，这时，正常计划的库存已不能满足要求。设置安全库存的方法如下。

（1）比正常的订货时间提前一段时间。

（2）每次的订货量大于到下次订货为止的需要量。

（3）单独存放一定量的库存。

调节库存是用于调节需求或供应的不均衡、生产速度和供应速度不均衡、各个生产阶段的产出不均衡而设置的。例如，季节性需求的产品(羽绒服、电扇等)，为了保持生产能力的均衡，在淡季生产的产品形成调节库存，在旺季销售。

在途库存是指处于运输以及放在相邻两个工作地或部门之间的库存。这种库存是客观存在的，而不是有意设置的，其大小取决于运输时间和该期间的平均需求。

3. 按用户对库存的需求特性，可以分为独立需求和相关需求

独立需求和相关需求是两个非常重要的概念。独立需求是指库存物料的需求数量和需求时间与其他任何物料的需求无直接关系，表现其独立性。从库存管理的角度来说，独立需求是指那些随机的、由企业外部市场环境决定的需求，如客户对企业产品、可供销售的零部件的需求。独立需求无论在数量上还是在时间上都有很大的不确定性，但可以进行预测。

相关需求是指与其他需求有内在关系的需求，可以直接根据对最终物料的需求精确计算得到。如一汽大众今天计划出产300辆捷达轿车，每辆车需要轮胎5个（含备用轮胎），则共需要1 500个轮胎，也就是说，知道捷达的出产计划，构成捷达的每种零部件的需求计划就能计算出来。

两种需求的特征不同，决定了其管理与控制的机制不同。本章主要探讨独立需求库存的控制机制，相关需求则在后续章节介绍。

10.1.2 库存利弊分析

在引例中已经提到，库存是弊多利少。实际上，库存的存在是有其必要性的，但也带来一些问题。

1. 库存存在的必要性

库存的作用主要是能有效地缓解供需的矛盾，具体表现在以下几个方面。

1) 改善服务质量，预防不确定性的需求变动

持有一定量的库存有利于调节供需之间的不均衡，尤其是满足不确定性的需求变动，保证企业按时交货，避免停工待料、缺货或供货延迟等给企业造成不必要的损失。对于服务业也是如此，必要的库存可以保证或改善服务质量。

2) 节省订货费用

订货费用是指每次订货过程中发生的处理订单和货物发运等的费用。每次订货费用的大小相同或小幅变化，与订货批量的大小无关。在每年的需求量相对稳定的情况下，增大订货批量尽管增加了库存，但减少了订货次数，也就是减少了订货费用。

3) 节省作业交换费用，提高人员和设备的利用率

作业交换费用，也称换产费用，是指生产过程中更换品种时调整设备所产生的费用。每次生产的批量越小，交换的次数就越多，浪费的工人和设备的时间就越多，费用也就越高。因此，提高生产批量，虽增加库存，但可以减少设备调整的次数，提高设备和人员的利用率，节省作业交换费用。

需要说明的是，如果大幅度地减少每次设备调整的时间，如丰田的换模时间由原来的几个小时降至3min，增加作业交换次数并不消耗较多的时间，或者说，换产时间忽略不计，生产的批量就可以大大减少，真正做到供需平衡而不会形成库存。

2. 库存带来的问题

1) 占用资金

库存的存在必然会将货币资金转换为以存货形式表示的储备资金和生产资金，影响资金的快速流动必然增大对企业自有资金或银行贷款的需要量，增加企业支付的利息，导致企业的运营成本增加。

2) 产生库存成本

各种库存的存在除了占用资金、增加利息支出外，还会产生储藏保管费用，包括：仓库和设备折旧费、管理人员的工资以及库存物品的价值损失。

3）掩盖企业生产经营中的问题

高库存掩盖管理问题就如同小溪中的水掩盖河底的石头一样，如图10.2所示。许多管理问题就隐藏在库存中，有时很难发现。例如，计划不合理、工作绩效差、送货不及时、在制品丢失、供应商的供货质量不一致等，这些问题都有可能被高库存所掩盖。降低库存水平，就像降低小溪中的水位露出石头一样，诸多的管理问题就随之暴露出来。解决这些问题，再降低库存水平暴露新问题，再解决……直至解决全部问题，这将大大提升企业的管理水平。

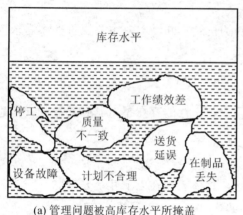 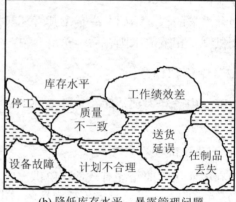

(a) 管理问题被高库存水平所掩盖　　　　(b) 降低库存水平，暴露管理问题

图 10.2　管理问题与库存水平的关系示意图

10.1.3　库存控制策略

由于库存有利有弊，在企业生产运作管理中，必须对库存加以控制，使其既能为企业经营有效利用，又避免给企业带来太多的负面影响。常用的降低库存的方法见表10-1。

表 10-1　降低库存的策略

库存类型	基本策略	具体措施
周转库存	减少采购或生产批量	降低订货费用 缩短作业交换时间
安全库存	订货时间尽量接近需求时间 订货数量尽量接近于需求量	改善需求预测工作 缩短生产周期与订货周期 减少供应的不稳定性 增加设备与人员的柔性
调节库存	使生产速度与需求变化一致	尽量"拉平"需求波动
在途库存	缩短生产或配送周期	减少生产或采购批量 慎重选择供应商与运输商

10.2　库存的 ABC 分类法

10.2.1　ABC 分类法的来源及其基本思想

ABC 分类法是由意大利经济学家维尔弗雷多·帕累托首创的。1879年，帕累托在研究个人收入的分布状态时,发现少数人的收入占全部收入的大部分,而多数人的收入却只占一小部分,他将这一关系用图表示出来,就是著名的帕累托图。该分析方法的核心思想是在决定一个事物的众多因素中分清主次,识别出少数的但对事物起决定作用的关键因素和多数的但对事物影响较少的次要因素。后来,帕累托法被不断应用于管理的各个方面。1951年,管理学家戴克(H. F. Dickie)将其应用于库存管理,命名为ABC法。1951—1956年,约瑟夫·朱兰将ABC法引入质量管理,用于质量问题的分析,被称为排列图。1963年,彼得·德鲁克(P. F. Drucker)将这一方法推广到全部社会现象,使ABC法成为企业提高效益的普遍应用的管理方法。

ABC分类法具体的分类标准见表10-2。

表10-2 ABC分类法

	A	B	C
品种种类	20%左右	30%左右	50%左右
所占金额	80%左右	15%左右	5%左右

ABC分类法也可以用图来描述,如图10.3所示。

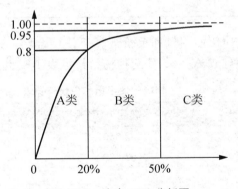

图10.3 库存ABC分析图

运用ABC法的关键在于如何以"关键的少数和次要的多数"作为依据,通过定性和定量的分析,将管理对象的库存物料按照分类指标划分为A、B、C三类,然后采取相应的控制策略,这就是ABC分类法的基本思想。

10.2.2 ABC分类法的实施步骤

1. 实施程序

在实践中,人们常以产品品种数量和对应的金额数作为划分标准。ABC分类法实施的程序具体如下。

(1)确认库存中每一物料的年度使用量。

(2)将每一物料的年度使用量和物料的单价相乘,计算每一物料的年度使用金额。

(3)将所有物料的年度使用金额求和,得到全年度库存总金额。

(4)将每一物料的年度使用总金额分别除以全年度库存总金额,计算出每一物料的年度使用百分比。

(5) 将物料根据年度适用百分比由大至小排序。

(6) 检查年度使用量分布，并根据年度使用量百分比将物料加以分类。

【范例 10-1】 某企业常用的 10 种物料，其年使用量、单价见表 10-3，对其进行 ABC 分析。

表 10-3　物料的使用量和单价一览表

物资代码	年使用量	单价(元)
0101	50 000	0.80
0102	200 000	1.20
0103	6 000	1.00
0104	120 000	0.60
0105	7 000	1.20
0201	280 000	0.90
0202	15 000	0.70
0203	70 000	0.80
0204	15 000	0.90
0205	2 000	1.10

解：将这 10 种物料按照年使用量和单价计算年使用金额，并进行排序和归类，即将这 10 种物料按年使用金额分成 A、B、C 三种物料，见表 10-4。

表 10-4　物料的使用量和单价一览表

物资代码	年使用金额(元)	累计年使用金额(元)	累计百分比(%)	分类
0201	252 000	252 000	36	A
0102	240 000	492 000	70	A
0104	72 000	564 000	81	B
0203	56 000	620 000	88	B
0101	40 000	660 000	94	B
0204	13 500	673 500	96	C
0202	10 500	684 000	98	C
0105	8 400	692 400	99	C
0103	6 000	698 400	99	C
0205	2 200	700 600	100	C

2. 控制策略

对库存进行分类的目的是按使用价值对物料加以区别对待，采用不同的控制策略分别进行控制。通常对于高价值的 A 类物料，应集中力量进行控制以减少库存；相反，对于低价值的物料，如 C 类物料，通常维持较大库存以避免缺货。主要的策略如下。

A 类物料：重点管理，严格跟踪，实施按量订货，精确计算订货点和订货量，并且经常进行维护。

B 类物料：实施正常控制，按经济批量订货。

C类物料：尽可能简单控制，按期订货，如半年或一年订一次货。

这种 ABC 分类法简单易行，有助于分析和控制重点物料，但是其缺点也是显而易见的。比如判别的标准不全面，仅仅根据品种、金额的多少还难以科学分类。例如有些备件或比较重要的物料，尽管占用金额不高，但对生产影响大，且采购周期较长，这类物资也应归为 A 类物料。然而，如果按照 ABC 分类法，这类物料也许应归为 B 类或 C 类物料，因此，ABC 的划分不仅取决于品种和金额的大小，同时应考虑物料的重要性程度、采购周期的长短等，只有综合考虑多种因素才能合理地划分 ABC。

3. 其他降库存的方法

目前，很多企业与供应链的伙伴合作，共同降低库存。沃尔玛等企业的 VMI 就是最典型的实例，见运作实例 10-1。

运作实例 10-1

沃尔玛的 VMI

沃尔玛实施供应商管理的库存(vendor managed inventory，VMI)，把商品进货和库存管理职能移交给供应方，由供应商对沃尔玛的流通库存进行管理和控制，在流通中心保管的商品所有权属于供应商。供应商对销售点(point of sales，POS)信息和预先发货通知(advanced shipment notice，ASN)信息进行分析，把握商品销售和沃尔玛的库存动向。在此基础上，决定什么时间把什么商品以什么方式发送，发货信息预先以 ASN 形式传送给沃尔玛，以多频次小批量进行库存补充。供应商不仅能减少本企业的库存，还能减少沃尔玛的库存，实现整个供应链的库存水平最小化。对于沃尔玛来说，省去了商品进货业务，节约了成本，能够集中精力于销售活动，并且能够事先得知供应商的商品促销计划和商品生产计划，以较低价格进货。

资料来源："沃尔玛供应链的借鉴意义" www.jctrans.com 2006-1-20 8:30:00

丰田公司的"零库存"作为其奋斗的目标一直在激励丰田人的改善活动(见后续章节)，Dell 公司、海尔公司也有其实现"零库存"的办法，见运作实例 10-2。

运作实例 10-2

以信息代替库存

企业管理者希望实现他们梦寐以求的"零库存"，保证物料供应和产品分配的顺畅，实现利润最大化。怎样才能做到"零库存"？专家告诉我们，实现"零库存"将以打造一个信息密集型企业为代价。

零库存被很多"新经济"公司作为战胜传统企业的法宝，宣称通过网上在线订单、即时配送等手段做到库存的降低和库存成本的节约，从而取得战胜其他企业的竞争优势。

海尔公司通过所谓的"信息增值"机制，实现零库存、零运营资本以及与用户的零距离。通过电子商务采购平台和订制平台与供应商和销售终端建立起紧密的、以互联网为基础结构的动态企业联盟，实现企业和供应商、消费者的互动沟通。在业务流程再造的基础上，形成"前台一张网，后台一条链"的闭环系统，包括企业内部供应链系统、ERP 系统、物流配送系统、资金流管理结算系统、遍布全国的分销管理系统以及客户服务响应(call center)系统，形成了以订单信息流为核心的各子系统之间无缝连接的集成。

Dell 公司推行所谓的"黄金三原则"——摒弃库存，与客户结盟，坚持直销，提出了"以信息代替存货"的核心理念，与供应商实现精准迅速的信息交互，并进一步缩短生产线与顾客家门口的时空距离，以谋求库存的不断减少。

而三洋能源公司则采用了"以信息化流通代替传统运作模式"的做法，利用互联网技术全面监控下游客户每日的进、销、存情况，及时进行补货，上游的供应商则及时掌握企业原料的库存情况，及时补充，实现企业对产品、原材料等的电子化、网络化采购，保持存货量在最低水平。

无论是海尔公司的"信息增值"还是 Dell 公司的"以信息代替存货"，它们成功的业务实践都清楚地表明，信息在现代企业运营中扮演着基本而重要的角色，优秀信息机制的建立和利用是实现"零库存"的核心所在。

资料来源："零库存分析"梁虹龙　http://www.jying.cn/cgi-bin/printpage.cgi?forum=9&topic=71

10.3 独立需求库存的控制机制

如前所述，独立需求的特征是需求时间和数量的不确定性，因此，对待这样的库存只能采用"补充库存"的控制机制，将不确定的需求问题转化为对内部库存水平的动态监视与补充的问题。可将图 10.4 想象为间歇式的二次供水的装置，图的上方为供水管，与自来水公司的水源相连；图的下方为水的出口，与用户的水管相连，且用户的用水量和用水时间是随机的。正常情况下，水池要存有一定数量的水，且水量随用户的不断使用逐步减少，为了保证用户用水，到水量减少到一定的程度就启动供水装置向水池供水。现在需要解决的问题是：何时供水和每次的供水量。

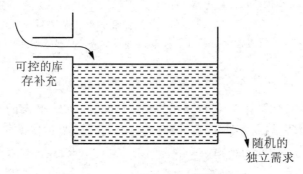

图 10.4　独立需求库存的控制模型

从图 10.4 所示的控制模型可以看出，独立需求库存问题的解决取决于两个方面：如何对现有库存量进行监视以及如何使补充库存活动达到优化，即如何确定"期"（何时补充或补充的时刻）和"量"（补充的数量），这就是其控制机制。

根据监视的方式不同，可分为实时监视系统和定期监视系统。

10.3.1　实时监视系统

实时监视系统又称 Q(quantity)系统、定量控制系统、定量订货方式。其特点是定量不定期，即固定每次订货的数量或批量，订货间隔期（相邻两次订货之间的时间间隔）的大小则随需求量的变化而变化，如图 10.5 所示。

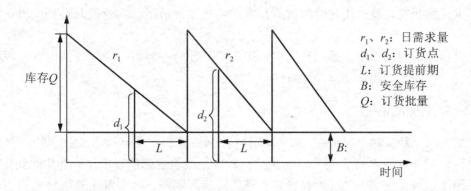

图 10.5　实时监视系统的模型

采用该系统首先要计算并确定所采购物料的经济订货批量(具体的方法见下节),其次计算其订货点。订货点的计算公式为

$$d = r \times L + B$$

式中　d——订货点;

　　　r——平均日需求量;

　　　L——订货提前期;

　　　B——安全库存量。

从图 10.5 中可以看出,订货点随平均日需求量的变化而变动。

实时监视系统就是连续不断地监视库存量的变化,即在每次领用物料后立即核定该物料的库存量,当库存量降到订货点时,就要向供货厂商按经济批量订货,经过一段时间(即订货提前期)后,订货到达而完成库存的补充。

实时监视系统在实际应用中还有一种更简便的管理方法,称为"两箱法"或"三箱法"。所谓"两箱法"就是将一种物料分别装入两箱中。第一个箱存放的数量等于该物料的订货点的数量,其余的放入第二箱中。领用时先用第二箱中的物料,该箱的物料用完表示库存量已达到订货点,应立即订货,如图 10.6 所示。

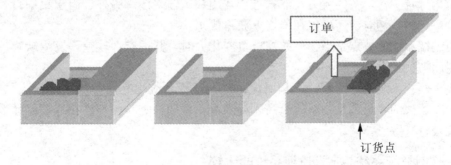

图 10.6　两箱法订货示意图

所谓"三箱法"是将第一个箱另分出第三个箱,第三个箱存放的物料数量等于安全库存量,第一箱和第三箱的物料存放量之和等于订货点。领用时先用第二箱中的物料,第二箱的物料用完,应立即订货并开始领用第一个箱的物料。当第一和第二箱的物料均已用完,正常情况下,新订的物料应到达而完成物料的补充。如果新订的物料尚未到达,就要

动用第三箱的物料,就表明此时的供应与需求超出正常情况,需要采取紧急措施,以防止缺货。

如果在库存控制系统中采用计算机管理,则可随时查询每一种物料的库存状况,库存量降到订货点时计算机自动报警并打印订货单。

10.3.2 定期监视系统

定期监视系统又称 P(period)系统、定期控制系统、定期订货方式。其特点是定期不定量,即订货间隔期 R 固定不变,每次的订货数量或批量则随需求量的变化而变化。

采用该系统首先要为各种物料确定合理的订货间隔期。通常每次领用物料后不需要马上核定库存量,而是定期在每次订货前核查该物料的库存量,并按该物料的最高库存限额与核查的实际库存量的差额订货,如图 10.7 所示。

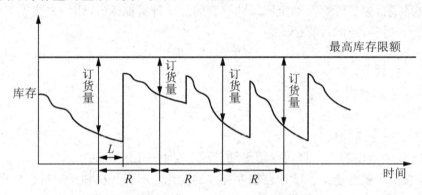

图 10.7 定期监视系统的模型

图 10.7 中每次订货数量或订货批量的计算如下式:

$$订货数量 = 最高库存限额 - 现有库存量$$

采用定期监视系统可以对各类物料统筹安排其订货时间,避免采购部门的订货工作忙闲不均,也可以把货源相同或相近的物料集中一起订货,以便合理组织运输。因此,该系统可以简化订货工作,节约人力,节省订货费用和运输费用。另外,组织集中订货,当订货量超过一定的数额时,还可以在价格上获得优惠。

定期监视系统的缺点是当物料的需求量变化大时,其适应性较差,发生缺货的可能性较大,因此需要较大的安全库存。

与实时监视系统的"两箱法"相对应,定期监视系统也有简单的"单箱法"。其原理是:箱子或货架的容量就是物料的最高库存限额,定期核查时,与满箱或满架比较,缺少的数量就是订货数量。

10.3.3 实时监视系统与定期监视系统的比较

实时监视系统和定期监视系统的特点及其差异可以简单地用表 10-5 表示。

两种系统的特点决定了其应用场合的不同,根据前述的 ABC 分类法,实时监视系统更适于对 A 类和 B 类物资的管理,定期监视系统则适于对 C 类物资的管理。

表 10-5 两种系统的比较

实时监视系统	定期监视系统
连续监测库存状态	定期监测库存状态
连续盘点	定期盘点
缺货风险较小	缺货风险较大
较低的安全库存	较高的安全库存
定量不定期	定期不定量

10.4 确定性需求的库存控制

从图 10.5 可以看出，库存量是呈直线递减的，也就是说物料的需求率是恒定的和确定的，即确定性需求。在确定性需求的情况下，除了需求率是恒定的以外，订购提前期也是已知和固定的。本节主要介绍确定性需求条件下的经济订货批量的基本模型、价格折扣模型和经济生产批量模型。

10.4.1 经济订货批量模型

独立需求库存的经济订货模型的基本模型是哈里斯于 1915 年提出的经济订货批量 EOQ(Economic Order Quantity)，也是最典型的库存控制模型。

1. 基本经济订货数量模型的应用条件

各种定量模型均有各自的应用条件或假设，EOQ 也不例外，其条件如下。

(1) 需求已知、需求率均匀且为常量。
(2) 订货提前期已知，且为常量。
(3) 订货批量大小无限制。
(4) 批量大时无价格折扣。
(5) 不允许缺货。
(6) 订货一次性到货。
(7) 订货费用与批量无关。
(8) 库存成本是库存量的线性函数。

2. 基本经济订货数量模型的推导

对模型推导首先要明确与库存有关的费用，这主要有两类费用：一类费用随着库存量的增加而增加，另一类费用则随着库存量的增加而减少。正是这两种费用相互作用，才有最佳订货批量。

1) 随库存量增加而增加的费用

(1) 资金的成本：如利息。
(2) 仓储成本：如仓库租金或库房折旧等。
(3) 材料处理成本：车辆和器具的折旧、仓库人员的工资、能源等。
(4) 物品变质、陈旧、丢失的损失。

(5) 税收和保险。

2) 随库存量的增加而减少的费用

这类费用最典型的是订货费用和作业交换费用，前面已作介绍。这类费用的多少与订货次数有关，而与每次的订货批量无关。增大订货批量，可减少订货次数，这类费用就减少。两类费用的关系如图 10.8 所示。

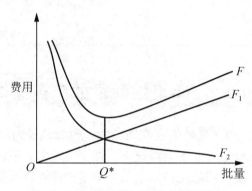

图 10.8 订货批量与两类费用的关系

下面构建经济订货批量的数学模型。

设 F_1 为第一类费用，即库存费用；F_2 为第二类费用，即订货费用；Q 为订货批量；S 为每次订货的费用；D 为该物料的年需求量(件/年)；H 为单位物料的年库存费用。

由图 10.8 可以看出，库存平均占用量为 $Q/2$（不考虑安全库存），则年库存费用 F_1 为

$$F_1 = \frac{1}{2}QH$$

而年订货费用 F_2 为

$$F_2 = \frac{D}{Q}S$$

则总费用 F 为

$$F = F_1 + F_2 = \frac{1}{2}QH + \frac{D}{Q}S$$

对该式求导，求极小值：

$$\frac{dF}{dQ} = \frac{1}{2}H - \frac{D}{Q^2}S$$

令 $\frac{dF}{dQ}=0$，则 $Q^* = \sqrt{\frac{2DS}{H}}$，$Q^*$ 为经济订货批量。

若 N 为年订货次数，T 为年工作天数，R 为订货间隔期，则

$$N = \frac{D}{Q^*} = \sqrt{\frac{DH}{2S}}$$

$$R = \frac{T}{N}$$

3. 模型应用举例

【范例 10-2】长春汽车变速箱厂每年需要齿轮加工的专用滚刀 1 000 把，每次采购均

按经济批量订货。现知每次的订货成本为 100 元,滚刀每年每把的库存费用是 5 元,试计算其经济订货批量。若每年按 250 个工作日计算,试计算订货次数和订货间隔期,订货与库存的总费用是多少?

解:根据经济订货批量公式和已知条件,经济订货批量 Q^* 为

$$Q^* = \sqrt{\frac{2DS}{H}} = \sqrt{\frac{2 \times 1\,000 \times 100}{5}} \text{把} = 200 \text{把}$$

订货次数:$N = \dfrac{D}{Q^*} = \dfrac{1\,000}{200}$ 次 = 5 次

订货间隔期:$R = \dfrac{T}{N} = \dfrac{250}{5}$ 个工作日 = 50 个工作日

总费用:$F = F_1 + F_2 = \dfrac{1}{2}QH + \dfrac{D}{Q}S = \left[\dfrac{1}{2} \times 200 \times 5 + \dfrac{1\,000}{200} \times 100\right]$ 元 = 1 000 元

10.4.2 价格折扣模型

为了刺激需求,诱发更大的购买行为,供应商往往在顾客的采购批量大于某一值时提供优惠的价格,这就是价格折扣。在基本 EOQ 模型中,假设物料的单价是不变的,物料的采购费用与采购批量无关。但是当采购量与价格折扣有关时,采购费用就与采购批量相关了。供应商给顾客的折扣一般有以下两种情况,如图 10.9 所示。

图 10.9(a)表示采购量在 0~Q 之间时,单件价格为 p_1;采购量大于 Q 时,单件价格为 p_2。

这种折扣方式的优点是计算简单,但它的缺点是在 Q 点处,价格是不连续的。因此,采购的量比 Q 多一点,付的钱反而少,从理论上讲,这是不合理的。图 10.9(b)所示复式折扣可以解决这一矛盾。按复式折扣,采购量在 0~Q_1 之间,单价为 p_1;采购量在 $(Q_1+1) \sim Q_2$ 之间,单价为 p_2;采购量在 $(Q_2+1) \sim Q_3$ 之间,单价为 p_3;以此类推。因此,采用不同的采购批量就可以得到不同的折扣优惠。但是,尽管复式折扣理论上比较合理,实际应用上并不多,多数还是采用单式折扣。本节介绍的方法也是采用的单式折扣。

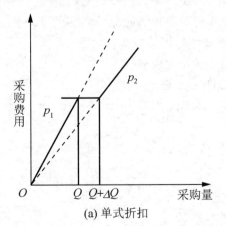
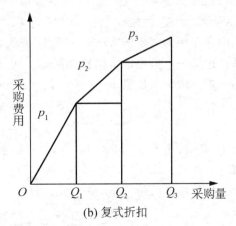

图 10.9 采购价格折扣示意图

由于不同的采购单价直接影响采购费用,此时总费用 F 应包含 3 个部分:$F = F_0 +$

F_1+F_2。F_1 和 F_2 仍为库存费用和订货费用,F_0 为物料本身的价值,即采购费用。另外,单位产品的库存费用与采购单价也有关系,不再是常数。因此,传统的 EOQ 模型不能简单地套用,图 10.10 给出了有两个折扣点的价格折扣模型的费用变化示意图。

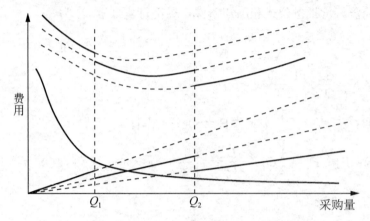

图 10.10 有两个折扣点的价格折扣模型的费用变化示意图

从图 10.10 可以看出,总费用曲线是一条不连续的曲线,但是,经济订货批量仍然是总费用最低点的数量。由于总费用曲线不连续,总费用的最低点要么位于一阶导数为 0 的点,要么位于曲线的中断点。因此,计算有价格折扣的经济订货批量可按下面的步骤进行。

(1) 取最低价格代入基本 EOQ 模型,求出 Q^*。如果 Q^* 可行(即 Q^* 位于其价格所在区间,或者说 Q^* 在总费用曲线上),Q^* 即为最优订货批量,停止。否则转步骤(2)。

(2) 取次低价格代入基本 EOQ 模型并求出 Q^*。如果 Q^* 可行,计算订货量为 Q^* 时的总费用和所有大于 Q^* 的数量折扣点(曲线中断点)所对应的总费用,取其中最小费用对应的数量,该数量为最优订货批量,停止。

(3) 若 Q^* 不可行,重复步骤(2),直至找到一个可行的 EOQ 为止。

【范例 10-3】旭日电气公司每年需要 4 000 个专用开关。该开关的售价为:1～499 个为 9 元,500～999 个为 8.5 元,1 000 个以上为 8 元。现知每次订货费用为 100 元,每个开关的库存费用为售价的 20%。试确定最优订货批量与年总成本。

解:这是一个典型的价格折扣问题,可按前述的步骤求解。

第一步:取最低价格 $p=8$ 元,$H=8$ 元 $\times 20\% = 1.6$ 元。则

$$Q_8^* = \sqrt{\frac{2DS}{H}} = \sqrt{\frac{2 \times 4\,000 \times 100}{1.6}} \text{ 个} = 707 \text{ 个}$$

由于 707 位于 500～999 的区间,该区间的售价为 8.5 元,而非 8 元,$Q_8^*=707$ 不是可行解。

第二步:取次低价格 $p=8.5$ 元,$H=8.5$ 元 $\times 20\% = 1.7$ 元,此时

$$Q_{8.5}^* = \sqrt{\frac{2DS}{H}} = \sqrt{\frac{2 \times 4\,000 \times 100}{1.7}} \text{ 个} = 686 \text{ 个}$$

686 位于 500～999 的区间,售价为 8.5 元,因此,$Q_{8.5}^*=686$ 是可行解。

现在计算批量为 686 个时的总成本,并与售价为 8 元,即批量为 1 000 个的总成本进

行比较。

$$F = F_0 + F_1 + F_2 = pD + \frac{1}{2}QH + \frac{D}{Q}S$$

$$F_{686} = (8.5 \times 4\ 000 + \frac{1}{2} \times 686 \times 1.7 + \frac{4\ 000}{686} \times 100)元 = 35\ 166\ 元$$

$$F_{1\ 000} = (8 \times 4\ 000 + \frac{1}{2} \times 1\ 000 \times 1.6 + \frac{4\ 000}{1\ 000} \times 100)元 = 33\ 200\ 元$$

显然，总费用最低的订货批量为 1 000 个开关。总费用曲线如图 10.11 所示。

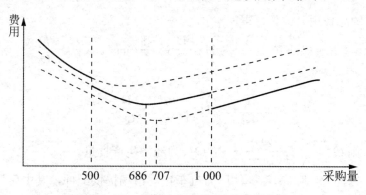

图 10.11 【范例 10-4】的总费用曲线

10.4.3 经济生产批量模型

在企业的生产过程中，相邻的环节或工序可以理解为供方和需方的关系，供方的生产率通常大于需方的需用率，二者之间的库存是逐步增加的，也产生库存费用。当然这种库存也不能无限地增加，当达到一定量时，就要停止生产一段时间而转为生产其他的产品。由于转产需要对设备进行调整，也产生转产费用(类似于采购中的订货费用)，因此，也有一次生产多少的问题，即经济生产批量问题，如图 10.12 所示。

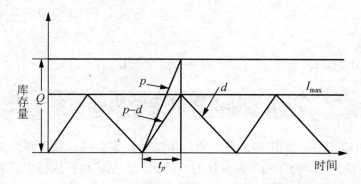

图 10.12 经济生产批量模型下的库存量变化示意图

p——供方生产率(单位时间生产的产品数量)；d——需方需求率(单位时间消耗的产品数量)；
t_p——供方的生产时间；Q——生产批量；I_{max}——最大库存量

图 10.12 描述了在经济生产批量模型下的库存量随时间变化的过程。供方在库存为 0 时开始生产，需方同时开始领用，供方经过生产时间 t_p 结束。由于供方生产率 p 大于需

方的需求率 d，库存以 $(p-d)$ 的速率上升，在 t_p 时库存达到最大值 $I_{\max}$。供方生产停止后，需方继续领用，库存按需求率 d 下降，直至到 0，此时又开始了新一轮的生产和领用。

由图 10.12 可知：
$$I_{\max}=t_p(p-d)$$

而
$$Q=pt_p,\ t_p=Q/p$$

故
$$I_{\max}=t_p(p-d)=\frac{Q}{p}(p-d)=Q(1-\frac{d}{p})$$

根据 EOQ 的总费用公式，可得
$$F=F_1+F_2=\frac{1}{2}I_{\max}H+\frac{D}{Q}S=\frac{1}{2}QH(1-\frac{d}{p})+\frac{D}{Q}S$$

求导，得
$$\frac{\mathrm{d}F}{\mathrm{d}Q}=\frac{1}{2}H(1-\frac{d}{p})-\frac{D}{Q^2}S$$

令 $\dfrac{\mathrm{d}F}{\mathrm{d}Q}=0$，则 $Q_p^*=\sqrt{\dfrac{2DS}{H(1-d/p)}}$，$Q_p^*$ 为经济生产批量。

【范例 10-4】 长春某汽车零部件厂为汽车售后市场提供配件，其中后保险杠的需求量每年为 10 000 个，按每年 250 个工作日计算，平均日需求量为 40 个。该厂的日生产量为 80 个。另外，该厂每次的换产费用为 100 元，每年每个保险杠的库存费用是 4 元，试确定其经济生产批量。

解：根据经济订货批量公式和已知条件，经济生产批量 Q_p^* 为

$$Q_p^*=\sqrt{\frac{2DS}{H(1-d/p)}}=\sqrt{\frac{2\times 10\ 000\times 100}{4\times(1-\frac{40}{80})}}=1\ 000$$

在上述的经济生产批量 Q_p^* 中，其中的两个特例为

(1) 当 $p\gg d$ 或 $d=0$ 时，$Q_p^*=\sqrt{\dfrac{2DS}{H}}$。这就是基本 EOQ 模型，可见 Q_p^* 更具有一般性。

(2) 当 $p=d$ 时，$Q_p^*=\infty$。这对应的是大量生产方式。

10.5 时变需求下的库存控制

在上节推导 EOQ 时，假定需求是恒定，不随时间变化的，这是相当理想的情况，但在实际中需求往往是随着时间而不断变化的。例如，产品或物料的需求具有季节性变化的特征，客户的订单也往往随着时间而不断变化。

本节将探讨需求随时间变化情况下的库存控制问题。而时变需求又分为需求是随机波动的，和随时间区间变化而变化。为简单起见，这里只讨论后一种情况，即在一个期间内，需求保持恒定，而在由一个期间转到另一个期间，需求发生变化。实际生产中，相关需求属于时变需求。

下面介绍解决这类问题的两种常用的方法。

10.5.1 部分期间平衡法

部分期间平衡法(part-period balancing, PPB)提出较早较简便，故应用广泛，其基本原理是选取订货批量，使之覆盖这样的期间，在此期间中，全部存储成本低于全部订货成本；一旦前者超过后者，就转到下一个期间，重新确定新的订货批量。

计算公式为

$$IC(K) = H \sum_{i=B}^{K} (i-B) U(i)$$

式中 $IC(K)$——B 至 K 时段的存储成本累计数；

$U(i)$——第 i 时段的物料需求；

B——订货区间的起始时段；

K——订货区间的任意时段；

H——单位物料的存储成本。

当 $IC(K) > S$ 时，就结束本订货区间，在本区间内的订货量就是本区间内各时段的累计需求。

下面以一个例子来说明如何运用部分期间平衡法。

【范例 10-5】某企业的物料需求见表 10-6，已知订货成本 $S=100$ 元/次，单位存储费用 $H=0.5$ 元/月。试用 PPB 法确定订货批量。

表 10-6 物料各时段的需求

时段	1	2	3	4	5	6	7	8	9	10	11	12
需求 $U(i)$	70	54	120	42	38	33	40	49	102	50	161	72

解：根据上述的相关公式，计算的结果见表 10-7。

表 10-7 用 PPB 法得到的订货批量

时段	1	2	3	4	5	6	7	8	9	10	11	12	总计
需求 $U(i)$	70	54	120	42	38	33	40	49	102	50	161	72	831
$IC(K)$	0	27	147	0	19	52	132	0	51	101	0	36	
订货区间	1	1	1	2	2	2	2	3	3	3	4	4	
订货量	244			153				201			233		831
订货成本	100			100				100			100		400
存储成本	147			132				101			36		416
总库存成本	247			232				201			136		816

以第 1 订货区间为例，第 1 时段 $IC(1)=0$；第 2 时段 $IC(2)=0+0.5\times(2-1)\times 54=27$；第 3 时段 $IC(3)=0+27+0.5\times(3-1)\times 120=147$。此时 IC 已大于订货成本的 100 元，故前 3 个区间为第 1 订货区间，订货量 $=70+54+120=244$。后面各期的计算与第 1 期类似。本例的总库存成本为 816 元。

10.5.2 希尔弗-米尔启发式方法

希尔弗-米尔启发式方法简称 S-M 法，是其提出者加拿大学者 E.A. 希尔弗(E. A. Silver)和 H.C. 米尔(H. C. meal)名字的缩写。

S-M 法采用期间平均总库存成本作为判别函数，对于任意订货区间，如果其起始时段是 B，对任意时段 K 的判别函数记作 $TAC(K)$，其公式为

$$TAC(K) = \frac{S + H\sum_{i=B}^{K}(i-B)U(i)}{K-B+1}$$

所要求解的订货批量应使得期间平均总库存成本最小化。

仿照 PPB 法，S-M 的求解步骤如下。

(1) 令 $B=1$，从第一个开始，计算 $TAC(K)$，当 $TAC(K+1) > TAC(K)$ 时，结束本订货区间，本区间订货量为各个时段的累积需求。

(2) 令 $B=K+1$，从 $K+1$ 个时段开始，重复上述过程，定义新的订货区间，直到计划期末。

【范例 10-6】以范例 10-5 的数据为例，用 S-M 法确定订货批量。

解：

$K=1$ $TAC(1) = S = 100$

$K=2$ $TAC(2) = \dfrac{S + H\sum_{i=1}^{2}(i-1)U(i)}{2-1+1} = \dfrac{100 + 0.5 \times 54}{2} = 63.5$

$K=3$ $TAC(2) = \dfrac{S + H\sum_{i=1}^{3}(i-1)U(i)}{3-1+1} = \dfrac{100 + 0.5 \times (54 + 2 \times 120)}{3} = 83.3$

由于 $TAC(3) > TAC(2)$，故第 1 时段至第 2 时段为第一个订货区间，订货量为

$$Q = \sum_{i=1}^{2} U(i) = 70 + 54 = 124$$

下一步从第 3 个时段开始，重新令 $B=3$，重复上述过程。全部结果见表 10-8。

表 10-8 用 S-M 法得到的订货批量

时段	1	2	3	4	5	6	7	8	9	10	11	12	总计
需求 $U(i)$	70	54	120	42	38	33	40	49	102	50	161	72	831
订货区间	1	1	2	2	3	3	4	4	5	5	6	6	
订货量	124		162		71		89		152		233		831
订货成本	100		100		100		100		100		100		600
存储成本	27		21		16.5		24.5		25		36		150
总库存成本	127		121		116.5		124.5		125		136		750

从结果可以看出，采用 S-M 法得出的订货批量方案，其全部库存成本要低于采用 PPB 法得出的结果。

本章小结

库存分析及控制是企业生产活动中的一个重要的环节,本章主要探讨了库存的基本概念和常见的独立需求库存的模型。主要的内容如下。

(1) 库存的概念及分类,库存的利弊分析。
(2) 库存管理的策略及先进企业的做法。
(3) ABC分类法的原理。
(4) 独立需求的实时监视系统和定期监视系统。
(5) 确定性需求的基本经济订货批量模型、价格折扣模型、生产经济批量模型的原理与应用。
(6) 时变需求的部分期间平衡法和希尔弗-米尔模型。

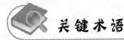

关键术语

库存　周转库存　安全库存　调节库存　在途库存　ABC分类法　零库存　独立需求库存　实时监视系统　定期监视系统　经济订货批量　经济生产批量　价格折扣模型　部分期间平衡法　希尔弗-米尔启发式方法

习　题

一、判断题

1. 减少周转库存的基本策略是订货数量尽量接近于需求量。（　　）
2. 减少安全库存的基本策略是减少采购或生产批量。（　　）
3. 减少在途库存的基本策略是缩短生产或配送周期。（　　）
4. 使用三箱法时,第三个箱存放的物料数量等于订货点数量。（　　）
5. 对于库存中的A类物料采用定期监视系统控制较为合理。（　　）
6. 对于库存中的C类物料采用定期监视系统控制较为合理。（　　）
7. 一般而言,采用实时监视系统,安全库存会较低。（　　）
8. 在物料需求变化量大,发生缺货可能性大时,可采用定期监视系统。（　　）
9. 基本经济订货数量模型的假设之一是存在订货价格折扣。（　　）
10. 基本经济订货数量模型的假设之一是库存成本是库存量的线性函数。（　　）
11. EOQ模型就是要使订货费用最省。（　　）
12. 按照ABC分类法,得出的A类物资总是占多数。（　　）
13. 按照EOQ公式,毛坯的生产批量应该大于零件的加工批量。（　　）

二、单选题

1. 为了应付需求、生产周期或供应周期可能发生的不测变化而设置的库存是（　　）。
   A. 周转库存　　　　B. 安全库存　　　　C. 调节库存　　　　D. 在途库存
2. 为了缓冲需求或供应的不平衡、生产速度和供应速度的不平衡而设置的库存是（　　）。
   A. 周转库存　　　　B. 安全库存　　　　C. 调节库存　　　　D. 在途库存
3. 下列选项中不属于相关需求的是（　　）。
   A. 原材料　　　　B. 在制品　　　　C. 成品　　　　D. 外购零件
4. 运用ABC分类法对库存进行管理时，A类物料占总物料的金额比例一般为（　　）。
   A. 55%左右　　　B. 60%左右　　　C. 70%左右　　　D. 80%左右
5. 下列哪项不属于库存维持费？（　　）
   A. 物料费用　　　B. 运输费　　　C. 保险费　　　D. 被盗损失
6. 假定安全库存为100件，某产品的平均日消耗量为40件，提前期为5天，现有库存量为500件，订货点是（　　）。
   A. 200　　　　B. 300　　　　C. 400　　　　D. 500
7. 下面哪一项不是EOQ模型的假设条件？（　　）
   A. 年需求为已知的常量　　　　B. 提前期已知且固定
   C. 不允许缺货　　　　D. 数量大时有价格折扣
8. 在两箱系统中，第一个箱内的物料存储量为（　　）。
   A. ROP　　　　B. EOQ
   C. 安全库存量　　　　D. 安全库存加上最佳订货量
9. 以下哪一项不是减少批量的好处？（　　）
   A. 在制品库存量低　　　　B. 每种产品生产的频次低
   C. 维持库存费低　　　　D. 检查和返工的成本低
10. 在EOQ模型中，订货成本是由（　　）因素决定的。
    A. 单价和订货数量　　　　B. 订货次数和每次费用
    C. 订货次数和订货数量　　　　D. 每次费用和物料单价
11. 关于库存叙述的错误论点是（　　）。
    A. 广义的库存指的是一切闲置的、用于未来的资源
    B. 企业都不可避免地保持有一定的库存
    C. 库存是针对制造业而言的，服务业一般没有库存
    D. 在制品属于库存
12. 主要由订货次数决定的库存成本是（　　）。
    A. 订货成本　　　B. 保管成本　　　C. 缺货成本　　　D. 能力关联成本
13. 在库存控制的方法中，实时监视的特点不包括（　　）。
    A. 每次的订货批量固定
    B. 相邻两次的订货时间间隔是固定的
    C. 订货提前期基本固定
    D. 相邻两次的订货时间间隔主要取决于需求量的变化情况

三、简述题

1. 什么是库存？库存的作用有哪些？
2. 如何理解库存掩盖管理问题？
3. 实时监视系统和定期监视系统的区别有哪些？两种系统应用的场合是什么？
4. EOQ 模型的假设是什么？如何在生产实际中应用？
5. 哪些费用随库存量增加而上升，哪些费用随库存量增加而减少？
6. 企业都试图降低库存，如何降低库存？降低库存对企业、供应商和顾客分别有哪些影响？
7. 标准的 EOQ 和经济生产批量模型的差异在哪里？
8. ABC 分类法的原理是什么？
9. 沃尔玛的 VMI 是其获取竞争优势的法宝之一，其他企业可以效仿吗？
10. 简述部分期间平衡法、希尔弗-米尔启发式方法的基本原理。

四、计算题

1. 某汽车 4S 店拟采用 ABC 法进行库存控制，以改善库存控制效果。表 10-9 给出了配件的月使用量和单价，试对各配件进行分类。

表 10-9 配件使用量及单价一览表

配件编号	使用量(件)	单价(元)	配件编号	使用量(件)	单价(元)
3010	2 000	15	6 500	150	20
4021	50	1 400	6 850	2 000	15
4050	80	140	9 280	10	1 020
4066	40	700	9 402	300	12
4400	7 000	5			

2. 某家具厂每年平均消耗的木材为 1 000 m³，木材的进价为 800 元/m³，订货费用为每次 300 元，库存费用每年每立方米为进价的 20%，目前该公司是每月订一次货，该厂的采购策略是否合理？

3. 长春 HP(惠普)专卖店销售 HP1100 打印机。近几年的需求很稳定，年需求为 600 台。每年每台打印机的库存费用是 20 元，每次订货费用是 60 元。现在该专卖店每月订货一次，每次 50 台。每年按 250 个工作日计算，交货时间为 10 天。

(1) 按现有的订货策略计算，每年的订货和库存费用之和是多少？
(2) 如果专卖店采用 EOQ 策略，每年的订货和库存费用之和又是多少？
(3) 订货点是多少？

4. 某专用汽车厂的挡风玻璃由该厂的内饰分厂生产并供应给装配车间。挡风玻璃的供需情况是：装配车间每年需要挡风玻璃 5 000 块，内饰分厂的生产率为每天 200 块，每块玻璃的生产成本是 500 元，每块玻璃的年库存费用为生产成本的 3%，生产准备费用(换产费用)为 50 元，每年按 250 个工作日计算。试确定其经济生产批量和年生产次数。

5. 某宠物商店经营的商品之一是拴狗用的皮带，每年的需求量是 6 000 条，该皮带的进货价格是 70 元。该商店每次进货的订货费用是 200 元，库存费用是进价的 15%。有一家新的供应商价格便宜，为66.5元，但要求进货量不低于3 000条。该商店应不应该和新供应商合作？

6. 某企业的物料需求见表10-10，已知订货成本 $S=150$ 元/次，单位存储费用 $H=0.5$ 元/月。试用PPB法确定订货批量。

表 10-10 物料各时段的需求

时段	1	2	3	4	5	6	7	8	9	10	11
需求 $U(i)$	100	80	120	132	102	90	94	112	98	108	76

7. 以第6题的数据为例，用S-M法确定订货批量。

案例1 南方塑胶厂的库存管理

南方塑胶厂（简称"南塑"）是一家有近40年历史的大型塑胶生产基地，产品种类繁多，但是可以分为几大系列：塑料布、塑料皮、硬质管、PP制品、浪板、石棉地砖、硬质板。近3年该厂的主要产品结构见表10-11。

表 10-11 南方塑胶厂近3年产品生产统计表

产品种类	前 年		去 年		今 年	
	产量(t)	产值(千元)	产量(t)	产值(千元)	产量(t)	产值(千元)
塑胶布	7 130	153 157	10 063	217 684	16 220	309 648
塑胶皮	483	12 404	514	14 321	654	16 098
硬质管	655	15 432	1 043	22 543	1 214	27 800
PP制品	1 803	40 654	3 421	87 652	6 565	154 321
浪板	632	12 342	675	12 342	1 043	21 021
石棉地砖	4 567	54 325	8 775	65 432	9 874	76 543
硬质板	6 547	67 889	7 012	78 654	8 074	87 654

为了提高该厂的库存管理水平，生产部长陈先生拟运用库存管理的方法进行科学的管理。下面是陈先生从各方面得到的有关数据。

1. 订货费用

订货费用是指办理订货事宜而支出的费用，因自行生产或外购而不同。如果是自制，则为生产准备费用；若外购，就是订货费用。上述产品为该厂自制，因此，订货费用即为发出生产订单的过程所支出的费用，如需求计划编制、生产订单的发出、协调各部门的工作、货物入库检查等。这些工作消耗的工时预计为：需求计划编制和生产订单的发出22小时，协调部门的工作18小时，货物入库检查20小时，共计60小时。

除工时消耗外，还产生与之有关的其他费用，因此，对塑胶布产品而言，其订货费用如下。

(1) 工时费＝10元/小时×60小时＝600元。

(2) 耗材及相关费用的支出150元。

(3) 换产及生产技术准备的费用480元。

(4) 其他费用支出270元。

原则上讲，不同产品的订货费用不同，但差异不大，因此可以认为所有产品的订货费用相同。

2. 生产成本

南塑各产品的生产成本包括直接人工、原材料和制造费用等3种，表10-12为各种产品的单位生产成本。

表10-12 生产成本统计表

产品	计量单位	生产成本(千元)	产品	计量单位	生产成本(千元)
塑胶布	t	13.02	浪板	t	12.11
塑胶皮	t	30.1	石棉地砖	t	5.30
硬质管	t	12.30	硬质板	t	18.90
PP制品	t	31.01			

3. 存储费用

存储费用分为两大类：一类是与存货有关的费用，如利息支出、跌价损失、陈旧损失等。因塑料制品的价格波动较小，故跌价损失可以忽略不计。至于陈旧损失，因该厂无确实的成品耗损率数据，陈先生准备用原料的耗损率替代产成品耗损率，见表10-13。

表10-13 今年1月份各种制品所需原料的仓储耗损率

产品	原料总额单位	原料耗损单位	耗损率(%)
塑胶布	33 022	1 096	3.4
塑胶皮	8 654	289	3.4
硬质管	1 442	1	0.07
PP制品	1 172	3	0.26
浪板	3 615	91	2.52
石棉地砖	1 392	22	1.58
硬质板	151	6	4

另一类是与物料保管有关的费用，包括仓库和设备及工位器具的折旧、搬运费用、物料的维护、日常开支等，这些费用的计算很复杂，陈先生将之简化，归纳到3个参数中，即利息、耗损费和仓储费，见表10-14。

表10-14 存储费用统计表   (元/t)

产品	每月利息	每月耗损费	每月仓储费
塑胶布	147.23	443.20	1 650
塑胶皮	322.32	1 000.23	2 321
硬质管	222.12	786.20	2 334
PP制品	131.23	354.20	1 321
浪板	142.10	12.50	1 209
石棉地砖	59.30	87.10	786
硬质板	134.20	321.70	1 230

4. 产品需求

今年3~12月的销售量见表10-15。

表 10-15　本年度 3~12 月的销售量　　　　　　　　　　　　　　　　　　　　(t)

产品	3月	4月	5月	6月	7月	8月	9月	10月	11月	12月
塑胶布	1 321	1 165	1 543	1 321	1 654	1 432	1 564	1 453	1 211	1 111
塑胶皮	44	43	33	46	56	67	65	61	58	56
硬质管	68	109	111	90	102	92	121	101	101	87
PP 制品	432	543	509	654	576	654	688	589	621	590
浪板	76	68	67	68	79	80	90	101	121	123
石棉地砖	654	690	666	743	765	780	890	789	843	812
硬质板	600	560	612	678	765	712	732	743	754	786

根据以上数据，为南塑制定相应的库存管理措施。

资料来源：根据陈志祥的《现代生产与运作管理》P176~P178 的内容改编

案例 2　北京空调批发公司的库存管理

北京一家空调批发公司，它的客户既有像西单、蓝岛、双安这样的大商场，也有北京街头很多地方可看到的空调专卖店，大致能有几十家，大商场的销售占主要部分。公司主要出售 3 家公司的空调产品：美的、日立、三菱，其中美的公司的产品占公司绝大部分，经营空调的品种大约为 50 种。公司的销售额已经达到了 1 亿元，假设一个空调的平均单价为 2 000 元，一年销售空调的数量将大致为 5 万台，这 5 万台空调绝大部分集中在一年的 3 个月或更短时间中销售，公司的财务部人员为 5 位，主要业务就是核算与供应商及客户的往来账和库存商品的明细账。公司的仓库较小，仅有一位库管员。它的主要供应商美的必须采用预付款的方式进行往来结算，而其他两家可以采用赊购的方式。

这个企业在库存管理上，存在 3 个方面的问题。

(1) 由于 5 万台空调集中在比较短的时间里采购与销售，在空调热卖的日子里，每天出入库的单据特别多，加上公司的人手少，手工根本无法完成库存明细账的记录，所以经常当公司经理想知道哪种空调库存还剩多少的时候，财务部不能提供信息，这样就会带来很多问题：第一，因为库存信息的不准，不好判断未来将要采购多少。第二，有可能丧失销售的好机会。第三，由于库存账的混乱，可能会引起库存商品的丢失，造成公司的损失。所以对企业的库存管理，公司经理非常着急。

(2) 因为企业的库存账是依据入、出库单记录的，所以当空调已经销售开票，卖给客户，但暂时尚未出库时，库存商品账将不能反映"这种出库"，由此，企业"真正的"库存信息就不能加以披露，这样可能会为企业采购决策的制定带来问题，同时，也会影响企业的销售。

(3) 因为一个完整的空调是由室内机、室外机和其他的零部件组成，在手工条件下的库存品明细账上，很难进行空调的零部件组合和进行"成套件"管理。

该公司应用了商业进销存软件之后，三大问题有了一定的改善。第一，库存商品明细账记录得准确、清楚、及时了。尤其是库存结余信息的及时披露，为企业的采购与销售环节的管理提供了依据。库存商品账的清楚也防止了库存管理中的漏洞。由于绝大部分入、出库单由采购进货单与销售发票直接产生，消除了手工管理中的某些环节，把进销存 3 个环节紧密地联系在一起，这种联系是手工无法做到的。第二，根据企业管理的需要，库存结余信息的披露既考虑到了已采购但暂时未入库的因素，又考虑到已销售但暂时未出库的因素，为企业采购与销售的管理提供了更为全面的依据。第三，成套件管理的应用，使库存信息提供的更加准确、清楚。这些效果的取得，是企业在计算机系统的帮助下，规范企业的业务处理流程，去掉不必要的中间管理环节，规范原始的业务单据而取得的。对这个企业可以说，计算机系统的应用使企业的管理提高了一大步。

资料来源：http://www.hbcz.com/jpkc/2006/jxx/kcwz/data/example/9.htm

讨论题：

1. 存货管理系统应该为管理者提供哪几种库存信息？
2. 你认为在企业的库房必须有一台与企业其他部门联网的计算机吗？如果需要，此台计算机将要输入哪些单据？如何处理这些单据？这些单据是如何产生的？试设计一下这个企业进销存业务的票据流转过程。
3. 这个企业的存货需要成套件管理吗？

第11章 综合生产计划

教学要求

通过本章的学习,要达到以下目的:
(1) 了解常用的生产计划及它们之间的关系;
(2) 了解生产能力与市场需求协调的互动机制及编制综合生产计划的策略;
(3) 掌握常用的综合生产计划编制的方法;
(4) 学会 lingo 软件的建模与求解;
(5) 了解收益管理的原理和方法。

引 例

阿根廷鲍吉斯-罗伊斯公司的泳装综合生产计划

鲍吉斯-罗伊斯公司(Porges—Ruiz)是布宜诺斯艾利斯的一家泳装生产厂商。该公司制定了一项人事改革政策,从而不仅降低了成本,同时也增强了员工对顾客的责任心。由于是一个很受季节影响的企业,该公司不得不在夏季的3个月内将其产品的3/4销往海外。鲍吉斯-罗伊斯公司的管理层还是采用传统方式依靠加班、聘用临时工、积聚存货来应付需求的大幅上升。但这种方式带来的问题很多,一方面,由于公司提前几个月就将泳装生产出来,其款式不能适应变化的需求情况;另一方面,在这繁忙的3个月,顾客的抱怨、产品需求告急、时间安排变动及出口使得管理人员大为恼火。

鲍吉斯-罗伊斯公司的解决办法是在维持工人的正常的每周42h工作报酬的同时,相应改变生产计划,从8月到11月中旬改为每周工作52h(南美洲是夏季时,北半球是冬季)。等到高峰期结束,到第二年4月每周工作30个小时。在时间宽松的条件下,进行款式设计和正常生产。

这种灵活的调度使该公司的生产占用资金降低了40%,同时使高峰期生产能力增加了一倍。由于产品质量得到保证,该公司获得了价格竞争优势,因而销路扩大到巴西、智利和乌拉圭等地。

资料来源:[美]杰伊·海泽,巴里·雷德. 生产与作业管理教程. 潘洁夫等译. 4版. 北京:华夏出版社,1999:345.

11.1 生产计划及构成

11.1.1 生产计划及其分类

生产计划是根据需求和企业生产能力,对生产系统拟产出的产品品种、时间、数量、人力和设备等资源的配置以及库存等预先进行的安排。

生产计划按层次一般可以分成战略层计划、战术层计划与作业层计划3个层次。战略层计划涉及产品发展方向、生产发展规模、技术发展水平、新生产设备的建造等。战术层计划是确定在现有资源条件下所从事的生产经营活动应该达到的目标,如产量、品种、产值和利润等。作业层计划是确定日常的生产经营活动的安排。

生产计划按时间可以分为长期计划、中期计划和短期计划。长期计划通常是3~5年,中期计划为6~18月,短期计划则为6个月以下。

两种分类方法有一定的关联关系,从战略层到作业层,计划期越来越短,计划的时间单位越来越精确,覆盖的空间范围越来越小,计划内容越来越详细,计划中的不确定性越来越小。各层次计划的主要特点见表11-1。

表11-1 战略层、管理层和作业层计划的主要特点

项 目	战略层计划(长期)	管理层计划(中期)	作业层计划(短期)
管理层次	高层领导	中层领导	基层
计划期	3~5年或更长	6~18个月	小于6个月
空间范围	整个企业	工厂	车间、工段
详细程度	非常概括	概略	具体、详细
不确定性	高	中	低
计划的时间单位	粗	中	细

11.1.2 生产计划的内容

企业的生产计划体系是一个庞大复杂的系统,既有长期的战略规划,也有中期的综合生产计划和短期的作业计划,相关的体系和层次如图11.1所示。

从图11.1中可以看出,从上至下构成了生产计划的长期、中期和短期的计划体系。

1. 长期计划

长期计划包括市场需求预测、生产战略规划、资源需求计划。

市场需求预测可分为长期预测和短期预测,长期预测主要为生产战略规划提供依据,而短期预测则为综合生产计划提供依据,预测的相关内容在前述章节已介绍,这里不再赘述。

生产战略规划是在长期预测的基础上,制定企业的长远发展规划,主要考虑产品的开发方向、生产能力的决策和技术发展水平等。

资源需求计划依据生产战略规划,对企业的人财物等资源的配置进行规划,以满足未

来生产战略的要求。

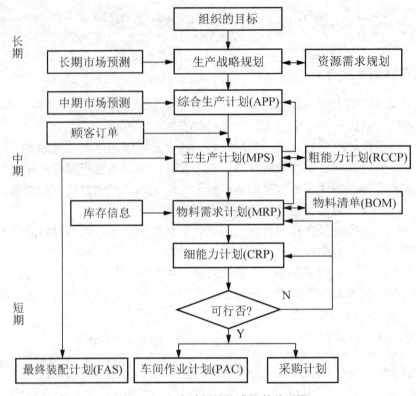

图 11.1　生产计划的构成及其关系图

2. 中期计划

中期计划主要包括综合生产计划、主生产计划、粗能力计划、物料需求计划和能力需求计划。

综合生产计划是依据企业的长期计划对各年的任务要求以及市场需求预测的结果制定的，指导企业年度经营生产活动的纲领性文件。解决生产能力与市场需求波动的矛盾，实现企业收益最大化。

主生产计划是综合生产计划的展开计划，即确定每一具体的最终产品在每一具体时间段内的生产数量。最终产品主要指对于企业来说最终完成，要出厂的完工品，它可以是直接用于消费的消费产品，也可以作为其他企业的部件或配件。需要说明的是，为了编制主生产计划的方便性，在某些场合主生产计划的编制对象不是最终产品，而是构成最终产品的一个部件。

粗能力计划是验证现有的生产能力是否能完成主生产计划所确定的生产任务，即生产任务的负荷与生产能力的平衡分析。粗能力计划通常只对关键工作中心进行负荷和能力的平衡分析，当二者不平衡时，要么调整能力，要么修正负荷。

物料需求计划是根据主生产计划、物料清单和物料的可用库存量，确定物料需求的期限和数量，进而决定相关物料何时投入，投入多少，以保证按期交货。

与粗能力计划相似，能力需求计划（又称细能力计划）则用来验证现有生产能力能否完成物料需求计划确定的生产任务。与粗能力计划不同的是，能力需求计划是对所有的工作中心进行生产能力与任务符合的平衡分析，如果不满足，需要采取相应的措施。

3. 短期计划

短期计划通常是物料需求计划的执行计划，包括最终装配计划、生产作业计划和采购计划。

最终装配计划是指在特定情况下(主生产计划的对象非最终产品)将主生产计划的物料组装成最终的产品的计划。

生产作业计划是生产车间根据物料需求计划的具体任务，确定每种零件的投入时间和完工时间，以及在各工作中心的加工顺序。要求在保证生产任务按期完成的前提下，使设备的负荷均匀，且在制品尽可能的少。

采购计划实现物料需求计划中对外购外协件等需求而编制的计划，是物料需求计划的执行计划的一部分。严格意义上讲，物料需求计划是基于相关需求的，其计划的编制不能采用独立需求的采购及库存控制机制，但对需求量大，需求均匀的物料也可用 EOQ 等模型编制采购计划。

从本章开始，将陆续介绍上述的各种计划。

11.2 综合生产计划概述

11.2.1 综合生产计划的功能

综合生产计划(aggregate production planning，APP)，又称生产大纲，是在企业设施规划、资源规划和长期市场预测的基础上做出的，是指导企业各部门一年内经营生产活动的纲领性文件。

由图 11.1 可以看出，综合生产计划是连接企业中长期计划的纽带，既有长期战略规划的属性，也有中期战术级计划的特征，是将企业的长期战略规划付诸实现的主要的一个环节。

综合生产计划是指导性的计划，通常只规定产品大类的产量或工时，不具有可操作性，尚需对计划进一步的细化，或者说，综合生产计划是后续计划编制的基础。

综合生产计划的功能就是有效地整合企业的内外资源，实现最有效的产出。

11.2.2 综合生产计划编制的策略

综合生产计划重点解决生产能力与需求变动之间的矛盾，以保证生产经营目标的实现。因此，综合生产计划编制的策略主要有两种。

1. 调节能力以适应需求

该策略根据市场需求制定相应的计划，也就是说，将客户订单和市场预测的结果视为给定条件，通过改变人员水平、加班加点、安排休假、改变库存水平、外协等方式来调整企业的生产能力，使之与市场需求相一致。在这种基本思路下，常用的应变方法如下。

(1) 调节人力水平。通过聘用和解聘人员来实现这一点。当人员来源充足且主要是非熟练工人或半熟练工人时，采用这一方法是可行的。但是，对于很多企业来说，符合其技能要求的人员来源是非常有限的，并不是什么时候想聘用什么时候就有。新工人需要加以培训，培训是需要时间的，一个企业的培训设施能力也是有限的。此外，对于很多企业来说，解聘工人是很困难的，或者说很特殊的情况才有可能（如社会制度的不同、工会强大与否、行业特点、社会保险制度的特点），而对于某些产业来说，解聘再聘则是很平常的事，例如，旅游业、农场等。

（2）加班或部分开工。调节人员水平的另一个方法是加班或减少工作时间（部分开工）。当正常工作时间不足以满足需求时，可考虑加班；反过来，正常工作时间的产量大于需求量，可部分开工，只生产所需的量。但是，加班需要付出更高的工资，通常为正常工资的1.5倍，这是管理人员经常限制加班时间的主要原因。工人有时候也不愿意加班时间太多，或长期加班。此外，加班过多还会导致生产率降低，质量下降等。部分开工是在需求量不足，但又不解聘人员的情况下才使用的方法。在许多采取工艺原则组织方式的企业，对工人所需技能的要求较高，再聘用相当技能的人不容易，就常常采用这种方法。这种方法的主要缺点是生产成本升高，人力资源、设备资源的效率低下。

（3）安排休假。即在需求淡季时只留下一部分基本人员进行设备维修和最低限度的生产，大部分设备和人员都停工，在这段时间内，可使工人全部休假或部分休假。例如，西方企业经常在圣诞节期间使用这种方案，它们不仅利用这段时间进行设备维修、安装等，还借此减少库存。

（4）利用调节库存。在需求淡季储存一些调节库存，在需求旺季时使用。这种方法可以使生产率和人员水平保持一定，但却需要耗费库存成本。

（5）外协或转包。这是用来弥补生产能力短期不足的一种常用方法。可利用承包商提供服务、制作零部件，某些情况下，也可以让他们承包完成品。

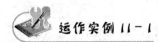

四川长虹和杭州西湖的综合生产计划策略的比较

四川长虹和杭州西湖都是中国电视机行业的竞争者，但是其综合生产计划方式有所不同。

20世纪90年代电视机的显像管是其最重要的部件之一。由于其生产线的投资需要很大的资本投入，所以电视机生产厂商可以选择转包生产，自己进行组装，也可以选择自己生产。四川长虹斥巨资在四川建立了自己的显像管生产线，这条生产线在当时不仅满足了四川长虹自己的电视机生产能力，而且能够为其他电视机生产厂商提供显像管。在进行综合生产计划时，四川长虹考虑的是利用劳动力策略来改变其生产能力。

而杭州西湖在显像管生产上选择了转包生产这一综合生产计划策略。其显像管的转包商主要来自于国外，所以在生产旺季，杭州西湖必须承担由于供应商误时误点而导致的延迟生产的风险。

2. 改变需求以适应生产能力

企业的生产能力通常是相对稳定的，为了适应需求的变化不得不人为地进行调整，这必然会导致成本的增加或者是生产能力的浪费。因此，也可以通过改变需求使其在不同的时期保持相对的稳定性，而使得需求与生产能力相一致，以最经济的方式进行生产。常用的方法具体如下。

（1）导入互补产品。也就是说，使不同产品的需求"峰"、"谷"错开。例如，生产割草机的企业可同时生产机动雪橇，这样其核心部件——微型发动机的年需求则可基本保持稳定，如图 11.2 所示。

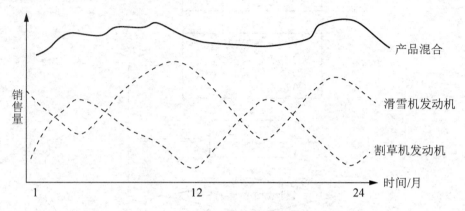

图 11.2　互补产品销量变化示意图

这种方法的关键是找到合适的互补产品，它们既能够充分地使用现有资源，又可以使不同需求的"峰"、"谷"错开，使产出保持均衡。

（2）调整价格，刺激淡季需求。对于季节性需求变化较大的产品，在需求淡季，可通过各种促销活动，降低价格等方式刺激需求，使之"淡季不淡"，保持较稳定的需求。例如，夏季削价出售冬季服装；冬季削价出售空调；航空业在需求淡季出售打折飞机票等。

另外，还有一种方法，即延期交货。这种方法可以暂时缓解生产能力不足的问题，但要承担相应的未履约的经济和信誉损失。

无论是调节能力还是改变需求，都是要解决能力与需求的平衡问题。这些方法各有优缺点，见表 11-2。企业具体采用何种方法应比较后综合认定。

表 11-2　不同策略的优缺点

策　略	优　点	缺　点
调节人力水平	需求变动时避免形成库存	聘用或解雇及培训成本高
利用调节库存	人员和生产能力没有变动或变动很小	成本上升
加班或部分开工	与季节变动保持一致，无雇用及培训成本	支付加班成本，工人疲劳
外协或转包	有一定的弹性，产出平衡	失去质量控制，减少利润
延迟交货	避免加班，产量稳定	顾客需愿等待，信誉受损
刺激需求	利用过剩的生产能力，扩大市场占有率	需求存在不确定性，很难精确保证供需平衡
引入互补产品	充分利用资源，人员稳定	设备需要有保障

11.2.3　综合生产计划编制的程序

图 11.3 表示一个综合生产计划的制订程序。由该图可以看出，这样一个程序是动态

的、连续的，计划需要周期性地重新被审视、更新，尤其是当新的信息输入、核心的经营机会出现的时候，更需如此。

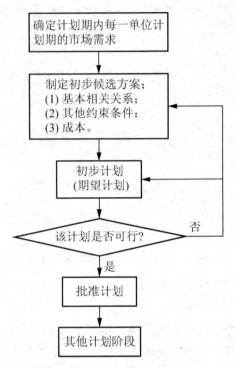

图 11.3 综合生产计划的制订程序

步骤1：确定计划期内每一单位计划期的市场需求。

确定计划期内每一单位计划期的需求的方法有多种。对于制造业企业的生产大纲来说，需求通常是以产品的数量来表示的，需求信息来源包括：对产品的未来需求预测；现有订单；未来的库存计划（例如，备货生产中对未来产品水平的确定）；来自流通环节（批发商）或零售环节的信息（指未发出订单之前给的信息）等。根据这些信息，就可大致确定每一计划单位的需求。

步骤2：制定初步候选方案，考虑相关关系、约束条件和成本。

制定初步方案的基本思路在前述的计划编制的策略部分已经讨论过了，这里主要讨论要考虑的基本相关关系、其他约束条件和成本问题。

1) 基本相关关系

在评价、审视初步候选方案时，有两个基本关系需要考虑：第一，在给定时间段内的人员关系式；第二，库存水平与生产量的关系式。第一个关系式的基本表述是

本期人员数＝上期末人员数＋本期初聘用人员数－本期初解聘人员数

上述关系式中的"解聘人员数"有时可以是人员的自然减少数，例如辞职、病退等引起的人员减少。在每一时间段内（计划单位内），所发生的聘用和解聘行为均影响可利用人员数，这是显而易见的。在制定综合生产计划时，如果人员安排是分成几个独立的组（单位），需要对每一组都作类似的考虑。

第二个关系式的基本表述是

$$本期末库存量=上期末库存量+本期生产量-本期需求量$$

2) 其他约束条件

除上述两个基本关系式以外，还需要考虑其他一些约束条件。这些约束条件可分为物理性约束条件和政策性约束条件。前者是指一个组织的设施空间限制、生产能力限制等问题，例如，某工厂的培训设施有限，一个计划期内所新聘的人员最多不得超过多少；设备能力决定了每月的最大产出；仓库面积决定了库存量的上限等。后者是指一个组织经营管理方针上的限制，例如，企业规定订单积压时间最长不能超过多少，一月的最大加班时数，外协量必须在百分之多少以下，最小安全库存不得低于多少等。

一个综合生产计划必须满足上述这些约束条件，但应该注意的是，全部满足上述约束条件的计划并不等于就是一个最优计划，因为在该约束条件范围内，还可得出多个方案，这多个方案的经营结果可能是截然不同的。

3) 成本

除了上述的考虑因素以外，制订综合生产计划时还必须考虑成本因素。只有成本在可接受范围内，一个计划才是可接受的。制订综合生产计划时所要考虑的成本主要包括以下几种。

(1) 正式人员的人员成本。它包括正常工资和正式人员的各种福利待遇，例如，医疗保险、劳动保险、退休基金、带薪休假等。

(2) 加班成本。加班工资通常是正常工资的 1.5 倍，但是不必考虑其他福利待遇。也有一些企业，平时加班工资为 1.5 倍，周末和法定节假日加班为 2 倍，甚至是 3 倍。

(3) 聘用和解聘费用。聘用费用包括招聘广告费用、面试费用、手续费用、新职工培训费用，以及新职工的非熟练引起的生产率下降、质量低下所带来的成本等。解聘费用包括最后面谈费用和解聘津贴。当一个企业因为某些工作任务没有了，而裁减相应的熟练人员时，所发生的成本还包括长期的培养费用。

(4) 库存成本(持有库存所发生的成本)。它是指随库存投资而变化的那些成本，其中包括资金占用成本、各种仓储成本(仓库费用、仓储管理人员费用等)、库存品的自然和非自然损耗(丢失、失盗、腐败等)、保险费用等。

(5) 订单积压成本和库存缺货成本。在订单积压的情况下，可能会发生合同延期罚款，还可能发生失去客户的潜在机会成本。在某些情况下，订单是不可能被拖延的。例如，一个顾客在超级市场买香蕉，如果缺货，通常这个顾客的行为是去别处购买，而不会留下姓名住址等待来货。在这种情况下，缺货成本包括失去的销售利润和失去的信誉。

步骤 3：制订可行的综合生产计划。

这是一个反复的过程，如图 11.3 所示。首先，需要制订一个初步计划，该计划要确定每一计划单位(如月或季)内的生产速率、库存水平和允许订单积压量、外协量以及人员水平(包括新聘、解聘和加班)。该计划只是一个期望的、理想的计划，尚未考虑其他约束条件，也尚未按照企业的经营目标、经营方针来严格检查，如果通过对这些因素的考虑，证明该计划是不可行的或不可接受的，那么必须修改该计划或重新制定，反复进行，直至该计划可被接受。

步骤 4：批准综合生产计划。

如前所述，一个综合生产计划需要最高管理层的认可，通常是组成一个专门委员会来审查综合生产计划，该委员会中应包括有关部门的负责人。委员会将对综合生产计划方案进行审查，也许会提出一些更好的建议，以处理其中相悖的若干目标。最后计划的确定并不一定需要委员会全体成员的一致同意，但计划一旦确定，就需要每个部门都尽全力使之得以实现。

11.3　综合生产计划编制的方法

综合生产计划的制订方法有多种，通常可分为直观试算法和线性规划方法。

直观试算法在实际生产中应用比较广泛，又称图表法、试误法、反复试验法等。在综合生产计划编制的过程中，各种影响因素交互作用，很难找到全局最优的方法，因此通过直观的图表和以往的经验形成不同的解决方案，再比较其结果，可以得出满意解。之所以称作满意解，是因为与启发式算法一样，得不到最优解，只能是近优解，是现有可知解决方案中最佳的方案。

线性规划方法主要包括运输表法和一般的线性规划的方法。下面介绍这3种常用的优化方法。

11.3.1　直观试算法

直观试算法的主要步骤如下。

（1）提供计划编制的基本参数，包括：每个时期的需求量；正常、加班和转包的生产能力；用工成本、聘用和解雇成本、库存成本等。

（2）设计或选择可行的解决方案。

（3）比较每个方案的经济性，选择最佳的方案。

下面通过一个具体的实例说明图表法的应用过程。[①]

【范例11-1】比尔·韦克父子公司是屋顶材料的生产厂家，屋瓦1~6月的需求预测数据见表11-3。

表11-3　屋瓦需求预测表

月份	期望需求	生产日数	每日需求
1	900	22	41
2	700	18	39
3	800	21	38
4	1 200	21	57
5	1 500	22	68
6	1 100	20	55
合计	6 200	124	

有关成本信息见表11-4。

---

① 改编自杰伊·海泽和巴里·雷德的《生产与作业管理教程》P346的实例。

第11章 综合生产计划

表11-4 成本一览表

成本项目	数 值	成本项目	数 值
库存成本	5美元/单位/月	单位产品工时	1.6小时/单位
转包成本	10美元/单位	提高生产率的成本(培训和新聘)	10美元/单位
正常小时工资	5美元/小时	降低生产率的成本(暂时解聘)	15美元/单位
加班小时工资	7美元/小时		

拟提供的解决方案如下。
（1）根据平均需求确定生产能力，雇佣员工。
（2）根据最低需求确定生产能力，不满足的部分外包。
（3）通过新聘或暂时解聘调整生产能力以适应需求的变动。
试比较3种方案的经济性。

解： 根据上述的信息，可知

$$\text{平均需求} = \frac{\text{期望需求合计}}{\text{生产天数}} = \frac{6\,200}{124} = 50(\text{件}/\text{天})$$

计划期间的需求变化趋势如图11.4所示。

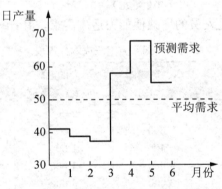

图11.4 需求变化示意图

方案一： 根据上述的信息，日需求50件，则所需的员工数：

$$\text{员工数} = \frac{\text{日需工时总数}}{\text{每员工日工时}} = \frac{50 \times 1.6}{8} = 10(\text{人})$$

员工工资为：员工数×每员工日工时×正常小时工资×生产天数＝10×8×5×124＝49 600（美元）

相关的库存变化见表11-5。

表11-5 库存变化一览表

月份	产量(50件/天)	预测需求量	月存货变动量	期末库存	平均库存
1	1 100	900	+200	200	100
2	900	700	+200	400	300
3	1 050	800	+250	650	525
4	1 050	1 200	-150	500	575
5	1 100	1 500	-400	100	300
6	1 000	1 100	-100	0	50
合计					1 850

库存费用为：1 850×5＝9 250(美元)

方案一的总成本为：49 600＋9 250＝58 850(美元)

方案二：该方案的成本只包括两个部分，一部分是实现最低需求的产能所支付的员工工资，第二部分是转包的费用。

由表11－2可知，三月份的需求量最低，日需求38件。以此确定的生产能力所需员工数量为

$$员工数 = \frac{日需工时总数}{每员工日工时} = \frac{38 \times 1.6}{8} = 7.6(人)$$

注：人数不能为小数，可以理解为7个全日工和1个半日工。

公司完成量＝38×124＝4 712(件)

转包量＝6 200－4 712＝1 488(件)

则方案二的成本构成为

员工工资＝员工数×每员工日工时×正常小时工资×生产天数＝7.6×8×5×124
　　　　＝37 696(美元)

转包成本＝1 488×10＝14 880(美元)

总成本＝37 696＋14 880＝52 726(美元)

方案三：该方案是通过人员的增减使能力适应需求，其计算过程用表11－6描述。

表11－6　方案三成本计算表

月份	预测需求	基本生产成本 (需求量×1.6×5)	增产的额外 成本(增员)	减产的额外 成本(减员)	总成本
1	900	7 200	—	—	7 200
2	700	5 600	—	3 000	8 600
3	800	6 400	1 000	—	7 400
4	1 200	9 600	4 000	—	13 600
5	1 500	12 000	3 000	—	15 000
6	1 100	8 800	—	6 000	14 800
合计		49 600	8 000	9 000	66 600

3个方案比较，可知方案二最佳。

注意：由于只选择有限的若干个方案，不能列出可能的所有方案，因此，该方法只能找出近优解，不一定是最优解。

11.3.2　运输表法

运输表法是线性规划中的一种特例，与普通的线性规划模型相比，运输表法可以通过简单的表上作业法来求解。这种方法的基本假设是：每一单位计划期内正常生产能力、加班生产能力以及外协量均有一定限制；每一单位计划期的预测需求量是已知的；全部成本都与产量呈线性关系。在这些假设之下，运输表法可给出整个计划内每一单位计划期的最优生产计划。当问题的规模较大时，还可用计算机软件来求解。

这种方法首先需要画出一张表格，它可以表示出每一单位计划期的生产能力计划、需求量、初始库存量以及可能发生的成本。表11－7是一个包括4个单位计划期的图表法模型的表格。

表 11-7　运输表模型

计划方案		计 划 期				未使用生产能力	全部生产能力
		1	2	3	4		
计划期	期初库存	0	h	$2h$	$3h$		I_0
1	正常生产	r	$r+h$	$r+2h$	$r+3h$		R_1
	加班生产	c	$c+h$	$c+2h$	$c+3h$		C_1
	外包	s	$s+h$	$s+2h$	$s+3h$		S_1
2	正常生产	$r+b$	r	$r+h$	$r+2h$		R_2
	加班生产	$c+b$	c	$c+h$	$c+2h$		C_2
	外包	$s+b$	s	$s+h$	$s+2h$		S_2
3	正常生产	$r+2b$	$r+b$	r	$r+h$		R_3
	加班生产	$c+2b$	$c+b$	c	$c+h$		C_3
	外包	$s+2b$	$s+b$	s	$s+h$		S_3
4	正常生产	$r+3b$	$r+2b$	$r+b$	r		R_4
	加班生产	$c+3b$	$c+2b$	$c+b$	c		C_4
	外包	$s+3b$	$s+2b$	$s+b$	s		S_4
未满足需求							
需　求		D_1	D_2	D_3	D_4		

注：h——单位计划期内单位产品的库存成本；　I_0——第一期期初库存。
　　r——单位产品的正常生产成本；　　　　R_t——t 期的正常生产能力。
　　c——单位产品的加班生产成本；　　　　C_t——t 期的加班生产能力。
　　s——单位产品的外协成本；　　　　　　S_t——t 期的外协生产能力。
　　b——单位产品的延期成本；　　　　　　D_t——t 期的需求量。

下面对表 11-7 中的一些元素做一些解释。首先，每一行表示一个计划方案，例如，第 1 行表示期初库存，它可以用来满足 4 个单位计划内任一期的需求。第 2 行是第 1 期内正常工作时间的生产量，它可以用来满足 4 个单位计划期内任一期的需求。再下来的两行是该期加班生产量和外协量，以下类推。其次，列表示一个计划所覆盖的计划期，此外还有尚未使用的生产能力和总生产能力。再次，矩阵中每一格（称为单元）的右上角表示单位产品的相应成本，包括生产成本和库存成本。例如，在第 1 单位计划期，正常时间的生产成本是 r，如果在第 1 计划期生产出来的产品用于满足第 2 期的需求，则成本为 $r+h$，这是因为发生了 1 个月的库存成本。第 1 期生产的产品如第 3 期销售，成本为 $r+2h$，以此类推。如果允许延期交货，即在后几期生产前几期的需求产品，这也需承担额外的费用。如第 2 期生产第 1 期的产品，其成本为 $r+b$；第 3 期生产第 1 期的产品则为 $r+2b$，以此类推。一般来讲，成本最低的方案是当期生产能力满足当期需求。但是，由于生产能力的限制，这一点并不是总可以做到的。最后，第 1 期的期初库存费用为 0，这是因为它是前一个计划期（例如，上一年）决策方案的函数，又在本计划期内考虑。

如果企业不允许延期交货，则取 $b=\infty$，即对应的区域的生产能力不可用。

表 11-7 可以通过手算，即表上作业法，求得最优解，具体步骤如下。

(1) 将总生产能力列的生产能力数字放到"未使用生产能力"一列，将各期的需求放至"未满足需求"一行。

(2) 从表中寻找成本最低的单元，如果存在多个最低的单元，原则上先选择最左侧的单元。

(3) 尽可能将生产任务分配到该单元，但不得超出该单元所在行的未使用生产能力和该单元所在列的需求。

(4) 在该行的"未使用生产能力"中减去已占用的部分（注意剩余的未使用生产能力绝不可能是负数，如果负数是无法避免的，说明在该生产能力的约束条件下无可行解，必须增加生产能力），同时，在该列的"未满足需求"中减去已分配的需求。如果该列需求已满足，即"未满足需求"为 0，或需求未满足但该行已无"未使用生产能力"（数值为 0），则结束该单元的操作。

(5) 重复步骤(2)~(4)，直至需求全部满足。

使用这种方法时应时刻记住一个原则：一行内各单元计入量的总和应等于该行的总生产能力，而一列内计入量的总和应等于该列的需求。遵循这条原则才能保证综合总生产能力未被超过和全部需求得以满足。

【范例 11-2】伊达公司生产先进的医疗设备，其核心部件为该公司自己生产，且生产能力足以适应需求的变化。非核心零部件仅维持一定的生产能力，能力不足时选择外包。公司产品未来 3 个月的需求预测、非核心零部件的生产能力和成本见表 11-8。试用运输表法求解其最优的综合生产计划。

解：根据表 11-8 中的信息建立运输表模型，见表 11-9。

(1) 将总生产能力列的生产能力数字复制到"未使用生产能力"一列，同时将各期需求放至"未满足需求"一行。

(2) 按表格单元的右上角的数字，从整个表中寻找成本最低的单元。本例为行"期初库存"和列"计划期 1"的交叉的单元格，其值（即成本）为 0。

表 11-8 综合生产计划编制的基本信息

		计划期			成本
		1	2	3	
需求预测		550	700	750	
生产能力	期初存货	100			
	正常生产	500	500	500	60
	加班生产	50	50	50	80
	转包	120	120	100	90

注：存货成本 1 元/(件/月)，延迟交货成本 3 元/(件/月)。

（3）因期初库存小于计划期 1 的未满足需求，故单元格填数字 100。

（4）"未使用生产能力"一列的期初库存减 100 至 0，"未满足需求"一行的"计划期 1"的数字 550－100＝450。此时，期初库存已为 0，不再参与后面的能力分配，相当于划掉该行。

（5）重复步骤(2)~(4)，直至需求全部满足。

最终结果见表 11-10。

表 11-9 运输表模型(初始表)

计划方案		计划期			未使用生产能力	全部生产能力
		1	2	3		
计划期 1	期初库存	0	1	2	100	100
	正常生产	60	61	62	500	500
	加班生产	80	81	82	50	50
	外包	90	91	92	120	120
2	正常生产	63	60	61	500	500
	加班生产	83	80	81	50	50
	外包	93	90	91	120	120

续表

计划方案		计划期			未使用生产能力	全部生产能力
		1	2	3		
3	正常生产	66	63	60	500	500
	加班生产	86	83	80	50	50
	外包	96	93	90	100	100
未满足需求		550	700	750		2 090
需求		550	700	750		

表 11-10 运输表模型(最终表)

计划方案		计划期			未使用生产能力	全部生产能力
		1	2	3		
计划期	期初库存	0 / 100	1	2	0	100
1	正常生产	60 / 450	61 / 50	62	0	500
	加班生产	80	81 / 50	82	0	50
	外包	90	91 / 30	92	90	120
2	正常生产		60 / 500	61	0	500
	加班生产		80 / 50	81	0	50
	外包		90 / 50	91 / 70	0	120
3	正常生产			60 / 500	0	500
	加班生产			80 / 50	0	50
	外包			90 / 100	0	100
未满足需求		0	700	750	90	2 090
需求		550	700	750		

根据表 11-10 的数据，整理该公司的综合生产计划，见表 11-11。

表 11-11 伊达公司非核心零部件的综合生产计划

时 期	正常生产	加班生产	外 包	调节库存
1	500	50	30	130
2	500	50	120	100
3	500	50	100	

其中，时期 1 的调节库存＝期初库存＋本期生产量－本期需求＝100＋580－550＝130。其他的以此类推。

在本例中，使用了大量的加班生产和外包。建议增加人员，从而增加正常生产能力，这样带来的生产成本的降低应小于增加人员所带来的成本。可以尝试做出不同能力计划下的最优生产计划，进行比较，这也是一个反复试行的过程。

由于不允许缺货或延期交货，因此本例中的延期成本很高，方案中看不到后期生产前期需求的计划。

范例 11-1 的 lingo 建模与求解

```
model:
 sets:
    production/p1..p10/:capacity;! 定义生产能力, P1 为库存, P2 至 P10 依次为 3 个月的 3 种能力;
    orders/v1..v3/:demand;! 定义销售需求;
    links(production,orders):cost,volume;! 定义成本及生产计划矩阵;
    endsets
! objective function;! 目标函数;
    min=@ sum(links:cost* volume);
! orders  constraintsints;! 订单需求约束;
    @ for(orders(J):
      @ sum(production(I):volume(I,J))=demand(J));
! Production constraints;! 生产能力约束;
    @ for(production(I):
      @ sum(orders(J):volume(I,J))< =capacity(I));
! this is Data;
data:! 数据矩阵;
    capacity=100 500 50 120 500 50 120 500 50 100;
    demand=550 700 750;
    cost=  0  1  2
          60 61 62
          80 81 82
          90 91 92
          63 60 61
          83 80 81
          93 90 91
          66 63 60
```

```
                86 83 80
                96 93 90;
enddata
end
```

运行结果（已剔除无关的变量）：

```
Global optimal solution found.
Objective value:                     124730.0
            Variable           Value        Reduced Cost
            VOLUME(P1,V2)      100.0000     0.000000
            VOLUME(P2,V1)      470.0000     0.000000
            VOLUME(P2,V3)      30.00000     0.000000
            VOLUME(P3,V1)      50.00000     0.000000
            VOLUME(P4,V1)      30.00000     0.000000
            VOLUME(P5,V2)      500.0000     0.000000
            VOLUME(P6,V2)      50.00000     0.000000
            VOLUME(P7,V2)      50.00000     0.000000
            VOLUME(P7,V3)      70.00000     0.000000
            VOLUME(P8,V3)      500.0000     0.000000
            VOLUME(P9,V3)      50.00000     0.000000
            VOLUME(P10,V3)     100.0000     0.000000
```

从结果上，与运输表模型的结果稍有不同，但目标值相同，即总成本均为 124 730，说明本例存在多个最优解。

11.3.3 一般线性规划方法

线性规划是运筹学中研究较早、发展较快、应用广泛、方法较成熟的一个重要分支，它是辅助人们进行科学管理的一种数学方法。在经济管理、交通运输、工农业生产等经济活动中，提高经济效果是人们不可缺少的要求，而提高经济效果一般通过两种途径：一是技术方面的改进，例如改善生产工艺，使用新设备和新型原材料；二是生产组织与计划的改进，即合理安排人力物力资源。线性规划所研究的是：在一定条件下，合理安排人力物力等资源，使经济效果达到最好。一般地，求线性目标函数在线性约束条件下的最大值或最小值的问题，统称为线性规划问题。满足线性约束条件的解叫做可行解，由所有可行解组成的集合叫做可行域。决策变量、约束条件、目标函数是线性规划的三要素。

简单地讲，线性规划解决资源有限、线性约束、存在多个方案的方案选优问题。

对于综合生产计划编制而言，线性规划的基本模型如下。

目标函数：

$$\min = \sum_{j=1}^{n} E_j X_j \quad (j=1, 2, \cdots, n)$$

约束条件：

$$\sum_{j=1}^{n} a_{ij} X_j <= B_j \quad (i=1, 2, \cdots, m)$$

$$C_j \leqslant X_j \leqslant D_j \quad (j=1, 2, \cdots, n)$$

当然，根据不同的目标，目标函数也可以为 max。

第11章 综合生产计划

【范例11-3】 某产品未来6个月的需求预测及每月工作天数见表11-12。假定不考虑物耗成本，只计算人工成本。现行方案的有关参数为：每天工作8小时，单位产品工时为2小时，单位人工成本为120元/天，期初人数为35人，招聘费用为450元/人，解聘费用为600元/人，单位产品存储费用每月为5元。确定最优的综合生产计划。

表11-12 月需求预测及工作天数

月份	1	2	3	4	5	6
需求与测量	2 760	3 320	3 970	3 540	3 180	2 900
工作天数	21	20	23	21	22	22

注：本例改编自潘尔顺编著的《生产计划与控制》，上海交通大学出版社，2003.8

解： 定义如下变量：
(1) $P_i(i=1,2,\cdots,6)$ 为每个月的产量；
(2) $W_i(i=1,2,\cdots,6)$ 为每个月的工人数量；
(3) $H_i(i=1,2,\cdots,6)$ 为每个月的招聘人数；
(4) $L_i(i=1,2,\cdots,6)$ 为每个月的解聘人数；
(5) $I_i(i=1,2,\cdots,6)$ 为每个月的库存量。

目标函数为总成本最小，即正常人工成本、招聘成本、解聘成本和库存成本之和最小，其中人工正常成本为单位人工成本×工作天数×工人人数，故目标函数为

$$\min TC = 2\,520 \times W_1 + 2\,400 \times W_2 + 2\,760 \times W_3 + 2\,520 \times W_4 + 2\,640 \times W_5 + 2\,640 \times W_6 \\ + 450\sum_{i=1}^{6}H_i + 600\sum_{i=1}^{6}L_i + 5\sum_{i=1}^{6}I_i$$

约束条件：

1) 生产能力约束

每月的生产能力＝工人数量×工作小时数/单位产品工时，则

$$P_1 \leq 84 \times W_1$$
$$P_2 \leq 80 \times W_2$$
$$P_3 \leq 92 \times W_3$$
$$P_4 \leq 84 \times W_4$$
$$P_5 \leq 88 \times W_5$$
$$P_6 \leq 88 \times W_6$$

2) 工人数量约束

$$W_1 = 35 + H_1 - L_1$$
$$W_2 = W_1 + H_2 - L_2$$
$$W_3 = W_2 + H_3 - L_3$$
$$W_4 = W_3 + H_4 - L_4$$
$$W_5 = W_4 + H_5 - L_5$$
$$W_6 = W_5 + H_6 - L_6$$

3) 库存平衡约束

$$I_1 = 0 + P_1 - 2\,760$$
$$I_2 = I_1 + P_2 - 3\,320$$
$$I_3 = I_2 + P_3 - 3\,970$$
$$I_4 = I_3 + P_4 - 3\,540$$
$$I_5 = I_4 + P_5 - 3\,180$$
$$I_6 = I_5 + P_6 - 2\,900$$

另外非负要求上述变量均大于零。

范例 11-3 的 lingo 建模与求解

```
model:
 min=2520*W1+2400*W2+2760*W3+2520*W4+2640*W5+2640*W6
   +450*(H1+H2+H3+H4+H5+H6)
   +600*(L1+L2+L3+L4+L5+L6)
   +5*(I1+I2+I3+I4+I5+I6);
 ! 生产能力的约束;
 P1<=84*W1;
 P2<=80*W2;
 P3<=92*W3;
 P4<=84*W4;
 P5<=88*W5;
 P6<=88*W6;
 ! 人工数量的约束;
 W1=35+H1-L1;
 W2=W1+H2-L2;
 W3=W2+H3-L3;
 W4=W3+H4-L4;
 W5=W4+H5-L5;
 W6=W5+H6-L6;
 ! 库存平衡的约束;
 I1=0+P1-2760;
 I2=I1+P2-3320;
 I3=I2+P3-3970;
 I4=I3+P4-3540;
 I5=I4+P5-3180;
 I6=I5+P6-2900;
 @gin(W1);@gin(W2);@gin(W3);@gin(W4);@gin(W5);@gin(W6);! 工人人数为整数;
end
```

运行结果(已剔除无关数据):

```
Global optimal solution found.
  Objective value:    600750.0

              Variable       Value        Reduced Cost
                    W1    35.00000           2520.000
                    W2    41.00000           2000.000
```

W3	42.00000	1840.000
W4	42.00000	2310.000
W5	36.00000	880.0000
W6	33.00000	2040.000
H1	0.000000	0.000000
H2	6.000000	0.000000
H3	1.000000	0.000000
H4	0.000000	0.000000
H5	0.000000	1050.000
H6	0.000000	1050.000
L1	0.000000	1050.000
L2	0.000000	1050.000
L3	0.000000	1050.000
L4	0.000000	1050.000
L5	6.000000	0.000000
L6	3.000000	0.000000
I1	170.0000	0.000000
I2	130.0000	0.000000
I3	24.00000	0.000000
I4	12.00000	0.000000
I5	0.000000	25.00000
I6	0.000000	5.000000
P1	2930.000	0.000000
P2	3280.000	0.000000
P3	3864.000	0.000000
P4	3528.000	0.000000
P5	3168.000	0.000000
P6	2900.000	0.000000

根据上述模型运行结果，整理本例的最优解，见表 11-13。

表 11-13 最优解的结果

月 份	产 量	库 存 量	招聘人数	解聘人数	需要工人数
1	2 930	170	0	0	35
2	3 280	130	6	0	41
3	3 864	24	1	0	42
4	3 528	12	0	0	42
5	3 168	0	0	6	36
6	2 900	0	0	3	33

11.4 服务业的综合计划

与制造业一样，服务业的综合计划也要解决服务能力与需求变动的平衡问题，也更强调需求管理的作用。由于服务业种类繁多，特征差异较大，这里只介绍两类具有代表性的服务业综合计划编制的策略或方法。在服务业企业的总成本构成中，第一类企业的变动成本，特别是人工成本占主要部分，因此在满足服务质量的前提下，控制人工成本是关键；第二类企业则是固定成本居多，需通过服务策略(如服务价格)的调整扩大需求，力求收益最大化。

第一类服务企业控制人工成本的综合计划编制的策略相对比较简单，主要包括以下几个方面。

(1) 合理安排服务人员的工作时间，以便对顾客需求做出快速反应。

(2) 配备兼职或临时的服务人员，以便在需求波动较大时可以快速增加或减少人员的数量。

(3) 提高人员服务技能的柔性，以便适应多种不同的岗位。

(4) 提高人员的产出数量或工作时间的柔性，以便满足更多的需求。

第二类企业的综合计划编制就是所谓的收益管理。收益管理(revenue management or yield management)是指将各种资源按照不同价格分配给不同的顾客，以获取最大的收益或利润的决策过程。

收益管理最早可追溯到 20 世纪的 80 年代，当时美国航空公司的售票系统允许根据市场需求情况实时更改任意一条航线的价格。如高价舱位需求很少，则机票可以打较低的折扣。如普通舱位的需求旺盛，则可以减少折扣。

美国航空公司在收益管理上成功后，其他服务企业也随之应用。运作实例 11-3 就是福特公司旗下的租车公司赫兹公司的收益管理的实际做法。

运作实例 11-2

赫兹公司的收益管理

90 多年来，赫兹公司(Hertz)在租车业务上一直是每天向租车人收取一笔固定的费用。但是近 20 年以来，由于乘坐飞机的商务人士增加，使得租车需求大幅增长。随着租车市场的需求变化和市场的不断成熟，赫兹公司也提供了更多的业务供顾客选择，例如允许客户从一个地方上车，从一个地方下车。但这导致一些城市的业务能力过剩，而一些城市的业务能力不足。

业务能力的过剩和不足促使赫兹公司开始进行收益管理，这和航空公司的情况比较相似。该公司的收益管理系统可以制定价格，规划路线，确定每个地方的车辆数量。通过研究，赫兹公司发现不同的城市在一周中需求高峰出现的时间不同。于是该公司将汽车从需求少的地方送到需求旺盛的地区。通过改变不同地方的租车价格和所供数量，合资公司提高了"收益"，增加了收入。

区域经理或地区经理普遍使用收益管理来更好地应对美国市场的需求变化。赫兹公司在全球化经营过程中也使用了收益管理，但这种方法在其他国家遇到了挑战，因为很多国家不允许空车跨越边境。

资料来源：[美]杰伊·海泽，巴里·雷德.运作管理.8 版.北京：中国人民大学出版社，2006：630.

目前可以采用收益管理策略的典型的服务企业有：航空公司、酒店、租车公司、客轮等，这些企业具有以下相同的特点。

(1) 产品或服务可以在消费前进行销售。

(2) 需求变化比较大。

(3) 企业生产或服务能力相对固定。

(4) 市场可以细分。

(5) 变动成本低，固定成本高。

下面通过一个酒店的价格策略制定来说明如何应用收益管理。

【范例 11-4】大华酒店有某种结构的标准客房 100 间，采用统一的定价标准，每天 400 元，近期的客房入住率为 50%。现知每间客房的变动成本为 40 元，这包括清扫与房间布置、空调费和洗涤用品等耗材的费用。则该种客房的净收益为

净收益 = (400－40)×100×50% = 18 000(元)

收益情况可用图 11.5 表示。

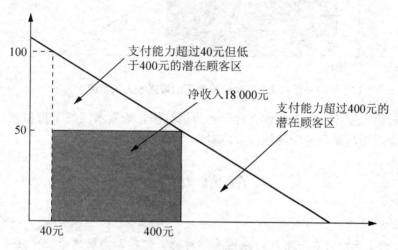

图 11.5　单一价格制下的客房收入示意图

注：本图假定价格具有需求弹性，即销售情况或者需求情况随着价格变化而变化。如果提高价格而需求没有变化，则是价格没有弹性。

从图 11.5 可以看出，除了入住率为 50% 的区域外，还有"支付能力超过 40 元但低于 400 元的潜在顾客区"和"支付能力超过 400 元的潜在顾客区"，前者表示如果酒店给出高于 40 元但低于 400 元的价格，可以获得该区域的潜在顾客的需求，增加酒店的净收益。而后者则是可以接受更高价格的潜在顾客区，挖掘此部分顾客的需求，可以增加酒店的更高利润率的净收益。因此，有必要给出价格的多种选择，以便提高入住率和净收益。

假设酒店制定两种房价：300 元和 500 元。预测 300 元的客房可销售 30 间，500 元的客房也可销售 30 间，预计的销售净收益为

净收益 = (300－40)×30＋(500－40)×30 = 21 600(元)

两种价格制下的收益情况可用图 11.6 表示。

可见两种房价的净收益优于单一定价的净收益。

从本例可以看出，价格结构还有进一步优化的空间。

当然，服务企业要用好收益管理，需要做到以下 3 点。

(1) 不同层次的价格必须可行，从顾客角度来看比较符合实际、相对公平且认可这样的价格波动。

(2) 做好资源使用的预测工作并预计资源使用的时间。例如，航班需要安排多少经济舱的座位？顾客会为能看到海景的房间支付多高的价格？

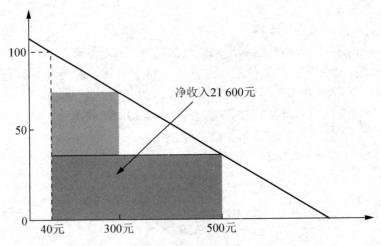

图 11.6　两种价格制下的客房收入示意图

（3）应对需求变化。动态地设立合理的价格结构，如需求淡旺季折扣波动的范围多大更适宜？企业应提高预测的准确性以及应对新情况的能力。

本 章 小 结

企业的生产能力在一定的时期内是相对稳定的，而市场需求通常是变化的，企业在编制综合生产计划时应正确处理二者之间的互动机制，以最低的生产成本来满足市场的需求。本章介绍了企业的生产计划及其构成、综合生产计划编制的策略、综合生产计划编制常用的方法以及服务业的综合计划编制策略等内容。

习　题

一、判断题

1. 生产计划可以分为长期计划、中期计划和短期计划。　　　　　　　　（　　）
2. 综合生产计划不具体制定每一品种的生产数量、生产时间、车间、人员的具体任务。
　　　　　　　　　　　　　　　　　　　　　　　　　　　　　　　　（　　）
3. 在编制综合生产计划时，导入互补产品就是调节能力以适应需求的一种方式。
　　　　　　　　　　　　　　　　　　　　　　　　　　　　　　　　（　　）
4. 综合生产计划只能通过调节能力以适应需求的方式制定编制策略。　　（　　）
5. 运用运输表法编制综合生产计划，其基本假设之一是每一单位计划期内的正常生产能力是有一定限制的。　　　　　　　　　　　　　　　　　　　　（　　）
6. 制造业企业通过改变库存水平处理用户的非均匀需求，这对服务性企业也适用。
　　　　　　　　　　　　　　　　　　　　　　　　　　　　　　　　（　　）

二、单选题

1. 产品发展方向、生产发展规模、技术发展水平等内容应属于（   ）。
   A. 战略计划   B. 战术计划   C. 作业计划   D. 加工计划
2. 不属于综合生产计划所考虑的成本因素是（   ）
   A. 人员成本   B. 库存成本   C. 加班成本   D. 销售成本
3. 制订综合生产计划需要多项信息，哪项来自企业外部？（   ）
   A. 现有库存水平   B. 原材料供应能力
   C. 现有员工数量   D. 现有设备能力

三、简述题

1. 综合生产计划编制需要什么样的信息？这些信息来自哪些部门？
2. 编制综合生产计划的策略有哪些？其各自的优缺点是什么？
3. 编制综合生产计划的程序是什么？
4. 编制综合生产计划时，直观试算法、运输表法和一般线性规划方法分别在什么情况下使用？阐述你的理由。

四、计算题

1. 范例 11-1 中，除了原有 3 个方案外，拟增加新的 3 个方案（方案四至方案六）。其中：

   方案四，雇佣 8 名员工进行生产。若正常生产能力不能满足需求，则通过加班来解决，且加班能力足以满足所缺需求。

   方案五，雇佣 6 名员工进行生产。能力不足部分通过外包解决。

   方案六，雇佣 7 名员工进行生产。能力不足部分通过外包解决。

   试比较这 3 种方案是否优于原方案中的最佳方案。

2. 本章范例 11-1 和前一题所设计的解决方案通常只是考虑单一因素，如维持一定的生产能力用库存进行调节供需平衡、用人员变动改变生产能力、通过加班或外包变动生产能力等，可否以混合策略提出几种使总成本最小的方案，并与上述方案的效果进行比较？

3. 编制综合生产计划通常假定单位产品的成本与产量大小无关，但由于工人通过参加学习和实践可以产生学习效应，即单位产品的人工成本随着产量的上升而降低。考虑学习效应时，如何建立数学模型？

4. TR 公司生产各种油漆，油漆的需求是具有季节波动特性的，通常第 3 季度是需求高峰。需求预测见表 11-14，生产能力与成本数据见表 11-15。此外，现有年初库存量为 1 000 kL，希望的年末库存为 1 200 kL。该公司每季度的最大加班能力为该季度正常生产能力的 20%，外协厂家在每一季度可提供的产品数量均为 800 kL。单位产品的库存成本为 0.3 元/季度，延期交货成本为 0.8 元/季度。

表 11-14 需求预测   (kL)

季度	1	2	3	4	合计
需求	1 200	3 400	6 000	1 400	12 000

表 11-15 生产能力计划 (kL)

| | 季度 | | | | 单位产品的成本 |
	1	2	3	4	(元/升)
正常生产	1 800	1 800	3 000	1 800	1.00
加班生产	360	360	600	360	1.50
外协	800	800	800	800	1.90

根据上述信息运用运输表模型编制该公司的综合生产计划并运用 lingo 软件建模求解。

5. 汽车制造厂近 3 个月的市场需求分别为 5 200 辆、4 400 辆和 3 600 辆,共计 13 200 辆。该厂在 3 种不同生产方式下的生产能力及制造成本见表 11-16。期初的库存为 0,单位产品的存储成本为 1 000 元/月,延期交货成本为 2 000 元/月,试运用运输表模型编制其综合生产计划。

表 11-16 生产能力与制造成本

	生产能力(辆/月)	单位制造成本(元/辆)
正常生产	4 000	20 000
加班生产	600	21 000
分包生产	1 000	22 000

案例研究

电容制造部的难题

罗姆电子大连有限公司系大连开发区的一家日资企业,其电容制造部主要生产 MCH 系列陶瓷积层电容,共 100 多种规格,从包装形式上可分为纸带和塑料带两大类。自 1996 年初投产以来,由于编带作业采用了改进后的新工艺、公司操作人员不太熟悉设备操作性能等原因,经过两个多月的努力,仍未能达到月产量 1 亿个的设计能力。日本总部对此非常不满,经常对电容制造部的有关部门提出指责。对此,电容制造部负责人尹先生十分苦恼。这一天,他又一次召集有关部门负责人员开会,研究如何解决所面临的生产问题。

会上,大家列举了最近出现的各种问题,普遍反映加班实在太辛苦,有些操作人员已十分疲乏。会议进行到一半,负责对外联络业务的曲小姐过来汇报说,刚才又接到日本总部打来的电话,对电容制造部未完成上个月的生产任务大为不满,严令这个月必须完成,否则将进一步追究各部门责任等。

这个消息立即引起了与会人员的不满,设备科长李先生首先按捺不住,愤愤地说:"这活儿没法干了,日本人有本事,就让他们自己来干,我就这点本事了。"这些天一直陪着李先生加班的车间监督申先生则息事宁人地说:"老李,你先坐下,别那么激动。"接着又转过头对尹先生说:"老李说的也有道理,现在,咱们部的工人加班加点成了家常便饭,可产量还是完不成。工人们已经尽了最大努力,产量完不成的责任看来不在我们,是不是跟总经理反映一下?"其他人也纷纷附和。会议的议题由分析车间内部问题转向议论日本总部各部门的不配合上……

尹先生看着大家疲惫而又激动的神色,知道这些人说的都是实话,并且工作中也都尽了最大努力,但如何能达到设计生产能力,完成计划任务又是不得不解决的难题。日本总部一些部门配合不力的确是个很大的问题,但关键问题估计还是在车间管理内部,那么,这个问题究竟出在哪儿呢?于是,他叹了一口气,随手拿起了会议记录,又仔细研究起来。

会议记录

  时间:2004年4月2日

  地点:电容部会议室

  参加人:电容制造部门负责人尹科长

      生产管理陈主任

      设备科李主任

      工程监督申主任

      质管科周主任

  议题:如何提高编带月产量

发言记录

  陈主任:要完成月产量1亿个的生产任务,根据理论计算,编带设备综合利用率必须达到55%以上。日本总部的设计能力是60%~65%。但现在我们的实际利用率只有40%多一点。上个月加了5天班,产量才达到7 000万个。这个月要达到1亿个,即使周六、周日全部加班,即加8天班,也只能达到9 000万个。所以,现在的生产计划不符合生产实际状况,指导不了生产。现在只有两种选择。要么与日本总部联络,修改计划产量;要么改进作业方法,争取采用与日本一样的生产方法。

  李主任:目前我们的编带操作方法与在日本学习时不太一样,日本采用的是大卷,即将十几万个电容编成一卷,而我们则是三四千个一卷的小卷,因此,我们的计划标准应该有所降低,不能采用日本标准,即60%~65%。另外,我们的设备变换太频繁,一台机器一个月要换2~3次不同类产品,每次都要调整1~2天,这样人为增加设备调整次数,结果使设备故障率大大增加,发挥不出高速编带机应有的效果(900个/min)。特别是塑料带,几乎每次调整后都要出现各种问题,而我们设备维修人员只有2人,根本打不开点儿。因为,我们现在整天只忙着修理设备,正常的维护保养根本无法进行,所以也就无法保证设备不出故障,换句话说,完不成计划的责任根源肯定不在我们身上。

  申主任:有些操作人员素质太差,如张某某,同样的简单问题,上星期我已教育了她两次,但昨天又出现了同样的错误,结果我问她怎么回事,她却一点儿也不在乎,脸都不红一下。另外,李某某、王某某,也不好好干活,说一句能顶回两句。上个月周六加了几天班,好像是我求她们一样。这样的人最好是不要,或转到其他部门,我是管不了她们。一个班总共才5个人,有两个这样的,产量肯定上不来。长期下去,1亿个的计划估计是够呛。另外,编带操作人员整天站着干活,非常辛苦,和坐着干活的库房、检验人员相比,工资上没有什么区别,是不是可以增加些奖金刺激刺激?

  周主任:我同意申主任的观点,有些操作员的素质确实太差。转换产品规格时,需要将规格输入计算机。她们瞪眼儿就将"F"输成"H"。仅上个月就发现了3次,幸亏发现及时,否则损失就大了。若一旦发生索赔,公司信誉将受到严重影响。真不知当初入厂教育是怎么进行的。另外,最近6号编带机发现了两次混料事故(即不同规格的电容混在一起)。我们经过初步调查,怀疑两个环节有问题,一个是零散数量回收时可能混入,另一个是机器清理时未打扫干净。我们正在做试验。按规定,混料以后必须查清原因,这期间机器必须停止工作。所以今天6号编带机不能干活。如果保证不了质量,产量即使提高上去也得不偿失⋯⋯

  尹先生反复看了几遍之后,对大家说:"操作员素质不高是个大问题,我已向总经理做过汇报,人事部门正在研究处理方案。设备维修人员不足问题,限于人员定额限制,短期内估计增加不了。采用小卷是为了方便顾客使用,改回大卷也不太现实。现在关键是大家有没有新的想法和建议,怎么能提高产量?或怎么能跟日本总部解释清楚?"

  沉默了片刻,陈主任提出了一个建议,他说:"我觉得现在除了加强人员教育之外,唯一可行的办法是改进生产作业方法。由于我们生产的产品品种较多,而每个批量的数量较少,所以设备调整时间占用过多,设备利用率很低,产量也就无法提高。上个月我们将编带操作人员的辅助作业减去不少,产量有所提高,我们可以将这一思路继续改进,即加大生产批量,减少停机等待等非工作时间,这样就可以提高设备利用率。产量自然就可以上去了,在具体做法上,可以把编带生产工艺作如下调整",说着,他画出了草图(图11.7、图11.8)。

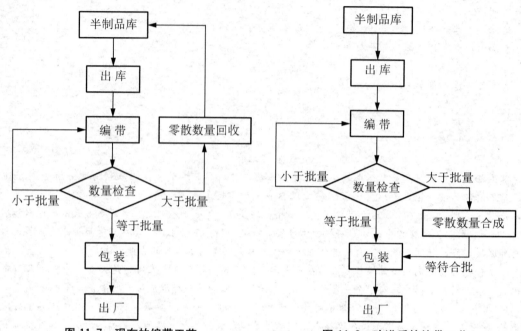

图11.7　现在的编带工艺　　　　　图11.8　改进后的编带工艺

他解释道:"在现在的工艺流程中,半制品库中的电容以整袋形式出库,一袋数千至数十万不等,编带的批量是256 000个/批,多余的电容从机器中排出,作为半制品零散数量形式回收入库,等待再次出库编带。在这一过程中,编带机存在排料待工时间。如果将这部分时间改为工作时间,即将多余的电容继续编带,以合格品形式合批后再出厂,根据测算,每月可增产1 500万个左右。如果这样做可行的话,每个月再加几天班,1个亿的月计划就可完成。"

对这种看法,质管科周主任表示反对,意见是这样做会给零散数量合格品保管带来问题,因为管理人员只上白班,二、三班无人看管,因此保证不了成品出厂质量,工程监督申主任也表示怀疑,认为会加重二、三班操作人员的负担。只有设备科李主任认为这样有利于减少设备故障,增加生产能力……

正在大家热烈讨论之时,总务员送来了一份刚刚收到的传真,尹先生看过以后,非常高兴,对大家说:"有一个好消息,下周一,总部要派主管电容生产的福井课长来大连调查电容生产问题,今天的会议就到这儿吧,回头大家把今天的内容整理一下,准备下周一向福井课长汇报。"

假如你是新派来的课长,你将如何解决电容制造部的难题?

资料来源:陈福军、韩悦,东北财经大学MBA教育中心
转载自:http://www.e-works.net.cn/document/rar/31475.htm。

讨论题:

1. 对电容制造部现在的状况如何分析?目前的主要问题是什么?
2. 陈主任所提的建议方案能解决问题吗?为什么?
3. 编带设备综合利用率标准是否应改变?一个亿的产量是否应减少?
4. 操作人员素质低的问题应如何解决?你有什么好的办法?
5. 设备维修人员不足的问题应如何解决?
6. 你认为电容制造部能否完成原设计目标?陈述你的理由。

第12章 主生产计划

教学要求

通过本章的学习，要达到以下目的：
(1) 了解主生产计划的编制方式及计划对象；
(2) 掌握主生产计划的计算逻辑及计算过程；
(3) 了解常用的3种粗能力计划的计算方法；
(4) 了解主生产计划的变更方法；
(5) 了解关键工作中心的认定标准。

12.1 主生产计划概述

12.1.1 主生产计划与综合生产计划的关系

综合生产计划是企业有关生产的指导性计划或称纲领性计划，本身是不具有可操作性的，而落实这一计划需要对其进行展开并具体化。

主生产计划(master production schedule，MPS)就是综合计划的执行计划，又称成品出产进度计划，是按时间分段方法确定企业将生产的最终产品的数量和交货期。

综合生产计划参数只规定产品大类的数量，没有指定具体品种的数量；主生产计划参数则包括具体品种及其出产数量、出产时间。

相对综合生产计划而言，主生产计划具有可操作性。

仍以范例11-2为例，该公司的产品主要包括A和B两个型号。综合生产计划展开后的主生产计划见表12-1。

需要说明的是，由于主生产计划编制是以综合生产计划为指导，根据市场预测和客户订单数据来确定各期主生产计划的数量，因此，主生产计划的合计量和同期的综合生产计划的数量不一定完全相同。

表 12-1 综合生产计划与主生产计划的关系

综合生产计划												
月份	1				2				3			
产量	550				700				750			
主生产计划												
周数	1	2	3	4	5	6	7	8	9	10	11	12
型号 A	100	100	100		200	100		100	100		100	100
型号 B		100	50	100	50	100	150		50	100	100	200
合计	550				700				750			

12.1.2 主生产计划的编制方式

由前所述,主生产计划主要在综合生产计划的框架下,根据市场需求预测或客户订单进行编制,其编制方式通常有 3 种。

1. 面向库存生产(make to stock,MTS)

该计划方式又称备货式生产,其组织生产的依据是需求预测,亦即在接到客户订单之前,根据需求预测就开始采购原材料,组织生产,完成生产,产成品入库。一旦接到客户订单,就从库房里直接发货。从客户的观点来看,这些产品是现货供应的,通用的大众化商品,如日用百货等属于这一类。

2. 面向订单设计(engineer to order,ETO)

面向订单设计的产品或者是独特的(客户定制的),或者结构复杂而且生产量很小。飞机、航天飞机、特种机床、流程设备、大型发电机组等都属于面向订单设计的产品。采用这种计划编制方式的企业只有在接到合同或客户订单,或至少接到一份意向书之后,才能开始设计过程,之后才是采购原材料、组织生产和向客户发运。

3. 面向订单生产(make to order,MTO)

面向订单生产的计划方式可以分为纯粹的面向订单生产和面向订单装配(assemble to order,ATO)。

纯粹面向订单生产是指产品的设计已经完成,但组织生产的依据是客户订单,亦即在接到客户订单之后,才开始采购原材料、组织生产。高度客户化的产品一般采取这种计划方式。但对于有些采购提前期很长的原材料,也可能在接到客户订单之前根据预测进行采购。

面向订单装配则是指构成产品的零部件已完成生产或采购,接到客户订单即可装配和交付。这种方式又称为大规模定制,如采用模块式生产的汽车、电脑等行业是最典型的代表。

由于面向订单设计和纯粹面向订单在生产组织上比较相近,可以归为一类,可以将上述的几种方式重新划分为:备货生产、订货生产和订货组装。

12.1.3 主生产计划的编制原则

主生产计划是根据企业的能力确定要做的事情,通过均衡地安排生产实现生产规划的目标,使企业在客户服务水平、库存周转率和生产率方面都能得到提高,并及时更新、保持计划的切实可行和有效性。主生产计划中不能有超越可用物料和可能能力的项目。在编制主生产计划时,应遵循这样一些基本原则。

1) 最少项目原则

用最少的项目数进行主生产计划的安排。如果 MPS 中的项目数过多,就会使预测和管理都变得困难。因此,要根据不同的制造环境,选取产品结构不同的级,进行主生产计划的编制。使得在产品结构这一级的制造和装配过程中,产品(或)部件选型的数目最少,以改进管理评审与控制。

2) 独立具体原则

要列出实际的、具体的可构造项目,而不是一些项目组或计划清单项目。这些产品可分解成可识别的零件或组件。MPS 应该列出实际的要采购或制造的项目,而不是计划清单项目。

3) 关键项目原则

列出对生产能力、财务指标或关键材料有重大影响的项目。对生产能力有重大影响的项目是指那些对生产和装配过程起重大影响的项目。如一些大批量项目,造成生产能力的瓶颈环节的项目或通过关键工作中心的项目。对财务指标而言,有重大影响的项目指的是与公司的利润效益最为关键的项目。如制造费用高,含有贵重部件、昂贵原材料、高费用的生产工艺或有特殊要求的部件项目,也包括那些作为公司主要利润来源的,相对不贵的项目。而对于关键材料而言,有重大影响的项目是指那些提前期很长或供应厂商有限的项目。

4) 全面代表原则

计划的项目应尽可能全面代表企业的生产产品。MPS 应覆盖被该 MPS 驱动的 MRP 程序中尽可能多数组件,反映关于制造设施,特别是瓶颈资源或关键工作中心尽可能多的信息。

5) 适当裕量原则

留有适当余地,并考虑预防性维修设备的时间。可把预防性维修作为一个项目安排在 MPS 中,也可以按预防性维修的时间减少工作中心的能力。

6) 稳定原则

在有效的期限内应保持适当稳定。主生产计划制订后在有效的期限内应保持适当稳定,那种只按照主观愿望随意改动的做法将会引起系统原有合理的正常的优先级计划的破坏,削弱系统的计划能力。

12.1.4 主生产计划的计划对象

主生产计划的计划对象通常是独立需求的物品,原则上是可供销售的成品和半成品、零部件等。

最终装配计划(final assemble schedule, FAS)则是根据用户订单对产品的具体要求(品种和交货日期)编制的装配及出产计划。可见最终装配计划的计划对象是最终的成品。

一般来讲,主生产计划与最终装配计划的计划对象是一致的,但考虑到主生产计划的编制方式和编制的原则,二者的计划对象存在一定的差异性。

1. 备货生产

由于该生产方式下生产的产品以标准产品居多，也就是说同一类产品的品种数不多，故 MPS 的对象即为最终的具体产品。此情景 MPS 与 FAS 的计划对象一致。

2. 订货组装

对于面向订单装配而言，由于顾客的个性化不同，导致产品的变型很多，各类最终产品预测变得非常的困难，储存最终产品也有相当的风险。

因此，这种方式一般先生产基本零件和组件，在接到最终订单时才开始进行最终产品的装配。此时，MPS 的计划对象相当于 X 形产品结构中"腰部"的物料，即通用件、基本件或可选件，顶部物料是 FAS 的计划对象。用 FAS 来组合最终项目，仅根据用户的订单对成品装配制定短期的生产计划。MPS 和 FAS 的协同运行实现了从原材料的采购、部件的制造到最终产品交货的整个计划过程。

例如，电脑制造公司可用零部件作为 MPS 的计划对象来简化 MPS 的排产。市场需求的电脑型号，可由若干种不同的零部件组合而成，可选择的零部件包括：4 种 CPU、4 种集成主板、2 种硬盘、2 种光驱、2 种内存、2 种显示器和 4 种机箱。基于这些不同的选择，可装配出的电脑种类有 $4^3 \times 2^4 = 1\,024$ 种，但主要的零部件仅有 $4 \times 3 + 2 \times 4 = 20$ 种，零部件的总数比最终产品的总数少得多。显然，将 MPS 的计划对象选在构成最终产品（电脑）的零部件比较合理，即只对这些零部件进行 MPS 的编制，而对最后生成的 1 024 种可选产品，将根据客户的订单来制订 FAS。

实际编制计划时，先根据历史资料确定各基本组件中各种可选件占需求量的百分比，并以此安排生产或采购，保持一定库存储备。一旦收到正式订单，只要再编制一个总装计划(FAS)，规定从接到订单开始，核查库存、组装、测试检验、发货的进度，就可以选装出各种变型产品，从而缩短交货期，满足客户需求。

3. 订货生产

订货生产的最终项目一般就是标准定型产品或按订货要求设计的产品，MPS 的计划对象可以放在相当于 T 形或 V 形产品结构的低层，以减少计划物料的数量。如果产品是标准设计或专项，最终项目一般就是产品结构中 0 层的最终产品。

3 种方式的 MPS 和 FAS 的计划对象的对比如图 12.1 所示。

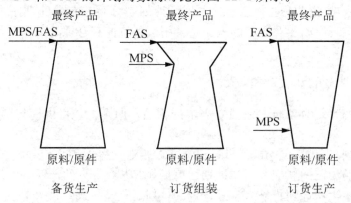

图 12.1　MPS 不同编制方式下的 MPS 与 FAS 的计划对象

12.1.5 主生产计划的时间分段

主生产计划是一个分时段的生产计划,在不同的时间分段上,主生产计划对应的订单状态是不同的。主生产计划的订单分成 3 类:制造订单、确认的计划订单以及计划订单。

1. 制造订单(manufacturing order)

已下达至系统的制造订单,授权制造指定数量的产品。这种订单无特殊情况不能更改。

2. 确认的计划订单(firm planned order)

计划订单的数量和时间可以固定下来,计算机不能自动地改变它们,只有计划员可以改变它们。

3. 计划订单(planned order)

计划订单是系统管理的订单,随时可以更改。

主生产计划是一个分时段的生产计划,和订单的状态相对应,制造订单和确认的计划订单是以需求时间栏作为分界的,而确认的计划订单和计划订单是以计划时间栏为分界的。

需求时间栏(demand time fence)是当前时间至计划时间中的一个时间点,在当前时间至需求时间这一段时间内,相应的订单为制造订单,这时已经开始要制造订单,在此期间,只有最高领导才有权对此进行修改,一般情况下,这个阶段的主生产计划是不能随意改变的。

计划时间栏(plan time fence)是位于需求时间栏和全部计划期间之间的一个时间点,在需求时间栏和计划时间栏之间对应的订单为确认的计划订单,包含了实际订单及预测的订货,而在计划时间栏之后便只有预测的客户订单。编制主生产计划计算需求时采取的策略是:在需求时间栏以内,根据客户的实际订单来计算需求;在需求时间栏和计划时间栏之间,根据客户订单和预测订货量中的最大值来计算需求;而在计划时间栏之后,通常根据预测的订货量计算需求。

需求时间栏和计划时间栏,以及对应的订单如图 12.2 所示。

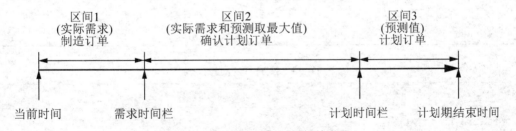

图 12.2 主生产计划时间栏的说明

12.2 主生产计划的计算逻辑

12.2.1 主生产计划的编制程序

主生产计划要解决以下 3 个基本问题。

制造的目标是什么?即生产什么?生产多少?何时完成?

制造的资源是什么？即用到什么？

如何协调目标与资源之间的关系？即现有的资源能否保证目标的实现？

因此，编制主生产计划的主要步骤如下。

(1) 选择主生产计划的计划对象。

(2) 确定计划的总周期、需求时间栏、计划时间栏，以及相关的准则。

(3) 根据综合计划框架、市场预测及客户订单数据，编制初步的主生产计划。

(4) 用粗能力计划判定生产能力是否满足需求，如果满足可批准主生产计划并进入下个阶段，反之则要修改主生产计划。

12.2.2 主生产计划的编制及计算逻辑

1. 相关原始参数的确定

编制主生产计划时，应以时间分段来说明主生产计划、销售预测、客户订单、预计在库量和可供销售量之间的关系。编制主生产计划结果是形成主生产计划报表。

主生产计划报表由表头和表体构成，表头是进行主生产计划计算所需的重要原始参数（物料名称、物料编号、现有库存量、提前期、需求时界、计划时界、安全库存量、批量等参数值），见表12-2。编制主生产计划除了上述原始参数外，还需预测量和实际订单量的信息，这是制定主生产计划最重要的输入，见表12-3。报表主体则是主生产计划的计算主体，要分别确定预计可用库存量、净需求量、计划订单产出量、计划订单投入量和可供销售量等信息。

表12-2 医疗器械探头组件相关原始参数

参数名称	参 数 值	参数名称	参 数 值
物料号	YDSA01	提前期（周）	1
物料名称	探头	需求时界（周）	4
期初库存量	120	计划时界（周）	8
安全库存量	50	计划日期	2013-5-23
批量	400	计划员	Lqx

表12-3 预测与合同量列表

	期间（周）											
	1	2	3	4	5	6	7	8	9	10	11	12
预测量	150	150	150	150	200	200	200	200	180	180	150	150
合同量	200	160	100	120	180	210	140	150	120	110	130	90

主生产计划和后续的物料需求计划的编制过程基本一致，只是主生产计划比较关心产品的可供销售量，而物料需求计划则关心物料的可用库存量。

主生产计划计算过程基本上是首先根据预测量和合同量确定毛需求，再根据毛需求和可用库存量以及计划接收量计算净需求，从而确定何时投入、何时产出、投入多少、产出多少等基本问题。

2. 计算毛需求(gross requirement, GR)

毛需求, 又称总需求, 其确定没有固定的模式, 用得较多的是考虑所在的时段, 在需求时界内, 毛需求等于实际顾客合同量; 在计划时界内, 毛需求取预测量和合同量中的最大值; 在计划时界以外, 毛需求取预测值。

设产品 i 在期间 t 的毛需求为 $GR_i(t)$, 则其计算公式为

$$GR_i(t) = \begin{cases} D_i(t) & t \leqslant t_d \\ \max[D_i(t), F_i(t)] & t_d < t \leqslant t_p \\ F_i(t) & t_p < t \end{cases}$$

式中 $D_i(t)$——产品 i 在期间 t 的实际订单量;
$F_i(t)$——产品 i 在期间 t 的需求预测量;
t_d——需求时界;
t_p——计划时界。

表 12-3 的毛需求计算结果见表 12-4。

表 12-4 毛需求计算结果

	期间(周)											
	1	2	3	4	5	6	7	8	9	10	11	12
预测量	150	150	150	150	200	200	200	200	180	180	150	150
合同量	200	160	100	120	180	210	140	150	120	110	130	90
毛需求	200	160	100	120	200	210	200	200	180	180	150	150

↑需求时界点　　　　　　　　　　　　　　　　↑计划时界点

3. 确定在途量(scheduled receipts, SR)

在途量表示已经订购或已经生产, 预计在期间 t 到货的物料量。设产品 i 在期间 t 的在途量为 $SR_i(t)$。当该产品提前期大于 1 周时, 如提前期为 3 周, 则在途量既可以在第 1 周到达, 也可以在第 2 周或第 3 周到达。当然, 如果考虑实际的特殊情况, 在途量可以在计划期间的任一期到达。

4. 计算预计在库量(projected on-hand, POH)

顾名思义, 预计在库量就是在某期间期末预期的库存数量, 有时也可以称为预期可用量。

设产品 i 在期间 t 的预计在库量为 $POH_i(t)$, 若某期间没有计划订单产出, 则其计算公式为

$$POH_i(t) = POH_i(t-1) + SR_i(t) - GR_i(t)$$

由上述公式可以看出, $POH_i(t)$ 会在某期间出现负值, 然而理论上讲库存不可能出现负值, 此刻则就意味着产生净需求并要求生成主生产计划来补充库存。如果设置了安全库存, 预计在库量小于安全库存就产生净需求。

5. 计算净需求(net requirement，NR)

设 $NR_i(t)$ 为产品 i 在期间 t 的净需求，SS 为安全库存，则

$$NR_i(t) = SS + GR_i(t) - SR_i(t) - POH_i(t-1)$$
$$= SS - POH_i(t)$$

表 12-5 列出了各期净需求的计算过程和结果。

表 12-5 主生产计划的计算过程及结果

	期间(周)											
	1	2	3	4	5	6	7	8	9	10	11	12
毛需求	200	160	100	120	200	210	200	200	180	180	150	150
在途量	400											
预计在库量	320	160	60	340	140	330	130	330	150	370	220	70
净需求				110		120		120		80		
计划订单产出量				400		400		400		400		
计划订单投入量			400		400		400		400			
可供销售量	320		80		0		20		0			

6. 确定计划订单的产出量(planned order receipts，PORC)

并非所有期间都有净需求，如果可提供的库存量(包括在途量)不能满足毛需求，则会产生净需求。若某一期间有净需求，就要求在该期必须获得等于或超过净需求的物料量，这就是计划订单的产出。设产品 i 在期间 t 的计划订单产出量为 $PROC_i(t)$，而此期间 $POH_i(t)$ 的计算公式也发生变化，即

$$POH_i(t) = POH_i(t-1) + PROC_i(t) + SR_i(t) - GR_i(t)$$

计划订单的产出量的确定通常要考虑订货的经济批量因素，所以，计划订单的产出量应为批量的整数倍。批量的大小通常在系统运行之前即已确定，在系统运行过程中也可以根据实际情况做相应调整。本例中，批量为 400，因第 4 期的净需求为 110(50+120-60=110)，计划订单的产出量需要向上修正为批量的整倍数 400×1=400。

7. 确定计划订单的投入量(planned order release，POR)

订单的下达到交货通常需要一段时间，这就是提前期。因此，计划订单的下达时段等于净需求的需求日减去计划订单的提前期。设产品 i 在期间 t 的计划订单投入量为 $POR_i(t)$，则其计算公式为

$$POR_i(t) = PORC_i(t+LT) \quad \text{或} \quad POR_i(t-LT) = PORC_i(t)$$

式中　LT——订单提前期。

本例第 4 周产生 110 的净需求，因提前期为 1 周，故该计划在第 3 周下达，投入量与产出量相等。

8. 计算可供销售量（available to promise，ATP）

可供销售量的信息主要为销售部门提供决策信息，向客户承诺订单交货期是销售人员同临时来的客户洽谈供货条件时的重要依据。在某个计划产出时段范围内，计划产出量超出下一次出现计划产出量之前各时段合同量之和的数量，是可以随时向客户出售的，这部分数量称为可供销售量。

在第1期中，可供销售量等于期初在库量加上该时段计划产出量减去已到期和已逾期的客户订单量，在第1期之后的任何有计划产出量的期间，可供销售量应为某时段的计划产出量（含在途量）减去下一次出现计划产出量之前的各毛需求量之和得到。设产品 i 在期间 t 的可供销售量为 $ATP_i(t)$，则其计算公式为

$$ATP_i(t) = PORC_i(t) + SR_i(t) - \sum_{j=t}^{t'} GR_j$$

式中 t'——下一次出现计划产出量前的期间。

若某期间计算出来的可供销售量为负数，则表示业务员已超量承诺订单。

本例第1周的可供销售量为

$$ATP_i(1) = PORC_i(1) + SR_i(1) - GR_1 = 0 + 120 + 400 - 200 = 320$$

后期的只对有计划产出量的期间进行计算，即4周、6周、8周和10周。

第4周的可供销售量为

$$ATP_i(4) = PORC_i(4) + SR_i(4) - \sum_{j=4}^{5} GR_j = 400 + 0 - 120 - 200 = 80$$

第6周的可供销售量为

$$ATP_i(6) = PORC_i(6) + SR_i(6) - \sum_{j=6}^{7} GR_j = 400 + 0 - 210 - 200 = -10$$

可供销售量为负数，表示业务员已超量接受订单，不能再提供可供销售的产品，因此可供销售量修正为0。

其他期间计算类似，结果见表12-5。

12.3 粗能力计划（RCCP）

介绍粗能力计划之前，先引入两个术语，工作中心和关键工作中心。

工作中心（working center，WC）是生产加工单元的统称。工作中心是生产计划系统的基本加工单位，也是进行物料需求计划与能力需求计划运算的基本单元。

关键工作中心（critical work Center）也称瓶颈工序（bottleneck），是短期内生产能力无法自由增加的工作中心，在企业制造流程中处于关键或瓶颈部位，是粗能力计划的计算对象。

关键工作中心的特点具体如下。

(1) 经常加班，满负荷工作。

(2) 操作技术要求高，工人操作技术要求熟练，短期内无法自由增加人员。

(3) 使用专用设备，而且设备昂贵。

(4) 受多种限制，如短期内不能随便增加负荷和产量(通常受场地、成本等约束)。

注意： 关键工作中心会随加工工艺、生产条件、产品类型和生产产品等条件而变化，并非一成不变，不要与重要设备混同。

粗能力计划(cough cut capacity planning，RCCP)是对关键工作中心进行能力和负荷平衡分析，确定关键工作中心的能力能否满足计划的要求。

本节主要介绍3种粗能力计划的技术，这3种粗能力计划技术对数据的要求和计算量都不尽相同：第一种为综合因子法，第二是能力清单法，第三是能力资源负载法。这3个方法是粗略的能力计划的方法，只对关键工作中心进行能力计划。

12.3.1 综合因子法

综合因子法是3种技术中最简单的，对计算数据要求最少，计算量也最小，它一般可用手工完成。

综合因子法需要3个主要输入数据：主生产计划、生产某物料所需总时间以及每一关键工作中心所需总时间的百分比。该法以计划因素为基础，而这些因素来源于标准或成品的历史数据。当把这些计划因素用做主生产计划的数据时，劳动或机器工作时间的总的能力需求就能估算出来，之后把估算的能力分配给各个关键工作中心，分配比例是依据车间工作载荷的历史记录定出的。综合因子法通常是以周或月为时间分段的，并且根据企业主生产计划的变化而修改。

下面结合一个实例来介绍综合因子法及另外两种方法的原理及计算过程。

【范例12-1】 产品X和Y未来10周(其中前3周的计划由上个计划结转而来)主生产计划见表12-6，两个产品的物料清单见表12-7，两个产品需要W01、W02和W03等3个关键工作中心完成加工和装配工作，其工艺路线和标准工时数据见表12-8。

表12-6 产品X和Y的主生产计划

产品	期间(周)									
	1	2	3	4	5	6	7	8	9	10
X		400		400		400		400		400
Y	200	100	300		300		200	100	300	100

表12-7 产品X和Y的物料清单

父 件	子 件	所需数量
X	A	1
X	B	2
Y	B	2
Y	C	1
B	D	2
B	E	4

表 12-8　产品 X 和 Y 的工艺路线和工时数据

物料	所需工步	工作中心	单位工时(准备时间+作业时间)(h)
X	1	W01	0.05
Y	1	W01	0.08
A	1	W02	0.05
	2	W03	0.06
B	1	W01	0.05
C	1	W02	0.08
	2	W03	0.04
D	1	W02	0.05
E	1	W03	0.04

现知 3 个关键中心 W01、W02 和 W03 直接工时分配比例的历史数据分别为 50%、30% 和 20%，根据上述数据计算产品 X 和 Y 的能力需求。

解：

(1) 根据表 12-7 与表 12-8 可以得出产品 X 和 Y 的单位能力需求，见表 12-9。

表 12-9　产品 X 和 Y 的物料清单

产品	单位能力需求(h)
X	0.78
Y	0.82

(2) 根据单位产品的能力需求和主生产计划计算未来总的能力需求，即根据表 12-6 和表 12-9 来计算，如第 1 周的总能力需求为：$0.78 \times 0 + 0.82 \times 200 = 164$(h)，结果见表 12-10。

表 12-10　产品 X 和 Y 的主生产计划

产品	期间(周)									
	1	2	3	4	5	6	7	8	9	10
总能力需求(h)	164	394	246	312	246	312	164	394	246	394

(3) 根据历史的分配比例，把需要的总能力分配给各关键工作中心。

以第 1 周为例，3 个关键工作中心的能力需求如下。

W01 需要的工时　　$164 \times 50\% = 82$
W02 需要的工时　　$164 \times 30\% = 49.2$
W03 需要的工时　　$164 \times 20\% = 32.8$

其他各周的计算类似，结果见表 12-11。

表 12-11　各关键工作中心的能力需求计划

工作中心	历史比例（%）	期间(周)									
		1	2	3	4	5	6	7	8	9	10
W01	50%	82	394	246	312	246	312	164	394	246	394
W02	30%	49.2	118.2	73.8	93.6	73.8	93.6	49.2	118.2	73.8	118.2
W03	20%	32.8	78.8	49.2	62.4	49.2	62.4	32.8	78.8	49.2	78.8

由上述的计算过程可以看出，综合因子法计算过程简单，所需的数据少且容易获得，可通过手工完成。但该方法只对各关键工作中心能力需求进行粗略的计算，适用于那些工作中心间的产品组成或工作分配不变的企业。

12.3.2　能力清单法

能力清单又称资源清单，其含义是：针对物料或零件，根据主要资源和物料所需能力列出的清单，进而估计特定物料所需生产能力的方法，可为每一独立需求物料或相关需求物料的群组建立资源清单，并根据排定的数量来延伸以决定生产能力需求。

能力清单法需要的数据比综合因子法多。它需要使用每一产品在关键资源上标准工时的详细信息。

和综合因子法相比，能力清单法是根据产品物料清单展开得到的，它是最终产品在各个关键工作中心上的细的能力清单，而不是总的能力需求，各个关键工作中心所需总时间的百分比不是来自根据历史数据，而是根据产品的工艺路线及标准工时数据得到的。

能力清单的计算过程如下。

假定有 n 个主生产计划的物料，工作中心 i 的产品 k 的能力清单为 a_{ik}，期间 j 的产品 k 的主生产计划数量为 b_{kj}，则期间 j 在工作中心 i 的能力需求为

$$能力需求 = \sum_{k=1}^{n} a_{ik} b_{kj} \text{ 对于所有的 } i \text{ 和 } j$$

【范例 12-2】 沿用范例 12-1 的数据，试用能力清单法计算其粗能力需求。

解： 根据表 12-7 所列产品 X 和 Y 的物料清单，以及表 12-8 所列的工时数据进行展开，可以得到 X 和 Y 相应的 3 个关键工作中心的能力清单，如产品 X 在 W01 的能力清单 = 0.05+2×0.05=0.15，其他的计算过程相同，全部结果见表 12-12。

表 12-12　产品 X 和 Y 的能力清单

工作中心	产品	
	X	Y
W01	0.15	0.18
W02	0.25	0.28
W03	0.38	0.36

根据表 12-6 所示的 X 与 Y 的主生产计划和表 12-12 的能力清单，及前面的能力需

求公式，可以计算各关键工作中心的能力需求，见表12-13。以第1周为例，3个关键工作中心的能力需求计划为

$$0.15 \times 0 + 0.18 \times 200 = 36$$
$$0.25 \times 0 + 0.28 \times 200 = 56$$
$$0.38 \times 0 + 0.36 \times 200 = 72$$

表12-13 基于能力清单法的工作中心能力需求计划

工作中心	期间(周)									
	1	2	3	4	5	6	7	8	9	10
W01	36	78	54	60	54	60	36	78	54	78
W02	56	128	84	100	84	100	56	128	84	128
W03	72	188	108	152	108	152	72	188	108	188
合计	164	394	246	312	246	312	164	394	246	394

12.3.3 资源负载法

综合因子法和能力清单法都没有考虑不同工作中心的工作开始的时间安排。资源负载法则考虑了生产的提前期，以便为各生产设备的能力需求提供分时段的计划。因此，资源负载法为粗能力计划提供了更精确的方法，但达不到下章介绍的细能力计划的详细程度。

资源负载法要使用物料清单、工序流程和标准作业时间，还需各产品和零件的生产提前期信息。

下面以两个产品、两个关键工作中心和时段为3周为例，介绍资源负载法的计算逻辑。表12-14和表12-15为关键工作中心1和2的资源负载表，表12-16为产品的主生产计划，表12-17为分时段负荷的粗能力计划。

表12-14 关键工作中心1的资源负载表

产品	离到期日的时间(周)		
	2	1	0
P_1	A_{112}	A_{111}	A_{110}
P_2	A_{212}	A_{211}	A_{210}

表12-15 关键工作中心2的资源负载表

产品	离到期日的时间(周)		
	2	1	0
P_1	A_{122}	A_{121}	A_{120}
P_2	A_{222}	A_{221}	A_{220}

表 12-16 产品的主生产计划

产品	期间(周)		
	1	2	3
P_1	B_{11}	B_{12}	B_{13}
P_2	B_{21}	B_{22}	B_{23}

表 12-17 粗能力计划表

关键工作中心	期间(周)		
	1	2	3
W_1	C_{11}	C_{12}	C_{13}
W_2	C_{21}	C_{22}	C_{23}

表 12-17 中,两个关键工作中心在 3 周内的能力计划计算公式为

$C_{11}=A_{110}B_{11}+A_{111}B_{12}+A_{112}B_{13}+A_{210}B_{21}+A_{211}B_{22}+A_{212}B_{23}$

$C_{12}=A_{110}B_{12}+A_{111}B_{13}+A_{210}B_{22}+A_{211}B_{23}$

$C_{13}=A_{110}B_{13}+A_{210}B_{23}$

$C_{21}=A_{120}B_{11}+A_{121}B_{12}+A_{122}B_{13}+A_{220}B_{21}+A_{221}B_{22}+A_{222}B_{23}$

$C_{22}=A_{120}B_{12}+A_{121}B_{13}+A_{220}B_{22}+A_{221}B_{23}$

$C_{23}=A_{120}B_{13}+A_{220}B_{23}$

下面以第一个公式为例,介绍其构成原理。工作中心 1 的产品 1 的资源负载分成 3 个部分:订单到期周时间需求 A_{110}、到期前一周的时间需求 A_{111}、到期前两周的时间需求 A_{112}。其能力需求为:第 1 周的计划 B_{11} 与订单到期周时间需求 A_{110} 之积,加上第 2 周的计划 B_{12} 与到期前一周的时间需求 A_{111} 之积,再加上第 3 周的计划 B_{13} 与到期前两周的时间需求 A_{112} 之积。同理工作中心 1 的产品 2 的能力需求为:第 1 周的计划 B_{21} 与订单到期周时间需求 A_{210} 之积,加上第 2 周的计划 B_{22} 与到期前一周的时间需求 A_{121} 之积,再加上第 3 周的计划 B_{23} 与到期前两周的时间需求 A_{122} 之积。其他的能力需求计算原理也如此。

【范例 12-3】仍以范例 12-1 的数据为基础,补充提前期参数,假设提前期偏置时间如表 12-18 所列,试用资源负载法计算粗能力需求。

表 12-18 有提前期偏置的资源负载表

产品	关键工作中心	离到期日时间(周)		
		2	1	0
X	W01	0	0.10	0.05
	W02	0.20	0.05	
	W03	0.32	0.06	
Y	W01		0.10	0.08
	W02	0.20	0.08	
	W03	0.32	0.04	

现在运用前述的能力需求的计算公式，工作中心 W01 第 1 周的粗能力需求为
$C_{11}=0.05\times0+0.10\times400+0\times0+0.08\times200+0.01\times100+0\times300=66$
其他需求能力的计算过程相似，结果见表 12-19。

表 12-19 基于能力清单法的工作中心能力需求计划

工作中心	期间(周)									
	1	2	3	4	5	6	7	8	9	10
W01	66	58	64	50	64	40	66	58	74	28
W02	88	104	80	104	60	116	88	124	28	0
W03	124	140	120	140	88	168	124	172	28	0
合计	278	302	264	294	212	324	278	354	130	28

12.4 主生产计划的评价与维护

12.4.1 粗能力计划的决策

由上节的内容可知，粗能力计划的目的是验证主生产计划的可行性，即关键工作中心的生产能力能否满足需求。与综合生产计划的策略相似，当生产能力不能满足需求时，可采用诸如加班、增加人员、改变加工路线和外包等措施增加生产能力，或调整主生产计划来保证生产能力满足需求，如图 12.3 所示。

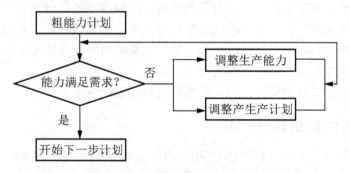

图 12.3 粗能力计划调整示意图

12.4.2 主生产计划的变更

当采用加班等措施增加生产能力后，生产能力如果还不能满足需求，则需要通过改变主生产计划达到生产任务与生产能力的平衡。另外，生产计划也会随着时间的变化而变化，比如，一个紧急订单的加入或某个订单临时取消都会引起原有计划的变更。MRP 系统中处理这种变更的办法有重排法(regeneration)和净改变法(net change)。

1. 重排法

该方法是把主生产计划原有的计划订单全部删除并按新的订单计划重新编排。其优点

是将计划理顺一遍,避免差错。缺点是对于大型复杂的生产系统,重新计算的时间较长。但随着计算机技术的进步,计算速度呈指数型增长,计算时间的瓶颈已不再存在。但重排法一般也是按一定时间间隔进行,比如最小单位是周,也就是一周重新计算一次。仍以范例12-1中的主生产计划为例,两个产品10周的计划量共计20个变量。如果第1周后需要重新编制2~11周的主生产计划,产品Y的第7、8和10周的主生产计划发生变动(表12-20中的黑体部分),采用重排法还要重新计算20个变量,新的计划见表12-21。

表12-20 产品X和Y的原主生产计划

产品	期间(周)									
	1	2	3	4	5	6	7	8	9	10
X		400		400		400		400		400
Y	200	100	300		300		**200**	**100**	300	**100**

表12-21 产品X和Y变更后的主生产计划

产品	期间(周)										
	1	2	3	4	5	6	7	8	9	10	11
X		400		400		400		400		400	
Y	200	100	300		300		300		300		100

2. 净改变法

系统只对订单中有变动的部分进行局部修改,一般改动量比较小,只影响变动的部分产品结构、需求量和需求日期等。净改变法计算量小,运算时间短,可以随时进行,可用于计划变动较多但影响面不大的情况。如上例,如果采用净改变法编制2~11周的主生产计划时,只要重新计算变动的黑体部分即可。

下一章的物料需求计划同样也存在这两种改变计划的情况。

12.4.3 主生产计划的批准和控制

不管是手工编制主生产计划,还是利用ERP软件编制主生产计划,都应将主生产计划的结果报上级主管审批,如审批合格,则签发并开始进行下一步工作,即编制物料需求计划,如审批不合格,则应更改处理。具体讲,主生产计划的审核批准遵循以下4个步骤。

(1) 提供MPS初稿并分析落实综合生产计划的情况。
(2) 向负责进行审批的主管提交MPS初稿,由主管认真审查分析。
(3) 获得MPS的正式批准。
(4) 将MPS下发至使用者。

另外,在主生产计划执行期间,还要实时监视主生产计划执行的结果,以决定是否需要修改主生产计划。进行主生产计划的控制遵循如下步骤。

(1) 追踪实际生产量和计划生产量之间存在差异的情况。

（2）比较这种差异是否在 MPS 规定的范围内，以及可供销售量是否满足要求。
（3）计算下一期的可供销售量。
（4）计算预期在库量以决定计划生产量。
（5）根据提前期的大小决定何时应投入生产。
（6）决定主生产计划与能力计划是否需要修正。

本 章 小 结

主生产计划是连接综合生产计划和物料需求计划的纽带，在生产计划系统中起着承上启下的作用。本章主要介绍了主生产计划的编制方式、编制原则、计划对象和时间分段；主生产计划的计算逻辑；粗能力计划主要包括的综合因子法、能力清单法和资源负载法等方法；主生产计划的评价与维护等内容。

 关键术语

主生产计划　备货生产　订货组装　订货生产　需求时间栏　计划时间栏　毛需求　在途量　预计在库量　净需求　计划订单的产出量　计划订单的投入量　可供销售量　粗能力计划　关键工作中心　综合因子法　能力清单法　资源负载法　重排法　净改变法

习　　题

一、判断题

1. 主生产计划是通过分解生产综合计划得出的。　　　　　　　　　　　　　（　　）
2. 主生产计划是综合计划的关键输入。　　　　　　　　　　　　　　　　　（　　）
3. 主生产计划是相关需求计划。　　　　　　　　　　　　　　　　　　　　（　　）
4. 主生产计划是展开物料需求计划的主要依据，起到了从综合计划向具体计划过渡的作用。　　　　　　　　　　　　　　　　　　　　　　　　　　　　　　（　　）
5. 主生产计划详细规定生产什么、什么时段应该产出。　　　　　　　　　　（　　）
6. 订货组装中最终项目一般就是标准定型产品或按订货需求设计的产品。　　（　　）
7. 订货组装中，MPS 的计划对象是 T 型或 V 型产品结构的底层。　　　　　（　　）
8. 订单生产的计划对象靠近原材料。　　　　　　　　　　　　　　　　　　（　　）
9. 第一个计划期和第二个计划期的分界点是需求时界。　　　　　　　　　　（　　）
10. 企业内部的关键工作中心是固定不变的。　　　　　　　　　　　　　　（　　）
11. 终产品是指对于企业来说要最终完成的产品，也可以是对外销售的零部件。
　　　　　　　　　　　　　　　　　　　　　　　　　　　　　　　　　　（　　）
12. 粗能力计划的计划对象是针对所有工作中心。　　　　　　　　　　　　（　　）

二、选择题

1. 在综合计划确定后，一般来说，随之的活动是（　　）。
   A. 流程设计　　　B. 制订能力计划　　　C. 编制主生产计划　　　D. 编制物料需求计划
2. 证明主生产计划所需的资源能够得到满足的是（　　）。
   A. 粗略能力平衡计划　　　　　　　　　B. 物料需求计划
   C. 能力需求计划　　　　　　　　　　　D. 流程设计
3. 下列哪项是编制 MPS 的依据？（　　）
   A. 零部件库存状态　　　　　　　　　　B. 生产计划大纲
   C. 产品结构文件　　　　　　　　　　　D. 车间生产作业计划
4. 主生产计划编制的目标不包括（　　）。
   A. 将能力利用到最大程度　　　　　　　B. 客户服务、库存周转率、生产率得到提高
   C. 时刻保持计划的可行和有效性　　　　D. 使主生产计划保持适当的稳定
5. 对于 MPS 的需求来源，下列说法正确的是（　　）。
   A. 仅为客户订单　　　　　　　　　　　B. 仅为预测订单
   C. 客户订单＋预测订单　　　　　　　　D. 以上都是
6. 主生产计划不需要考虑（　　）。
   A. 客户订单和预测　　B. 已完成订单　　C. 可用物料数量　　D. 现有能力
7. 主生产计划的具体时间段通常以（　　）为单位
   A. 周　　　　　　　B. 日　　　　　　C. 月　　　　　　　D. 年
8. 用多种原材料和部件制造出少量品种的标准产品适用于（　　）。
   A. 备货生产　　　　B. 订单生产　　　C. 订货生产　　　　D. 订单装配
9. 备货生产中 MPS 的计划对象是（　　）。
   A. 系列产品　　　　　　　　　　　　　B. T 型或 V 型产品结构的底部
   C. 基本组件　　　　　　　　　　　　　D. 原材料
10. 标准产品或专项的订单生产的最终项目是（　　）。
    A. 产品等独立需求项目　　　　　　　　B. 产品结构中 0 层的最终产品
    C. 基本组件　　　　　　　　　　　　　D. 通用组件
11. 订货组装中 MPS 的计划对象是（　　）。
    A. 系列产品　　　　　　　　　　　　　B. T 型或 V 型产品结构的底部
    C. 基本组件　　　　　　　　　　　　　D. 原材料
12. 粗能力计划是一种（　　）。
    A. 短期计划　　　　B. 长期计划　　　C. 中期计划　　　　D. 永久计划

三、填空题

1. 主生产计划的编制方式有_____、_____、_____。
2. 在不同的时段上，主生产计划对应的订单为_____、_____、_____。
3. 主生产计划的计划对象通常是_____。
4. MRP 系统中处理主生产计划变更的方法有_____、_____。
5. 编制粗能力计划的主要方法有_____、_____、_____。
6. 综合因子法需要输入的数据包括_____、_____、_____。

四、简述题

1. 主生产计划编制的原理是什么?
2. 主生产计划编制的原则是什么?
3. 主生产计划的编制步骤有哪些?
4. 主生产计划与综合计划的关系是什么?
5. 如何确定毛需求量?
6. 净需求量是如何产生的?求净需求量有何意义?
7. 什么是 RCCP?它的作用是什么?
8. 关键工作中心的特点是什么?
9. 简述综合因子法、能力清单法、资源负载法的异同。

五、计算题

1. 一家生产工业用泵的公司想做一份六七月份的主生产计划,表 12-22 和表 12-23 是其相关的数据。

表 12-22 工业用泵相关原始参数

参数名称	参 数 值	参数名称	参 数 值
物料号	PWDA01	提前期(周)	2
物料名称	泵	需求时界(周)	4
期初库存量	64	计划时界(周)	8
安全库存量	30	计划日期	2012-3-23
批量	70	计划员	JM

表 12-23 预测与合同量列表

	6月				7月			
	1	2	3	4	5	6	7	8
预测量	30	30	30	30	30	40	40	30
合同量	33	30	30	40	40	32	28	40

利用以上数据,帮助该企业制定一份主生产计划。

2. 某电子厂拟对物料号为 10001 的电子游戏机编制 MPS 报表。已知期初库存为 80 台,安全库存为 50 台,MPS 批量为 100,生产提前期为 1 周,需求时界为 3 周,计划时界为 8 周。试编制其 MPS,并写出相应的步骤。

3. 已知某产品的期初库存为 160,安全库存为 20,MPS 批量为 200;销售预测的数据是第 3 到 12 周均为 80,实际需求的第 1 周到 12 周依次为 72,100,92,40,64,112,0,8,0,60,0,0,需求时区为 1~2 周,计划时区为 3~6 周,预测时区为 7~12 周,编制该产品的 MPS。

4. 沿用题 2 电子游戏机的主生产计划,电子游戏机的产品结构、工艺路线文件分别如

图 12.4 和表 12-24 所示。控制盒电源变换器为外购件，不消耗内部的生产能力。现知 3 个关键中心 W01、W02 和 W03 直接工时分配比例的历史数据分别为 40%、30% 和 30%，试用综合因子法计算其粗能力需求。

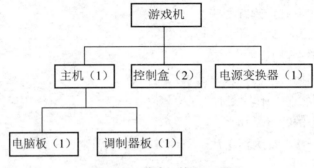

图 12.4　游戏机的 BOM 图

表 12-24　工艺路线和工时数据

零　件	所需工步	工作中心	单位工时
游戏机	1	W01	0.2
主机	1	W02	0.75
电脑版	1	W02	1.2
	2	W03	1.1
调制器板	1	W01	0.6
控制盒	1	W03	1.0

5. 某产品 A 对应的产品结构、主生产计划、工艺路线文件分别如图 12.5、表 12-25 和表 12-26 所示。图 12.5 中，零件 D、E、G 为外购件，不消耗内部的生产能力。试用能力清单法计算其粗能力需求。

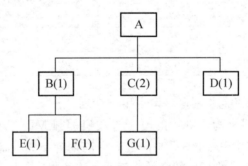

图 12.5　产品 A 的 BOM 图

表 12-25　产品 A 的主生产计划

周次	1	2	3	4	5	6	7
计划投入量	25	25	20	20	20	20	30

表 12-26 产品 A 的工艺路线和工时数据

零件	所需工步	工作中心	单位工时
A	1	WC-30	0.1
B	1	WC-15	0.5
C	1	WC-15	0.5
C	2	WC-20	0.2
F	1	WC-25	0.6

6. 以题 5 的数据为基础，补充提前期参数，假设提前期偏置时间如表 12-27 所列，试用资源负载法计算其粗能力需求。

表 12-27 有提前期偏置的资源负载表

产品	关键工作中心	离到期日时间(周)		
		2	1	0
A	WC-15	0	0.1	0.05
	WC-20	0.1	0.1	0.2
	WC-25	0.2	0.2	0.2
	WC-30	0.1	0	0

第13章 物料需求计划

教学要求

通过本章的学习,要达到以下目的:
(1) 了解独立需求和相关需求的特征;
(2) 了解 MRP 系统的要素;
(3) 掌握 MRP 的处理逻辑与算法;
(4) 了解 MRP 到 ERP 的发展历程。

引 例

某高校的学生暑期参加社会实践,其中二年级的张鸣去了宏安汽车变速箱公司生产部。这一天,李部长对张鸣说,帮我编制一个齿轮箱和传动轴的需求计划。李部长提供了以下与计划编制有关的信息。
(1) 每个变速箱包括一个齿轮箱组件,而每个齿轮箱组件包含两个传动轴。
(2) 齿轮箱组件现有库存量是 50 件,而传动轴的现有库存量为 100 件。
(3) 本月要求生产 300 台变速箱,需要齿轮箱组件和传动轴数量分别是多少?
张鸣一看,心想这还不简单。很快结果就出来了:
齿轮箱组件数量=300-50=250(件)
传动轴的数量=300×2-100=500(件)
张鸣计算的结果对吗?

13.1 独立需求与相关需求

13.1.1 独立需求及其特征

独立需求是指当一个需求项目在数量和时间方面与其他项目的需求无关,而只取决于市场或用户的需求。这里,独立一词的意思就是说,每个项目都有自己独立的需求,或者说这个项目的需求量是相互独立的,各需求量之间没有明显的相关性,因此可以对其需求量分别进行计量。独立需求的特点是,影响需求量和需求时间的相关因素很多,而且这些相关因素的变化有很大的随机性。例如对服装的需求，某种服装在一定期间的总需求等于各个消费者在同一期间个体消费的总和，它受季节、年龄、气质、流行款式、个人收入等各种因素的影响，因此需求量随时间的变化有很大的随机性，未来某段时间内的需求量无法准确预知，通过预测也只能预计到其发展趋势和大体需求水平，而无法准确预知其需求数量，而且预测期长，产生误差的可能性越大。再如对于一个设备修理厂来说，顾客需要修理的设备的种类和数量以及某种设备损坏零件的种类和数量，都基本上是随机变量，因此工厂对各种备用件的消耗的种类和数量都无法准确预知，在这种情况下，备用件的需求就属于独立需求（备件数量及需用时间并不与某一设备直接有关，或直接取决于某一设备）。

13.1.2　相关需求及其特征

与独立需求不同，相关需求是指某物品的需求与其他物品的需求有直接的或派生的相关关系的需求。相关需求项目是从较高层次项目的需求直接产生或派生出来的需求项目。因此在确定相关需求量时不需要预测，而应直接根据其上述项目的需求量来进行计算。例如，汽车制造商根据用户对汽车的需求，就可以计算相应的车身、座椅、发动机、变速箱等物料的需求，可见大部分原材料、零部件的需求是取决于其最终产品或备品备件的需求。

13.1.3　独立需求库存理论在解决相关需求问题上的局限性

独立需求由企业外部市场环境决定，是随机的、不确定的，企业一般利用订货点法来处理这类独立需求，但由于相关需求的派生性，其库存变化规律与独立需求不同，则在应用订货点法处理相关需求时，存在很大的局限性。这种局限性主要在于以下内容。

（1）独立需求库存理论假定需求是连续的、均衡的，但对于相关需求而言，由于生产往往是成批进行的，故需求是断续的、不均衡的。

（2）独立需求库存理论假定需求是独立的，但相关需求是取决于最终产品的。这种相关关系是由物料清单所决定的，何时需要多少则是由最终产品的生产计划所决定的。

（3）独立需求库存理论依据历史数据或市场预测来决定库存和订货的时间与量，相关需求则是以确定的生产计划为依据。

例如，如图13.1所示，假定市场对汽车的需求是比较均匀的，则汽车的库存水平的变化呈"锯齿"状。根据订货点方法，当汽车的库存水平下降到订货点以下时，就要组织对汽车的装配，于是，要求一批的汽车的车身、座椅、发动机、变速箱等零部件及时到货，因而造成了这些零部件的库存水平陡然下降，但在此之前，虽然市场对汽车的需求在均匀变化，汽车的库存水平也在不断下降，由于没下降到订货点，不需要发出订货，所以这些零部件的库存水平一直维持不变，从而造成了这些零部件的需求呈"块状"分布：不需要的时候为零，一旦需要就是一批。

由此可见，在对最终产品项的需求率为均匀的条件下，由于采用订货点方法，造成对原材料、零部件的需求率不均匀而呈"块状"分布，"块状"需求与"锯齿状"需求相比，平均库存水平几乎提高一倍，因而效率低下，很不经济。

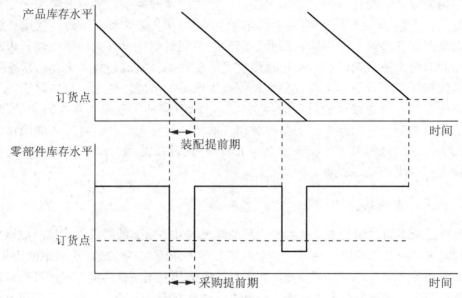

图 13.1　订货点方法的局限性

正是由于相关需求的时段性与成批性，决定了订货点方法的局限性，即它不能有效地解决相关需求问题，造成库存积压，占用资金大量增加，产品成本也随之增高，企业缺乏竞争力。1970 年，美国的 Joseph A. Orlicky，W. Plossl 和 Olive W. Wight 等 3 位学者在美国生产与库存控制协会（APICS）组织的第 13 次国际年会上第一次提出了物料需求计划（materials requirements planning，MRP）的概念。1973 年 Joseph A. Orlicky 出版了物料需求计划的经典著作《Material Requirement Planning》。

13.2　MRP 概述

13.2.1　MRP 的定义和目标

物料需求计划是一种面向相关需求物料的计划方法。在生产计划与控制体系中位于主生产计划之后，是根据主生产计划、产品构成和相关物料的库存记录进行展开得到相关需求物料的详细需求计划。其管理目标是在正确的时间提供正确的零件以满足主生产计划对产品计划的要求。

1. 定义

MRP 是依据主生产计划、物料清单、库存记录和已订未交订单等资料，经计算而得到各种相关需求物料的需求状况，同时提出各种新订单补充的建议，以及修正各种已开出订单的一种实用技术。

和传统的订货点库存管理方法相比，物料需求计划克服了订货点法将所有物料都看成是独立需求的物料的缺点，把物料按照需求特性分成独立需求物料和相关需求物料，按照主生产计划和产品的物料结构，采用倒排计划的方法，确定每个物料在每个时间分段上的需求量，以保证在正确的时间提供正确数量的正确的零件。

2. 实施物料需求计划目的

（1）保证库存处于一个适当的水平——保证在正确的时间订购正确数量的所需零件。正确的时间是根据各个组件和物料的提前期推算，而正确的数量则由产品的物料清单展开得到。

（2）控制物料优先级——要求按正确的日期完成订货并保持完成日期有效。

（3）能力计划——制定一个完整的、精确的能力计划。当主生产计划延迟时，物料也应该被延迟。

13.2.2 MRP在生产计划体系中的作用

从图11.1所示的生产计划体系框架中可以看出，物料需求计划是最关键的模块，对企业生产管理起着决定性的作用。其前端的输入有主生产计划、物料清单和库存状态等信息，其实这3个参数中，主生产计划在上一章已详述。物料清单和库存状态也均有所涉及，就是表示产品的结构，即最终产品由哪些零部件构成，为了完成主生产计划，需要多少零部件，什么时候需要。关于物料清单的主要特征在后续部分还要详述。库存状态信息是计算物料需求期和量的依据和标准，这和主生产计划编制的原理相似，库存大于零或大于安全库存时，不产生物料的需求计划，只有当库存小于零或安全库存时才需要补充库存，即生成相应物料的需求计划。

物料需求计划的后端是能力需求计划和车间作业计划、采购计划。与主生产计划需要用粗能力计划验证关键设备资源是否满足能力一样，物料需求计划的可行性要用能力需求计划来验证（见本章的13.4）。若物料需求计划可行，则生成具体的执行计划，包括车间作业计划和采购计划。车间作业计划下达到指定的生产车间，进入车间作业控制系统，采购计划则下达到采购部门，由采购部门执行。具体来讲，物料需求计划将产生两种基本报告，即主报告和辅助报告。

主报告是用于库存和生产控制的最普遍和最主要的报告，包括将来要下的计划订单、执行计划订单的计划下达通知、改变应重新计划的订单的交货日期、取消或暂停主生产计划中某些准备下达的订单、库存状态数据。根据我国企业的情况，主报告的具体形式有以下几种。

（1）零部件投入出产计划。零部件投入出产计划规定了每个零件或部件的投入数量和投入时间、出产数量和出产时间。如果一个零件要经过几个车间加工，则要将零部件投入出产计划分解为"分车间零部件投入出产计划"。分车间零部件投入出产计划规定了每个车间一定时间内投入零件的种类、数量和时间，出产零件的种类、数量和时间。

（2）原材料需求计划。规定了每个零件所需的原材料的种类、需要数量及需要时间，并按原材料品种、型号和规格汇总，提交采购供应部门组织采购供料。

（3）互转件计划。规定了互转零件的种类、数量、转出车间和转出时间、转入车间和转入时间等。

（4）库存状态记录。提供各种零部件、外购件及原材料的库存状态数据，随时供查询。

（5）机器设备和工艺装备需求计划。提供每种零件不同工序所需的机器设备和工艺装备的编号、种类、数量及需要时间。

（6）计划将要发出的订货。

（7）已发出订货的调整，包括改变交货期，取消或暂停某些订货等。

（8）零部件完工情况统计，外购件及原材料到货情况统计。

（9）交货期模拟报告。

（10）优先权计划。

辅助报告是在 MRP 系统中可选的一些附加报告，一般分成 3 类：一类是用于预测物料在未来某一时刻的库存和需要的计划报告；另一类是用于指出呆滞的物料，用于确定物料的提前期、数量和成本的计划情况和实际情况之间的差别的绩效报告；还有一类是指出严重偏差的例外报告，包括一些错误、超出某种范围、过期的订单、过多的残料或不存在的零件等。

13.2.3 MRP 的优缺点

物料需求计划系统比以往的订货点管理库存等系统有显著的优点，主要表现在以下几个方面。

（1）企业职能部门，包括决策、市场和销售、生产和财务等，通过物料需求计划有机地结合在一起。在一个系统内进行统一协调的计划和监控，从而实现企业系统的整体优化。

（2）物料需求计划系统集中管理和维护企业数据，各子系统在统一的集成平台和数据环境下工作，最大限度地达到了信息的集成，提高了信息处理的效率和可靠性。

（3）在各职能部门信息集成的基础上，物料需求计划系统为企业高层管理人员进行决策提供了有效的决策依据。

因此，实施物料需求计划最终使库存显著减少，生产成本降低，响应市场变更计划的能力更快，这也是世界各国的企业广泛使用的主要原因之一。

但必须承认，物料需求计划也有缺点，具体如下所述。

（1）物料需求计划的处理逻辑建立在固定提前期和无限能力假定的基础上，这将在下节介绍。在系统运行之前，提前期作为固定的数据存储在系统的数据库中，这与生产实际是不相符的。如果计划情况与实际情况不一致，由此生产计划得到的交货期显然不能反映实际情况。如果销售部门根据计划结果对客户做出承诺，则不能实现。

（2）没有反映出加工路线中的"瓶颈"资源，对计划的物料没有划分为关键物料和非关键物料。由于物料在加工的过程中使用的设备等资源不同，或多或少地存在设备使用的不均衡性，如果不分主次地使用一些关键资源，可能会导致零部件的配套问题，无法完成产品的装配。

（3）按零件组织生产，不利于需求的反查。物料需求计划是按零件组织生产的，在编制物料需求计划时，将零部件的不同需求数量合并。当生产能力不足，无法按预期的时间和数量生产出所需的全部零部件时，由于不能确定这些零部件在具体产品中的需求数量，则无法具体确定影响哪些客户订单，更无法对具体情况做出相应的处理。

13.3 MRP 数据处理逻辑

13.3.1 MRP 的基本原理

作为一种生产计划的编制方法，MRP 要处理的问题和运用的信息见表 13-1。

表 13-1 MRP 要处理的问题和所需信息

要处理的问题	需用信息
① 生产什么？生产多少？何时完成？ ② 要用到什么？ ③ 已有什么？ 　已订货量？ ④ 还缺什么？ ⑤ 下达订单的开始日期	① 现实、有效、可信的 MPS； ② 准确的 BOM，及时的设计更改通知； ③ 准确的库存信息； 　下达订单跟踪信息； ④ 批量规则、安全库存、成品率； ⑤ 提前期

从表 13-1 可以看出，MRP 要处理的问题可以归纳为 3 个问题。

（1）计划编制的对象。物料需求计划需要根据主生产计划及产品的物料清单，编制构成产品的所有零部件及原材料的生产或采购计划。

（2）需求计划的数量。考虑现有库存量、先期已下达的生产或采购订单（在途量）以及安全库存，计算净需求，同时依据批量规则确定相关物料的需求数量。

（3）开始生产或采购的时间。这取决于构成产品的所有物料的提前期，根据提前期由交货期采用倒排计划的方法就可以确定开始的时间。

简单地讲，MRP 就是从最终产品的生产计划（MPS）导出相关物料（原材料、零部件、组件等）的需求量和需求时间，根据物料的需求时间和生产（订货）周期来确定其开始生产（订货）的时间。原理图如图 13.2 所示。

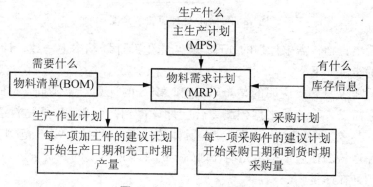

图 13.2 MRP 工作原理图

13.3.2 计算处理逻辑

物料需求计划能否达到预期的效果，需要相应的前提条件或假设，具体包括以下几个方面。

(1) 应有主生产计划,并且主生产计划的对象或最终产品可以用物料清单来表示。
(2) 所有的库存物料都必须有一个唯一的物料编码。
(3) 计划之前,物料清单已准备好。
(4) 准确的库存信息,包括在途量。
(5) 数据文件,包括物料主文件等完整的数据。

总之,主生产计划的可行性、物料编码的独立性、产品物料清单的正确性和库存记录数据的准确性是必备的前提条件。

物料需求计划的处理逻辑如图 13.3 所示。

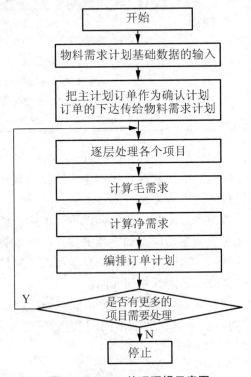

图 13.3　MRP 处理逻辑示意图

由此可以看出,物料需求计划的处理逻辑与主生产计划基本上一致,计算公式也基本上相同。主要的步骤如下。

(1) 计算毛需求。需要说明的是,MRP 和 MPS 的计划对象不同,MPS 通常是最终产品,属于独立需求,其数量根据预测或合同计算得到,而 MRP 是物料清单中的子项,属于相关需求,其数量由父项的需求决定。具体的计算见后续的 MRP 范例。

(2) 确定在途量。在途量是由先期计划确定的在本期落实的到货量。

(3) 计算预计在库量。

(4) 计算净需求。与 MPS 一样,净需求只有当预计在库量小于零或安全库存时才发生。

(5) 计算订单的产出量。如果没有批量的约束,订单的产出量等于净需求,若有批量要求,订单的产出量应修正为批量的整倍数。

(6) 确定订单的投入量。订单的投入量一般与产出量相等(假定不考虑废品率等因素),但期限比订单的产出量早一个提前期。

另外,MRP 是逐层处理各个项目,这是根据物料清单的层次来进行的,要求同一层次的所有物料处理结束后,才转入下一层,且物料清单采用低层编码原则,每个物料只处理一次。这种逐层的重复计算过程就是 MRP 的计算逻辑的核心所在,也是区分传统作业计划的标志,能够实现物料在正确的时间按照正确的数量进行制造或采购。

和主生产计划一样,物料需求计划也是一种基于时间分段的计划,在每个计划期结束后,要对计划进行更新,更新后的结果延伸至未来的某个时段,因此当主生产计划变更时,物料需求计划也随之变更,也可采用重排法和净改变法,原理与主生产计划相同。

13.3.3 技术数据的建立和维护

无论是 MRP 还是后期的 MRP Ⅱ 和 ERP,都是由计算机完成数据的处理过程。而计算机处理的特点是"输入的是垃圾则输出的还是垃圾",这说明输入数据的重要性,也就是说,数据的及时性、准确性和完整性是 MRP 系统的基本要求。及时性指在规定的时间内进行和完成数据的采集和处理;准确性要求数据的真实性,符合企业实际;完整性则是指要满足系统对数据项规定的要求。

1. 数据类型

从性质上讲,物料需求计划系统常用的数据有 3 类。

(1) 静态数据(或称固定信息)一般指生产活动开始之前要准备的数据,如物料清单、工作中心的能力和成本参数、工艺路线、仓库和货位代码、会计科目的设定等。

(2) 动态数据(或称流动信息)一般指生产活动中发生经常变动的数据。如客户合同、库存记录、完工报告等。

(3) 中间数据(或称中间信息)是根据用户对管理工作的需要,由计算机系统按照一定的逻辑程序,综合上述静态和动态两类数据,经过运算形成各种报表。

2. 物料编码

计算机识别和检索物料要使用物料编码,最基本的要求是唯一性。物料编码可以是无含义的,如流水码,代码简短且保证唯一性,也可以是有含义的,如分成几段依次表示成品、部件、零件、版次或其他标识。

3. 物料主文件(item master)

它是用来说明物料的各种参数、属性及有关信息的文档。物料包括原材料、中间在制品、半成品和成品。

物料主文件包含的信息主要有以下几种。

(1) 最基本的信息——包括物料编码、物料名称、物料规格、计量单位、库存分类、设计图号等。

(2) 与计划管理有关的信息——包括物料的来源、是否是虚拟件、是否是 MPS 物料、批量的增量倍数、批量法则、最小量、最大定购量、物料表码、提前期、安全时间、安全库存等。

(3) 与库存管理有关的信息——包括是否需要库存控制、是否是虚拟件、是否需要批量控制、物料的 ABC 分类、库存的盘点期、存放形式等。

(4) 与成本管理有关的信息——必须设定非虚拟件的制造成本,包括直接材料、直接人工和制造成本。

(5) 与质量管理有关的信息——设定产出率、检验等级、检验水准、抽样标准、可接受的质量水平等。

4. 物料清单(BOM)

最终产品是由一系列的物料所构成的,由哪些物料构成?每种物料的数量是多少?物料与物料之间的关系如何?为了便于计算机识别,则需将用图表表示的产品的结构转换成数据格式,这种利用数据格式来描述产品结构的文件称为物料清单。基本原则是一个公司应该有且只有一个系列的物料清单或产品结构记录,并且它应像一个实体一样得到维护。该物料清单可用来满足公司内所有合理的用途。

物料清单的结构与产品结构及计划编制有关,一般的 BOM 是多层结构,从最终产品一直到原材料。最顶层的最终产品称为 0 层,往下依次称为 1 层、2 层、……。仍以范例 12-1 中的表 12-7 所列的物料清单为例,X 和 Y 对应的产品结构如图 13.4 所示。

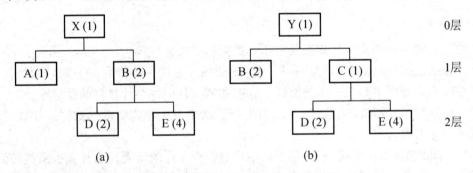

注:图中括号内的数字表示物料的数量

图 13.4 X 和 Y 的产品结构树

物料清单中物料的层次遵循低层代码的原则。低层代码规则是指在产品结构中,一个物料在物料清单中可能出现在两个以上的层中,以该物料在产品结构中出现的最低层次码定为其层次码。若图 13.4 中 Y 的子项还包括两个的 E,相应的结构图如图 13.5 所示,层次码见表 13-2。

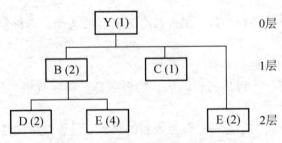

图 13.5 Y 结构变动后的产品结构树

表 13-2 物料最低层次码

物　　料	最低层次码
Y	0
B	1
C	1
D	2
E	2

物料需求计划的顺序由各物料的最低层次码数值大小决定。从最低层次码最小的物料开始执行，依次执行最低层次码数值较大的物料。

BOM 有时还将零部件生产或采购的提前期置于产品结构树内，形成带时间坐标的 BOM 图，如图 13.6 所示。

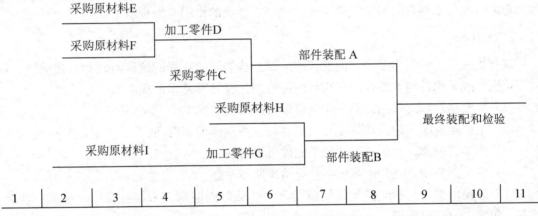

图 13.6　带有时间坐标的 BOM 图

除了上述的物料清单外，还有一些特殊用途的物料清单，如模块化的物料清单、计划用物料清单、制造物料清单和成本物料清单等，这里不再赘述。

5. 工作中心(work center，WC)

关于工作中心在前一章进行过简单的表述，工作中心是各种生产能力单元的统称，可以是一台设备，也可以是一组设备。编制工艺路线之前，先要划定工作中心，建立工作中心主文件。一般每道工序要对应一个工作中心，也可以几个连续工序对应一个工作中心。工件经过每个工作中心要产生加工成本。因此，可以定义一个或几个工作中心为一个成本中心。

工作中心的作用如下。

(1) 作为平衡负荷与能力的基本单元，是运行能力计划时的计算对象。

(2) 作为分配车间作业任务和编排详细作业进度的基本单元。派工单是以工作中心为对象的，并说明各加工单的优先级。

(3) 作为车间作业计划完成情况的数据采集点。

(4) 作为计算加工成本的基本单元。计算零件的加工成本是以工作中心文件中记录的单位小时费率乘以工艺路线文件中记录的占用该工作中心的小时数而得。

生产计划编制过程中的能力需求计划有两个层次：主生产计划对关键工作中心进行能力和负荷平衡分析，而物料需求计划则对所有工作中心都进行能力和负荷平衡分析。

工作中心应具备的数据如下。

（1）基本数据。如工作中心代码、名称和所属车间部门的代码。

（2）能力数据。工作中心每日可提供的工时或台时数（或每小时可加工的件数，可生产的吨数），是否为关键工作中心，平均等待时间等。额定能力计算如下：

工作中心能力＝每日班次×每班工作时数×工作中心效率×工作中心利用率（小时/日）

其中

工作中心效率＝完成的标准定额小时数÷实际直接工作小时数

工作中心利用率＝实际直接工作小时数÷计划工作小时数

工作中心效率表明实际消耗工时或台时与标准工时或台时的差别，与工人的技术水平或者设备的使用年限有关。而工作中心利用率则与设备的完好率、工人的出勤率、任务的饱满程度以及自然休息时间等因素有关，反映了企业的组织与管理水平。

6. 提前期

以交货或完工日期为基准，倒推到加工或采购的开始日期的这段时间称为提前期。何时下达生产或采购计划主要取决于物料的提前期，有几种基本的提前期。

（1）采购提前期：采购订单下达到订单入库所需时间。

（2）生产准备提前期：从计划开始到完成生产准备所需时间。

（3）加工提前期，开始加工到加工完成所需时间。

（4）装配提前期，是开始装配到装配结束所需时间。

（5）总提前期，包括产品设计提前期、生产准备提前期、采购提前期、加工、装配、检测、包装、发运提前期。

（6）累计提前期，采购、加工、装配提前期的总和称为累计提前期。

提前期在系统中是作为固定的参数进行设置的，一般是在建立物料主文件时有此字段。

7. 工艺路线

工艺路线是制造某种产品过程的细化描述，包括要执行的作业顺序、作业名称、有关的工作中心、每个工作中心所需的设备、设备或工作中心的准备时间、运行时间的标准时间、作业所需零部件、配置人力以及每次操作的产出量。在系统中，应将工艺路线中的详细信息用说明零部件加工或装配过程的文件来描述，根据企业通常用的工艺过程卡来编制，但它不是技术文件，而是计划文件或管理文件。

工艺路线通常的作用具体如下。

（1）计算加工件的提前期，提供运行 MRP 的计算数据。

（2）计算占用工作中心的负荷小时，提供运行能力计划的数据。

（3）计算派工单每道工序的开始时间和完工时间。

（4）提供计算加工成本的标准工时数据。

（5）按工序跟踪在制品。

工艺路线有下述特点。

（1）在工艺路线文件中，除了说明工序顺序外，还指定工时定额。

（2）除列出准备和加工时间外，还列出运输时间（含等待时间），并作为编制计划进度的依据。

（3）每道工序对应一个工作中心。

（4）包括外协工序、外协单位代码和外协费用。

（5）为便于调整计划，必须说明可以替代的工艺路线。

（6）从逻辑上讲，可以把设计、运输、分包等作为一道工序来处理。

8. 库存信息

库存的每一项物料的记录都作为一个独立的文件，其准确性和全面性是 MRP 系统计算的基础。对于 MRP 系统来讲，必须在正式使用前将现有的库存数据输入到系统中，如现有库存量、在途量等。其实在使用之前，只要建立起库存的初始值即可，后续阶段的净需求量等参数可以通过前述的公式算出。

另外，在库存信息中要对仓库与货位有所反映，在每条物料的库存记录文件中，仓库和货位必须有相应的编码。

9. 批量

MRP 根据毛需求和预期（现有）在库量计算净需求，再考虑批量的大小，从而确定计划订单投入和产出的数量。

对于生产零部件而言，所谓批量就是一次所要生产的数量；对于采购件而言，就是一次向供应商订货的数量。计划订单的投入量应为批量的整数倍，批量可以是固定的，也可以是动态变化的。

MRP 系统本身并不具备确定批量的功能，批量是由系统之外的工具和方法来确定的。

无论是采购还是生产，为了节省订货费用或生产调整费用，还需要确定适当的批量策略。目前经常采用的方法有直接批量法、固定批量法和固定间隔期法。

直接批量法（lot for lot，LFL）直接将净需求量确定为订货批量，是一种最简单的批量确定方法，在实际中经常采用，但缺点是不能获得较优的成本节约特性。直接批量法一般适用于 ABC 分类法中的 A 类物料。

固定批量法（fixed order quantity，FOQ）是规定一个固定的订货批量，每次根据净需求量确定一个固定批量或固定批量的整数倍。当相关需求随时间变化的幅度不是十分剧烈，即相关需求比较连续、稳定时，常常采用经济订货批量原则来确定固定批量；当生产调整准备成本很高时，常常采用最小批量原则来确定固定批量策略。

固定间隔期法（fixed order period，FOP）是预先设定一个固定的订货间隔期，然后将此间隔期内的净需求量合成一批去订货。到货的时间就在期初的那一周。间隔期的选择常与企业编制计划的间隔期相适应，如取为月或周。同时，也应考虑物料的 ABC 分类管理，如对 A 类物料，订货间隔期取得短些，以降低库存资金占用和及时供应需求；对 C 类物料则取得长些，以简化管理而又不增加过多的库存资金。

10. 安全库存

设置安全库存是为了应付不确定性。理论上讲，相关需求库存不需要设置安全库存，因为 MPS 确定后，所需的零部件及原材料的需要量可以精确地计算出来，这也是 MRP 的主要优点之一。但是，MRP 中的需求也存在不确定性，如不合格品的出现、外购件延迟交货、设备故障等，这会导致需求得不到满足。一般仅对产品结构中的最底层元件设置安全库存，如外购原材料或外购零件等，其他层次则不用设置安全库存。

设置安全库存会影响 MRP 计算的过程。一般来说，预期在库量为负时才产生净需求，如果设置安全库存，则预期在库量小于安全库存时就产生净需求。

11. 工作日历

物料需求计划采用分期间的计划方式，将连续的时间划分成不连续的区段单位，称为时段。一般以周或日为单位，根据工作日历排定计划。工作日历也称生产日历，说明企业各部门或工作中心在一年可以工作或生产的日期。MPS 和 MRP 展开计划时，要根据工厂日历来安排生产，在非工作日不能安排生产任务。系统在生成计划时，遇到非工作日会自动跳过。

13.3.4 MRP 范例

这里以前面出现的实例为基础构建 MRP 范例。

【范例 13-1】已知产品 X 和 Y 的结构如图 13.7 所示，其他相应的参数为：表 13-3 所列的 BOM 表，表 13-4 所列的物料主文件，表 13-5 所列的物料库存记录，表 13-6 所列的 X 和 Y 的主生产计划，试编制 X 和 Y 及各子项的物料需求计划。

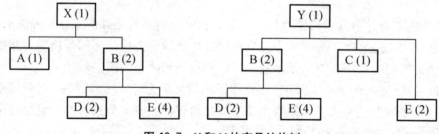

图 13.7　X 和 Y 的产品结构树

表 13-3　产品 X 和 Y 的物料清单

父　项	子　项	所需数量
X	A	1
X	B	2
Y	B	2
Y	C	1
Y	E	2
B	D	2
B	E	4

第13章 物料需求计划

表13-4 产品X和Y的物料主文件

物料	提前期(周)	安全库存	批量规则
X	1	0	FOQ=400
Y	1	0	LFL
A	1	0	FOQ=600
B	2	0	FOQ=800
C	2	0	FOQ=500
D	2	100	FOP=2
E	2	200	FOP=3

表13-5 物料库存记录

物料	期初库存	在途量									
		1	2	3	4	5	6	7	8	9	10
X	0	400	0	0	0	0	0	0	0	0	0
Y	0	300	0	0	0	0	0	0	0	0	0
A	300	600	0	0	0	0	0	0	0	0	0
B	400	800	0	0	0	0	0	0	0	0	0
C	200	0	500	0	0	0	0	0	0	0	0
D	600	1 500	0	0	0	0	0	0	0	0	0
E	500	4 000	0	0	0	0	0	0	0	0	0

表13-6 产品X和Y的主生产计划

产品	期间(周)									
	1	2	3	4	5	6	7	8	9	10
X		400		400		400		400		400
Y	200	100	300		300		200	100	300	100

解：根据上述数据和MRP的计算处理逻辑，可以编制X和Y及其子项的物料需求计划。结果见表13-7至表13-13。

表13-7 产品X的物料需求计划

（期初库存：0；提前期：1周；批量规则：FOQ=400）

	期间(周)									
	1	2	3	4	5	6	7	8	9	10
毛需求		400		400		400		400		400
在途量	400									
预计在库量	400	0	0	0	0	0	0	0	0	0
净需求				400		400		400		400
计划订单产出量				400		400		400		400
计划订单投入量			400		400		400		400	

表13-8　产品Y的物料需求计划

（期初库存：0；提前期：1周；批量规则：LFL）

	期间(周)									
	1	2	3	4	5	6	7	8	9	10
毛需求	200	100	300		300		200	100	300	100
在途量	300									
预计在库量	100	0	0	0	0	0	0	0	0	0
净需求			300		300		200	100	300	100
计划订单产出量			300		300		200	100	300	100
计划订单投入量		300		300		200	100	300	100	

表13-9　物料A的物料需求计划

（期初库存：300；提前期：1周；批量规则：FOQ=600）

	期间(周)									
	1	2	3	4	5	6	7	8	9	10
毛需求			400		400		400		400	
在途量	600									
预计在库量	900	900	500	500	100	100	300	300	500	500
净需求							300		100	
计划订单产出量							600		600	
计划订单投入量						600		600		

表13-10　物料B的物料需求计划

（期初库存：400；提前期：2周；批量规则：FOQ=800）

	期间(周)									
	1	2	3	4	5	6	7	8	9	10
毛需求		600	800	600	800	400	1 000	600	1 000	
在途量	800									
预计在库量	1 200	600	600	0	0	400	200	400	200	200
净需求			200		800	400	600	400	600	
计划订单产出量			800		800	800	800	800	800	
计划订单投入量	800		800	800	800	800	800			

表 13-11 物料 C 的物料需求计划

（期初库存：200；提前期：2 周；批量规则：FOQ=500）

	期间（周）									
	1	2	3	4	5	6	7	8	9	10
毛需求		300		300		200	100	300	100	
在途量		500								
预计在库量	200	400	400	100	100	400	300	0	400	400
净需求						100			100	
计划订单产出量						500			500	
计划订单投入量				500			500			

表 13-12 物料 D 的物料需求计划

（期初库存：600；提前期：2 周；安全库存：100；批量规则：FOP=2 周）

	期间（周）									
	1	2	3	4	5	6	7	8	9	10
毛需求	1 600		1 600	1 600	1 600	1 600	1 600			
在途量	1 500									
预计在库量	500	500	1 700	100	1 700	100	100	100	100	100
净需求			1 200		1 600		1 600			
计划订单产出量			2 800		3 200		1 600			
计划订单投入量	2 800		3 200		1 600					

注：批量规则 FOP=2 周，计划订单产出量为本期的净需求量与下一期毛需求之和。

表 13-13 物料 E 的物料需求计划

（期初库存：500；提前期：2 周；安全库存：200；批量规则：FOP=3 周）

	期间（周）									
	1	2	3	4	5	6	7	8	9	10
毛需求	3 200	600	3 200	3 800	3 200	3 600	3 400	600	200	
在途量	4 000									
预计在库量	1 300	700	7 200	3 400	200	4 200	800	200	200	200
净需求				2 700		3 600			200	
计划订单产出量				9 700		7 600			200	
计划订单投入量		9 700			7 600			200		

注：批量规则 FOP=3 周，计划订单产出量为本期的净需求量与下两期毛需求之和。

13.3.5 MRP 的运行方式

利用计算机平台，MRP 按照其严密的处理逻辑过程将独立需求信息不断转换为各种相关需求的信息。

与 MPS 的变更相似，MRP 有两种运行方式：重新运行方式和净改变方式。

重新运行方式是指周期性地生成 MRP，一般间隔期为 1～2 周，每次根据最新的 MPS、BOM 以及库存状态记录等信息，从 BOM 的零级（即 MRP 最终项目）需求量开始计算，生成新的 MRP。因此，重新运行方式的计算工作量非常大，适用于环境比较稳定的企业，通常采用定期计算。

净改变方式与重新运行方式不同，它并不对所有的物料需求都重新进行计算，而只及时更新改变与那些变化的项目有关的信息，生成新的 MRP。这常常是追加某个计划，可称为原计划＋增补计划，即原计划部分不变，变更新增的部分。因此，这就使计算工作量大大减少，MRP 更新的频次加快，因而增强了 MRP 的适应能力，当企业环境变化比较大时，为了能够随时快速地更新信息，适宜采用净改变方式。

需要指出的是，早期的计算机速度和功能有限，重新运算方式计算时间长，而净改变方式的运算量小，计算时间短。现在的计算机的运算速度已大幅度提高，这两种方式在运算时间方面已无什么差别，因此，选用何种方式无需再考虑时间因素。

13.4 能力需求计划(CRP)

能力需求计划又称细能力计划，是指在 MRP 运算得出对各种物料的需求量后，计算各时段分配给工作中心的工作量，判断是否超出该工作中心的最大工作能力，并做出调整。

13.4.1 能力需求计划的作用和分类

能力需求计划与物料需求计划结合使用，用以检查物料需求计划可行性，它根据物料需求计划、工厂现有能力进行能力模拟，同时根据各工作中心能力负荷状况判断计划可行性。它把 MRP 的计划下达生产订单和已下达但尚未完工的生产订单所需的负荷小时，按工厂日历转换为每个工作中心各时区的能力需求，为生产计划的调整安排提供参考信息。

与粗能力计划一样，能力需求计划也是对能力和负荷的平衡做分析，以实现计划的可执行性和可靠性，但二者又存在一些区别，见表 13-14。

表 13-14 能力需求计划与粗能力计划的区别

比较项	粗能力计划	能力需求计划
计划阶段	主生产计划	物料需求计划
计划对象	关键工作中心	全部工作中心
主要作用	校验 MPS 是否可行	校验 MRP 是否可行
负荷对象	独立需求件	相关需求件
订单类型	计划和确认订单	全部订单

能力需求计划对物料需求计划进行检验，对每个工作中心进行能力分析。由于物料需求计划是一个分时段的计划，所以相应能力需求计划也是一个分时段的计划，故必须知道各个时间段的负荷和可用能力。

能力需求计划有两种基本的方式，即有限能力计划和无限能力计划。

有限能力计划认为工作中心的能力是固定的。通常按照物料的优先级进行计划，首先将能力安排给优先级较高的物料，按照这样的顺序排定，如果出现工作中心负荷不能满足要求时，则优先级相对较低的物料将被推迟加工。而优先级是用紧迫系数来衡量的，即

$$紧迫系数 = \frac{需求日期 - 当日日期}{剩余的计划提前期}$$

需求日期越近，紧迫系数越小，其优先级越高。

无限能力计划是指当将工作分配给一个工作中心时，只考虑它需要多少时间，而不考虑完成这项工作所需的资源是否有足够的能力，也不考虑在该工作中心中，每个资源完成这项工作时的实际顺序，通常仅仅检查关键资源，大体上看看是否超出负荷。这里所说的无限能力只是暂时不考虑能力的约束，尽量去平衡和调度能力，发挥最大能力，以满足市场需求。

13.4.2 计算流程和步骤

物料需求计划制定物料在各时段的需求计划，最后形成加工单和采购单分别下发到生产车间和采购部门，加工单下达到各个加工中心，由物料主文件中的物料的加工提前期数据可以计算得到各个工作中心在每一时段的负荷，进而和各个工作中心的已知能力进行比较形成能力需求计划。

一般来说，编制能力需求计划遵照如下思路：首先，将 MRP 计划的各时间段内需要加工的所有制造件通过工艺路线文件进行编制，得到所需要的各工作中心的负荷。然后，再同各工作中心的额定能力进行比较，提出按时间段划分的各工作中心的负荷报告。最后，由企业根据报告提供的负荷情况及订单的优先级因素加以调整和平衡。

1. 收集数据

能力需求计划计算的数据量相当大，通常，能力需求计划在具体计算时，可根据 MRP 下达的计划订单中的数量及需求时间段，乘上各自的工艺路线中的定额工时时间，转换为需求资源清单，加上车间中尚未完成的订单中的工作中心工时，成为总需求资源。再根据现有的实际能力建立起工作中心可用能力清单，有了这些数据，才能进行能力需求计划的计算与平衡。

2. 计算与分析负荷

将所有的任务单分派到有关的工作中心上，确定有关工作中心的负荷，并从任务单的工艺路线记录中计算出每个有关工作中心的负荷。然后，分析每个工作的负荷情况，确认导致各种具体问题的原因所在，以便正确地解决问题。

3. 能力/负荷调整

解决负荷过小或超负荷能力问题的方法有 3 种：调整能力，调整负荷，以及同时调整能力和负荷。

4. 确认能力需求计划

在经过分析和调整后，将已修改的数据重新输入到相关的文件记录中，通过多次调整，在能力和负荷达到平衡时，确认能力需求计划，正式下达任务单。

13.4.3 计算技术

能力需求计划要对全部工作中心进行负荷平衡分析，工作中心能力需求的计划更精确。因为计算是基于所有的零件和成品的，并且贯穿于物料需求计划记录的所有周期，能力需求计划的计算量很大。

下面仍以前述的范例数据为基础构建能力需求计划的编制实例。

【范例 13-2】 假定范例 13-1 中 MRP 计划已编制完毕，相关数据见范例 13-1，产品 X 和 Y 的工艺路线及工时数据见表 13-15。若不考虑前期已经核发的订单，试编制工作中心 W01、W02 和 W03 的能力需求计划。

表 13-15 产品 X 和 Y 的工艺路线和工时数据

物料	所需工步	工作中心	单位工时(准备时间+作业时间)(h)
X	1	W01	0.05
Y	1	W01	0.08
A	1	W02	0.05
A	2	W03	0.06
B	1	W01	0.05
C	1	W02	0.08
C	2	W03	0.04
D	1	W02	0.05
E	1	W03	0.04

解： 根据上述数据，建立工时矩阵。其中某物料在某工作中心的工时等于该物料在该工作中心的单位工时乘以该物料的订单投入量，见表 13-16。

表 13-16 产品 X 和 Y 的及各子项工时数

工作中心	物料	期间(周)									
		1	2	3	4	5	6	7	8	9	10
W01	X	0	0	20	0	20	0	20	0	20	0
W01	Y	0	24	0	24	0	16	8	24	8	0
W01	B	40	0	40	40	40	40	40	0	0	0
W02	A	0	0	0	0	0	30	0	30	0	0
W02	C	0	0	0	40	0	0	40	0	0	0
W02	D	140	0	160	0	80	0	0	0	0	0
W03	A	0	0	0	0	0	36	0	36	0	0
W03	C	0	0	0	20	0	0	20	0	0	0
W03	E	388	0	0	304	0	0	8	0	0	0

根据表 13-16 整理成 3 个工作中心的能力需求,见表 13-17。

表 13-17 3 个工作中心的能力需求

工作中心	物料	期间(周)									
		1	2	3	4	5	6	7	8	9	10
W01	X,Y,B	40	24	60	64	60	56	68	24	28	0
W02	A,C,D	140	0	160	40	80	30	40	30	0	0
W03	A,C,E	388	0	0	324	0	36	28	36	0	0

从表 13-17 可以看出,3 个工作中心的能力需求在各时间段并不均衡,如 W03 在 1 周和 4 周的需求巨大,而相邻的时段却为 0,此情景可以适当地将 1 周和 4 周的需求分解,在保证 MRP 计划的前提下分配相邻时段一定量的需求,实现工作中心生产的均衡。

13.5 MRP Ⅱ 和 ERP

13.5.1 MRP 的发展

从以上对 MRP 的介绍可以看出,要想使 MRP 系统正常运行,首先要有一个现实可行的主生产计划。而主生产计划的切实可行与否,除了要反映市场需求和合同订单以外,还必须满足企业的生产能力的约束条件。因此,在制订主生产计划时,必须考虑到与生产能力的平衡。同理,在制定 MRP 时,也要制订能力需求计划(CRP),同各个工作中心的能力进行平衡。只有在采取了措施做到能力与资源满足负荷需求时,才开始执行计划,尽力做到下达的计划基本上是可行的。

要保证实现计划就要控制计划,执行 MRP 时要用调度单或派工单来控制加工的优先级,用请购单和采购单控制采购的优先级。这样,MRP 系统进一步发展,把能力需求计划和执行及控制计划的功能也包括起来,形成一个环形回路,称为闭环 MRP,如图 13.8 所示,与 MRP 主要是作为零部件计划制订系统相比,闭环 MRP 则成为一个完整的生产计划与控制系统。

闭环 MRP 解决了企业的生产计划与控制问题,实现了企业物流和信息流的集成,但是,在企业的生产经营过程中,还伴随着资金流,即财务活动。因此,还必须把物流、资金流和信息流三者集成起来,也就是把成本和财务功能纳入到 MRP 中来,使企业的经营计划与生产计划保持一致,这是 MRP Ⅱ 区别于 MRP 的一个重要标志。1977 年美国著名生产管理专家怀特提出给 MRP 一个新的名称——制造资源计划(manufacturing resource planning),简称 MRP Ⅱ,一方面是为了区别这两者,另一方面是为了表示制造资源计划是物料需求计划的延续和发展。

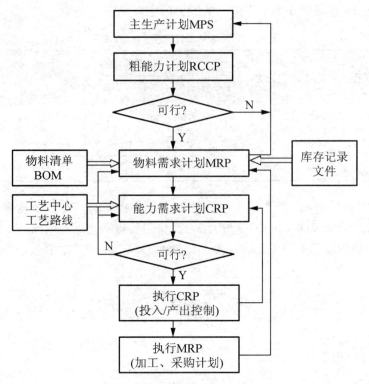

图 13.8 闭环 MRP 逻辑流程图

13.5.2 MRP Ⅱ

MRP Ⅱ 与 MRP 不同，MRP 的处理逻辑起点是 MPS，MRP Ⅱ 的处理逻辑起点是企业经营规划(business plan，BP)。企业经营规划是根据企业长期发展战略确定企业的产值和利润指标，是企业 3～5 年长期发展的战略目标。在此基础上，制定企业相应的销售与生产计划(sales & operation planning，SOP)，从而把企业的宏观决策层也纳入到 MRP Ⅱ 中来，使 MRP Ⅱ 计划层次从宏观(决策层)到微观(执行层)，从战略到技术，逐层优化，如图 13.9 所示。

MRP Ⅱ 的功能和范围已远远超出了物料需求计划并覆盖了企业全部生产资源，解决了企业内部管理系统一体化问题，它所具有的特点具体如下。

(1) 计划的一贯性。MRP Ⅱ 是一种计划主导型的管理模式，通常将上、中、下三级计划管理统一起来，坚持"一个计划(one plan)"的原则精神，始终保持与企业经营目标一致。

(2) 管理的系统性和集成管理模式。将闭环 MRP 的生产计划、能力计划与企业经营计划、销售计划、财务管理及成本合理地结合起来，形成企业的信息系统。通过支持实现数据共享，并使以往相互独立的市场销售、生产管理、采购管理、财务管理等实现集成。

(3) 模拟预见型。经营计划及其分解产生的特定的投资计划、资金计划、利润计划等，具有预先测算和综合评价的功能，为决策提供支持。在提供决策支持和决定各种计划时，该系统具有仿真功能，即具有"如果这样决定，将出现何种状况(what if it)"的仿真模拟。

(4) 管物与管钱结合起来。将以实物量为单位的生产计划、作业计划、库存计划与以金额为单位的财务计划结合起来，以有效地利用企业所有的生产资源。

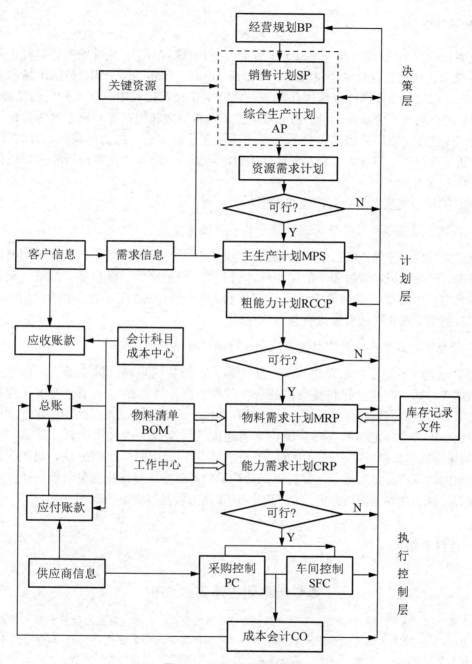

图 13.9　MRPⅡ逻辑流程图

（5）数据共享性。MRPⅡ是一种企业管理信息系统，企业各部门都依据同一中央数据库的信息进行管理，任何一种数据变动都能及时地反映给所有部门，做到数据共享。

（6）动态应变性。MRPⅡ是一个闭环系统，它要求跟踪、控制和反馈瞬息万变的实际情况，管理人员可随时根据企业内外环境条件的变化迅速做出响应，及时决策调整，保证企业有效地运行。

13.5.3 ERP

20世纪90年代初期,美国Gartner咨询公司在总结MRPⅡ软件发展趋势时,提出了ERP的概念,认为企业资源计划(enterprise resources planning,ERP)是以市场和客户需求为导向,以实现企业内外资源优化配置,消除生产经营过程中一切无效的劳动和资源,实现信息流、物流、资金流、价值流和业务流的有机集成和提高客户满意度为目标,以计划与控制为主线,以网络和信息技术为平台,集客户、市场、销售、采购、计划、生产、财务、质量、服务、信息集成和业务流程重组等功能为一体,面向供应链管理的现代企业管理思想和方法。

ERP的核心管理思想主要体现在以下两个方面。

1. 体现了对整个供应链资源进行整合的管理思想

新经济时代企业的竞争已经不再是单一企业与单一企业间的竞争,企业不但要依靠内部的资源,还必须把经营过程中的供应商、制造商、分销网络、客户等资源纳入紧密的供应链体系中,才能在全球竞争中获得竞争优势,ERP正是适应了这一协作竞争的需要,实现了对整个企业供应链资源进行整合优化。

2. 融合了精益生产和敏捷制造等现代先进的管理思想

ERP融合了精益生产的思想,即企业把客户、销售代理商、供应商、协作单位纳入其生产体系,同它们建立起利益共享的合作伙伴关系,进而组成一个企业的供应链。同时,又吸收了敏捷制造的思想,即企业的基本合作伙伴不能满足新产品的市场需求时,企业可以组织一个由特定的供应商和销售渠道组成的短期或一次性供应链,形成"虚拟企业",把供应和协作单位看成是企业的一个组成部分,运用同步工程方法,组织生产,用最短的时间将新产品打入市场,并时刻保持产品的高质量、多样化和灵活性,从而使ERP更加完善,成为能够适应面向客户的管理模式和动态联盟型企业的管理方式。

运作实例 13-1

奥克斯集团成功实施ERP

奥克斯集团经历了13年的历程,取得了跨越1 000倍的发展,成为我国电力行业和家电行业具有较强竞争力和广阔发展前景的大型企业集团。2005年7月被国家信息化测评中心(CECA)授予"中国企业信息化标杆工程"之一,获取这项荣誉完全得益于奥克斯ERP系统实施的全面成功。

奥克斯ERP一期项目从2001年11月10日开始实施,经过了项目准备阶段、业务蓝图设计阶段、系统配置实现阶段及最终系统上线准备阶段,按原计划于2002年9月1日进入上线试运行,并在2003年3月开始进行MRP运算。在整个实施过程中,奥克斯坚持"主动实施",用自己的独立思考和艰苦努力赢得了这场"ERP实施"大战的全面胜利。

奥克斯人总结了几个十分有意思的比喻,来总结他们取得的成果。

(1) 纸杯变成玻璃杯:企业内部的物流、资金流、信息流都集成在一起,实现管理透明化和资源共享,为公司领导决策所用。

(2) 散装变成集装箱:企业内部的产、供、销、人、财、物等各环节实现计算机化、集成化,为公司的管理提供了一套先进的管理工具，特别反映在每天能承受的 OEM 订单数从上线前 3 个到上线后的 25 个，递增了 7.5 倍。

（3）钱包变成信用卡：通过 MRP 的精确运行，根据生产计划、库存情况及交货时限，计算出该采购哪些物料，采购多少。经过 AMT 公司的评估，上线后减少库存资金 32%，降低不配套占用资金 35%。

（4）理财有了好管家：在财务结算上，结账时限缩短了 80%，从原来的 15 天缩短到了 3 天，并同时确保了资金的合理流向，提高了资金的控制力度。

（5）赖账有了监督员：通过 ERP 系统，有效地控制了客户的信用额度，对信誉不好的客户系统可以控制发货。

（6）开车有了红绿灯：现在全部工作均须围绕系统进行，实现工作流程的简化、优化、固化，杜绝了管理的随意性和人为主观因素。

（7）的士变成私家车：培养了一大批 ERP 项目实施专家，可以完全依靠自身力量实施关联企业，不断优化系统。

资料来源：根据 http://ding.bo kee.com/49626/.html 的资料整理

本 章 小 结

实施 ERP 是企业信息化的标志，而 ERP 的核心是 MRP。本章全面地介绍了 MRP 及其扩展的内容。主要涉及了以下的内容：MRP 的理论基础——相关需求理论；MRP 在生产计划体系中的作用及优缺点；MRP 的基本原理和数据处理逻辑、技术数据如物料主文件、提前期、批量和安全库存等；MRP 范例；能力需求计划；MRP 的发展，即 MRP Ⅱ 和 ERP。

关键术语

独立需求 相关需求 物料需求计划 物料主文件 物料清单 工作中心 提前期 批量 安全库存 工作日历 能力需求计划 闭环 MRP 制造资源计划 企业资源计划

习 题

一、判断题

1. MRP 可以精确计算所需零部件及原材料需求，因此不需要安全库存。（   ）
2. MRP 处理的是相关需求，因此不需要安全库存。（   ）
3. MRP 中的提前期固定，意味着生产能力无限制。（   ）
4. MRP Ⅱ 与 MRP 是完全不相关的系统。（   ）
5. MRP Ⅱ 是一种计划主导型的管理模式。（   ）
6. 当企业环境变化较大，需要随时快速地更新信息，应采用重新运行方式。（   ）

7. MRP 中的提前期是保证 MRP 计算准确的主要参数，必须准确计算。（   ）
8. MRP 的三项主要输入是 MPS、库存状态文件和物料清单文件。（   ）
9. MRP 反对提前和超额完成生产作业计划。（   ）

二、单选题

1. MRP 是按时间段来确定各种相关需求的物料的需求数量和需求时间，MRP 的输入不包括（   ）。
   A. MPS   B. BOM   C. 库存信息   D. 销售信息
2. 可将每个时期对项目的净需求量作为订货批量的批量方法是（   ）。
   A. 固定批量法   B. 直接批量法
   C. 经济订货量法   D. 固定周期批量法
3. MRP 的输出是（   ）。
   A. 总需要量   B. 净需要量   C. 计划发出订货量   D. 预计在库量
4. 进行 MRP 计算时，起重要作用的计划因子有（   ）。
   A. 提前期   B. 入库量   C. 需求量   D. 到货量
5. MRP Ⅱ 的最重要的标志是增加了（   ）。
   A. 物流活动核算   B. 财务活动核算   C. 销售需求核算   D. 能力需求核算
6. 企业资源计划管理思想的核心部分是（   ）。
   A. 物料需求   B. 资源需求   C. 供应链管理   D. 业务流程重组
7. 以下哪项不是计算 MRP 的输入项？（   ）
   A. 生产大纲   B. 产品出产计划   C. 产品结构文件   D. 库存状态文件
8. 某种零件的总需求量是由哪一项决定的？（   ）
   A. 净需要量   B. 预计在库量
   C. 父项的总需要量合计   D. 父项的计划发出订货量合计
9. 运用 MRP 计算企业生产过程各阶段的计划任务时，是按照什么顺序进行的？（   ）
   A. 原工艺路线   B. 次工艺路线   C. 反工艺路线   D. 随机工艺路线
10. MRP 中工厂日历是用于编制计划的日历，它与普通日历的关系是（   ）。
    A. 与普通日历相同   B. 由普通日历除去节假日
    C. 由普通日历加上加班日期   D. 由普通日历去掉不生产的日子
11. 下述哪项方法将产品出产计划中的具体产品的需求转化为构成产品的零部件和原材料的需求？（   ）
    A. 粗能力计划   B. 物料需求计划   C. 库存计划   D. 能力需求计划
12. MRP 发展历程所经历的几个阶段是（   ）。
    A. MRP—MRP Ⅱ—闭环 MRP—ERP   B. MRP—ERP—闭环 MRP—MRP Ⅱ
    C. MRP—闭环 MRP—MRP Ⅱ—ERP   D. MRP—闭环 MRP—ERP - MRP Ⅱ

三、简述题

1. 独立需求和相关需求的区别是什么？

2. 将订货点法用于处理相关需求库存有何问题？为什么？
3. 简述 MRP 的基本原理。
4. 简述主生产计划和 MRP 的异同点。
5. 基本 MRP 的局限性是什么？
6. BOM 在 MRP 中的作用是什么？
7. MRP 中采用固定提前期有什么缺点？
8. 安全库存的作用是什么？对 MRP 的运算有何影响？
9. MRP 系统有哪些输入和输出？MRP 系统的处理过程如何？为什么要采用低层码？
10. 如何理解从 MRP 到 ERP 的发展过程？主要的变化是什么？

四、分析题

成立于 1951 年的哈尔滨电机厂是国内著名的发电机制造企业，半个多世纪以来已生产大型的发电机成套设备数百套。这样的企业实现信息化时，是否有必要购买和运行 MRP 的模块？给出你的建议。

五、计算题

1. 某简单的产品 A 由两个组件 B 和 C 构成，其中一个 A 中含 2 个 B 和 4 个 C。要求在第 6 周完成 100 件 A。现知 B 的库存量为 50，C 的库存量为 100。另外，在第 4 周和第 5 周分别接收 100 个组件 C。产品 A 的生产提前期为 2 周，B 和 C 各为 1 周。试按直接批量法编制该产品的 MRP 计划。

2. 某机器人公司刚刚收到一份 40 个工业机器人的订单，应于第 7 周发货。有关信息见表 13-18。其中组件 G 订单只能是 80 的倍数，其他构件均为按直接批量订货。试求解组件 G 订货量和订货时间。

表 13-18　相关信息

项　目	提前期/周	库　存　量	构　件
机器人	2	10	B, G, C(3)
B	1	5	E, F
C	1	20	G(2), H
E	2	4	
F	3	8	
G	2	15	
H	1	10	

3. 某生产高尔夫车的公司根据顾客的需求，将于第 6 周、第 8 周和第 9 周各交付 100 台高尔夫车。高尔夫车的 BOM、各组件的提前期及库存量如图 13.10 和表 13-19 所示。若无批量限制，试编制发动机、车架和车轮总成的生产计划（MRP）。

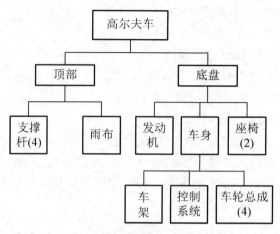

图 13.10 高尔夫车 BOM 图

注：括号中的数字表示其个数。

表 13-19 各组件提前期及库存量

产品或组件名称	提前期/周	库 存 量
高尔夫车	1	0
顶部	1	40
底盘	1	20
支撑杆	1	200
雨布	1	0
发动机	2	150
车身	3	50
座椅	2	120
车架	1	35
控制系统	1	0
车轮总成	1	240

4. A 公司生产电扇，产品结构如图 13.11 所示，现有库存和预计到货量见表 13-20，要在第 10 周生产 600 台电扇，第 11 周生产 700 台电扇，试编制灯和灯泡的 MRP 计划。

图 13.11 电扇的 BOM 图

表13-20 灯与灯泡的参数表

品 名	存 货	预计到货
灯(订货批量500)	920	0
灯泡(订货批量500)	739	第2周、2 100

5. 假定题1中MRP计划已编制完毕,沿用其相关数据,产品A的工艺路线及工时数据见表13-21。若不考虑前期已经核发的订单,试编制工作中心W01、W02和W03的能力需求计划。

表13-21 产品A的工艺路线和工时数据

物料	所需工步	工作中心	单位工时(准备时间+作业时间)(h)
A	1	W01	0.1
B	1	W02	0.15
B	2	W03	0.2
C	1	W01	0.12
C	2	W03	0.11

 案例研究

供应科长的难题

1998年4月,蓝色梦幻食品公司物资供应一科刘科长正为如何控制物资库存量发愁。刘科长是北方人,中等身材,1984年毕业于某师范大学哲学系,在武汉大学教了几年政治经济学之后下海,先在一家农产品公司从事销售工作,后在一家饮料公司从事生产管理工作,1995年应聘到蓝色梦幻食品公司工作,因为为人正直、工作认真负责、善于学习新知识,而被委以负责物资管理工作的重任。蓝色梦幻食品公司的主导产品是保健饼干,这种用生物工程技术制成的饼干对头疼、食欲不振、失眠、消化不良、腹泻、肝功能不正常等多种疾病有明显的疗效和保健作用。该产品生产工艺独特,基本流程大致如下:

菌种培养—母液形成—配料—上流水线加工—内封装盒—装箱

虽然该产品才推出几年,但销售却增长迅速(表13-22),特别是1997年下半年,市场上甚至出现了产品供不应求的状况。于是1998年公司制定了"保6争1"的目标,即销售额在1998年要达到6000万元,力争达到1亿元。

表13-22 蓝色梦幻公司销售额

年 份	1994	1995	1996	1997
销售额(万元)	60	600	2 000	4 500
增长率(%)	—	900	233	125

供应一科是专门负责公司包装物资采购的部门,包装物资主要是包装箱、包装盒内垫片及塑料纸,其中包装盒的外层纸是从韩国进口的。刘科长在1997年曾试图用经济订货批量(EOQ)模型来控制库存数量。EOQ的基本公式是:

$$Q = \sqrt{\frac{2NC}{H}}$$

其中 N 为年需求量，C 为每次订货费用，H 为单位物资存储费用。但刘科长却发现这个公式看上去简单，用起来却不简单。首先是年需求量难确定，因为公司主导产品的需求量波动幅度很大，1997 年初，公司认为当年销售额能达到 1 千万元就不错了，谁料到实际销售额居然达到了 4 000 多万元。由于产品销量波动大，难以预测，包装物资的年需求量也就难于预测，而且可以肯定，其波动幅度也会很大。即使给出了物资年需求量的估计值，刘科长又发现了公式中的 C 和 H 这两值也难以估计：订货费用 C 有时一次只要几十元钱，有时需要几千元钱，波动幅度很大，平均计算的可靠性自然不高，而单位物资的年存储费用由于供应科组建时间不长，缺乏积累资料也难以精确估计。即使克服了诸多困难，估计出了计算所需的 3 个数据，刘科长发现，不管如何计算或合理调整参数，按这个公式计算出的订货批量都不适用。1997 年 10 月刘科长按此模型确定订货批量后，不久就发生了缺货，因而影响了生产而受到公司的批评。刘科长从此断了使用经济订货批量模型的念头。

1997 年底，一个偶然的机会，刘科长从一个大学从事物资管理教学的一位老教授处了解到 MRP，认识到 MRP 能降低库存量。刘科长如获至宝般从老教授处借来了大量的 MRP 资料，并聘请一位曾为另一家企业设计了 MRP 软件的计算机专业的朋友进行有关软件的开发，因为公司产品的结构和生产工艺流程简单，软件开发似乎也很容易。但不久刘科长就发现，这个 MRP 好像也不能解决他的问题。MRP 要求生产计划可靠，但蓝色梦幻公司的产品销售计划变动很大，所以生产计划可以说是月月要变，而且变动幅度很大。其次，刘科长发现，MRP 中实际上也存在一个订货批量的计算问题，虽然 MRP 有关资料中提出了多种批量的计算方法，但刘科长对 MRP 的热情也就急剧下降了。不过公司正在推行计算机管理，所以刘科长前段在 MRP 的工作也可以说没有白费。

1998 年农历年一过，公司产品销售形势发生了重大变化，似乎销售环节随着大年的过去而过去了。1998 年 2 月，销售量出现了下降，公司不得不把刚投产的两条生产线中的一条停了下来。但原来为应付销售量迅速增长而订购的大量物资却陆续到货，一时间，公司仓库的库存量大增。刘科长又忙着与供应商协商推迟或取消订单，但与代理进口韩国纸的外贸公司协商时，刘科长颇感为难。因为进口物资一般要提前半年报计划，以便外贸公司安排洽谈订货、看样、签约、外币准备、运输等相关事宜。1997 年下半年，刘科长一再要求外贸公司增加订货，外贸公司克服了诸多困难，不断增加订货量，却不料蓝色梦幻公司现在又提出减少订货，取消一些订单。外贸公司对此很有意见，要求蓝色梦幻公司分担部分损失。

1998 年 3 月，公司聘请了国外有关专家来厂讲课。大家对这位管理专家所讲的准时生产制（JIT）特别感兴趣。按准时生产制，公司库存应尽可能减少，库存量为零是最终目标。如果能把库存降下来，刘科长粗算了一下，仅库存费一年就可以节约几十万元。不过刘科长特别担心若实行准时生产制，肯定会发生缺货，那所造成的影响生产的损失恐怕会远远超过库存的节约额。所以，在公司讨论是否实行准时生产制时，刘科长极力表示反对。刘科长觉得"准时生产制"离他们还很遥远，眼下他们需要做的是如何控制库存量。

资料来源：程国平，武汉汽车工业大学工商管理学院

转载自：http://www.e—works.net.cn/document/rar/31474.htm

讨论题：
1. EOQ 模型与 MRP 方法的应用前提条件是什么？有何不同？
2. 刘科长对 EOQ 和 MRP 这两种方法的看法正确吗？
3. JIT 能否在蓝色梦幻公司应用成功？
4. 如果你是刘科长，你将如何控制库存量？你认为该公司的物资需求有何特点？

第 14 章 作业排序

教学要求

通过本章的学习,要达到以下目的:
(1) 了解车间作业管理的主要工作;
(2) 了解作业排序的目标与分类;
(3) 掌握制造业作业排序的一般方法与数学方法;
(4) 了解服务业排序的原则与方法。

引 例

请关注下列作业排序的具体表现,这些都是人们在生产生活当中的经历。
(1) 在工厂的机加工车间里面,人们常常看到,零部件在一个机器上加工完毕后,转移到下一个机器时,有时马上可以加工,有时却要等待一段时间才能被加工。而同时也会见到,有时机器是连续运转,不停地加工一个又一个零件,有时却是在停工待料。
(2) 在超市选购完商品后,推购物车到收款处,消费者自己判断,哪个收款员前的队伍较短,然后排队交款。
(3) 进银行时,首先要在排队机上取出一张小纸片,上面印有一个序号,顾客按照电子屏幕的显示号数及广播,依次到相应窗口办理业务。
(4) 到大医院看病,到相应的科室前,护士先询问病人的症状、想找哪个医生,然后交挂号费,护士在计算机上刷就诊卡,安排就诊医生,病人按照电子屏幕的显示号数及广播,到相应医生诊室看病。

14.1 车间作业管理的工作内容

14.1.1 核实 MRP 产生的计划清单

MRP 虽然规定了计划的下达日期,但真正下达到车间的,依然还是推荐的时间。因为订单在生产管理者批准下达投产之前,车间必须检查物料、能力、工具等的可用性。生产管理者首先要检查核实计划订单报告、物料主文件和库存报告、工艺路线文件和工作中心文件以及工厂日历,然后才能布置以下一系列的工作任务。

(1) 确定加工工序。
(2) 确定所需的物料、能力、提前期和工具。
(3) 确定物料、能力、提前期和工具的可用性。
(4) 解决物料、能力、提前期和工具的短缺问题。

14.1.2 下达生产订单

核实 MRP 产生的计划清单之后,接着就可以下达物料生产订单,说明零件加工工序顺序和时间。

当生产订单下达到车间并形成文件,车间文件汇总显示所有已下达但还未完成的订单状态。根据车间文件、工艺路线要求、所使用的调度原则,每天或每周给各个工作中心生成一份派工单,并说明各生产订单在同一工作中心上的优先次序。

派工单主要描述生产订单号、零件号、生产任务的数量,同时还提供以下信息。

(1) 生产准备工时:一台机床或工作中心从生产一种项目转换到生产另一种项目所需的时间。
(2) 加工工时:实际生产指定数量的项目所需的时间。
(3) 累计负荷工时:按各订单累计得到的工作中心负荷或工时。
(4) 优先级:订单的优先级系数。

车间文件是用来跟踪一份订单的生产过程,而派工单是用来管理工件通过生产过程的流程和优先级。它提示工人现在已在工作中心的订单的优先级,以及将送到工作中心的订单的优先级。

提供车间文档:其中包括图样、工艺过程卡片、领料单、工票、需要特殊处理的说明等。

14.1.3 监控在制品生产

生产如果正常运转,订单就会通过生产流程顺利地处理掉。不过在日复一日的生产运作过程中,常常会因为各种原因出现意外,机器出现故障、原材料供应突然中断、动力供应短缺等,这些意外事件会直接影响生产订单的完成,所以,对整个生产流程的运转过程必须进行严密的监控。随时查询工序状态、完成工时、物料消耗、废品、投入/产出等信息,控制排队时间、分析投料批量、控制在制品库存、预计是否出现物料短缺或拖期现象。

14.1.4 与车间生产相关的其他工作

适当采取调整生产的措施。例如,预测物料短缺或拖期情况将要出现时,应及时采取应急措施,如通过加班、转包或分解生产订单,来改变生产能力及其机器负荷。若还不能解决问题,则应该根据信息修改物料需求计划,甚至修改主生产计划。

生产订单完成后,要及时统计实耗工时和物料。计算生产成本,并分析差异。完工产品检验入库。

14.2 作业计划与排序

14.2.1 作业计划与排序

生产计划确定之后，接着就是进行作业排序，这就是把企业要加工工件的生产计划任务，最终落实到每一个班组、每一位员工、每一台设备，具体地确定每一台设备、每一个员工每天的工作任务和工件在每台设备上的加工顺序。

作业排序不是作业计划。作业排序是确定工件在机器上的加工顺序，而作业计划不仅包括确定工件的加工顺序，而且还包括确定机器加工每个工件的开始时间和完成时间。可见，作业计划包含着作业排序。

最初作业排序并不复杂，但是随着加工零件数量的增加，机器操作的复杂程度提高，在实际加工工作中，常出现"工件等待或机器空闲"的情况。"工件等待"是指一个工件在上道工序完工后，转移到下一道工序加工时，机器还在加工其他工件，转移来的工件要等待一定时间后，才能开始加工的情况。"机器空闲"是指机器已经完成对某个工件的加工，但上道加工的工件还未转移到，此时机器只能停机待料的情况。这些都增加了作业排序工作的难度。

针对作业计划的关键是要解决各台机器上工件加工顺序的问题，一般在通常情况下，都是按最早可能开（完）工时间来编制作业计划。因此，当工件的加工顺序确定之后，作业计划也就确定了。因此，人们常常将排序与编制作业计划这两个说法等同使用。

14.2.2 排序的分类

在制造业、服务业企业里，常常出现两种基本形式的作业排序。

（1）劳动力作业排序，主要是确定工人何时开始工作。

（2）生产作业排序，主要是将不同工件安排到不同设备上，或安排不同的人做不同的工作。

在制造业中，生产作业排序是主要的，因为要加工的工件是排序的关键。许多绩效考核标准，例如准时交货率、制造周期、生产成本、产品质量等，都直接与工作安排的先后顺序有直接关系。除非企业雇用了大量的临时工人，否则劳动力排序问题都不用考虑太多。而在服务业中，劳动力作业排序却是主要的，因为服务人员的多少、提供服务及时与否，都将直接影响到企业的市场竞争力。很多绩效考核指标，例如顾客等待时间、排队长度、人员利用率、服务成本、服务质量等，都与提供服务的及时性直接相关。

在制造业企业中，还可以按照机器、工件和特定目标函数的特征进行分类。按照机器的种类和数量不同，可以分为单台机器的排序问题和多台机器的排序问题。对于多台机器的排序问题，按照工件加工的路线特征，可以分成单件车间的排序问题和流水车间的排序问题。按照工件的加工路线不同，是单件车间排序问题的基本特征；而所有工件的加工路线完全相同，则是流水车间排序问题的基本特征。

按照工件到达车间的状态不同，可以分成静态排序问题和动态排序问题。静态排序是指当进行排序时，所有工件都已到达，可以一次对它们进行排序；动态排序问题是指若干工件是陆续到达的，要随时安排它们的加工顺序。

按特定目标函数的性质不同，也可划分不同的排序问题。例如，同是单台设备的排序，目标是使平均流程时间最短和目标是使误期完工的工件数最少，实质上是两种不同的排序问题。按特定目标函数的情况，还可以划分为单目标排序问题和多目标排序问题。

某些现实特定的情况会影响作业排序的复杂程度。

一种情况是设备数有限，人员无限。即可利用的设备有限，但只要有空闲机器，工作不会因操作人员短缺而等待。

还有一种情况，即人员数有限，设备数无限，即实际人员数小于设备需要的人员数。这种约束条件给作业排序又增加一定的难度。计划员安排工作到下一台设备时，必须同时安排相应的操作人员。在人员有限的条件下，设备调度和人员调度政策以及调度优先规则的选择，会同时直接影响到生产的进度和经济效益。常用的人员调度规则有4点。

（1）把人员优先安排到已排队等待时间最长的工作地。
（2）把人员优先分配到等待工作数量最多的工作地。
（3）把人员优先分配到有最大标准工作量的工作地。
（4）把人员优先分配到有最早需要完工的工作地。

此外，在人员有限的情况下，通过培养"多面手"等复合型操作人才，以提高人员技能的多样化来提高作业的灵活性，用较少的人员完成更多的工作。

14.2.3 排序的任务和目标

在机器上或工作中心中，决定哪个作业首先开始的工作过程称为排序或优先调度排序。

工作中心作业排序的主要目标如下。

（1）满足交货日期。
（2）极小化提前期。
（3）极小化准备时间或成本。
（4）极小化在制品库存。
（5）极大化设备或劳动力的利用。

具体而言，有效的作业排序系统必须满足不同功能工作的要求。

（1）对将要做的工作进行优先权设定，以使工作任务按最有效顺序排列。
（2）针对具体设备分配任务及人力，通常以可利用和所需的能力为基础。
（3）以实施为目标分配工作，以使工作任务如期完成。
（4）持续监督确保完成任务，周期性检查是保证已分配的工作如期完成的最常用方法。
（5）分析、控制、解决工作中出现的异常状况，因为它们有可能改变已排序的进程。
（6）订单变化或出现异常时，对目前的作业排序进行调整、改进。

作业排序系统的设计必须反映企业及运用该系统的工作过程的需要。作业排序系统的设计应当能调整计划的偏离、纠正生产操作中的异常，并尽可能返回原计划状态，以便维护计划和作业排序过程的有效性。

14.3 作业排序的一般方法

14.3.1 甘特图

甘特图是作业排序中最常用的一种工具。它是由亨利·劳伦斯·甘特(Henry L.Gantt)在1917年首先提出来的。甘特是泰勒创立和推广科学管理制度的亲密的合作者，也是科学管理运动的先驱者之一。

它基本上是一种线条图，横轴表示时间，纵轴表示要安排的活动，线条表示在整个期间上计划和实际的活动完成情况。甘特图直观地表明任务计划在什么时候进行，以及实际进展与计划要求的对比。

由于甘特创造了运用一系列条形图来表示工作中完成每项活动所需要的时间，这种以一个完整地用条形图表示工作进度的标志系统给人们的生产、生活带来了极大的帮助，于是人们以甘特先生的名字命名。

这种方法是基于作业排序目的，将活动与时间联系起来的最早尝试之一。有两种基本形式的甘特图：作业进度图和机器图。作业进度图表示一项工作的计划开始日期、计划完成日期以及现在的进度。

【范例14-1】假设6月份，某机械制造厂要加工A、B和C三个零件。这些工作的计划和现在的完成状况如图14.1所示。

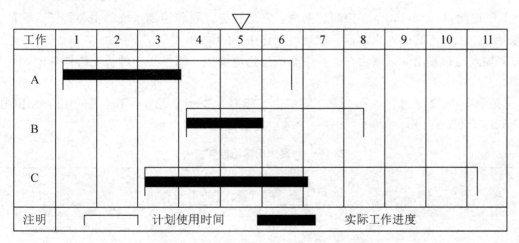

图14.1　机械制造工厂作业进度甘特图

该图显示，在6月5日，A零件的完成情况落后于计划，B零件在按计划完成，C零件的完成情况则超前于计划。

由于完工时间是6月11日，若到时不能结束，后续工作就要停产，在这种情况下，就需要新的作业计划并更新甘特图。

若这3个零件要进行磨削加工，再抛光才能交货，图14.2显示了3个零件在两台不同设备上的所需时间、时间安排和现在的进度。

这种甘特图称为机器图,它描述不同工作在每一台机器上的工作次序,也可用来管理生产进度。

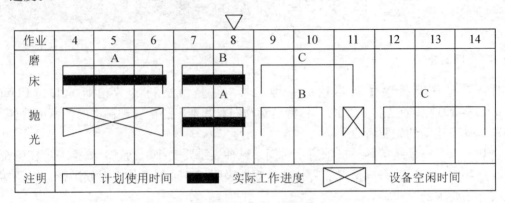

图 14.2　机械制造工厂的机器甘特图

如图 14.2 所示,在 6 月 8 日当天,因为实际进度与当今的日期一致,A 零件刚好按计划经过两台机床完成加工。B 零件只在磨床上按时加工完毕。C 零件还未开始加工。

在 6 月 4~6 日、7~11 日两段时间里,抛光机处于空闲状态。

这样,生产管理就能很容易地从机器甘特图中看到错综复杂的计划结果,并能及时发现机器的利用率。

14.3.2　I/O 控制

I/O 控制是 input/output 控制的缩写,它是制造计划和控制系统的主要特征。它的主要原则是:工作中心的输入永远不能超过工作中心的输出。

当输入超过输出时,就会在工作中心产生物流堆积,结果将会延长上游作业的预计提前期。

【范例 14-2】表 14-1 所列某车间的生产能力为 200h,第 1~第 4 周的实际使用时间为 190h、170h、210h、220h。试做一个输出控制报告,给出累计偏差。

表 14-1　某车间输出控制报告

项　目	周　次			
	1	2	3	4
计划小时	200	200	200	200
实际小时	190	170	210	220
累计偏差	-10	-40	-30	-10

14.3.3　排序的优先规则

在进行作业排序时,需用到优先调度规则。这些规则可能很简单,仅需根据一种数据信息对作业进行排序。这些数据可以是加工时间、交货日期或到达的顺序。下面列出了 8 个常用的优先调度规则。

(1) FCFS(first come first serve，先到先服务)：按订单送到的先后顺序进行加工。

(2) SPT(smallest processing time，最短作业时间)：加工时间最短的作业首先进行，然后是加工时间第二短的，以此类推。

(3) EDD(earliest due date，最早交货期)：最早交货期最早加工，将交货期最早的作业放在第一个进行。

(4) STR(剩余松弛时间)：STR 是交货期前所剩余时间减去剩余的加工时间所得的差值。STR 最短的任务最先进行。

(5) STR/OP(每个作业剩余的松弛时间)：STR/OP 最短的任务最先进行。STR/OP 的计算方法如下：

$$STR/OP=(交货期前所剩的时间-剩余的加工时间)/剩余的作业数$$

(6) CR(关键比率)：关键比率是用交货日期减去当前日期的差值除以剩余的工作日数。关键比率最小的任务先执行。

(7) LCFS(后到先服务)：该规则经常作为默认规则使用。因为后来的工单放在先来的上面，操作员通常是先加工上面的工单。

(8) 随机次序或随兴所致：主管或操作工通常随意选择一件他们喜欢的进行加工。

时至今日，人们已经找到了 100 多个优先调度规则，上面仅介绍了其中最常见的 8 种。这 8 种优先规则各有特色。有时，运用一个优先规则还不能唯一地确定下一个应选择的工件，这时应使用多个优先规则的组合。当然，还可以用下面一些作业排序标准评价各优先规则，确定优先规则的先后次序。

(1) 满足顾客或下一道工序作业的交货期。

(2) 极小化流程时间。

(3) 极小化在制品库存。

(4) 极小化设备和工人的闲置时间。

按照这样的优先调度方法可赋予不同工件不同的优先权，可以使生成的排序方案按预定目标优化。

实际上，要将数以百计的工件在数以百计的工作地(机器)上的加工顺序决定下来是一件非常复杂的工作，需要有大量的信息和熟练的排序技巧。对于每一个准备排序的工件计划人员都需要两大类信息：有关加工要求和现在的状况。

加工要求信息包括预定的完工期、工艺路线、标准的作业交换时间、加工时间、各工序的预计等。现状信息包括工件的现在位置(在某台设备前排序等待或正在被加工)，现在完成了多少工序(如果已开始加工)，在每一工序的实际到达时间和离去时间，实际加工时间和作业交换时间，各工序所产生的废品(它可以用来估计重新加工量)以及其他的有关信息。

优先顺序规则就是利用这些信息的一部分来为每个工作地决定工件的加工顺序。由于大部分信息在一天中是随时改变的，所以用手工来获取、利用这些信息几乎是不可能的，一般的现代生产计划制定和安排都是通过计算机。

14.4 作业排序的数学方法

14.4.1 作业排序的表示方法

Conway 等人提出了可用 4 个描述作业的排序问题,即 $n/m/A/B$。其中:

n:工件数。

m:机器数。

A:排序的类型,可用 F、P 和 G 表示。F 表示流水型,指所有工件的工艺过程均相同;P 表示流水型且为同顺序排序,指所有工件的工艺过程均相同,且在每台设备上所有工件的投产顺序也必须相同;G 表示非流水型排序。

B:具体的目标。如 F_{max} 为最大的流程时间最短。

例如,$n/5/P/F_{max}$ 则表示攻坚数为 n、机器数为 5、同顺序流水型排序,其目标是最大的流程时间最短。

14.4.2 约翰逊法

约翰逊法是作业排序中比较常用的一种排序方法,解决 $n/2/P/F_{max}$ 的排序问题。

它适用的条件是:n 个工件经过两台设备(有限台设备)加工,所有工件在有限设备上加工的次序相同。

约翰逊法操作步骤如下。

(1)选出最短加工时间 i,若最短加工时间有多个,任选 1 个。

(2)若 i 出现在机床 1,它对应的工件先安排加工,否则放在最后安排,安排后划去该工件。

(3)重复上两个步骤,直到所有工件都排序完毕。

【范例 14-3】有 5 个工件在 2 台设备上加工,加工顺序相同,先在设备 1 上加工,再在设备 2 上加工,工时列于表 14-2 中,用约翰逊法排序。

表 14-2 加工工时表 (min)

零件(i)	作业时间 t_{ix}	
	机器 1(j)	机器 2(k)
A	5	2
B	3	6
C	7	5
D	4	3
E	6	4

解:具体步骤如下。

第一步,取出最小工时 $t_{12}=2$。若该工时是第一工序的,则最先加工;反之,若是第二工序的,则放在最后加工。此例是 A 工件第二工序时间,按规则排在最后加工,将已排序工作 A 划去。

第二步,$t_{21}=t_{42}=3$,B 工件第一工序时间最短,最先加工,然后划去 B。

第三步，$t_{42}=3$，D 工件第二工序时间最短，最后加工，然后划去 D。
余下的工作重复上述排序步骤，直至完毕。
最后得到的排序为：B—C—E—D—A，见表 14-3。

表 14-3 零件加工顺序表

步 骤	加工顺序				
1					A
2	B				A
3	B			D	A
4	B		E	D	A
5	B	C	E	D	A

零件加工时间表见表 14-4。

表 14-4 零件加工时间表

零 件	B	C	E	D	A
机器 1	3/3	7/10	6/16	4/20	5/25
机器 2	6/9	5/15	4/20	3/23	2/27

经计算，整批工件的停留时间为 27min。

14.4.3 C—D—S 法

CDS 法，即穷举法，是坎贝尔（Campbell）、杜德克（Dudek）、史密斯（Smith）三人提出的一个启发式算法，简称 C—D—S 法，解决 $n/m/P/F_{\max}(m>2)$ 的排序问题。

穷举法的基本思想是不重复、不遗漏地穷举所有可能情况，从中寻找满足条件的结果。穷举法充分利用了计算机处理的高速特性，避免复杂的逻辑推理过程，使问题简单化。使用穷举法的关键是要确定正确的穷举的范围。

穷举法的操作步骤如下。

(1) 取首末两道工序，用约翰逊法排序，求 $F_{\max}$。
(2) 取首两道工序的和及尾两道工序的和，用约翰逊法排序，求 $F_{\max}$。
(3) 取首三道工序的和及尾三道工序的和，用约翰逊法排序，求 $F_{\max}$。

以此类推，直到所有的情况（$m-1$ 种）都考虑到后，比较得到的 $F_{\max}$，找出其中最小的那个排序方案为所求排序方案。

【范例 14-4】已知有 4 个工件在 3 个机器上作业，见表 14-5，求最优工作排序。

表 14-5 加工时间表

设备＼工件	1	2	3	4
P_{i1}	1	3	6	3
P_{i2}	8	4	2	9
P_{i3}	4	5	8	2

解: 穷举法的操作步骤,见表 14-6。

表 14-6 穷举法的方案

		1	2	3	4
方案 1	P_{i1}	1	3	6	3
	P_{i3}	4	5	8	2
方案 2	$P_{i1}+P_{i2}$	9	7	8	12
	$P_{i2}+P_{i3}$	12	9	10	11

第一步,取首末两道工序的时间构成一个 2 行矩阵,用约翰逊法排序,即方案 1,排序为(1-2-3-4),$F_{\max}=28$,计算过程见表 14-7。

表 14-7 方案 1 的加工时间

i	1	2	3	4
P_{i1}	1/1	3/4	6/10	3/13
P_{i2}	8/9	4/13	2/15	9/24
P_{i3}	4/13	5/18	8/26	2/28

第二步,取首两道工序和尾两道工序的和,组成一个新的 2 行矩阵,用约翰逊法排序,即方案 2,排序为(2-3-1-4),$F_{\max}=30$,计算过程见表 14-8。

表 14-8 方案 2 的加工时间

i	2	3	1	4
P_{i1}	3/3	6/9	1/10	3/13
P_{i2}	4/7	2/11	8/19	9/28
P_{i3}	5/12	8/20	4/24	2/30

第三步,根据第一、二步的计算,得知,最优排序为(1-2-3-4),$F_{\max}=28$。

14.4.4 匈牙利法

在编制生产作业计划分配生产任务时,会碰到这样的问题:有若干项任务要分配给若干个小组或个人去完成,由于每个小组或个人完成各项任务的效率不同,应如何分配才能发挥每个小组或个人的优势,使完成这些任务总的效率最高呢?在此,常用的一个解决方法是匈牙利法,它是由匈牙利数学家考尼格(Konig)提出的,因此得名匈牙利法(The Hungarian method of assignment)。

1. 匈牙利法的基本原理

匈牙利法基于下面两个性质。

设一个指派模型的效益矩阵为(c_{ij}),若(c_{ij})的第 i 行元素均减去一个常数 $u_i(i=1, 2, \cdots, n)$,第 j 列元素均减去一个常数 $v_j(j=1, 2, \cdots, n)$,得到一个新的效益矩阵(b_{ij}),其中每一元素 $b_{ij}=c_{ij}-u_i-v_j$,则以(b_{ij})为效益矩阵的指派模型的最优解也是以

(c_{ij})为效益矩阵的指派模型的最优解。

如果取 u_i(i=1, 2, …, n)为第 i 行元素的最小值，v_j(j=1, 2, …, n)为第 j 行元素的最小值，则得到新的效益矩阵(b_{ij})为非负矩阵(即所有元素均为非负数)。这说明可以通过求以(b_{ij})为效益矩阵的指派模型的最优解得到原指派模型的最优解。

直观地讲，求最优解方阵就是在效益矩阵中找到 n 个元素，要求在不同行、不同列上，使这些元素之和最小。将这 n 个元素所在位置赋值为"1"，其他元素均为"0"，就得到最优解方阵。效益矩阵(b_{ij})中每行、每列的最小元素为"0"，因此，求指派模型(P)的最优解又转化为在矩阵(b_{ij})中找出 n 个在不同行、不同列上的"0"元素，这就是匈牙利法的基本思路。

2. 匈牙利法求解步骤

匈牙利法求解步骤具体如下。

第一步：从效益矩阵 **C** 的每行减去该行的最小元素，从所得矩阵的每列减去该列的最小元素，得新的效益矩阵 **B**。

第二步：构造效益矩阵 **B** 的补矩阵 **D**。

第三步：判断 **D** 是否为最优方案。是，则转第五步。

第四步：检查 b_{ij} 的每行、每列，从中找出"0"元素最少的一排(即行或列)，从该排圈出一个"0"元素，若该排有多个"0"元素，则任圈一个，用⊙表示，把刚得到的⊙元素所在行、列划去，在剩下的矩阵中重复上述过程，直至找到 n 个⊙。将 n 个⊙所在的位置赋值"1"，其他元素赋值为"0"，得到的矩阵就是原指派模型的最优解矩阵。

第五步：一定可用少于 n 条直线将效益矩阵 **B** 中所有"0"元素覆盖。在未被直线覆盖的所有元素中，找出最小元素；所有未被直线覆盖的元素都减去最小元素；覆盖线十字交叉处元素都加上最小元素，其余元素不变，得到的效益矩阵仍记为 **B**，回到第二步。

【范例 14-5】现将某种产品的 4 个零件，分配给 4 个班组分别去完成。一个小组承担一个零件，不同小组完成这一零件的作业时间见表 14-9，求怎样分配任务所花时间最少。

表 14-9 作业时间表　　　　　　　　　　　　　　(天)

小组 部件	A	B	C	D
甲	10	8	12	6
乙	16	12	14	24
丙	32	26	20	22
丁	34	24	16	20

用匈牙利法求解此类问题的步骤如下。

第一步，列出矩阵 **A**。按表 14-9 作业时间表则有

$$\begin{bmatrix} 10 & 8 & 12 & 6 \\ 16 & 12 & 14 & 24 \\ 32 & 26 & 20 & 22 \\ 34 & 24 & 16 & 20 \end{bmatrix}$$

第二步，将矩阵行约简。在矩阵的每行中选出最小(值)元素，然后将该行的各元素减去此数，得新矩阵 B。

$$\begin{pmatrix} 4 & 2 & 6 & 0 \\ 4 & 0 & 2 & 12 \\ 12 & 6 & 0 & 2 \\ 18 & 8 & 0 & 4 \end{pmatrix}$$

第三步，将矩阵列约简。在行约简后的矩阵中没有"0"的列再约简，即从该列中选出最小元素，并将该列其他元素减去此数，得新矩阵 C。

$$\begin{pmatrix} 0 & 2 & 6 & 0 \\ 0 & 0 & 2 & 12 \\ 8 & 6 & 0 & 2 \\ 14 & 8 & 0 & 4 \end{pmatrix}$$

第四步，检验是否取得最优分配方案 D。检验方法是作过零的覆盖线，即对有"0"的行或列画一条覆盖线，能覆盖所有零元素的最少覆盖线称为维数。当维数等于矩阵的阶数时，就可得出最优分配方案，若维数少于阶数，还要进行调整，本例为4阶矩阵，而维数为3，故需再调整。

$$\begin{pmatrix} \cancel{0} & \cancel{2} & \cancel{6} & \cancel{0} \\ \cancel{0} & \cancel{0} & \cancel{2} & \cancel{12} \\ 8 & 6 & 0 & 2 \\ 14 & 8 & 0 & 4 \end{pmatrix}$$

第五步，调整。找出所有没有被覆盖元素中的最小元素，这里是"2"，将不在覆盖线上的元素都减去"2"，而在两条覆盖线交叉点上的元素加上"2"，其余元素不变，得新矩阵 E。

$$\begin{pmatrix} 0 & 2 & 8 & 0 \\ 0 & 0 & 4 & 12 \\ 6 & 4 & 0 & 0 \\ 12 & 6 & 0 & 2 \end{pmatrix}$$

第六步，再作覆盖线 F，并检查是否取得最优方案。现在最小覆盖线的条数为4，与矩阵阶数相等，可知已取得最优分配方案。

$$\begin{pmatrix} \cancel{0} & 2 & 8 & \cancel{0} \\ \cancel{0} & \cancel{0} & \cancel{4} & \cancel{12} \\ 6 & 4 & \cancel{0} & 0 \\ 12 & 6 & \cancel{0} & 2 \end{pmatrix}$$

第七步，确定最优分配方案 G。方法是按列(或行)，对只有一个零元素的列(或行)先分配(记△号)，分配后，划去与该零元素同行(或列)的其他零元素(记×号)。

$$\begin{pmatrix} 0\triangle & 2 & 8 & 0\times \\ 0\times & 0\triangle & 4 & 12 \\ 6 & 4 & 0\times & 0\triangle \\ 12 & 6 & 0\triangle & 2 \end{pmatrix}$$

分配结果如下。

最优分配方案：甲(A)、乙(B)、丙(D)、丁(C)。

总消耗工时＝(10＋12＋22＋16)＝60(天)

14.5　服务业的作业排序

14.5.1　服务企业的运作

服务是一种无形的产品，服务作业也与制造性作业有一定的区别，有自己的一些特殊性质。因此，对服务作业的控制方法也与制造业有一定的区别。

服务业与顾客的关系十分紧密。服务一般是通过服务台进行的，在各个服务台工作的员工就像是制造业第一线的工人，他们所提供的成套服务就是服务作业，也是经过他们向顾客提供产品的。

(1) 顾客的直接参与，影响服务实现的标准化和效率性。顾客直接与服务员工接触，会对服务人员提出许多要求，发出各种指令，常常影响服务人员按预定操作程序工作，这样极大地影响了服务的效率和顾客的满意程度。顾客参与的程度越深，对效率的影响就越大。而且顾客的要求差异也使得服务时间难以预计，导致所需服务人员的数量确定非常困难。

(2) 顾客的舒适方便，会造成服务能力的浪费。在服务过程中，顾客避免孤独，常常希望与服务人员、周围顾客交谈。为了满足顾客这种需求，服务人员在工作中会受影响，甚至被干扰，难以控制时间，从而延长了服务人员的操作时间，降低了工作质量。

(3) 顾客的主观感受，难以获得客观的质量评价。由于很多服务是没有有形产品出现的，服务的好坏只能由顾客主观判断。服务质量的高低与顾客的自身感觉直接相关。尽管某些顾客得到的服务与其他顾客是一样的，但是如果感到自己不被重视，或者某些要求不能得到及时的解决，他们就会产生不满，也会认为享受的服务质量是差的。

服务产品是不能储存的，更是不能事先制作出来的。由于服务行业的这种特殊性，因此，就必须要考虑服务的作业排序问题。

社会上虽然存在着各种各样的服务业，但是服务企业提供的服务一般又可以分为两大类：顾客化服务和标准化服务。

可以看到，绝大多数服务企业都是为顾客提供顾客化服务的。在这种服务中，服务是通过服务人员数量的增减来给顾客提供服务的，其作业排序的方法，用得最多的是按先后顺序提供服务的"先到先服务"方式，根据操作时间或服务人员的可利用性的预约式作业方式。这些简单的方法对于规模小、顾客不多的作业排序是够用的，但当面对大规模服务的时候，这种排序就比较困难了。

标准化服务更多的是依靠增加设备、工具等工作条件来解决问题。排序时间表一般按照已经计划好的需求路线来安排，根据现场顾客的消费习惯、期望方式进行适当的调整，但对于个人的要求却很难完全考虑。

由于无法利用库存来满足需求的波动，所以服务的作业排序和工作组织是比较复杂和困难的，这就直接影响到服务企业的整体绩效。为了充分把服务与顾客之间联系起来，常常是通过使用两种基本的排序方式：将顾客需求分配到服务能力的不同时间段内；将服务人员安排到顾客需求的不同时间段内。

1. 安排顾客需求

安排顾客需求是指根据不同时段内可利用的服务能力来为顾客排序。在这种方式中，服务能力保持相对稳定，顾客需求随机变化，围绕稳定的服务，企业适当安排相关顾客进入服务范围，以提供准时服务和充分利用能力，通常有3种方法。

（1）预约。通过预约可以给顾客提供准确的服务时间。医生、律师、证券和汽车修理厂是使用预约系统提供服务的典型例子。它的主要优点：顾客获得服务的及时性，服务人员的高效率。它容易出现的问题：一是由于排序出错，或上一顾客的服务未完成，预约好的顾客需要等待较长时间，他们会变得很恼火。二是如果有很多顾客迟到，或失约，运作系统就会受到很大影响。这些问题常常可以通过针对顾客的自身情况，为每个顾客安排足够的服务时间，而不是仅用相等的时间做间隔来解决。不过这对管理者的判断力、预测力、对组织能力的把握、对顾客的了解等都提出极高的要求。

（2）预订。预订类似预约，但它通常用于顾客接收服务时需占据或使用相关的服务设施的情况。例如，顾客预定旅馆房间、火车或飞机座位。它的主要优点：它能够提前给管理者一段时间来计划设施的充分利用。这种方式通常要求预先支付一定款项作为订金，这样可以减少失约带来的问题。

（3）排队。这是最常用、顾客情绪最受影响，而设备使用率较高的一种方法。它是允许需求积压，让顾客排队等待。通常使用这种方式的有车站、餐厅、银行、游乐场、零售商店等。顾客到达服务系统后，提出服务要求后就排队等待，不知道何时得到服务。一般可以通过使用各种优先规则来决定服务顺序，用得最多的是"先到先服务"原则。但是无论怎样，最重要的问题是尽量缩短顾客的等待时间。

2. 安排服务人员

安排服务人员是指将服务人员安排到顾客需求的不同时间段内。采用这种方式的典型例子有：邮局营业员、护士、警察的工作安排。当需要快速响应顾客需求且需求总量大致可以预测时，可通过服务人员的适当安排来调整服务能力，以满足不同时间段内的不同服务负荷。

制定服务人员的排序计划主要约束条件是企业的人员计划和顾客需求。但是，有时还需要考虑一些其他约束，包括法律和行为上的约束。比如，在医院里，在工作时间中，都要有一定数量的正式护士值班。这些约束条件限制了人员排序计划的灵活性。同时，人员的精神需求也会使排序工作复杂化。例如，员工可能要求每周有连续的休息日，要求法定休息日全休等。管理者解决这种要求的方法之一是采用轮换排序计划，使每一个人都轮流适用不同的排班计划，这样经过一段时间后，每一个人都会得到均等的上班、下班和休假时间。

下面通过一个实例给出一种既能保证员工正常的工作与休息，所需人员数量也最少的方法——循环排序法。

【范例14-6】某医院拟根据一周内病人每天就医数量不均衡的情况，确定护士的数量及排班计划。要求每名护士每周工作5天，并连续休息2天。每天所需的护士数量见表14-10。

第14章 作业排序

表 14-10 护士需求数量一览表

星　　期	星期一	星期二	星期三	星期四	星期五	星期六	星期日
护士需求	6	5	5	5	4	2	2

解：循环排序法从连续两天所需护士数量最少的日期确定护士的休息日，其他的为工作日，并以此类推，排出每名护士工作与休息计划。

本例，星期六和星期日所需护士最少，故护士一被安排到这两天休息，星期一至星期五工作。因此，星期一至星期五所需的护士数在原护士需求数量的基础上减1，星期六和星期日数量不变（因护士一休息），这两个数字用"[　]"括起来，表示本循环内不参与数量调整，而其他的数字则减1。

重复上述过程，排出护士二、护士三、……、护士 n 的计划。见表 14-11。

表 14-11 护士需求数量与排班计算表

星　　期	星期一	星期二	星期三	星期四	星期五	星期六	星期日
护士一	6	5	5	5	4	[2]	[2]
护士二	5	4	4	4	3	[2]	[2]
护士三	4	3	3	[3]	[2]	2	2
护士四	3	2	2	3	2	[1]	[1]
护士五	2	[1]	[1]	2	1	1	1
护士六	1	1	1	1	0	0	0

按6名护士制定的排班情况见表 14-12。

表 14-12 护士排班一览表

星　　期	星期一	星期二	星期三	星期四	星期五	星期六	星期日
护士一	√	√	√	√	√	×	×
护士二	√	√	√	√	√	×	×
护士三	√	√	√	×	×	√	√
护士四	√	√	√	√	√	×	×
护士五	√	×	×	√	√	√	√
护士六	√	√	√	√	×	×	×
工作人数	6	5	5	5	4	2	2

注：√——工作，×——休息。

此种手工排班的方法只适合数量较少的场合，如果员工数量很多，比如几十人甚至几百人，排班工作量就很大了，可以通过建模并用 lingo 求解来解决这一问题。

相应的模型为：

目标函数：$\min Z = \sum_i \text{Start}_i$

约束条件：

$$\sum_{i=j-4}^{j} \text{Start}_i \geqslant \text{Required}_j, \quad j \in \text{DAYS}$$

式中　Start_i——本周内每天开始工作的人数（指已休息两天后）；

Required_j——每天需要人数；

DAYS——每周天数的集合，即从周一至周日。

约束条件的含义是：当天开始工作（休息后）的职员人数及前 4 天开始工作人数之和应大于或等于当天需要工作的人数，而 5 天前和 6 天前开始工作的人数不得记入，因当天为其休息日。

仍以范例 14 - 6 为例，Lingo 描述的模型如下。

```
MODEL:
! 定义集合;
SETS:
  DAYS:REQUIRED,START;
ENDSETS
! 对集合里数据部分赋值;
DATA:
  DAYS =     MON TUE WED THU FRI SAT SUN;
  REQUIRED = 6  5   5   5   4   2   2;
ENDDATA
! 定义目标函数;
MIN = @ SUM(DAYS(I):START(I));
! 给出约束条件,每天当班的职员数要大于等于当天对职员的需求数;
@ FOR(DAYS(J):
  @ SUM(DAYS(I)| I # LE# 5:
    START(@ WRAP(J - I + 1,7)))
     > = REQUIRED(J)
);
END
```

Lingo 的运行结果（去掉无关的部分）：

```
Global optimal solution found.
    Objective value:                          6.000000
           Variable           Value        Reduced Cost
       REQUIRED(MON)        6.000000         0.000000
       REQUIRED(TUE)        5.000000         0.000000
       REQUIRED(WED)        5.000000         0.000000
       REQUIRED(THU)        5.000000         0.000000
       REQUIRED(FRI)        4.000000         0.000000
       REQUIRED(SAT)        2.000000         0.000000
       REQUIRED(SUN)        2.000000         0.000000
          START(MON)        4.000000         0.000000
          START(TUE)        0.000000         1.000000
          START(WED)        0.000000         1.000000
```

START(THU)	1.000000	0.000000
START(FRI)	0.000000	0.000000
START(SAT)	1.000000	0.000000
START(SUN)	0.000000	0.000000

从运行结果可以看出：周一有 4 人开始工作，周四和周六各有 1 人开始工作，这与前面手工计算的结果一致。

上述模型更适宜数量大的员工排序。

在有些情况下需要协调多种服务资源，而非仅仅是对服务人员的安排。如学校排课计划必须对教师、教室、视听设备和学生等资源进行协调，才能制定行之有效的授课进度计划并付诸实施。医院的手术排序计划也涉及外科医生、麻醉师、手术室工作人员、专用设备、监护室人员、护理人员等资源。参与计划的资源越多，问题的复杂性就越大，达到最佳方案的可能性就越小，并且一旦计划制定完毕，局部的调整问题也会导致更复杂化的整个计划的连锁变动。

航空公司也是一个多资源排序的服务系统，涉及诸如空勤与地勤人员、飞机、行李处理系统、售票系统等，另外，政府对于飞行员飞行小时数、飞机的里程与维护保养等也有严格的规定，各类资源也有地域的差异等问题。因此，将上述资源有效地整合是一个复杂的系统工程。运作实例 14-1 给出了美国航空公司机组人员的排程。

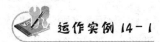

美国航空公司机组人员的排程

美国航空公司主要依赖线性规划进行排程。美国航空公司聘用了 8 300 多名飞机驾驶员和 16 200 名航班服务人员来运行 500 多架飞机。机组人员总成本每年超过 14 亿美元，仅次于燃料成本。与燃料成本不同，机组人员开支中很大一部分是可以控制的。制定机组人员分配计划可以高效地使用机组人员。

十分明显，每一航班需要一组足够的驾驶员和航班服务员。但由于机组成员是人而非机器，安排他们的工作时间比安排飞机、通道及其他设备的使用时间要复杂得多。联邦航空局(FAA)曾制定了一套复杂的工作时间限制，目的是确保机组成员安全地完成其职责。

另外，资金问题也影响着排程的实际运用。工会合同确定航班机组成员保证可得到每天或每次旅程的几个小时的报酬。所以，航空公司计划人员必须设法优化机组人员的排程以最大可能地满足或超过对机组成员支付报酬的保证。一次旅程一般需要一天或几天时间，其间飞行时间较少，由于机组成员将获得超过其分配的飞行时间的额外报酬，因而公司的费用可能较大。

一个耗费 15 年建立的线性规划模型，能在 12 个城市指派机组成员。计算该模型每月消耗 500 个机时，但每年节约两千多万美元。作为此类问题的最佳排程法，线性规划模型被美国航空公司卖给了其他 10 家航空公司和一家铁路公司。

资料来源：[美]杰伊·海泽，巴里·雷德. 生产与作业管理教程. 4 版. 北京：华夏出版社，P382.

14.5.2 随机服务系统

由于服务的生产和消费是同时进行的。需求同时到达太多，服务人员和设备会应接不暇，容易忙中出错；如果需求到达太少，又会导致服务人员和设备空闲。服务需求随机性、波动性，给管理者提出了极大的挑战。如何通过协调服务供给来提高服务能力是一个长久不衰的经典话题。要解决这一问题需要一定的策略。下面讨论几种用来调节需求的策略。图 14.3 概括描述了这些常用的服务能力管理策略。

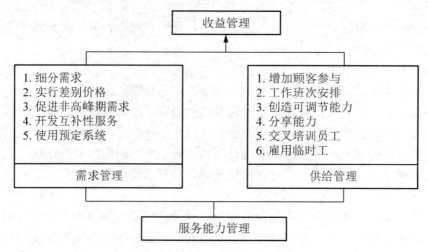

图 14.3 常用的服务能力管理策略

1. 细分需求

在享受同一服务的顾客中，其消费心理却是千差万别的。例如，移动公司将顾客分为大客户和一般客户。大型商场将顾客分为金卡客户、银卡客户和一般客户。航空公司将顾客分为工作日商务顾客和周末旅游顾客。需求经常可划分为随机需求和计划需求。例如，银行可以预期它的商务客户每天在大概的固定时间光顾，而个人客户则是随机光顾的。由此，可以对计划需求进行控制。例如，做一个分析表格，对计划中的客户的到来时间和人数作一个统计，再根据本单位的工作人员配置情况作调整。

2. 实行差别价格

使用价格诱因可以刺激低谷期的需求和分流高峰期的需求。有很多差别定价的做法如下。

（1）长途电话的周末、夜间、节假日的收费率。

（2）超市不同时间段的不同价格。

（3）旅游景点的旅游季节和非旅游季节的不同门票价格。

（4）公共事业公司在高峰需求期的定价。

3. 促进非高峰期的需求

由于服务需求往往带有波动性、季节性，旅游景点等的消费特别明显，利用各种优惠措施，采用促进非高峰期需求的策略吸引更多的顾客，可以解决非高峰期客源少、服务能力闲置的问题。例如，在旅游淡季，旅游景区为商务人员、公司职员开设会议、休闲的专场。百货商店提前设置节日展台，鼓励顾客提前购物，以避免春节的商场购物高峰。

4. 开发互补性服务

很多情况下，产品或服务一般都不会单独使用，它们的价值会受到互补产品或服务的影响。这种特点在服务性的行业中更为明显，在互补产品或服务背后常常隐藏着巨大的价值。关键是要弄清楚消费者在选择这些服务时，需要的是什么。在大多数的企业里，提供的产品或服务都没有仔细考虑这一诉求。开发互补性服务是扩展市场的一种自然方法，比如很多饭店已经有意识地增加一些酒吧、咖啡厅、游戏厅等娱乐休闲设施，来提供互补性服务，在饭店最繁忙的时刻，把顾客引入酒吧、咖啡厅、游戏厅，既可以给饭店带来利润，又可以缓解顾客焦急等待的心情。在高速公路上的服务区域设有加油站、餐馆、旅馆等，除了能加油，还可以就餐、住宿等。如果对这种服务的需求周期与对原先服务的需求是反向的，还可以形成更加统一集中的需求。此时，这种方法具有特别的吸引力。如几乎所有的供热厂商，同时也提供冷气服务。

5. 使用预订系统

预订等于预先提供了产品和服务。预订发生以后，再出现的服务需求就会被转移到企业内部相同的其他设施上，由于事先买卖双方都有了约定，顾客来了就可以得到服务。这既减少了等候时间，又可使管理者更有效地组织生产。但是，由此也会出现预约了到期又失约的情况。比如，出差的人先订了一间客房，可是因交通问题延误了或因出差任务改变了，不能按期到达，甚至取消。一般情况下，顾客不会因其未履行预订而承担相应的责任，或者追讨的成本比履约的收益大得多而不追究。

解决这样问题的办法是使用超额预订，如有的旅客为防止意外，向航空公司预订了好几个班次的机票，针对不能履约而出现空座这样的问题，航空公司就可以采取超额预订的策略。通过接受超过可用座位总数的预订，可以防范出现大量未履行预订的风险。当然，如果接受预订过多，会使已预订机票的乘客无法上机。对于这个问题，如美国联邦航空管理局做出规定，要求航空公司赔偿由于超额预订而无法上机的乘客，并要为他们提供下一班飞机的座位。同样，宾馆也要为因超额预订而未能入住的客人免费提供附近宾馆的相同档次的房间。一个好的超额预订策略，应该是既能最大限度地降低由服务设施空闲产生的机会成本，又能最大限度地降低由于未能提供预订服务而带来的成本。而要很好地平衡这一关系，关键的一点就是对票务中心、前台服务员等信息接收、处理人员进行系统专业培训，提高他们的预测、分析能力。

14.5.3 顾客排序

顾客排序工作主要是要找到一个安排顾客接受服务的排队方法。这个方法就是排队规则。排队规则是指决定队列中顾客接受服务次序的一个或一系列优先法则，它一般是由管理者制定的。排列队伍中顾客人数、平均等待时间、等待时间变化范围以及服务设施的效率是排队规则重点要研究的关键因素。

排队规则中最常用的优先法则是先到先服务(FCFS)。这种方法只根据顾客到达的顺序来决定接受服务的次序，除此之外，不需要考虑任何其他因素，因而是一种静态的规则。这种方法对所有的顾客一视同仁，因而对于排队等待服务的顾客来说是公平的。唯一缺点是它忽视了要求短时间服务和有特殊状况的顾客。在医院里，特别是急诊科室，这样的原则常常遇到问题。

动态的排队规则是基于顾客的某些属性(特征)或等待队伍的状况。例如，计算机设置总是对等待任务中运行时间最短的一项给予优先。最短运行时间(SPT)法则缩短了顾客的等待时间。但它很少单独使用，因为这会使运行时间长的服务不断让位于后到达的运行时间较短的服务，从而被无限地搁置。一般的做法是，先根据某一属性对到达的任务进行优先分级，再从每个优先级别中使用"先到先服务"原则。超级市场的5件商品以下的快速结账出口，就是一个典型的例子。

最具动态响应性的排队规则是最高优先权原则。根据这一规则，服务首先提供给刚刚到达，但具有优先权的顾客，正在进行的服务可以被中断。消防队、医院急诊等都是采用这种规则的。

除了以上3个典型的排队原则外，还有预订优先、紧急优先、最大盈利顾客优先、最大订单优先、最优顾客优先、最长队列中等待时间和最短允诺日期等。

在使用这些排队原则时，必须考虑两大现实问题：一是确保顾客了解并遵守；二是保证有一个能使雇员对队列进行管理的系统。针对等待中的顾客可能离开队伍的情况，服务机构应当使到达的顾客充分了解有关排队的相关信息，并获得理解和接受。

运作实例 14-2

在迪斯尼主题公园"时间就是金钱"

每个人都想去迪斯尼公园，然而每个人都需要排队等待(更确切地说，是几乎每个人)，而且几乎每个人都讨厌排队等待。

现在一部分人在想办法不参与排队等待。迪尼斯的政策是人人都是贵宾，但事实上是一部分比另一部分更像贵宾。

只要买一张比普通门票高出50~60美元的门票，即可享受到贵宾服务，可以得到挑选自己喜欢的座位并欣赏自己喜欢的节目的特权。这项服务并不是所有人都知道，并且你需要跳过铁栏杆才能得到这样的票。

另一个消除等待时间的方法是成为一个名人或是一流的商业家。对于其他人来说，这两种人本身就是个吸引力。迪斯尼主题公园试图让名人喜欢待在公园，并且让其他游客也有一样的感受。

此外，为了得到这种明星服务，就是加入一个资助迪斯尼跑马项目的公司。只需要一点点头脑，像从公司取得了工作卡，知道运用合适的方式问询合适的人员，你就可以得到这种明星的服务。

另一个缩短排队实践的方法是在宾馆花大钱。只要在宾馆里额外花费300美元预订一个高档套房，就可以跳过栏杆去实现你的梦想，迪斯尼也会为你打开方便之门。

当然，如果你既不是富翁，也不是知名的商人，那你就只能待在长长的队列中排队等待，不过也许你会因此结识一个新朋友。

资料来源：[美]马克 M. 戴维斯等著，运营管理基础．北京：机械工业出版社，2004，P316.

14.5.4 服务人员排序

排队系统的另一个基本表现就是服务过程。影响服务行为的因素有：服务时间的分布、服务台的设置、管理政策和提供服务者的行为。在表14-13中，列出了几种不同的服务设施的服务安排方式。

表14-13 几种典型服务平台设置

服务设施	服务平台设置
停车场	自我服务
自助餐厅	纵列式
收费站	平行式
超市	先自我服务，再平行式
医院	纵列式、平行式

在停车场，一般无人指挥，驾驶者自己取停车卡、选车位、停车、交停车费、开车。关键是停车卡的发放机器安置要合理、停车位置设计要安全方便、行走指示标志要清晰准确。

自助餐厅里面，餐台设置要数量足够多，保证有足够的空间以便布置菜品，按照人们的正常步伐，每走一步就能挑选一种菜品，供应菜品的种类与规定时间内服务客人人数间的比例要适当，避免造成客人排队或坐在自己座位上等候的现象。台型可以是流线型或分散型，符合人体工程学。收费站、超市等采用平行式的服务台，管理者可以根据到达车辆、顾客的数量变化，做出适当的调整，通过打开或关闭一定数量的服务台，及时改变服务能力适应需求的变化。运作实例14-3就是典型的服务能力适应需求变动的例子。

运作实例 14-3

高速公路南宁收费站应对春运有新招

春运快到了，各个运营公司和相关部门都开始忙碌起来，高速公路南宁收费站也为春运高峰做好了准备。

记者：这里是高速公路南宁收费站，在我身边这个是入口车道和出口车道之间的隔离带，以前这种护栏是固定的，那么现在换成这种活动护栏，可以在车流高峰实现入口车道和出口车道的快速转换。

高速公路南宁收费站副站长：以前在车流高峰时容易出现这样一种情况：出口的车排队拥挤的现象特别明显，而入口一辆都没有。现在我们采用这种活动式中央分割护栏，可以快速缓解出入口车流，提高我们的收费工作效率。

与此同时，南宁收费站还将在春运高峰期启用便携式收费系统。和往年在车流高峰期所使用的手工售票相比，这种便携系统大概每辆车可以节约30s的时间。南宁收费站预计，今年出城的车流高峰会在腊月二十七至二十九日，进城车流高峰会在大年初七。

资料来源：广西电视台新闻中心 文章来源：2007-01-22 更新时间：2007-1-23 8：52：04
http：//www.gxtv.cn/Article/news/zxwb/200701/45654.html

针对服务业中经常存在排队问题，可以从几个方面考虑。

（1）为顾客确定一个可接受的等待时间。根据顾客愿意等待的时间范围，来确定运作目标。

（2）在顾客等待过程中应尽可能分散他们的注意力。通过播放音乐、录像或其他娱乐形式使顾客暂时淡忘其正在等待。比如北京城乡超市因为有顾客反映排队时间过长而不得不放弃购物，管理层采取了播放滑稽录像的方式来分散顾客的注意力，得到了很好的效果。

（3）及时告诉顾客他们所期望了解的情况。当顾客等待时间比通常情况要长时，必须告诉他们为什么要等待这么长的时间，以及服务系统将如何缓解这种情况。

（4）对顾客进行分类。如果一组顾客所需服务很快就可完成，那么就将他们分为一队，这样他们就不必等待那些较慢的顾客了。

（5）决不能让顾客看到雇员并未在工作。如果雇员本应该为顾客提供服务，但却没能做到，那么顾客将会感到非常扫兴。

（6）对服务人员进行培训，使他们的服务态度更为友好。问候一下顾客或提供其他一些特殊的关照可以在很大程度上消除长时间等待的负面影响（比如微笑）。

（7）鼓励顾客在非高峰期到达。设法告诉顾客他们在哪些时间不必排队等待，同时也要告诉他们哪些时间是顾客到达的高峰期，这有助于使工作负荷均衡化。

（8）对于消除排队有一个长期的计划，制定可以改善顾客服务的计划。

本 章 小 结

作业排序实际上是科学合理地安排人员和机器的各种操作时间，从而使系统内的相关元素能够比较高效地转运，为社会提供合适的产品和服务。要很好地完成这一工作，在人员的工作次序上必须遵循一定的原则进行恰当的安排。作业排序一般通过甘特图、I/O控制、排序的优先规则等进行，作业排序常用的数学方法有约翰逊法、C—D—S法、关键工序法、匈牙利法。由于服务业与制造业的生产方式、产品形式等有很多不同，在考虑服务业的排序时，应区别对待。

关键术语

车间作业管理　作业计划　作业排序　优先调度规则　约翰逊法　C—D—S法

习　题

一、判断题

1. 作业排序是确定工件在机器上的加工顺序，所以也称为作业计划。　　　（　）
2. 关键比例指的是交货日期减去当前日期的差值除以剩余的工作日数。　　（　）
3. 作业排序的优化规则有8种。　　　　　　　　　　　　　　　　　　　（　）
4. $n/m/A/B$ 中的 A 表示排序类型，B 表示目标函数。　　　　　　　　（　）
5. 甘特图可以用于复杂项目计划的编制。　　　　　　　　　　　　　　　（　）
6. 甘特图的两种基本形式是作业进度图和机器图。　　　　　　　　　　　（　）
7. 约翰逊法可用于 n 个工件经过有限台设备的排序。　　　　　　　　　　（　）

二、单选题

1. 下面不属于车间管理工作内容的是（　　）。
   A. 核实 MRP 产生的计划清单　　　B. 下达生产订单
   C. 核算生产提前期　　　　　　　　D. 监控在制品生产
2. 下列哪项不是排序的优先调度法则？（　　）。
   A. 优先选择松弛时间长的工件　　　B. 优先选择加工时间最短的工件
   C. 优先选择先到订单的工件　　　　D. 优先选择关键比率最小的工件
3. 到本月 10 日某工件需要 5 天才能完成加工，若该工件 15 日到期，其关键比率是（　　）。
   A. 0.2　　　　　B. 4　　　　　C. 1　　　　　D. 0.8

三、简述题

1. 车间作业管理的主要内容有哪些？
2. 常用的人员调度规则有什么？
3. 近百年前出现的甘特图，在当今信息社会是否还适用？
4. 排序的优先规则有很多，是否有最有效的？
5. 若干工件经过二、三台设备加工时可以使用约翰逊法排序，当设备更多时，怎么办？
6. 为什么服务业的作业排序与制造业的有很多不同？
7. 将顾客需求分配到服务能力的方法有哪些？
8. 设置火警 119、急救 112、匪警 110 的作业排序原理是什么？
9. 使用预订系统能够解决什么问题？
10. 为什么银行、车站、电影院、超市和游乐场等很多场所都大量使用自助设备？

四、计算题

1. 如表 14-14 所列。某车间的生产能力为 300h，第 1、2、3、4 周的实际使用时间为 310h、250h、330h、320h。试做一个输出控制报告，算出累计偏差，并分析生产发展趋势。

表 14-14　某车间输出控制报告

项目	周次			
	1	2	3	4
计划小时	300	300	300	300
实际小时	310	250	330	320
累计偏差				

2. 一家工厂在 6 月 7 日生产产品的信息见表 14-15。A、B、C 零件都生产出来后才能装配成产品 D。试按照资料画出甘特图。

表 14-15 某工厂生产产品的相关信息

活 动	计划开始时间	计划完成时间	实际完成时间	备 注
生产 A	5月28日	6月5日	6月6日	计划于6月1日用一天检修机器
生产 B	5月29日	6月7日	未完	落后于计划一天
生产 C	6月5日	6月7日	未完	6月7日开始
装配 D	6月8日	6月13日	未完	6月9日不能装配

3. A、B、C、D 四种产品的作业时间和交货期见表 14-16。用 FCFS、SPT 排序原则安排加工顺序。

表 14-16 4种产品的作业时和交货期 （天）

作 业	作业时间	交货期
A	9	7
B	12	19
C	5	25
D	13	15

4. 现下达车间一个工作，有7个零件要在2台机器上加工。加工信息见表 14-17。

表 14-17 零件加工顺序与加工时间

机 器	A	B	C	D	E	F	G
甲	6	8	3	2	9	4	17
乙	5	10	8	3	3	10	6

要求：试用约翰逊法给工作排序，总的加工时间应为多少？

5. 某零件组由4种零件构成，经过3道设备加工，其工艺过程和工序时间见表 14-18。

表 14-18 工艺过程和工序时间

工 序 \ 零件	A	B	C	D
M1	5	6	9	4
M2	5	10	7	12
M3	3	12	7	1

试用 C-D-S 法确定其较优的零件生产排序方案。

老俄勒冈木材场

在1995年，乔治·布朗开始在老俄勒冈木材场生产旧式俄勒冈圆桌。每张圆桌用手工仔细制成，使用优质的橡树为材料。生产过程有4步：准备、装配、抛光及包装。每一步由一人完成。除了监督整个操作过程以外，乔治要完成所有产品的抛光。索奥斯基·汤姆完成准备工序，斯塔克·凯斯完成包装工序，戴维斯·里昂完成装配工序。其中准备工序包含切割及构造桌子的各种基本部件。

尽管每个人仅负责生产过程中的一道工序，但每人都能完成其中任一步骤。乔治制定了一个措施是每个人偶尔由自己完成几张桌子的4道工序而无需他人的帮助，引进这一小小的竞争用于鉴别谁能以最少的时间完成一张完整的桌子。乔治特别强调平均总时间和中间完成时间，其数据见表14-19。

表14-19 从准备，到装配，再到抛光，最后包装的每个人的生产时间 （min）

人员	准备	装配	抛光	包装
汤姆	100	160	250	275
乔治	80	160	220	230
里昂	110	200	280	290
凯斯	120	190	290	310

凯斯制作一张旧式俄勒冈桌子所用时间多于其他员工。除了比其他员工做得慢以外，她对目前负责包装工序很不满意，因为这使她每天空闲了大部分时间。她的第一选择是抛光，第二选择是准备工序。

除了质量以外，乔治还关心成本和效率。当某天一个员工没有上班，就会产生一重大的时程问题。超时工作成本很高。若等着那位员工回来上班，会导致误工，有时会使整个生产过程停止。

为克服这些问题，乔治聘用了一位员工连·冉迪。冉迪的职责是做各种各样的临时工作。当某员工没来时，即让他代替工作。乔治给予冉迪各道工序的培训。他特别满意冉迪学会如何完成旧式俄勒冈圆桌装配工序的速度。冉迪各工序完成时间由表14-20给出。

表14-20 冉迪的生产时间 （min）

人员	准备	装配	抛光	包装
冉迪	110	190	290	300

资料来源：B. Render and R. M. Stair, Quantitative Analysis for Management, 5thed. Boston: Allyn and Bacon, 1994, P583

讨论题：

1. 原始成员制作一张旧俄勒冈圆桌最快的方式是什么？
2. 如果乔治让冉迪完成4道工序之一，并使一名原始成员作为后备人员，这会大大地改变生产率和数量吗？
3. 若凯斯被换到准备工序或抛光工序，则原始成员制作一张旧式俄勒冈圆桌最快时间为多少？
4. 不论谁完成包装工序，都会造成严重的低利用率。你能找到一个比给每个人单项工作，或让每个人各自生产完整的圆桌更好的办法吗(使用4个或5个人的小组)？若按此计划每天可生产多少张圆桌？

第15章 项目管理

教学要求

通过本章的学习,要达到以下目的:
(1) 了解项目概念及特点;
(2) 了解项目管理概念及特点;
(3) 了解常用的网络计划编制的方法;
(4) 掌握网络绘制及CPM参数计算;
(5) 了解网络计划调整与优化的过程。

引 例

三峡工程(图15.1)是一个具有防洪、发电、航运等综合效益的巨型水利枢纽工程,枢纽主要由拦河大坝、水电站厂房、通航建筑物三大部分组成,坝顶全长2 309m,最大坝高181m。大坝由左岸非溢流坝段、左厂坝段、左导墙坝段及导墙、泄洪坝段、右纵坝身段、右厂坝段及右岸非溢流坝段等组成;电站厂房分左右岸布置,共装机26台,总容量为18 200MW;通航建筑物由双线连续五级船闸、垂直升船机、临时船闸及上下游引航道组成。主要工程量为:土石方开挖1亿 m³,填筑4 000万 m³,混凝土浇筑2 800万 m³,金属结构安装26万 t。

图15.1 当年建设中的三峡大坝

三峡工程施工分三期进行,第一期工程工期为5年,从1993—1997年;第二期工程工期为6年,从1998—2003年;第三期工程工期为5年,从2004—2009年;总工期17年。

第15章 项目管理

三峡工程施工场面宏大，施工期高峰人数达25 000人，施工现场投入各类设备近万台（套）。工程承包施工单位百余家，各类物资、材料、仪器、设备供应厂商数百家。

面对如此巨大的工程规模、如此复杂的资源配置和如此严格的工期与质量要求，必须有与之相适应的理论和方法来完成其计划与控制工作，那么前述的章节理论与方法能符合这样的要求吗？显然不行！那应该应用什么理论呢？项目管理！

资料来源：根据网络资料整理

15.1 项目管理概述

15.1.1 项目及其特点

项目通常是指特定的一次性工作，它要求：在规定的时间内，由为此而专门组织起来的人员来完成；有明确的预期目标和可利用的资源范围；运用多种学科的知识解决问题。项目一般没有或很少有以往的经验可以借鉴。

项目可以是建造一个工厂、一座大桥、引例中的水电站，也可以是研制一种新产品或大型设备的维修。这些都是一次性的，有具体的目标，要求在一定的时间完成，不得超过一定的费用等。因此，可以说项目是新企业、新产品、新工程、新系统和新技术的总称。

由此可见，不同的项目，其内容会千差万别。但项目本身又有其共同的特点，这些特点可以概括如下。

（1）项目由多个部分组成，跨越多个部门，需要多方合作才能完成。

（2）通常是为了追求一种新产物或完成特定任务才组织项目。

（3）所用资源预先要有明确的预算。

（4）所用资源一经确定，通常不再追加。

（5）有严格的时间期限，并公之于众。

（6）项目的构成人员来自不同的专业的不同单位或职能部门，项目结束后各类人员原则上仍回原单位或职能部门。

（7）项目完工后的工作通常移交他人完成。

15.1.2 项目管理及其特点

项目管理是指在一个确定的时间范围内，为了完成一个既定的目标，并通过特殊形式的临时性组织运行机构和有效的计划、组织、领导与控制，充分利用既定有限资源的一种系统管理方法。

上述定义中的"确定的时间范围"应该是相对短期的，但不同的项目中所谓"相对短期"的概念并不完全相同。例如，一种全新的汽车产品的研制周期至少两年至三年，三峡水电站及枢纽工程则耗时17年。

项目管理具有以下基本特点。

（1）项目管理是一项复杂的工作。项目管理一般由多个部分组成，工作跨越多个职能部门，甚至是多个企业；需要运用多种学科的知识来解决问题；项目工作通常没有或很少有以往的经验可以借鉴，执行中有许多未知因素，每个因素又常常带有不确定性；还需要将具有不同经历、来自不同部门的人员有机地组织在一个临时性的机构内，在技术性能、成本、进度等较为严格的约束条件下实现项目目标；等等。这些因素都决定了项目管理是一项很复杂的工作，区别于一般重复性的生产管理工作。

(2) 项目管理具有创造性。由于项目具有一次性的特点，因而既要承担风险又必须发挥创造性。这同样区别于一般重复性的管理。

项目的创造性依赖于科学技术的发展和支持，而近代科学技术的发展有两个明显的特点：一是继承积累性，体现在人类可以沿用前人的经验，继承前人的知识、经验和成果，并在此基础上向前发展；二是综合性，即要解决复杂的项目，往往必须依靠和综合多种学科的成果，将多种技术结合起来，才能实现科学技术的飞跃或更大的发展。因此，在项目管理的前期构思中，要十分重视科学技术情报工作和信息的组织管理，这是产生新构思和解决问题的重要途径。

创造总是带有探索性的，会有较高的失败概率。有时为了提高成功的概率，需要提出多个方案，并从中选优。

(3) 项目具有寿命周期。项目管理的本质是计划和控制一次性的工作，在规定的期限内达到预定目标。一旦目标满足，项目就失去其存在的意义而解体。因此，项目具有一种可预知的寿命周期。

项目在其寿命周期中，通常有一个较明确的阶段顺序。这些阶段可通过任务的类型来加以区分，或通过关键的决策点来加以区分。根据项目内容的不同，阶段的划分和定义也有区别，但一般认为项目的每个阶段应涉及管理上的不同特点并提出需完成的不同任务。表15-1提出了一种项目阶段的划分方法并说明每个阶段应采取的行动。无论如何划分，对每个阶段开始和完成的条件与时间要有明确的定义，以便于审查其完成程度。

表 15-1 项目各阶段的主要任务

阶段Ⅰ——概念	阶段Ⅱ——计划	阶段Ⅲ——执行	阶段Ⅳ——完成
·确定项目需要 ·建立目标 ·估计所需投入的资源和组织 ·按需要构成项目组织 ·指定关键人员	·确认项目组织方法 ·制定基本预算和进度 ·为执行阶段做准备 ·进行研究与分析	·项目的实施（设计、建设、生产、建立场地、试验、交货等）	·帮助项目产品转移 ·转移人力和非人力资源到其他组织 ·培训职能人员 ·转移或完成承诺 ·项目终止

(4) 项目需要集权领导和建立专门的项目组织。项目的复杂性随着其范围不同变化很大。项目所涉及的不论是技术问题还是管理问题都是具有多学科性，或多专业性，同样涉及多个职能部门，项目的组织与管理要求横向的相关职能部门的快速响应与协同，这在传统的职能组织架构的体制很难实现，因需要建立围绕专一任务进行决策的机制和相应的专门组织，而这种组织不受现有组织架构的任何约束，且由相关部门的多种专业人员构成。

(5) 项目经理在项目管理中的作用突出。项目经理对相关的项目的管理负全责，有权独立进行计划、资源分配、指挥与控制。因此，项目经理必须能够了解、利用和管理项目的技术逻辑方面的复杂性，能够综合各种不同专业的观点来考虑问题，并能充分调动项目团队每个成员的积极性和创造性，发挥团队的集体力量，实现项目的目标。

15.1.3 项目管理在企业中的应用

项目管理源于复杂的、一次性系统的管理，如引例中提到的三峡水电站的建设、航空航天工程等，20世纪70年代以来，项目管理也逐步应用到中小企业。主要的应用领域如下。

1. 新产品开发

新产品开发包括软件系统开发，就是比较复杂、多部门协同的一次性工作，符合项目管理的基本特征，需要任命项目负责人，组织一个团队，确定目标，制订工作计划，估算期限和资源利用等费用，控制进度，直至项目完成。

2. 设备大修工程

设备大修是企业维持可持续生产过程中一个环节，设备运转一定的时间后，就必须进行停产大修，显然停产的时间越短越好，应用项目管理组织设备大修就是最好的方法，项目计划方法中的CPM法就是美国的杜邦公司一家化工厂开关装置大修中创立并逐步完善的。

3. 单件生产

单件生产，顾名思义就是一次性的特殊产品的生产，如远洋轮船、专业成套设备等。这些产品通常是根据用户的需求进行设计和制造的，可借鉴的经验不多，用户也有交货时间和价格的要求。这类产品的利润很高，但也有各种风险，如资源整合不力导致不能按期交货等问题，因此采用项目管理的方法最适宜。

15.2 项目管理计划与控制

15.2.1 项目计划

项目管理的目标是将完成项目所需的资源在适当的时候，按适当的量进行合理分配，并且力求这些资源的最优利用。如何实现这样的目标，这就需要相应的管理方法，包括计划、组织和控制等。

1. 项目计划编制的准备工作

项目管理的首要目标是制定一个构思良好的项目计划，包括项目的范围、进度和费用等。但项目计划不能在一开始就全部一次性完成，这主要是因为项目管理是一个带有创造性的过程，项目早期的不确定性很大，需要随着项目的逐步展开，及时对计划的执行情况进行反馈和控制，不断修正和完善计划。在制定一个综合的项目计划之前，需要做好以下的准备工作。

(1) 整个项目要能按照工作内容详细地分解，分成独立的可度量的作业。

(2) 根据工作组合关系、产品结构、拥有的资源(如设备和人员)以及管理目标等，能够合理地确定组成项目的各项作业的先后顺序。

(3) 每项任务或作业的时间、成本和特点应能估计出来,并尽可能的详细。

项目分解通常采用工作分解结构法(work breakdown structure,WBS),该方法按层次可以将项目分为若干个部分(或任务),而每个部分又可以进一步分解为更细小的部分,直至分为可独立度量的作业,并注明其费用和时间。运作实例 15-1 是 Windows 7 开发中 WBS 的片段。

运作实例 15-1

Windows 7 的 WBS 片段

微软的 Windows 7 是最新一代的微机操作系统,根据开发的功能及分工的需求,明确两个大任务,一是开发图形用户界面,二是确保系统与 Windows 以前的版本兼容。版本兼容又分解成 3 个子任务:建立小组 1 来解决与 Windows ME 的兼容性,小组 2 解决与 Windows XP 的兼容性,小组 3 解决与 Windows 2000 的兼容性。继续进入下一个层次将子任务分解成众多需要完成的作业,如实现 Windows 2000 所创建文件的"导入"。整个过程见表 15-2。

表 15-2 Windows 7 的 WBS 表(部分)

层次	层次识别号	作业
1	1.0	确定项目中的大任务
2	1.1	开发图形用户界面
2	1.2	确定系统与 Windows 以前的版本兼容
3	1.21	建立小组 1 解决与 Windows ME 的兼容性
3	1.22	建立小组 2 解决与 Windows XP 的兼容性
3	1.23	建立小组 3 解决与 Windows 2000 的兼容性
4	1.231	导入文件

资料来源:根据网络资料整理

2. 项目进度计划的制订方法

项目进度计划是对所有的作业进行排序并分配时间,充分合理地利用各类资源,保证项目目标的实现。

1) 常用的进度计划编制方法

(1) 关键日期表。该法只列入一些关键作业和进行的日期,是最简单的进度计划表,用于高层管理者掌握和控制关键环节的工具。

(2) 甘特图。该法已在第 12 章中作业排序的一般方法中阐述。

(3) 关键路线法(CPM)和计划评审技术(PERT)。关键路线法(critical path method,CPM)和计划评审技术(program evaluation and review technique,PERT)是 20 世纪 50 年代后期几乎同时出现的两种计划方法。当时许多庞大而复杂的科研和工程项目的组织与管理面临许多问题,由于其作业繁多,协作面广,常常需要动用大量人力、物力、财力。因此,需要采用科学的方法,在有限资源的条件下,以最短的时间和最低费用完成整个项目。CPM 和 PERT 就是在这种背景下出现的。CPM 是美国杜邦公司和兰德公司于 1957 年联合研究的,最初应用于杜邦公司一家化工厂开关装置维修计划的制订。PERT 法是

1958年由美国海军特种计划局和洛克希德航空公司在规划和研究在潜艇上发射"北极星"导弹的计划中首先提出的。这两种计划虽说是独立发展起来的,但其基本原理是一致的,即用网络图来表示项目中各项作业的进度和它们之间的关系,并在此基础上进行网络分析,计算网络中的有关参数,确定关键作业和关键路线,利用时差不断地调整和优化网络,以求得最短周期。还可以把成本和资源问题考虑进去,以求得综合优化的项目方案。这两种计划在最初发展阶段的主要区别是:CPM假设每项作业的作业时间是确定值,而PERT中作业时间是不确定的,是用概率方法进行估计的估算值;CPM不仅考虑时间,还考虑费用,重点在于费用和成本的控制,而PERT主要用于含有大量不确定性因素的大规模开发研究项目,重点在于时间控制。但后来二者有发展一致的趋势,常常被结合使用,以求得时间和费用的最佳控制。

此外,一些新的网络技术又陆续出现,如GERT(graphical evaluation and review technique,图示评审技术)、VERT(venture evaluation and review technique,风险评审技术)等,这里不再介绍。

2) 选择进度计划方法应考虑的因素

上述4种方法因其复杂程度不同,制订计划所需的时间和费用也就不同。按其复杂程度排序,依次是:关键日期表、甘特图、CPM和PERT。应该采用哪种进度计划方法,主要应考虑下列因素。

(1) 项目规模与复杂程度。一般来讲,规模小的项目,其环节和作业往往比较少,彼此约束关系也简单,可以采用诸如关键日期表和甘特图等简单的进度计划方法;反之,大项目作业多,协调关系复杂,为实现预期的目标,需要有效的整合和优化资源,就需要考虑CPM、PERT等较复杂的进度计划方法。有时也有特例,规模不大的项目,但作业多且复杂;规模大,但作业关系简单。可见复杂程度是选择方法的重要因素,关系简单的选择简单的方法,关系复杂的选择复杂的方法。

(2) 项目的紧急性。项目的紧急性也会影响方法的选择。如果项目要求短期内就开工,筹划时间短,就不宜采用复杂的进度计划方法。可以在开工后,随着项目计划的进行,根据需要细化和完善原有的计划。

(3) 对项目细节掌握的程度。在项目计划阶段,如果无法获得项目的诸多细节,只能做大致的分工,就不能应用复杂的方法。

(4) 总进度是否由少数的关键作业控制。如果项目的进程中少数的,甚至一两项作业的耗时很长,在这期间其他的相关作业均可完成,就可采用简单的进度计划方法。

(5) 是否具备采用复杂方法的条件。CPM和PERT等较复杂的方法对于一定规模的项目而言,无法用人工完成,应有必要的计算机软硬件和会使用相关专业软件的技术人员,这也是能否采用复杂方法的必备条件。

3. 项目成本估算

进度计划是从时间的视角对项目进行规划,而成本估算则是从费用的视角进行。这里的费用泛指人力和物力等资源的使用和消耗。

成本估算是对完成项目所需用的估计和计划,是项目计划中的一个重要组成部分。项目成本估算的影响因素众多,由于项目的一次性,可借鉴的历史信息往往比较少。但在项目管理过程中,为了使时间和费用等资源得到最佳利用,人们也提出了一些成本估算的方法。

1) 经验估算法

经验估算法是指有专门知识和相对丰富经验的人,根据项目的基本情况而提出的有关成本的近似数字。准确地说,这种方法称不上估算,只是一种近似的猜测。这对需快速拿出一个大概数字的项目是可行的,对要求详细估算的场合不适宜。

2) 因素估算法

因素估算法是利用相关的数学方法,根据过去的历史信息,找出其统计规律并预测未来的发展变化结果。其基本方法就是规模—成本图。如图15.2所示,图上的线表示规模与成本的关系。图上的点是根据过去类似项目的资料而绘出,基于这些点而绘出的线体现了规模与成本之间的基本关系。线不一定是直线,也可能是曲线。得知项目规模后,可以利用图中表示的规律推算其成本的估计值。

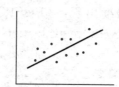

图 15.2 规模-成本关系图

这种成本估算需要有过去的类似项目的资料,而且这些资料与现在的项目要有可比性。

3) 基于 WBS 的估算法

该方法在构建 WBS 的基础上,对其构成项的成本逐一估算并汇总。采用该方法首先要完成以下基础工作。

(1) 对项目需求做出完整限定。项目需求的完整限定包括工作报告书、规格书以及总进度表。工作报告书是指实施项目所需的各项工作的叙述性说明,它应确认达到的目标。如果有资金等限制,该信息也应包括在内。规格书是对工时、设备以及材料标价的根据。它应该使项目人员和用户了解工时、设备以及材料估价的依据。总进度表应明确项目实施的主要阶段和分界点,其中应包括长期订货、原型试验、设计评审会以及其他任何关键的决策点。如果可能,用来指导成本估算的总进度表应包含项目开始和结束的日历时间。

(2) 制定完成任务所必需的逻辑步骤。在现代大型复杂项目中,通常是用箭头图来表明项目任务的逻辑程序,并以此作为下一步绘制 CPM 或 PERT 图以及 WBS 表的根据。

(3) 编制 WBS。编制 WBS 表最简单的方法是依据箭头图,把箭头图上的每一项作业当做一项工作任务,在此基础上再描绘分工作任务。

完成上述基础工作后,即可进行成本估算,主要步骤如下。

(1) 对每个 WBS 要素的详细费用估算,形成 WBS 要素费用汇总表,各项分工作、分任务的费用汇总表,以及项目和整个计划的累积费用报表。

(2) 绘制每个部门的计划工时曲线。如果部门工时曲线含有"峰"和"谷",应考虑对进度表作若干改变,以保持工时的均衡性。

(3) 编制逐月工时费用汇总表。当项目费用必需削减时,项目负责人能够据此和工时曲线作权衡性研究。

(4) 编制逐年费用分配表。此表以 WBS 要素来划分,表明每年(或每季度)所需费用,实质上是每项作业的项目现金流量的总结。

(5) 原料及支出预测。它表明供货商的供货时间、支付方式、承担义务以及支付原料的现金流量。

采用这种方法估算成本需要进行大量的计算，工作量较大，所以只计算本身也需要花费一定的时间和费用。但这种方法的准确度较高，用这种方法做出的报表不仅仅是成本估算的表述，还可以用来作为项目控制的依据。最高管理层则可以用这些报表来选择和批准项目，评定项目的优先级。

15.2.2 项目控制

由于项目计划在早期具有不确定性，因此在实施过程中有效的项目控制就显得非常重要。特别是在现代大型复杂项目中，项目管理要支配多种组织、复杂的工作和昂贵的资源，要达到在预定的期限内，用有限的资源完成任务的目的，这一切都取决于有一个对项目信息和作业能进行有效控制的系统和方法。

1. 项目控制的主要文件

项目的任务要求、工作范围、全部进度和项目规模等一旦明确以后，就应准备项目控制所需的主要文件。这些文件应包括以下几个。

（1）工作范围细则——确定项目实施中每一任务的具体业务，制定工作变动的基准。

（2）职责划分细则——说明项目实施过程中各个部门或个人应负责的工作，包括工艺、工程设计、采购供应、施工、会计、保险、成本控制等各个方面。

（3）项目程序细则——规定涉及项目团队、用户以及主要供货商之间关于设计、采购、施工、作业前准备、质量保证与控制以及信息沟通等方面协调活动的程序。

（4）技术范围文件——列出项目的设备清单，制定项目设计依据和所需的技术依据，以及将要使用的标准、规范、编码及手续步骤等。

（5）成本控制文件——包括项目总成本预算以及分解到各部门和各项工作的分预算，把不同的账户分类编号，列成表格。

（6）信息控制文件——规定各种文件、报表、图表的发放对象和方式、通信联系制度以及会议记录和工作记录的方法。

此外，根据不同项目的具体内容还可以增减项目控制文件。项目经理在对项目进行管理和控制的首要任务是在这些文件中明确规定各种有关事项。如果项目中的某项工作一旦变动，相应的各有关文件均必须修正，然后再执行。

2. 项目控制的重要会议

项目开始进行以后，要有效地控制项目，一般需要在各个关键时刻召开关键会议。关键会议的主要内容是总结上一阶段的工作，分析问题，提出新建议，并布置下一阶段的主要任务和目标，使各有关人员都能做到心中有数，明确努力方向。关键会议也是协调不同学科、不同职能部门之间的人员以及工作任务的主要手段。

除关键会议外，在项目进行的全过程中，应定期召开例会，如每月一次。会上主要介绍项目进展情况，检查有无拖期、是否存在问题等，以便及时发现和解决问题。

由此可见，项目管理的会议会很多，项目经理应控制会议的次数，提高会议的实效。

3. 信息控制制度

加强通信联系，沟通各方面信息是搞好项目控制的关键性一环。为了控制好一个项目，需要进行大量的通讯联系，包括电话、E-mail、传真、信件、图纸等。这里应遵守以下几条原则。

(1) 所有重要问题均应有书面材料或电子文档。
(2) 所有会议都应有正式记录。
(3) 分发的文件、备忘录、会议记录、E-mail 文档等必须说明要由何人处理相关事项。
(4) 所有来往信件和电函都应编号存档。
(5) 应保持完整的档案，文件要分类归档。如工程有变动，应同时存入变动档案和技术档案。

三峡工程是项目管理应用的典范，其进度计划管理见运作实例 15-2。

运作实例 15-2

三峡工程的进度计划管理

针对三峡工程特点、进度计划编制主体及进度计划涉及内容的范围和时段等具体情况，确定三峡工程进度计划分三个大层次进行管理，即业主层、监理层和施工承包商层。通常业主在工程进度控制上要比监理更宏观一些，但鉴于三峡工程的特性，三峡工程业主对进度的控制要相对深入和细致。这是因为三峡工程规模大、工期长，参与工程建设的监理和施工承包商多。参与三峡工程建设的任何一家监理和施工承包商所监理的工程项目和施工内容都仅仅是三峡工程一个阶段中的一个方面或一个部分，而且业主在设备、物资供应及标段交接和协调上的介入，形成了进度计划管理的复杂关系。这里面施工承包商在编制分标段进度计划时，受其自身利益及职责范围的限制，除原则上按合同规定实施并保证实现合同确定的阶段目标和工程项目完工时间外，在具体作业安排上、公共资源使用上是不会考虑对其他施工承包商的影响的。也就是说各施工承包商的工程进度计划在监理协调之后，尚不能完全、彻底地解决工程进度计划在空间上、时间上和资源使用上的交叉和冲突矛盾。为满足三峡工程总体进度计划要求，各监理单位控制的工程进度计划还需要协调一次，这个工作自然要由业主来完成，这也就是三峡工程进度计划为什么要分三大层次进行管理的客观原因和进度计划管理的特点。

1. 管理措施
1) 统一进度计划编制办法

业主根据合同要求制定统一的工程进度计划编制办法，在办法里对工程进度计划编制的原则、内容、编写格式、表达方式、进度计划提交、更新的时间及工程进度计划编制使用的软件等做出统一规定，通过监理转发给各施工承包商，照此执行。

2) 确定工程进度计划编制原则

三峡工程进度计划编制必须遵守以下原则。

分标段工程进度计划编制必须以工程承包合同、监理发布的有关工程进度计划指令以及国家有关政策、法令和规程规范为依据；分标段工程进度计划的编制必须建立在合理的施工组织设计的基础上，并做到组织、措施及资源落实；分标段工程进度计划应在确保工程施工质量，合理使用资源的前提下，保证工程项目在合同规定工期内完成；工程各项目施工程序要统筹兼顾、衔接合理和干扰少；施工要保持连续、均衡；采用的有关指标既要先进，又要留有余地；分项工程进度计划和分标段进度计划的编制必须服从三峡工程实施阶段的总进度计划要求。

3) 统一进度计划内容要求

三峡工程进度计划内容主要有两部分，即上一工程进度计划完成情况报告和下一步工程进度计划说明，具体如下。

对上一工程进度计划执行情况进行总结，主要包括以下内容：主体工程完成情况；施工手段形成；施工道路、施工栈桥完成情况；混凝土生产系统建设或运行情况；施工工厂的建设或生产情况；工程质量、工程安全和投资计划等完成情况；边界条件满足情况。

对下一步工程进度计划需要说明的主要内容有：为完成工程项目所采取的施工方案和施工措施；按要求完成工程项目的进度和工程量；主要物资材料计划耗用量；施工现场各类人员和下一时段劳动力安排计划；物资、设备的订货、交货和使用安排；工程价款结算情况以及下一时段预计完成的工程投资额；其他需要说明的事项；进度计划网络。

4) 统一进度计划提交、更新的时间

三峡工程进度计划提交时间规定如下：三峡工程分标段总进度计划要求施工承包商，在接到中标通知书的 35 天内提交，年度进度计划在前一年的 12 月 5 日前提交。

三峡工程进度计划更新仅对三峡工程实施阶段的总进度计划和三峡工程分项工程及三峡工程分标段工程总进度计划和年度进度计划进行，并有具体的时间要求。

5) 统一软件、统一格式

为便于进度计划网络编制主体间的传递、汇总、协调及修改，首先对工程进度计划网络编制使用的软件进行了统一，即三峡工程进度计划网络编制统一使用 primavera project planner for Windows(以下简称 P3)软件，同时业主对 P3 软件中的工作结构分解、作业分类码、作业代码及资源代码做出了统一规定。通过工作结构分解的统一规定对不同进度计划编制内容的粗细做出具体要求，即三峡工程总进度计划中的作业项目划分到分部分项目工程。三峡工程分标段进度计划中的作业项目划分到单元工程，甚至到工序。通过作业分类码、作业代码及资源代码的统一规定，实现进度计划的汇总、协调和平衡。

2. 进度控制

1) 贯彻、执行总进度计划

业主对三峡工程进度的控制首先是通过招标文件中的开工、完工时间及阶段目标来实现的；监理则是在上述基础上对工期、阶段目标进一步分解和细化后，编制出三峡工程分标段和分项工程进度计划，以此作为对施工承包商上报的三峡工程分标段工程进度计划的审批依据，确保工程施工按进度计划执行；施工承包商三峡工程分标段工程总进度计划，是在确定了施工方案和施工组织设计后，对招标文件要求的工期、阶段目标进一步分解和细化编制而成的。它提交给监理用来响应和保证业主的进度要求。施工承包商的三峡工程分标段工程年度、季度、月度和周进度计划则是告诉监理和业主，如何具体组织和安排生产，并实现进度计划目标的。这样一个程序可以保证三峡工程总进度计划一开始就可以得到正确的贯彻。

上述过程仅仅是进度控制的开始，还不是进度控制的全部，作为完整的进度控制还需要将进度实际执行情况反馈，然后对原有进度计划进行调整，做出下一步计划，这样周而复始，才可能对进度起到及时、有效地控制。

2) 控制手段

三峡工程用于工程进度控制的具体手段是：建立严格的进度计划会商和审批制度；对进度计划执行进行考核，并实行奖惩；定期更新进度计划，及时调整偏差；通过进度计划滚动(三峡工程分标段工程年度、季度、月度及周的进度计划编制)编制过程的远粗、近细，实现对工程进度计划动态控制；对三峡工程总进度计划中的关键项目进行重点跟踪控制，达到确保工程建设工期的目的；业主根据整个三峡工程实际进度，统一安排而提出的指导性或目标性的年度、季度总进度计划，用于协调整个三峡工程进度。

资料来源：根据网络资料整理

15.3 网络计划技术

15.3.1 网络计划技术及应用范围

网络计划技术是用网络图表示复杂过程的程序和进度，并对其进行统一规划的方法。目前常用的 CPM 和 PERT 法是分别独立发展起来的技术，这在前面已阐述。

网络计划技术最初是作为大规模开发项目的计划、管理方法而被开发出来的，但现在已应用到世界军事、民用等各方面大大小小的项目中。在美国，已规定承包与军用有关的项目时，必须以 PERT 为基础提出预算和进度计划并取得批准。我国对网络计划技术的推广和应用也较早，1965 年华罗庚教授首先在我国推广和应用了这些新的计划管理方法，他把这种网络计划技术称为"统筹法"。

网络计划技术应用于项目进度管理，主要包括以下 3 个阶段。

（1）计划阶段——将整个计划分解为若干个作业，确定各项作业所需的时间、人力、物力，明确各项作业之间的先后逻辑关系，列出作业表，建立整个项目的网络图以表示各项作业之间的相互关系。

（2）进度安排阶段——该阶段的目的是编制一张表明每项作业开始和完成时间的时间进度表，表上应标明为了保证整个项目按时完成必须重点管理的关键作业。对于非关键作业应提出其时差，以便在资源限定的条件下进行资源的处理分配与平衡。

（3）控制阶段——应用网络图和时间进度表，定期对实际进展情况做出报告和分析，必要时可修改和更新网络图，制定新的措施和行动方案。

15.3.2 网络图的绘制

1. 网络图的组成

网络图由若干个圆圈和箭线组成。圆圈是两条或两条以上的箭线的汇集点，称为节点。网络图通常分为节点式（以节点表示作业）和箭线式（以箭线表示作业）两大类。本节仅介绍箭线式网络图，即网络图的箭线和圆圈分别代表项目的作业和事件。

1) 作业

作业又称工序、活动，是指一项需要消耗一定的资源（包括人力、物力和财力等），经过一定时间才能完成的具体工作。作业用箭线表示，如箭线的箭尾和箭头节点编号分别为 i,j，则该项作业可用 (i,j) 表示，i,j 分别表示作业的开始和结束。箭线的数字表示作业所需的时间。

网络图中还有一种作业，其作业时间为零，称为虚作业。它既不消耗资源，也不占用时间，其作用是表示前后作业之间的逻辑关系，便于人或计算机进行识别计算。

2) 事件

事件是指作业开始或结束的时刻，它由节点表示。每个网络图中必须有且仅有一个始节点和终节点，它们分别表示项目的开始和结束。介于始点和终点之间的事件称为中间事件，所有中间事件都既表示前一项（或多项）作业的结束，又表示后一项（或多项）作业的开始。

2. 网络图绘制的规则

(1) 网络图是有向图，图中不能出现回路。例如，图15.3的画法是错误的。

(2) 两个节点之间只允许有一条箭线相连。否则，箭线法就不能正确地描述作业，导致混乱。解决的办法就是利用上述的虚作业。图15.4(a)为错误的画法，图15.4(b)为正确的画法。

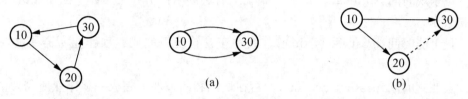

图 15.3　出现回路的网络图　　　图 15.4　网络图中两节点之间箭线的画法

(3) 作业由前到后，节点号由小到大。建议节点编号不连续，以便调整。图15.5中，(a)图正确，(b)图错误。

图 15.5　网络图中前后节点编号规则

(4) 网络图按作业顺序由左向右绘制，尽可能避免箭线的交叉，不能回避的应"搭桥"。

(5) 网络图是封闭的，只有一个始点和终点。

(6) 作业时间标在箭线的上面。

网络图的图例如图15.6所示。

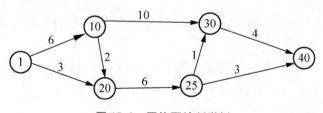

图 15.6　网络图绘制举例

15.3.3　网络的时间计算

1. 作业时间

作业时间是指在一定的技术和组织条件下，为完成一项作业所需的时间，即一项作业的延续时间。作业时间用 $t(i,j)$ 表示，时间单位可以是小时、天、周、月等。

根据作业性质的不同，作业时间估算一般有两种方法。

1) 单点估计法

对每项作业的作业时间确定一个时间值。估计时，应以完成该项作业可能性最大的作业时间为准。这种方法适用于有同类作业或类似作业时间做参考的情况，如过去进行过,且偶然性因素的影响又较小的作业。这种单点估计法形成的网络图也称为确定性网络图。

2) 三点估计法

对于不确定性较大的作业,可预先估计3个时间值,然后应用概率的方法计算每项作业的作业时间的平均值和方差。这3个时间值如下。

最乐观时间(optimistic time),指在最有利的条件下顺利完成一项作业所需要的时间,用 a 表示。

最可能时间(most likely time),指在正常情况下完成一项作业所需要的时间,用 m 表示。

最悲观时间(pessimistic time),指在最不利的条件下完成一项作业所需要的时间,用 b 表示。

三点估计法一般用于先期没有经验可参考、探索性的、作业时间常常难于正确估计的工程项目,PERT法就是采用各样的时间估算方法。在PERT中,通常假设作业时间服从 β 分布,其作业时间的平均值和方差计算如下:

平均时间 $$t(i,j)=\frac{a+4m+b}{6} \tag{15.1}$$

方差 $$s^2=\left(\frac{b-a}{6}\right)^2 \tag{15.2}$$

2. 节点时间

节点时间用来表示某些作业的开始或结束。节点时间通常有两个,即节点最早时间和节点最迟时间。

1) 节点最早时间

节点最早时间也称事件最早时间,是指从该节点出发的各项作业最早可能开始的时间。

设节点 j 的最早时间用 $t_E(j)$ 表示,规定始点的最早时间为零,即 $t_E(1)=0$,则
$$t_E(j)=\max_{(i,j)\in I}\{t_E(i)+t(i,j)\} \tag{15.3}$$

式中 $t(i,j)$——作业 (i,j) 作业时间;

I——构成项目的全部作业的集合;

$t_E(i)$——作业 (i,j) 的箭尾节点 i 的最早时间。

根据上述公式,可以计算图15.6中各个节点的最早时间。

$t_E(10)=t_E(1)+t(1,10)=0+6=6$

$t_E(20)=\max\{t_E(10)+t(10,20), t_E(1)+t(1,20)\}$

$=\max\{6+2, 0+3\}$

$=8$

同理可计算出其他节点的最早时间,$t_E(25)=14$,$t_E(30)=16$,$t_E(40)=20$。

2) 节点最迟时间

节点最迟时间又称事件最迟时间,是指以该节点结束的各项作业的最迟完工时间。如果在此刻不完工,将影响后续作业的按时开工,进而影响整个项目的进度。

设节点 i 的最早时间用 $t_L(i)$ 表示，规定最后一个节点(终点)的最迟时间等于该节点的最早时间，即 $t_L(n)=t_E(n)$。则

$$t_L(i)=\min_{(i,j)\in I}\{t_L(j)-t(i,j)\}$$

节点最迟时间采用反作业顺序计算，即从网络的终点开始，自右向左逐个计算。如图15.6中节点最迟时间的计算如下：

$t_L(40)=20$

$t_L(30)=t_L(40)-t(30,40)=20-4=16$

$t_L(25)=\min\{t_L(40)-t(25,40),\ t_L(30)-t(25,30)\}$

$\qquad =\min\{20-3,\ 16-1\}$

$\qquad =15$

同理可以计算出其他节点的最迟时间，$t_L(20)=9$，$t_L(10)=6$，$t_L(1)=0$。

3. 作业参数的计算

1) 作业的最早开工时间

指该作业的最早可能开始的时间，它等于该作业的箭尾节点的最早时间。作业(i,j)的最早开工时间用 $t_{ES}(i,j)$ 表示，即

$$t_{ES}(i,j)=t_E(i)$$

2) 作业的最早完工时间

指该作业可能完工的最早时间，它等于该作业的箭尾节点的最早时间与作业时间之和。作业(i,j)的最早完工时间用 $t_{ES}(i,j)$ 表示，则计算公式为

$$t_{EF}(i,j)=t_E(i)+t(i,j)$$

3) 作业的最迟完工时间

指该作业为了不影响后续作业的按时开工，而最迟必须完工的时间，它等于该作业箭头节点的最迟时间。作业(i,j)的最迟完工时间用 $t_{LF}(i,j)$ 表示，即

$$t_{LF}(i,j)=t_L(j)$$

4) 作业的最迟开工时间

指该作业最迟必须开始的时间。作业(i,j)的最迟开工时间用 $t_{LS}(i,j)$ 表示，即

$$t_{LS}(i,j)=t_L(j)-t(i,j)$$

4. 时差与关键路线

1) 作业总时差

作业总时差是指在不影响整个项目完工时间的条件下，某项作业最迟开工时间与最早开工时间的差。作业总时差表明该项作业开工时间允许推迟的最大限度，也称为"宽裕时间"或"富裕时间"。设 $S(i,j)$ 表示作业(i,j)的总时差，则其计算公式为

$$S(i,j)=t_{LF}(i,j)-t_{EF}(i,j)$$
$$=t_{LS}(i,j)-t_{ES}(i,j)$$
$$=t_L(j)-t_E(i)-t(i,j)$$

2) 作业单时差

作业单时差是指在不影响下一项作业最早开工时间的前提下，该作业完工时间可能有

的机动时间,又称为"自由富裕时间"。设 $r(i, j)$ 表示作业 (i, j) 的单时差,则其计算公式为

$$r(i, j) = t_{ES}(j, k) - t_{EF}(i, j)$$
$$= t_E(j) - [t_{ES}(i, j) + t(i, j)]$$
$$= t_E(j) - t_E(i) - t(i, j)$$

无论是总时差,还是单时差,均表示作业在满足不同条件下的机动时间。时差越大,则其可挖掘的潜力越大。网络图的精髓就在于利用时差来规定和调整整个项目的进度,以求提高效率。

3) 关键路线

网络图中总时差为零的作业,称为关键作业。从始点到终点,沿箭头方向由关键作业所组成的路线就是关键路线。关键路线是整个项目中时间最长的路线,因此,关键路线的长度就是项目工期。若想缩短项目工期,必须缩短关键路线上的作业时间。

5. 网络时间的计算方法

网络图上时间参数的计算方法在节点数不太多时,可采用下列两种方法。

1) 图上作业法

该方法就是在网络图上直接进行计算,并把计算结果标在图上。现以图 15.7 为例,在图上标注参数。

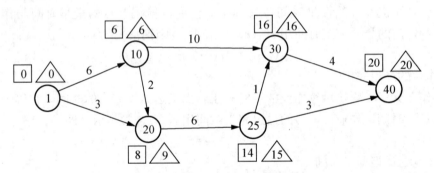

图 15.7 图上作业法计算参数实例

图中:□内数字表示节点的最早时间,△内数字表示节点的最迟时间。根据这两个参数,可计算任何作业的相关参数,包括作业的最早开工时间、最早完工时间、最迟开工时间、最迟完工时间,以及总时差和单时差等。□和△内数字相同的节点构成的路线就是关键路线。本例的[1→10→30→40]即为关键路线。

2) 表上作业法

表上作业法又称表格法,就是先设计一个表格,把各项作业的有关信息,如节点的编号、作业时间等填入表内,然后在表上计算相关的作业参数。上例的表上作业法的结果见表 15-3。

当网络的规模很大且复杂时,无论是图上作业法还是表上作业法,用人工计算不仅费时,还容易出错,这就有必要用计算机来处理了。

表 15-3 表上作业法计算网络参数实例

作业		作业时间 $t(i,j)$	最早开工时间 $t_{ES}(i,j)$	最早完工时间 $t_{EF}(i,j)$	最迟开工时间 $t_{LS}(i,j)$	最迟完工时间 $t_{LF}(i,j)$	总时差 $S(i,j)$	单时差 $r(i,j)$	关键作业
i	j								
1	2	3	4	5	6	7	8	9	10
1	10	6	0	6	0	6	0	0	*
1	20	3	0	3	6	9	6	5	
10	20	2	6	8	7	9	1	0	
10	30	10	6	16	6	16	0	0	*
20	25	6	8	14	9	15	1	0	
25	30	1	14	15	15	16	1	1	
25	40	3	14	17	17	20	3	3	
30	40	4	16	20	20	20	0	0	*

15.3.4 网络计划的调整与优化

通过绘制网络图计算时间参数和确定关键路线，可以得到一个初始的计划方案，但最初的方案常常不是最经济合理的。为此，在初始计划方案制定以后，都需要进行调整和改善，使方案不断优化，以寻求工期短、质量好、资源消耗少、成本低的计划方案。

1. 时间—资源优化

资源一般是指人力、物力和财力。资源常常是影响项目进度的主要因素，在一定条件下，增加资源投入，可以加快项目进度，缩短工期；反之，减少资源，则会延缓项目进度，延长工期。资源有保证，网络计划才能落实。资源利用好，分配合理，就能带来好的经济效益。因此，制定网络计划时必须把时间进度与资源情况很好地结合起来。要达到时间—资源优化，要考虑以下两种情况。

（1）在资源一定的条件下，寻求最短工期。其主要途径如下。

① 缩短关键路线上作业的作业时间。例如，采取改进作业方法或改进工艺方案、合理划分工作任务、改进工艺装备等技术措施。

② 采取组织措施，在作业方法或工艺流程允许的条件下，对关键路线上的各项作业组织平行或交叉作业。合理分配工程技术人员和生产工人，尽量缩短各项作业的作业时间。

③ 利用时差，从非关键作业上抽调部分人力、物力，集中于关键作业，缩短关键作业的时间。

（2）在工期一定的条件下，通过平衡资源，求得工期与资源的最佳组合。制定网络计划时，对资源平衡的要求如下。

① 根据规定的工期和工作量，计算每一项作业所需资源数量，并按计划规定的时间单位做出日程上的进度和安排。

② 在不超过有限资源和保证总工期的条件下，合理地调配资源，将资源优先分配给关键作业和时差较少的作业，并尽量使资源能够均衡地、连续地投入，避免骤增骤减。

③ 必要时适当调整总工期，以保证资源的合理利用。

2. 时间—费用优化

这是综合考虑工期与费用两者之间的关系，寻求以最低的项目总费用获得最佳工期的一种方法。

项目费用可以分为直接费用和间接费用。直接费用是指人工、材料、能源等与各项作业直接有关的费用。间接费用是指管理费用、销售费用等其他期间费用。这两种费用与工期的关系，一般来说，短工期会引起直接费用的增加和间接费用的减少，而延长工期会引起直接费用的减少和间接费用的增加。

在编制网络计划时，需要计算项目的不同完工时间对应的项目费用。使得项目费用最低的完工时间，称为最低费用日程。如何设法找出一个缩短项目工期的方案，使得完成项目任务所需的总费用最低，这就是寻求最低费用日程的思路。为了找到这样一个使总费用最低的项目计划方案，通常是从网络计划的关键路线着手，所以也把这一方法称为CPM法。其基本步骤如下：

步骤一，找出关键路线。

步骤二，如果沿此路线不能找出缩短作业时间而费用增加比较少的作业，则得到解；否则进行下一个步骤。

步骤三，缩短作业所需时间，计算费用增加量。其缩短的极限是出现下面任何一种情况。

（1）其他路线成为关键路线。

（2）缩短的作业达到其最小所需的时间。

返回步骤一。

本 章 小 结

项目管理作为计划和控制复杂的一次性工程的主要手段，已经广为应用。本章介绍了项目和项目管理及其特点、项目管理应用的主要领域、项目计划与控制的过程及要点、常用的网络计划编制的方法、网络绘制及参数的计算和优化等。

关键术语

项目　项目管理　关键日期表　甘特图　关键路线法　计划评审技术　项目控制　网络计划技术　网络图　关键路线　图上作业法　表上作业法

习　　题

一、简述题

1. 项目的特点有哪些？

2. 项目管理的特点有哪些?
3. 项目经理的作用有哪些?
4. WBS 的作用是什么?
5. CPM 和 PERT 的区别是什么?
6. 时差有几种? 它们之间的区别和联系是什么?
6. 三峡工程控制项目进度的经验有哪些?

二、计算题

1. 某校组织一次全国性学术会议的准备工作相关的环节见表 15-4,试绘制网络图,计算有关参数,确定关键路线和项目周期。

表 15-4 准备作业关系一览表

作　业	紧前作业	时间(天)
A	—	3
B	A	4
C	A	6
D	B	6
E	B	4
F	C	4
G	D	6
H	E、F	8

2. 某生产线的安装工程的作业关系见表 15-5。

表 15-5 安装工程作业关系一览表

作　业	紧前作业	时间(小时)
A	—	6.0
B	—	7.2
C	A	5.0
D	B、C	6.0
E	B、C	4.5
F	D	7.7
G	E、F	4.0

完成以下工作。
(1) 绘制网络图。
(2) 计算相关参数并确定关键路线。
(3) 项目周期为多少?
(4) 绘制该项目的甘特图。

尼日利亚的家庭计划研究中心

尼日利亚河上省家庭计划研究中心副主任埃丁诺姆贝·沃塔奇博士接受了一项任务,将组织一项大型项目以展示人们对新型生育控制方法的接受情况。作为该项目的一部分,沃塔奇博士需要组织培训5场现场调查人员从事教育和开展活动。这些工作人员已经接受过家庭计划教育,但他们必须接受有关这种新型避孕方法的专门培训。为此,他们必须准备两种类型的材料:用于培训工作人员的材料和用于现场散发的材料。另外,还必须聘请培训教师以及为参加活动者解决交通和住宿问题。

沃塔奇博士首先召开了办公室人员会议,他们一起确定了必须完成的作业、作业之间的必要顺序和所需时间。表15-6显示了他们讨论的结果。

主任职员路易斯·奥达加得知必须在60天完成项目,他拿出计算器,算了算时间,结果是94天。他说:"这任务不可能完成。"沃塔奇博士回答道:"不,我们可以同时进行一些作业。"主任护士奥格加拉都先生警告说:"但是要小心,我们办公室只有10个人,没有那么多时间四处巡视。"

沃塔奇博士回答道:"一旦我安排了作业进度,我就能确定我们是否有足够的人手。如果时间太紧,我已获准从帕斯明得基金会借用一些资金加快进度。我还能保证以最少的成本完成任务。你们能帮助我做到吗?以下是为我们计划的正常时间和作业成本以及我们将时间缩短到最小值的成本和时间",表15-7显示了这些数据。

表15-6 作业关系表

作业	直接先行作业	时间(天)	所需人员
A:确定人员及时间进程	—	5	2
B:到基地的交通安排	—	7	3
C:确定并收集培训资料	—	5	2
D:食宿安排	A	3	1
E:确定小组成员	A	7	4
F:小组成员集中	B、E	2	1
G:将人员送到基地	A、B	3	2
H:打印计划材料	C	10	6
I:分发计划材料	H	7	3
J:执行培训计划	D、F、G、I	15	0
K:现场调查	J	30	0

表15-7 作业参数表

作业	正常值		最小值		平均每天节约成本(美元)
	时间(天)	成本(美元)	时间(天)	成本(美元)	
A:确定人员	5	400	2	700	100
B:安排交通	7	1 000	4	1 450	150
C:确定资料	5	400	3	500	50
D:食宿安排	3	2 500	1	3 000	250

续表

作　业	正常值		最小值		平均每天节约成本(美元)
	时间(天)	成本(美元)	时间(天)	成本(美元)	
E：确定小组成员	7	400	4	850	150
F：小组成员集中	2	1 000	1	2 000	1 000
G：将人员送到基地	3	1 500	2	2 000	500
H：打印计划材料	10	3 000	5	4 000	200
I：分发计划材料	7	200	2	600	80
J：执行培训计划	15	5 000	10	7 000	400
K：现场调查	30	10 000	20	14 000	400

讨论题：

1. 项目中有些作业可以同时进行。绘出显示所需任务的网络图并确定关键路线。如不缩短时间，项目周期为多少？

2. 此种情况下，该项目能交给仅有10个人的小组吗？

3. 如果关键路线超过60天，沃塔奇博士用来实现项目目标的最小成本是多少？他怎样向帕斯明得基金会证明这是个成本较少的选择？

资料来源：[美]杰伊·海泽，巴里·雷德.生产与作业管理教程.4版.潘洁夫等译.北京：华夏出版社，1999：426—427.

第4篇

生产运作系统的改善

第16章 丰田生产方式

教学要求

通过本章的学习，要达到以下目的：
(1) 了解丰田生产方式的由来；
(2) 理解丰田生产方式的基本思想和主要内容；
(3) 了解实现JIT的基本要素，理解各种要素是如何发挥作用的；
(4) 了解JIT现场管理的特点，掌握各类看板使用的规则和方法；
(5) 理解"5S"管理的含义和实现方法，理解改善活动在丰田生产方式中的重要地位和作用。

引 例

汽车业界的每一个人，以及许多消费者，都熟知丰田公司的显著成就及其世界一流的产品品质：

丰田汽车公司在2004年4月底结束的会计年度，销售收入为17.294 7万亿日元(约合人民币1.263 6万亿元)，增长率为11.6%。营业利润为1.666 8万亿日元(约合人民币1 218亿元)，增长率为31.1%。税前利润为1.765 7万亿日元(约合人民币1 290亿元)，增长率为44.0%。净利润为1.162 0万亿日元(约合人民币849亿元)，增长率为54.8%。

丰田公司比通用、克莱斯勒、福特3家公司的获利总和还要高，是过去10年所有汽车制造商中年度获利最高者，丰田汽车公司的资产报酬率比汽车业平均资产报酬率高出8倍。

丰田公司创造了TPS(toyota production system)这一独特的生产方式，在过去10年带动全球几乎所有产业进行变革——采用丰田公司的制造与供应链的管理理念与方法。全球各地几乎每个产业的公司都希望招揽丰田公司的员工，以利用他们的专长。

丰田公司的产品开发流程是全世界最快速的，新客车与卡车的设计耗时不到12个月，而其他竞争者通常得花上2~3年。

丰田公司被全球各地事业伙伴与竞争者视为高品质、高生产力、制造速度与灵活弹性的典范。现在的丰田公司仅次于美国通用汽车公司，是全球第二大汽车制造商，丰田公司比全世界任何汽车制造商都要赚钱。汽车业分析师预估，若以现在的趋势持续下去，丰田汽车的全球销售量最终会超越通用汽车，成为全世界最大的汽车制造商。

那么，丰田公司的成功秘诀究竟是什么呢？丰田公司生产方式将告诉人们答案！

资料来源：根据《丰田模式：精益生产的18个黄金法则》(湘财领导力发展学院，中国建材工业出版社，2005.1)的前言部分整理

16.1 TPS 概述

16.1.1 TPS 的由来

制造业的生产方式经历了一个手工生产方式→大量生产方式→JIT 生产方式→精益生产方式的过程。20 世纪后半期，兼顾手工生产及大量生产二者的优点，又能克服二者缺点的一种高质量、低成本并富有柔性的新的生产方式在战后崛起的日本应运而生，即丰田生产方式 TPS(toyota production system)，又被称为 JIT(just in time)生产方式。它的基本思想可用现在已广为流传的一句话来概括，即"只在需要的时候，按需要的量，生产所需的产品"，这也就是 Just In Time(JIT)一词所要表达的本来含义。这种生产方式的核心是追求一种无库存，或库存达到最小的生产系统，为此开发了包括"看板"在内的一系列具体方法，并逐渐形成了一套独具特色的生产经营体系。

丰田生产方式(TPS)起源于日本丰田汽车公司，它是在丰田汽车公司一步步扩大其生产规模、确立规模生产体制的过程中诞生和发展起来的。日本汽车工业从其起步到今天，经历了一个技术、设备引进→国产化→规模生产体制的建立→高度成长期→工业巨大化→国际竞争力的强化→出口增大→全球战略这样一个发展过程。但是，从一开始的技术、设备引进阶段，日本汽车工业就没有完全照搬美国的汽车生产方式。这其中除了当时日本国内的市场环境、劳动力状况以及日本战后资金短缺等原因以外，一个很重要的原因是，以丰田的丰田英二等人为代表的 TPS 的创始者从一开始就意识到了：第一，美国汽车工业生产方式虽然已很先进，但仍大有改善的余地；第二，需要考虑采取一种更能灵活适应市场需求、尽快提高产品竞争力的生产方式。以福特制为代表的大量生产方式的最大特点在于以单一品种的规模生产来降低成本，这与当时美国的经济环境是相吻合的。在当时的时代背景下，只要生产得出来就可以销售得出去，生产得越多，成本就越低，也就越能销售出去。但到了 20 世纪后半期，不仅美国，不仅汽车市场，整个世界都进入了一个市场需求多样化的新阶段，而且对质量的要求也越来越高，随之给制造业提出新课题，即如何有效地组织多品种小批量生产。否则的话，生产过剩所引起的设备、人员、库存费用等一系列的浪费，会进一步影响到企业的竞争能力以至生存。

TPS 就是顺应这样的时代要求，作为一种在多品种小批量混合生产条件下高质量、低消耗地进行生产的方式，在实践中摸索、创造出来的。日本从 20 世纪 50 年代末期到 70 年代初期的大约 15 年间，处于经济高度成长期。在那个时间，即使采用与美国相同的大量生产方式，也能取得相当规模的生产效果。但是，高度成长期一过，特别是石油危机以后，市场环境发生了很大的变化，大量生产方式的弱点就日渐明显了。正是从这个时候起，采用 JIT 生产方式的丰田汽车公司的经营绩效与其他汽车制造企业的经营绩效开始拉开距离，因此 TPS 及其优越性开始引起人们的关注和研究。

TPS 经过几十年的发展历程，到今天已经形成一整套包括企业的经营理念、管理原则到生产组织、生产计划、控制作业管理以及对人的管理等在内的完整的理论和方法体系。所谓日本式生产经营方式的许多特点都来源于 TPS 生产方式，TPS 生产方式在形成独具特色的日本式生产管理系统中起了很大的作用。随着市场环境向多样化方向的变化和竞争的加剧，TPS生产方式的应变能力以及对质量、成本、生产周期的有效控制方法，正在越来越多地影响着汽车工业，以及包括其他行业在内的众多制造业。TPS生产方式作为一种彻底追求生产合理性、高效性，能够灵活多样地生产适应各种需求的高质量产品的生产方式，其基本原理和诸多方法对许多其他制造行业的企业也都具有重要的借鉴意义。

美国在全面研究以丰田生产方式为代表的日本式生产方式在西方发达国家以及发展中国家应用情况的基础上，于1990年提出了一种较完整的生产经营管理理论——精益生产（lean production）理论。该理论的研究历经5年时间，耗费了500万美元的巨资，调查了全世界15个国家的90个汽车制造厂，对大量生产方式和精益生产方式作了详尽的实证性比较，最后得出的结论是，精益生产是一种"人类制造产品的非常优越的方式"，它能够广泛适用于世界各个国家的各种制造企业，并预言这种生产方式将成为未来21世纪制造业的标准生产方式。该理论所称的精益生产是对JIT生产方式的进一步提炼和理论总结，其内容范围不仅只是生产系统内部的运营、管理方法，而且包括从市场预测、产品开发、生产制造管理（其中包括生产计划与控制、生产组织、质量管理、设备保全、库存管理、成本控制等多项内容）、零部件供应系统直至营销与售后服务等企业的一系列活动。这种扩大了的生产管理、生产方式的概念和理论，是在当今世界生产与经营一体化、制造与管理一体化的趋势越来越强的背景下应运而生的。

16.1.2　TPS的基本思想

丰田生产方式是第二次世界大战后日本汽车工业遭到的"资源稀缺"和"多品种、少批量"的市场制约的产物，其主要目的在于通过降低成本，也就是通过彻底消除过剩库存和过剩的劳动力来提高效益。它的主导思想如下。

（1）消除一切形式的浪费。凡是对顾客不产生附加价值的活动都属无效劳动，都是浪费，都是应该消除的。

（2）不断改进、不断完善、追求尽善尽美。丰田公司提出了以下7个零的口号，充分体现了这种精益求精的精神。

① "零"转产工时浪费（多品种混流生产）。
② "零"库存（消减库存）。
③ "零"浪费（全面成本控制）。
④ "零"不良（高品质）。
⑤ "零"故障（提高运转率）。
⑥ "零"停滞（快速反应、短交期）。
⑦ "零"灾害（安全第一）。

（3）把调动人的积极性、创造性放在一切管理工作的首位。把人看作是生产力诸要素中最宝贵的资源，因为人具有能动作用、具有创造力。

基于上述指导思想，丰田生产方式确定了自己的目标和一整套实施方法。为了实现降低成本，必须消除生产中伴随的种种不合理的过剩现象，迅速而灵活地适应市场需求的变化，就要通过"准时生产"，也就是"只在需要的时候，按需要的量，生产所需的产品"的做法来实现。而"看板管理"则作为保证"准时生产"的管理手段而应运而生。反之，为了将看板方式付诸实施，必须实现均衡生产，使最终装配线在每个时间域平衡地领取零部件。为了推行这种生产均衡化，必须缩短生产过程时间，这是因为各种各样的产品必须每天迅速地生产。这要通过小批量生产和"一个流"的生产和搬运来实现，小批量生产可以通过缩短作业转换时间来实现，"一个流"生产可以通过在多工序生产线上作业的多工序作业人员来实现。通过标准作业的组合，一个单位产品的加工中所有必要的作业在循环时间内完成。通过"自动化"防止产生不合格品的装置来保证产品百分之百是合格品，这成为实现"准时生产"的重要支柱。最后，改善活动通过修正标准作业，适当地纠正不正常现象，并提高作业人员的工作士气贡献于全部工序的改善。以上各方面相辅相成，共同构成丰田生产方式的一整套体系，如图16.1所示。

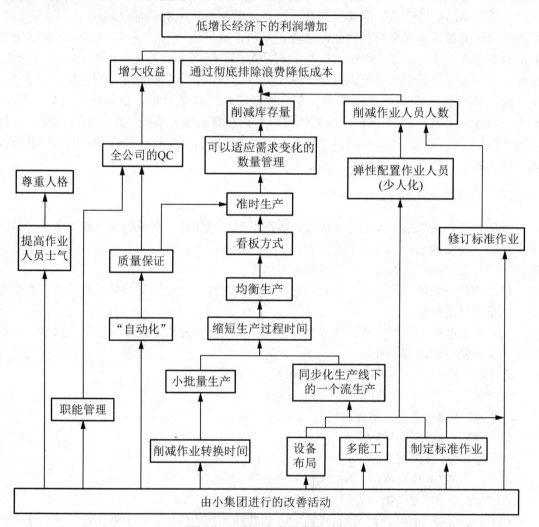

图 16.1　丰田生产方式体系图

关于什么是浪费，丰田公司副总裁大野耐一有他独到的看法。他把以下7种情况定义为应予排除的浪费。

（1）废品和次品。

（2）超额制造和提前生产。

（3）由于计划不周、停工待料、设备故障等原因造成的生产停顿和等待。

(4) 多余的操作。

(5) 多余的搬运。

(6) 库存积压。

(7) 产品有剩余的功能。

需要注意的是，大野耐一把"超额制造和提前生产"视为一种浪费。因为提前生产就会造成积压，超额制造则是生产了多余的东西。这与把"超额完成任务和提前完成任务"认为是先进行为的传统观念是截然相反的。这是丰田生产方式的重要管理理念，即只是在需要的时候才去生产所需要的品种和数量，不要多生产，也不要提前生产。

需要特别强调的是，企业实施JIT的整个过程就是决心追求完美的历程，也是追求卓越的过程，它是支撑个人与企业生命的一种精神力量，也是在永无止境的学习过程中获得自我满足的一种境界。从这一角度说，丰田生产方式的成功在于它形成了不断自我完善的企业文化。因此，丰田生产方式既是一种以最大限度地减少企业生产所占用的资源和以降低企业管理和运营成本为主要目标的生产方式，同时它又是一种理念，一种文化。

16.1.3 TPS的主要内容

1. 丰田生产方式的基本手段

为了达到降低成本这一基本目标，丰田生产方式的主要手段可以概括为下述3个方面。

1) 适时适量生产

适时适量生产即"just in time"一词本来所要表达的含义——"在需要的时候，按需要的量生产所需的产品"。当今的时代已经从"只要生产得出来就卖得出去"进入了一个"只能生产能够卖得出去的产品"的时代，对于企业来说，各种产品的产量必须能够灵活地适应市场需要量的变化。否则的话，由于生产过剩会引起人员、设备、库存费用等一系列的浪费。而避免这些浪费的手段就是实施适时适量生产，只在市场需要的时候生产市场需要的产品。JIT的这种思想与历来的有关生产及库存的观念截然不同。

2) 弹性配置作业人数

在劳动费用越来越高的今天，降低劳动费用是降低成本的一个重要方面。达到这一目的的方法是"少人化"。所谓少人化是指根据生产量的变动，弹性地增减各生产线的作业人数，以及尽量用较少的人力完成较多的生产。这里的关键在于能否将生产量减少了的生产线上的作业人员数减下来。这种"少人化"技术一反历来的生产系统中的"定员制"，是一种全新的人员配置方法。实现这种少人化的具体方法是实施独特的设备布置，以便能够将需求减少时各作业点减少的工时集中起来，以整数削减人员。但这从作业人员的角度来看，意味着标准作业时间、作业内容、范围、作业组合以及作业顺序等的一系列变更。因此，为了适应这种变更，作业人员必须是具有多种技能的"多面手"。

3) 质量保证

历来认为，质量与成本之间是一种负相关关系，即要提高质量，就得花人力、物力来加以保证。但在JIT生产方式中，却一反这一常识，通过将质量管理贯穿于每道工序之中来实现提高质量与降低成本的一致性，具体方法是"自动化"。这里所讲的自动化不是一般意义上的设备、监控系统的自动化,而是指融入生产组织中的这样两种机制:第一,使设备或生产线能够自动检测不良产品,一旦发现异常或不良产品可以自动停止的设备运行机制,为此,在设备上开发、安装了各种自动停止装置和加工状态检测装置;第二,生产第一线的设备操作工人发现产品或设备的问题时有权自行停止生产的管理机制。依靠这样的机制,不良产品一出现马上就会被发现,防止了不良产品的重复出现或累积出现,从而避免了由此可能造成的大量浪费。由于一旦发生异常,生产线或设备就立即停止运行,比较容易找到发生异常的原因,从而能够有针对性地采取措施,防止类似异常情况的再发生,杜绝类似不良产品的再产生。

这里值得一提的是,通常的质量管理方法是在最后一道工序对产品进行检验,如有不合格进行返工或作其他处理,而尽量不让生产线或加工中途停止。但在丰田生产方式中却认为这恰恰是使不良产品大量或重复出现的"元凶"。因为发现问题后不立即停止生产的话,问题得不到暴露,以后难免还会出现类似的问题。而一旦发现问题就使其停止,并立即对其进行分析、改善的话,长而久之,生产中存在的问题就会越来越少,企业的生产素质就会逐渐增强。

2. 实现适时适量生产的具体方法

1) 生产同步化

为了实现适时适量生产,首先需要致力于生产的同步化,即工序间不设置仓库,前一工序的加工结束后,使其立即转到下一工序去,装配线与机械加工几乎平行进行,产品被一件一件、连续地生产出来。在铸造、锻造、冲压等必须成批生产的工序,则通过尽量缩短作业更换时间来缩小生产批量。

生产的同步化通过"后工序领取"的方法来实现,即"后工序只在需要的时候到前工序领取所需的加工品;前工序只按照被领取走的数量和品种进行生产"。这样,制造工序的最后一道,即总装配线成为生产的出发点。生产计划只下达给总装配线,以装配为起点。在需要的时候,向前工序领取必要的加工品,而前工序提供该加工品后,为了补充生产被领取走的量,必然会向更前一道工序去领取所需的零部件。这样一层一层向前工序领取,直至粗加工以及原材料部门,把各个工序都连接起来,实现同步化生产。这就形成了与传统推式生产(push system)截然不同的拉式生产(pull system)模式。

这样的同步化生产还需要通过采取相应的设备配置方法以及人员配置方法来实现,即与通常机械工厂中所采用的按照车、铣、刨等工业专业化的生产组织形式不同,应采取对象专业化的组织形式,按照产品加工顺序来布置设备。这样也带来人员配置上的不同做法。

2) 生产均衡化

生产均衡化是实现适时适量生产的前提条件。所谓生产的均衡化是指总装配线在向前工序领取零部件时,应均衡地使用各种零部件,混合生产各种产品。为此在制订生产计划时就必须加以考虑,然后将其体现于产品投产顺序计划之中。在制造阶段,均衡化通过专用设备通用化和制定标准作业来实现。所谓专用设备通用化是指通过在专用设备上增加一些工夹具的方法使之能够加工多种不同的产品。标准作业是指将作业节拍内一个作业人员所应担当的一系列作业内容标准化。

3) 实现适时适量生产的管理工具

实现适时适量生产中具有极为重要意义的是作为其管理工具的看板。看板管理也可以说是丰田生产方式中最独特的部分，因此也有人将丰田生产方式称为"看板方式"。但是严格地讲，这种概念是不正确的。如前所述，丰田生产方式的本质是一种生产管理技术、一种以不断改善为基础的企业文化，而看板只不过是一种管理工具。

看板的主要机能是传递生产和运送的指令。在丰田生产方式中，生产的月度计划是集中制定的，同时传达到各个工厂以及协作企业。与此相对应的日生产指令只下达到最后一道工序或总装配线，对其他工序的生产指令均通过看板来实现，即后工序"在需要的时候"用看板向前工序去领取"所需的量"同时，就等于向前工序发出了生产指令。由于生产是不可能100%地完全按照计划进行的，日生产量的不均衡以及日生产计划的修改都通过看板来进行微调。看板就相当于工序之间、部门之间以及物流之间的联络神经而发挥着作用。

看板除了以上的生产管理机能以外，还有一大机能，即改善机能。通过看板，可以及时发现生产中存在的问题，使其暴露，从而立即采取改善对策。

以上大致介绍了丰田生产方式的基本思想、原则以及一些主要实施手法，使读者能够对丰田生产方式有一个全面、概括的了解。对于丰田公司建立的一整套管理制度和实施措施，将在本章后面的内容中详细阐释。

16.2　实现 JIT 的基本要素

16.2.1　多面手工人

丰田公司制造具有多种规格的各种各样的汽车，而各种形式的汽车常常会经受到需求变化的影响。为了适应需求的变化，应使作业现场的作业人员人数具有灵活性（在丰田公司称为"少人化"）。在丰田公司，所谓"少人化"意味着在生产上的需求产生变化（减少或增加）的时候变更（减少或增加）作业现场的作业人员人数。

"少人化"，在根据需求的变化必须减少作业人员人数时具有特别重要的意义。例如，在某一条生产线上，5名作业人员制造一定数量的产品。如果该生产线的生产量减至80%的话，作业人员也必须减到4人（等于5×0.8）。假如需求减至20%的话，作业人员就要减至一人。

正如从上述例子可以看出的那样，"少人化"通过人的资源的调整和再配置，具有与提高生产率相同的意义。丰田生产方式中灵活的工作场所，基本上指的是能够实现"少人化"的作业现场。为了实现"少人化"的概念，作为它的前提条件，必须满足下面3个要素。

（1）合适的设备布置的设计。
（2）要有具备多方面能力的训练有素的作业人员，也就是多能工。
（3）标准作业组合不间断地再评价和定期修订。

在丰田公司，实现"少人化"的设备布置是连接起来的 U 字形生产线。在这种布置之下，每个作业人员所负责的作业范围可以非常容易地扩大或缩小。但是，为了使这种设备布置充分发挥作用,作为它的前提,作业人员必须是多能工。这3个前提条件之间的相互关系如图16.2所示。正是对这些柔性化资源的合理利用,使丰田公司可以实现"少人化",及时适应市场需要。

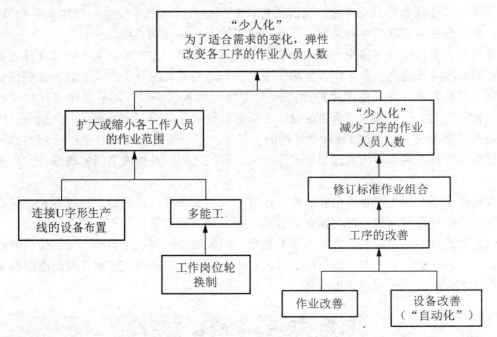

图 16.2　实现"少人化"的因素

丰田公司的多能工是通过该公司特有的"工作岗位轮换方式"来培养的。此外,最后的标准作业组合的修订通过作业和设备的持续改善也成为可能。这种改善活动,即使在需求增大的时期,也把减少所需要的作业人员人数作为目的。

通过工作岗位轮换制的方式培养作业人员,也就是每个作业人员要轮流承担自己作业现场的全部作业。这样一来,如果经过一段时间的话,每个作业人员就自然而然地熟悉了各种作业,成为多能工。

工作岗位轮换制方式大体上要通过3个阶段实行。第一,职务系列中的每个管理人员依次转换工作场所(主要是组)体验所有的职务,不管在什么职务上都能像一般作业人员一样进行熟练自如的示范。第二,让每个作业人员在组内各种作业之间轮换,训练得在任何作业中都能操作自如。第三,因为最后的第三阶段被称为"工作岗位轮换",所以每天数次有计划地让每个作业人员变换所承担的作业。

这样的多工序作业人员或者多能工的思路,是很具有日本特色的。在欧美的企业中,一个工厂内职务划分过细,工资形式也是职务工资,并且还存在着各种各样的分职能的工会。因此,例如车工只是操作车床,一般不管另外的设备。与此相反,在日本,工资不是和特定的职务等级联系的,主要是按工人的连续工作年限增长;另外,企业中只有一个企业工会,因此,劳动者的调配和多工序操作非常容易施行。

16.2.2　制造单元

丰田采用U字形设备布置,形成了独特而高效的制造单元。U字形设备布置的要点是,生产线的入口和出口处在相同的位置,生产线出口和入口的作业由一个人进行。这其中虽然被认为有凹形、圆形等几种变化形式,但不管是哪一种,这种 U 字形设备布置最重要的优点是在适应生产量的变化(需求的变化)时,可以获得自由地增减所需要的作业人员人数的灵活性。也就是,在 U 字形作业现场的内部,追加作业人员、抽减作业人员都是可能的(参看图 16.3)。

通过所谓"拉动生产"进行的准时生产,在这种设备布置的生产线中,在各工序也可以实现。这是因为一个单位的成品从出口出来时,一个单位的材料从入口投入。由于出口和入口的作业由同一个作业人员来做,生产线内在制品的数量就能经常保持一定。另外,因为各设备分别保持着标准的在制品库存量,作业人员之间作业不平衡的情况很容易被发现,从而也能成为工序改善的诱因。最后,在 U 字形设备布置中可以划分供特定的作业人员作业的区域。

在使用大型机械的装置中,常常只在入口和出口有作业人员。例如,链式吊架就是这样一个例子。如果投入材料的位置和取出的位置不一致的话,常常需要两个作业人员,每个作业人员就有了空闲时间或等待时间。但是如果两个位置相同的话,一名作业人员就可以处理入口和出口了。

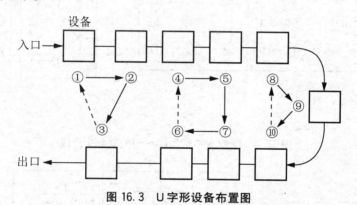

图 16.3　U 字形设备布置图

在利用 U 形布置增减作业人员时,遇到的最主要的问题是,在按照生产量重新分配各作业人员的工作时,如何处理节省出来的非整数工时。例如,即使可能减少半个人的工时,因实际上不可能抽掉 1 个人,所以在某个工序就会产生等待时间或生产过剩。这种问题在生产增加的情况下也同样会发生。为了克服这种作业人员出现零头数的问题,在丰田公司,采用把几条 U 字形生产线合并成一条生产线的方式。使用这种连接起来的设备布置时,如果遵循确定标准作业组合的顺序的话,就可以应对汽车生产量的变化,向每个作业人员适当地分配作业。这就是所谓的联合 U 形布置。

下面的范例说明了利用这种联合 U 字形生产线的概念,是如何实现"少人化"的。

【范例 16-1】某工厂有一个由 6 条不同的生产线(A-F)组成的组合工序。各条生产线分别制造不同的齿轮(图 16.4)。如果根据一月份一个月的产品需求量,那么这个组合工序的循环时间是一个单位产品 1min,而在这个循环时间之下有 8 名作业人员在这个工序中劳动(图 16.5)。在这里,每个作业人员的步行路线用带箭头的线画出。

但是,一进入 2 月份,对该产品的月需求减少了,这个工序的循环时间增加到一个单位产品 1.2min。结果,把这个组合工序的全部作业重新分配到作业人员中间,每个作业人员必须接受比1月份更多的作业。图16.6显示了由于作业的再分配,每个作业人员的步行路线延长了的情况。这时,作业人员1作为追加的工作,接受了1月份作业人员2所做的一部分作业;作业人员2也接受了追加的作业人员3在1月份所做的工作。

这样一来,延长每个作业人员步行路线的结果,作业人员7和作业人员8就可以离开这条组合生产线了。因此,直线形布置可能出现的零头人工(以总作业时间进行的工作量为标准,一个人工指一个人一天的生产量)也可以在这种组合式的设备布置之下,被一条条的生产线消化,以整数的形式把作业人员节约下来。

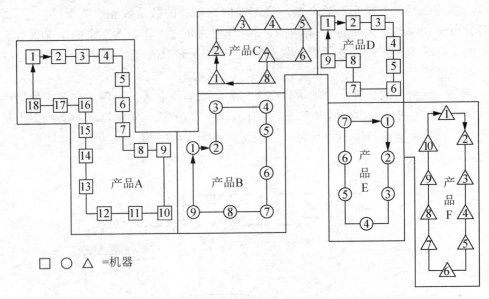

图 16.4　制造 6 种产品(A～F)的联合生产线

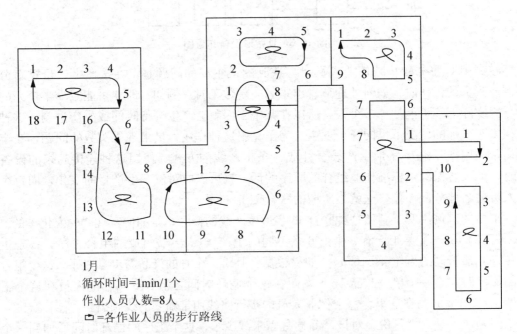

1月
循环时间=1min/1个
作业人员人数=8人
⌐⌐=各作业人员的步行路线

图 16.5　1月份作业人员之间的作业分配

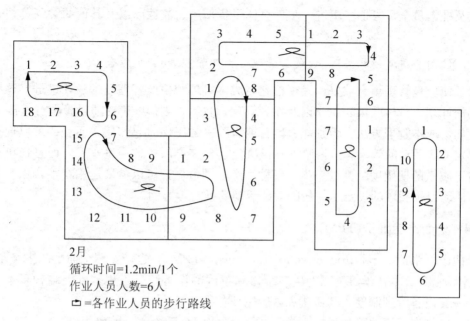

2月
循环时间=1.2min/1个
作业人员人数=6人
⌐⌐ =各作业人员的步行路线

图 16.6　2 月份作业人员之间的作业分配

16.2.3　全面质量管理(TQM)

丰田进行的全面质量管理主要有以下 3 个特征。

1. 所有部门参加 QC 活动

为了确保产品质量，公司内所有的部门——产品计划、设计、试验、采购、外协厂商、制造技术、检验、销售、服务等都必须参加 QC 活动。

例如，产品开发以及产品设计阶段的质量分析，在确立总体产品质量方面是最重要的。一旦产品到了制造以及检验部门的话，在这两个阶段所犯的错误就难以挽回了。

同时其他部门也各自起着重要的作用。在日本，所谓质量管理(QC)或者质量保证(QA)被定义为：用尽可能最低的成本满足消费者需求的产品开发、设计、制造和售后服务。

满足消费者的需求是出色的新产品开发以及设计的任务。也就是在进行开发、设计的时候，要区别燃料效率高、性能没有故障这样的顾客需求，必须让产品满足这样的需求。

通过这种水平的质量管理，日本的汽车能够在世界市场上连续获得好评，最终的结果才能在销售以及利润上也连续保持着高水准。

制造期间的质量管理，通过减少不合格产品等不正常情况降低制造成本，结果相当程度地增大了消费者的利益以及公司的利润。

最后，在修理领域里对顾客服务的质量管理，在保持汽车的良好性能、确保顾客对公司生产的汽车以及对公司本身的信任方面是很重要的。

2. 全体员工参加 QC 活动

公司组织所有层次的人都参加质量管理，也就是从社长、董事、部长、课长直至作业人员以及推销员全员参加。更进一步,全体供货厂家、流通商以及其他的关联公司也参与QC活动。

3. QC同公司其他相关职能(成本管理、生产管理等)密切结合

为了使质量管理更有效,必须把它与成本管理和生产管理技术一并推进。这些技术包含利润计划、价格政策、生产以及库存管理、日程计划等,都对质量管理有直接影响。

例如,成本管理方法在识别能够改善或者除去的工序时起作用,而且还可以通过这个方法评定QC活动的效果。价格政策不仅决定包含在产品中的质量水准,而且还可以判断顾客对于质量的期望度。更进一步,各种生产管理数据,可以灵活运用在不合格率的测定和QC活动目标领域的设定、一般的QC活动的推行等方面。

16.2.4 全面产能维护(TPM)

全面产能维护(total productive maintenance,TPM),也译作"全面生产维修制",简称TPM。它是日本在学习美国的生产维修和英国的设备综合工程基础上结合日本国情而创立的一套设备管理制度,其做法和内容主要如下。

(1) 以彻底消灭故障为目标,推行"三全",即全系统、全效率、全员。
(2) 推行"5S"(即整理、整顿、清洁、清扫、素养)管理活动。
(3) 对设备进行ABC分类,突出重点设备的维修工作。
(4) 履行日常点检和定期点检。
(5) 规定一系列技术经济指标作为评价维修工作的标准,主要有以下几种。

$$计划作业率 = \frac{计划维修作业次数}{全部维修作业次数} \times 100\%$$

$$实际开动率 = \frac{实际作业时间}{实有能力时间} \times 100\%$$

$$PM维修次数率 = \frac{PM维修次数}{全部维修次数} \times 100\%$$

$$每吨(台)产品维修费用 = \frac{全部维修费用}{产品总吨(台)数} 元/吨(台)$$

$$停机损失百分比 = \frac{设备原因停机损失}{生产总值} \times 100\%$$

坚持预防为主,重视润滑工作。
完整维修记录,重视设备规律研究。
重视人员培训,注意多能工的培养。

这些在丰田公司都有非常成功的体现。关于设备维护的其他内容将在本书的第17章介绍。

16.2.5 与供应商的全面合作

20世纪60年代,丰田生产方式已经成为所有类型的企业学习的管理理念。不过,经过一段时间后,企业界才普遍应用丰田生产方式。丰田公司首先通过把丰田生产方式的原则传授给它的主要供货商来倡导精益的概念及做法。此举使丰田从单独实施精益的制造工

厂迈向全面实施精益的企业——价值链上的每个厂商都采用相同的丰田生产方式，构成强有力的丰田模式!

丰田汽车之所以有如此优秀的品质，部分归功于其供货商在创新、工程、制造及整体信赖度方面的优异表现。丰田的供货商是丰田准时生产的一分子，不论是在丰田公司的即时生产流程顺利运作时，还是在出现问题而停滞不前时，其供货商都扮演着重要角色。丰田公司在认真投资建立高效能供货商网络以与丰田的高度精益化相互整合方面一直走在同行的前面。

丰田公司在一开始制造汽车时，并没有足够资本及设备来自行制造一辆汽车所需要的全部零部件。因此，当时担任工程师的丰田英二的首要任务就是寻找可以与丰田公司合作的、能提供高品质零件的供货商。那时丰田公司的产量并不大，有时候，丰田公司一天制造不了一辆车，不能为供货商带来大笔订单。因此，丰田公司认识到寻找坚实伙伴的重要性。丰田公司唯一能提供的是和所有供货商以长期互惠方式共同成长的机会。丰田公司对待其供应商如同对待公司内部的同仁一样，将其视为丰田公司的家族成员一般，让供货商和丰田公司一起成长并学习丰田生产方式。即使丰田公司已经在全球汽车业界雄踞重要地位，但它依然遵循早期建立起来的伙伴关系原则。

丰田公司对新供货商采取谨慎观察、评估的态度，开始合作初期丰田公司只会下非常少量的订单，新供货商必须证明他们真诚守信，符合丰田公司对品质、成本及服务的高标准要求。新供货商若能在合作初期表现出这方面的高绩效水平，就能获得更高数量的订单。丰田公司也会教给他们TPS，并把他们纳入丰田公司家族成员。供货商一旦加入丰田公司家族，除非出现最糟糕的行为，丰田公司一般不会把他们赶出家族。

丰田公司对待供货商的态度一如其对待本公司的员工，它不断激励员工进行改进，也不断激励供货商进行改进。丰田公司对供货商提出一系列相当高的目标，它激励供货商实现这些目标。供货商也希望与丰田公司合作，因为他们知道可以借此改善自身，赢得同业及其他客户的敬重。但是，没有一个丰田公司的供货商认为丰田公司是个容易应付、容易满足的客户。在丰田公司看来，对供货商提高期望，并公平对待他们、教导他们，就是对供货商的尊重；相反，以宽松标准对待供应商，或未教导他们而苛求他们，就是不尊重他们。与丰田公司维持长期供货伙伴关系并非一件轻松容易的事。

丰田公司向希望与自己合作的所有供应商提供公开、公正且公平的参与机会。丰田公司本着与各供应商相互信赖的精神，促进共同繁荣。丰田公司还积极推进海外公司的就地采购，以此促进当地企业对所在地区的贡献。

对于哪些工作可以外包、哪些工作应该留在公司内部自行生产，丰田公司保持着非常谨慎的态度。和其他日本的汽车制造商一样，丰田公司把70%的汽车零部件的制造外包出去，但它仍然希望能维持丰田公司内部设计与制造这些外包零部件的能力。现在，企业界流行的词语是"核心能力"。丰田公司非常明确地知道自身的核心能力是什么，但它似乎以更广义的方式看待之。这可以追溯至该公司创办时，那时它就决定自力更生，而不是向美国与欧洲的汽车制造商购买设计与汽车零件。

丰田公司愿意和供货商一起学习，但绝不会把任何领域的所有核心知识与责任交付给供货商。丰田公司的外包加工策略就是，丰田公司即使在把一项关键零部件外包时，也不会愿意公司本身失去生产这项零部件的能力。丰田公司认为，要想有效管理其供货商，企业本身必须真正深谙所有核心技术,并持续学习以使整个企业始终处于技术尖端。关于这一点,丰田公司和电装公司 Nippon Densov 之间的关系就是一个很好的例子(参见运作实例 16-1)。

运作实例 16-1

丰田公司寻找坚实伙伴,维持自身核心能力

日本电装公司最早是丰田公司的一个事业部门,1949 年从丰田公司分立出去,成为一家独立经营的公司,并成长为全球最大的汽车零件供货商之一。丰田公司拥有电装公司的部分股份,电装公司是丰田公司的电子与电气零件供货商之一,它依然像是丰田旗下的事业单位。

通常,对于每一种零部件,丰田公司都至少有两家供应商,但在和电装公司的关系上,丰田公司打破了此项常规,让电装公司成为唯一的电子与电气零件供货商。因此,当丰田公司在 1988 年于广獭(Hirose)建立一座电子工厂,并招募电子工程师时,业界甚为震惊,为何丰田公司会做出此举呢?

这是因为,首先,电装公司已经成长得太大、太强,使得它和丰田公司之间出现一些紧张关系。例如,电装公司和丰田公司的竞争对手的关系愈来愈密切,包括丰田公司的宿敌日产汽车公司。其次,丰田公司认为,电子零件在汽车中的重要性越来越高,计算机化与迈向电动汽车的趋势,使得汽车中大约有 30%的零部件和电子相关,而电子技术的演进变化比传统汽车技术的变化要快得多。它认为,电子对汽车变得太重要了,唯有靠"在做中学习"的积极行动方案,才能在整个企业渗透技能与价值观,使电子技术变成丰田公司真正的核心能力之一。丰田公司现在招募的新进员工中,有 30%是电子工程师。

资料来源:编选自《丰田模式:精益生产的 18 个黄金法则》湘财领导力发展学院,中国建材工业出版社,2005.1

丰田公司鼓励其供货商采用丰田公司的准时生产方式,丰田公司需要其供应商能以准时生产方式制造并供应高品质的零部件。此外,若供货商无法降低成本,丰田公司就无法降低成本,除非丰田公司径自把降低成本的压力全部转移到供货商身上,但这不是丰田公司的作为。丰田公司并不把零部件视为通过公开招标而外包生产的商品。因此,它必须和能力优秀、采纳丰田生产方式或类似生产制度的供货商共同合作、共同成长。

丰田公司就是在保持、维持自身核心竞争力的同时,寻找坚实伙伴,和供货商形成全面合作的伙伴关系,以长期互惠方式共同成长。

16.3 JIT 的现场管理

16.3.1 JIT 现场管理的特点

1. 传统的生产方式的根本缺欠

丰田公司所谓的"准时生产",是通过在全部制造工序中,将"必需的物品,在必需的时候,仅按必需的数量进行生产",从而顺利地应对各种故障和需求变化的方式。为了实现"准时生产",第一个必要条件是向所有工序通知生产的确切时间和必需的数量。

在传统的生产管理方式之下,这个必要条件通过向所有工序提出各种各样的生产计划来满足。也就是不仅向最终装配线提供计划,对零部件制造工序也提供同样的计划。零部

件制造工序使用前工序向后工序供应零部件的方式,也就是"推式生产",根据计划生产产品。但是,这种方式迅速应对某个工序发生的故障和因需求变化而引起的形势的变化是很困难的。如果想在通常方式下适应某个月内发生的变化,公司只有同时改变各个工序各自的生产计划,这样频繁地变更计划也是很困难的。结果,为了应对故障的发生和需求的变化,公司必须在各工序准备库存。这样,各工序间的库存量常常出现不平衡,在进行产品更新换代时,经常发生持有不良库存和过剩设备、过剩劳动力的情况。

2. 革命性的取自前工序的"拉式生产"

与此相反,丰田生产方式是作为后工序从前工序领取零部件的"拉式生产"而闻名的方式,在这种意义上是革命的。因为只向最终装配线正确地通知所需零部件的领取时间和数量,最终装配线就到前工序去,将装配汽车所必需的零部件在必需的时候领取所必需的数量。此后,前工序开始生产被后工序领取走的那部分零部件。这样一来,各个零部件制造工序以从它的前工序领取所必需的零件或材料,按顺序向前逆流运行。因此,在某个月份中,就没有必要同时向所有的工序下达生产计划了。在一辆一辆地生产汽车的过程中,如果有必要变更生产计划的话,只将变更传达到最终装配线就可以了。

作为将生产这些零部件的必要时间和数量通知全部工序的方法,丰田公司使用看板。这种方式更能够适应市场变化的需要,它是一种在多品种小批量混合生产条件下的高质量、低消耗进行的生产方式。

3. "拉式生产"与小批量生产

JIT 采用拉式生产,生产由需求驱动。实施拉式生产要求生产系统对需求的变化能够灵活地做出快速响应。减小生产批量,可以提高生产系统适应变化的能力。因为在同样长度的计划期内,批量越小,生产的品种就越多,可以满足的需求就越广泛。但是生产的批量小,将引起另一方面的问题,即生产批量越小,生产线上品种的更换就越频繁,生产线的设备调整也越频繁。设备进行调整,不仅要占用生产时间,损失生产能力,而且还要耗用人力物力,增加生产成本,所以如何正确选择批量是生产中重要的经济问题。而丰田公司成功地解决了这一问题,它为实施拉式生产,在解决小批量生产问题时,他们采取的主要措施是改革设备调整工作,大大缩减设备的调整时间和调整费用。调整时间和调整费用降低了,减小批量的矛盾就迎刃而解了。大家知道,在汽车工业中大型冲压件的生产一般都采用很大的生产批量,因为大型冲压件模具的换模非常烦琐。在丰田公司改进以前,通常换一次要花 7~8h,并且必须由专职的调整工来换。安装调整不好,就会引起压裂、压皱,成批地产生废品,所以要想减少调整次数,就得增大批量。丰田公司为了解决这一问题,专门组织工人和技术人员进行攻关。为此,他们设计了专用的运模车,在冲压设备的工作台上设计了供装卸模具用滑道,设计制造了保证上下模能迅速对准的专用工艺设备,还训练生产工人自己来装卸和调整模具。通过一系列措施,终于使更换和调整一次模具的时间由 8h 降到了 3~10min。这样就为实施小批量生产开辟了宽广的道路。

16.3.2 看板的功能

为了实现同步化生产,丰田公司开发了后工序领取、单件小批量生产、生产均衡化等多种方法。而为了使这些方法能够有效地实行,丰田生产方式又采用了被称为"看板"的管理工具。看板作为管理工具，犹如连接工序的神经而发挥着作用。

看板方式作为一种进行生产管理的方式，在生产管理史上是非常独特的，看板方式也可以说是 TPS 最显著的特点。但是这里需要再次强调的是，决不能把 JIT 生产方式与看板方式等同起来。JIT 生产方式是一种生产管理技术，而看板只不过是一种管理工具。看板只有在工序一体化、生产均衡化、生产同步化的前提下，才可能发挥作用。如果错误地认为 JIT 生产方式就是看板方式，不对现有的生产管理方法作任何变动就单纯地引进看板方式的话，是不会起到任何作用的。

看板最初是丰田汽车公司于 20 世纪 50 年代从超级市场的运行机制得到启示，作为一种生产、运送指令的传递工具而被创造出来的。经过近 40 年的发展和完善，现在在很多方面都发挥着重要的功能。其主要功能可概括如下。

（1）指示功能。
（2）防止过量生产和过量运送。
（3）进行目视管理的工具。
（4）工序、作业改善的工具。
（5）降低管理成本。

第一，指示功能就是作为生产、搬运的指示信息的作用。这是通常的行李签和看板的区别。指示搬运也就是领取时到前工序的什么地方去，还有放到后工序的什么地方，即存放场的地址，都有必要记载在看板上。另外，作为它的前提必须事先周密细致地安排好存放场的地址。这是看板最基本的功能。公司总部的生产管理部根据市场预测以及订货而制定的生产指令只下达到总装配线，各个前工序的生产均根据看板来进行。看板中记载着生产量、时间、方法、顺序以及运送量、运送时间、运送目的地、放置场所、搬运工具等信息，从装配工序逐次向前工序追溯。在装配线将所使用的零部件上所带的看板取下，以此再去前工序领取；前工序则只生产被这些看板所领走的量。"后工序领取"以及"适时适量地生产"就是这样通过看板来实现的。

第二，防止过量生产和过量运送。这是控制所有的工序用于把能销售的物品在能销售的时候，仅生产能销售的数量的循环时间相匹配的周期生产的功能。通过它控制过快的生产。看板方式是对应月份当中需求的变化、对月度生产计划进行微调整的手段。但是，如果从工序之间交换零部件的观点看的话，看板是"后工序领取"的工具，也就是说看板方式的本质是"拉式生产"的手段。通过看板，前工序才有可能在零部件被领走时仅生产被领走的数量，控制生产多于领取量的物品。这样，看板方式的本质比起看板卡片本身的存在来，不如说是在"拉式生产"当中，用"拉式生产"生产物品这一点。在这里，由于使用了看板卡片和工序之间零部件存放场的区划线，就可以控制制造过剩。这可以说是"目视管理"。

第三，作为目视管理的工具。看板方式不仅是单纯地提供数字信息，也在着眼于给产品附上看板这一信息媒介。

这里，作为看板的功能，有时还可以用眼睛发现工序的进展快慢。例如，要是在制品看板没有按时间存放到在制品看板箱里，就表示后工序的生产发生了迟延。如果比预订时间早早地存放了过多的看板，就证明后工序的生产速度提高了。

另外，在零部件存放场，从外协供货厂进来的零部件不见减少，存放过多时，也意味着本工厂的生产减慢了。虽然外协订货看板的发行枚数每月都在变化,但这不过是由于人手的关系在每月中的变化,应当每周每天都在变化才好。最大数和最小数也有必要每月修改。

第四,改善的功能是非常重要的。以上所述的可以说都是看板的生产管理机能。除此以外,看板的另一个重要功能是改善功能,这一功能主要通过减少看板的数量来实现。看板数量的减少意味着工序间在制品库存量的减少。在一般情况下,如果在制品库存量较高,即使设备出现故障、不良产品数目增加,也不会影响到后工序的生产,所以容易把这些问题掩盖起来,而且即使有人员过剩,也不易察觉。其结局是高库存,带来人员、时间以及材料的浪费。而在JIT生产方式中,通过不断减少看板数量来减少在制品库存,就使上述这些问题不可能被无视。在运用看板的情况下,如果某一工序设备出故障,生产出不合格产品,根据看板的运用规则之一"不能把不合格品送往后工序",后工序所需得不到满足,就会造成全线停工,由此可立即使问题暴露,从而必须立即采取改善措施来解决问题。这样通过进行改善活动不仅使问题得到了解决,也使生产线的"体质"不断增强,带来了生产率的提高。丰田生产方式的目标是要最终实现无库存生产系统,而看板则提供了一个朝着这个方向迈进的工具。

第五,降低管理成本的作用意味着将计划人员变为零。例如,在冲压工序原材料卷材只需要一名准备人员而不用设进度管理部门等。也可以说计划人员不变成零,引进看板方式也没有意义。

16.3.3 看板的种类及用途

看板大体分两类,即"领取看板"和"生产指示看板"。相对于"领取看板"记载着后工序应该从前工序领取的产品种类和数量,"生产指示看板"指示前工序必须生产的产品种类和数量(图16.7和图16.8)。生产指示看板也常常被称为"准备看板",或直接简称为"生产看板"。

存放场架号	5E215	背编号	A2-15	前工序
产品编号	3567 OSO 7			锻造
品名	传动齿轮			B-2
车种	SX 5OBC			后工序
收容数	容器	发行编号		机械加工
20	B	418		m-6

图 16.7 领取看板

图16.7中的看板表示制造这种零件的前工序是锻造,指示后工序的搬运工到锻造部门一个叫B—2的地方领取传动齿轮,后工序是机械加工工序。每个零件箱中装有20个零

件,零件箱的型号是 B 型。这枚看板是发行的 8 枚看板中的第 4 枚。所谓背编号是这一品种的简略编号。图 16.8 中的看板指示机械加工工序 SB-8 必须生产 SX50BC-150 型轿车用的曲轴。生产的曲轴放在零部件存放场的 F26—18 处。

存放场架号	F26-18	背编号	A5-34	工序
产品编号	56790-321			机械加工
品名	曲轴			SB-8
车种	SX 50BC-150			

图 16.8 生产指示看板

按照使用情况细分,看板有以下分类。

1) 工序内看板

工序内看板指某工序进行加工时所用的看板。这种看板用于装配线以及即使生产多种产品也不需要实质性的作业更换时间(作业更换时间近于零)的工序,例如机加工工序。

所谓看板,也有人把它称为卡片,但实际上看板的形式并不局限于记载有各种信息的某种卡片形式。看板的本质是在需要的时间按需要的量对所需零部件发出生产指令的一种信息媒介体,而实现这一功能的形式是可以多种多样的。例如,在丰田公司的工厂中,小圆球、圆轮、台车等均被利用来作为看板。近年来随着计算机的普及程度提高,已经越来越多地引入了在各工序设置计算机终端,在计算机屏幕上显示看板信息的做法。

2) 信号看板

信号看板是在不得不进行成批生产的工序时所使用的看板。例如,冲压工序、树脂成形工序、模锻工序等。与上述的工序内看板不同,信号看板中必须记载的特殊事项是加上批量和基准数。加工批量是指信号看板摘下时一次所应加工的数量。基准数是表示从看板摘下时算起还有几个小时的库存,也就是说,从看板取下时算起,必须在多少小时内开始生产的指示。

3) 工序间看板

工厂内部后工序到前工序领取所需的零部件时使用的看板。

4) 对外订货看板

这种看板与工序间看板类似,只是"前工序"不是在本厂内,而是外部的协作厂家。对外订货看板上需记载进货单位的名称和进货时间。

5) 临时看板

它是进行设备保全、设备修理、临时任务或需要加班生产时所使用的看板。

16.3.4 看板的使用方法

1. 使用看板的八步骤

图 16.9 表示了领取看板和生产指示看板的使用方法。看板以后工序为起点,按照下

面各个步骤使用。

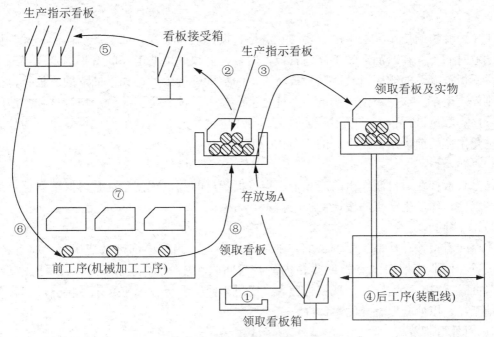

图 16.9 使用两种看板的各个阶段

（1）后工序的搬运工把所必需的数量的领取看板和空托盘（集装箱）装到叉车或台车上，走向前工序的零部件存放场。摘下来的领取看板在领取看板箱（接收箱或文件夹）中积存到事先规定的一定枚数时，或者规定好时间定期去领取。

（2）如果后工序的搬运工在存放场 A 领取零部件，就取下附在托盘内零部件上的生产指示看板（请注意：每副托盘里都附有一枚看板），并将这些看板放入看板接收箱。搬运工还要把空托盘放到前工序的人指定的场所。

（3）搬运工把自己取下的每一枚生产指示看板都换一枚领取看板附上。这样，在交换两种看板的时候，要注意仔细核对领取看板和同种物品的生产指示看板是否相符。

（4）在后工序，作业一开始，就必须把领取看板放入领取看板箱。

（5）在前工序，生产了一定时间或者一定数量的零部件时，必须将生产指示看板从接收箱中收集起来，按照在存放场 A 摘下的顺序放入生产指示看板箱。

（6）按放入该看板箱的生产指示看板的顺序生产零部件。

（7）在进行加工时，这些零部件和它的看板作为一对东西转移。

（8）在这个工序零部件加工完成之后，将这些零部件和生产指示看板一起放到存放场，以便后工序的搬运工随时领取。

这样的两种看板的连锁运作，必须有间断地存在于各种各样的前工序中。结果，各工序在必需的时候仅按必需的数量领取必需的物品，全部工序自然就实现了准时生产。这样的看板连锁运作，在实现各工序在循环时间内生产一个单位产品的生产线同步化上发挥作用。

2. 各类看板的使用方法

1）工序内看板

工序内看板的使用方法中最重要的一点是看板必须随实物，即与产品一起移动。后工序来领取时摘下挂在产品上的工序内看板，然后挂上领取用的工序间看板运走；该工序然后按照看板被摘下的顺序以及这些看板所表示的数量进行生产；如果摘下的看板数量变为零，则停止生产。在一条生产线上，无论是生产单一品种还是多品种，均按这种方法所规定的顺序和数量进行生产，既不会延误也不会产生过量的储存。由此也可看出，为什么说适时适量生产的前提条件是生产的均衡化。

2）信号看板

信号看板挂在成批制作出的产品上。当该批产量的数量减到基准数时摘下看板，送回到生产工序，然后生产工序按该看板的指示开始生产。

3）工序间看板

工序间看板挂在从前工序领来的零部件的箱子上，当该零部件被使用后，取下看板，放到设置在作业场地中的看板回收箱内。看板回收箱中的工序间看板所表示的意思是："该零件已被使用，请补充。"现场管理人员定时来回收看板，集中起来后再分送到各个相应的前工序，以便领取补充的零部件。

4）对外订货看板

对外订货看板的摘下和回收与工序间看板基本相同。回收以后按各协作厂家分开，等待协作厂家来送货时由他们带回去，成为该厂下次进行生产的生产指示。在这种情况下，看板被摘下以后，该批产品的进货将会延迟至少一回以上。因此，需要按照延迟的回数发行相应的看板数量。虽然产品的运送时间、使用时间、看板的回收时间以及下次的生产开始时间之间均有一些时间差，但只要严格遵守时间间隔，就能够做到按照 JIT 进行循环。

使用过的看板（即工序间看板和对外订货看板）回收后，按工序或按协作厂家的再分发，其工作量有时会很大，因此，在丰田汽车公司的一些工厂里设有专门的看板分发室，将看板上的有关信息用条形码来表示，然后用计算机来区分。

3. 实现看板管理的六项规则

为了实现看板方式的目的——准时生产，必须遵守下面的使用规则。

（1）规则1——"后工序必须在必需的时候，只按所必需的数量，从前工序领取必需的物品"。

（2）规则2——"前工序仅按被领走的数量生产被后工序领取的物品"。如果遵守规则1和规则2，全部生产工序就结合在一起，形成了一种流水作业的形式。通过严格遵守这两个规则，所有的生产工序之间就保持了同步生产。如果某个工序出现了问题的话，虽然所有的工序都有可能停车，但是至少保持了各工序之间的平衡。因而，丰田生产方式具有实现这种理想的流水线方式的结构。

（3）规则3——"不合格品绝对不能送到后工序"。如果不遵守第3个规则，看板方式就会完全被破坏。如果在后工序发现不合格品的话，因为后工序一点儿库存也没有，所以只好将后工序本身停下来，将这些不合格品送回前工序。这样，后工序生产线停止，任何人都会马上发现。

(4) 规则 4——"必须把看板枚数减少到最低程度"。因为看板的枚数表示着某种零部件的最大库存量,所以有必要把它控制到最低程度。在丰田公司,人们认识到库存的增加是一切浪费的根源。

(5) 规则 5——"看板必须适应小幅度的需求变化(通过看板对生产进行的微调整)"。所谓通过看板对生产进行的微调整指的是对突然的需求变化和生产上紧急事态的适应性。

(6) 规则 6——看板上表示的数目要与实际数量一致。包装式样和托盘的容量有时不一样,造成看板上表示的数量与实际数量不一致。实行看板方式的公司包装式样和容量不是始终一致的情况很多,所以生产单位的计算就变得和平常不一样,生产速度本身也变得和平常不一样。

此外,看板使用上应注意以下问题。

(1) 因为丰田公司是以月为单位进行生产管理的,所以看板发行枚数的增减也是以月为单位进行管理的。但是因为要按照每天的订货制定装配线的顺序计划,所以由看板进行的微调整就要每天进行。

(2) 作为看板发行枚数的安全系数而增加的那一部分,必须通过改善尽可能减少。

(3) 看板必须在使用最初一个零部件时摘下来放入看板接收箱,并陆续将其回收送到前工序。通常以一小时一次的频率进行回收。

(4) 必须进行稳定的领取。为此必须实现最终装配工序的均衡生产。

(5) 通过临时出勤进行特殊生产时,必须事先和计划部门联系。临时看板也陆续地发行,生产完成后必须迅速回收。

16.4 "5S"与改善

16.4.1 "5S"与实现方法

1. "5S"活动的含义

所谓 5S,分别取用了日语的整理(seiri)、整顿(seiton)、清扫(seiso)、清洁(seiketsu)、素养(shitsuke)5 个词的字头,如果用一句话说,就是工作场所的净化活动。

"5S"活动又称为"5S"管理,其具体含义如下。

(1) 所谓整理,就是把需要的东西和不需要的东西明确地分开,把不需要的东西扔掉。

(2) 所谓整顿,就是把需要的物品按需要时便于使用的原则整齐地放置,明确标示,以便无论是谁都清楚明白。

(3) 所谓清扫,就是经常扫除保持清洁。

(4) 所谓清洁,就是不断地保持整理、整顿、清扫的成果。

(5) 所谓素养,就是具有经常正确地遵守已经决定了的事情的习惯。

"5S"活动不仅能改善生活环境,还可以提高生产效率,提升产品的品质、服务水准,将整理、整顿、清扫进行到底,并且给予制度化等,这些都是为了减少浪费,提高工作效率,也是其他管理活动有效展开的基础。通过运作实例 16-2 将看到进行"5S"管理的必要性。

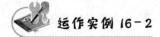

唐尼利制镜公司混乱的制造现场

制造汽车外部后照镜的唐尼利制镜公司[Donnely Mirrors, 现今的麦格纳唐尼公司（Magna Donnely）]，其位于格兰德港市的工厂刚开始实行精益生产方式时，乱无章法到什么都看不到、到处充斥浪费的地步。有一天，一辆福特"金牛座"汽车不见了，这辆车停放在工厂内，用来测试一些后照镜的原型。厂方发现车子不见时，还报警处理，几个月后，这辆车找到了，猜猜看在哪里找到的？在厂房的后方，被成堆存货给挡住了！现在，唐尼利公司的员工经常举这个例子来说明他们在实行精益生产前后相差十万八千里的境况。

资料来源：编选自《丰田汽车案例》Jeffrey K. Liker, 中国财政经济出版社，2004.11

唐尼利公司的故事听起来或许离谱，却很生动地反映了经常在工作场所中存在的情形。在20世纪80年代，走进日本以外的绝大多数制造业工厂里，映入眼帘的都是杂乱无章的景象。真正重要的部分看不到，看到的却是堆放到天花板的存货，无法确定各项东西是否摆放在正确的位置，当然，更无法看出工作的执行是否有问题——丰田公司的副总裁大野耐一希望的就是问题能浮现。

在没有推行5S的工厂，每个岗位都有可能出现各种各样不规范或不整洁的现象，如垃圾、油漆、铁锈等满地都是，零件、纸箱胡乱搁在地板上，人员、车辆都在狭窄的过道上穿插而行。轻则找不到自己要找的东西，浪费大量的时间；重则导致机器破损，如不对其进行有效的管理，即使是最先进的设备，也会很快地加入不良器械的行列而等待维修或报废。员工在这样杂乱不洁而又无人管理的环境中工作，有可能是越干越没劲，要么得过且过，过一天算一天，要么就是另寻他途。对于这样的工厂，即使不断地引进很多先进优秀的管理方法也不见得会有什么显著的效果，要想彻底改变这种状况就必须从简单实用的5S开始，从基础抓起。

通过实施"5S"活动，可以实现生产管理的三大目的——"质量、成本"（也就是质量、交货期、成本）水平的提高。"5S"在塑造企业的形象、降低成本、准时交货、安全生产、高度的标准化、创造令人心旷神怡的工作场所、改善现场等方面发挥了巨大作用。因此，"5S"已逐渐被各国的管理界所认可，并成为工厂管理的一股潮流。

2. "5S"活动推行步骤

企业开展"5S"活动，应该根据自身实际情况，制定切实可行的实施计划，分阶段推行展开，一般步骤如下。

（1）建立组织、明确责任范围。
（2）制定方针与目标。
（3）制订计划及实施方案。
（4）宣传与培训。
（5）活动实施。
（6）督导、诊断与检查。
（7）活动的评价。

(8) 活动的不断改善。

(9) "5S"是一项长期的活动，只有持续的推行才能真正发挥"5S"的效力。各部门应每周、月对发现的问题进行汇总，形成各部门需要改善的项目，限期整改。

3. "5S"活动的实现方法

"5S"活动可以使现场环境和人们的心情处于最佳状态。常用的工具主要有：红牌、看板、定点拍照、推置图、查核表等。

具体的实施方法如下。

1) 将"5S"活动纳入岗位责任制

要使每一部门、每一个人员都有明确的岗位责任和工作标准。运作实例16-3给出了某机械加工车间每日清扫内容和周末清扫内容的安排。

2) 严格执行检查、评比、考核制度

检查、评比、考核是保证"5S"活动能坚持和不断改进的重要措施，必须严格执行。检查、考核的方法可以多种多样，应根据各单位的实际条件决定。评比后应将评比的结果及时公布。

这里介绍一种评比办法。评比可分为4个等级：

4分——良好——绿色

3分——中等——蓝色

2分——及格——黄色（黄牌警告）

1分——差——红色（停工整顿）

3) 坚持"5S"循环，不断提高现场的"5S"水平

"5S"活动需要不懈地坚持、不断地改善及不断地循环。其循环是以素养为中心的，并始终围绕着素养的不断提高而不停地进行运转，因此在开展"5S"活动中，一定要紧紧抓住这个中心不放。

运作实例 16-3

每日、每周清扫实例见表16-1和表16-2。

表16-1 每日清扫实例

项目 内容 人员	地 面	机 床	工 具	工位器具	铁 刷
操作人员	清扫自己活动地面	按设备日清扫标准执行	处理无用刀具、定位放好使用过的工、检、刀、夹具	小车按规定放好	将工作区的铁屑清扫入铁屑箱
清扫人员	清扫各行走干道		把清扫工具放在自己的休息室	运铁屑车辆放置在固定位置	将铁屑箱内铁屑清除干净
辅助人员	保证车间地面清洁		使用的工具不随意放在现场		

表 16-2 每周清扫实例

人员＼项目＼内容	地 面	机 床	工 具	工位器具	铁 刷
操作人员	清扫自己活动地面	按设备周清扫标准执行	做日清扫事项，擦洗管理点架，整理工具箱内部	擦洗小车滑道等，包括脚踏板并定置放好	彻底清除设备周围铁屑
清扫人员	清扫各主干道		同"日清扫"	同"日清扫"	同"日清扫"
辅助人员	清查现场有无自己负责的无用品，如有则清除	配合操作者进行设备保养	同"日清扫"		

资料来源：选自《基础工业工程（IE）》范中志 张树武 孙义敏，机械工业出版社，1998.8

16.4.2 丰田公司的改善活动

改善活动可以说是丰田生产方式的基础条件。丰田生产方式在追求降低成本的最终目标的同时，还统括着各种各样不同的目标（数量管理、质量保障、尊重人格等）并付诸实施。所有这些目标都要通过丰田生产方式的基础必要条件——改善活动来实现，使丰田生产方式真正取得实效的就是改善活动，如图 16.10 所示。

每个作业人员通过 QC 小组活动提出问题，获得提出合理化建议的机会。依靠开展这种合理化建议活动，通过使标准作业组合适应循环时间的变化提高数量管理，通过每个作业人员都可以参与生产过程增强对人格的尊重。

应该改善的对象是各种各样的，主要如下。

（1）为了排除无效动作的手工作业的改善。

（2）为了避免不经济地使用人力资源而引进新式设备和改良设备。

（3）材料及消耗品利用方法的改善和节约。

（4）设备布置的改善。

这 4 种形式的改善活动，都是通过合理化建议制度来开展的。

1. 合理化建议制度的目的——"好产品、好思路"

虽然合理化建议制度表面上的目的在于收集全体员工的想法、改善公司的业务，但是它的真正目的还有许多截然不同的其他方面。这时，合理化建议制度单纯对员工来讲，是为了让他们抱有自己被公司乃至上级认可的意识，或者就像是经营层的一员那样，以对允许自己制订计划的公司抱有忠诚心或归属意识为目的。在丰田公司，合理化建议制度的目的和精神，正如在标语上所标榜的语言那样——"好产品、好思路"。也就是说，它的目的在于为提高产品质量、降低产品成本引导全体员工的意见，以便使丰田公司能够在世界汽车市场上持续成长壮大。所以说，丰田公司不是把合理化建议活动在劳务管理上的效果置之脑后。许多改善活动，都产生于全公司的合理化建议活动。这一事实表现了丰田公司对员工的合理化建议是多么认真地加以重视。

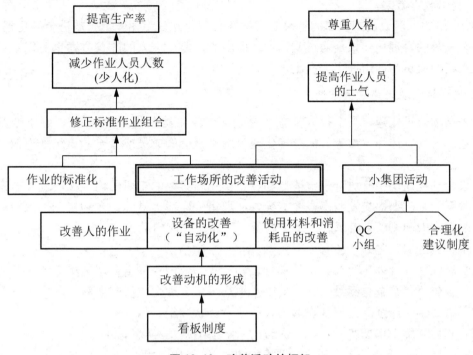

图 16.10　改善活动的框架

2. 实现来自现场的合理化建议的程序

每个改善方案，既有作业人员自己开动脑筋提出来的情况，也有被称为 QC 小组的小集团提出来的情况。这种 QC 小组由各个作业场所的作业人员组成，作为现场监督人员的班长担任小组的领导。如果这个小集团的某个人提出问题，向监督人员申述后，该监督人员就采用下面的程序。

1) 确认问题

当考虑所提出的问题时，必须正确把握它的困难的问题点，确认对其他作业及其他作业人员的影响。

2) 调查问题

必须详细地调查现在的状况，查明问题的原因。在这个调查过程中，可能也会弄清其他的问题。

3) 提出想法

监督人员必须督促、激励作业人员提出解决问题的意见。

例如，一个作业人员指出，数托盘上零部件数量时太费时间，而且托盘上还常常放着几种不同种类的零部件。于是，作为解决这个问题的方法，这名作业人员可能提出这样的建议：在托盘上做隔板，使托盘上的零部件容易数；同时把零部件按种类分别放入托盘。或者可能是整个小组同样提出好的解决方案。不管是哪种情况，作为领导的监督人员必须尊重部下的意见。

4）集中意见

现场监督人员集中针对问题提出的各种各样的解决方案，必须让部下选出最佳方案。

5）提出改善方案

QC 小组的一名成员把选出的解决方案写在合理化建议专用笺上，放进合理化建议箱。虽然许多改善的合理化建议是通过 QC 小组提出的，但是个人的改善方案也可以不和监督人员及小组的成员沟通由一个人提出。

3. 94% 的合理化建议被采纳

被采纳的合理化建议马上投入实施。合理化建议中有的作为"保留"，在下个月重新进行审查。另外，作为"参考"的合理化建议由委员会的成员或者专职人员加以改进，再行利用。

如果合理化建议中有适合于申请专利权、实用新案权的东西的话，在与提出合理化建议的人联系的基础上提交发明审查委员会，在那里采取适当措施。专利权全部保留公司的名字。奖金一般归 QC 小组所有，用于旅游、钓鱼等休闲活动。

除了金钱的奖励之外，还有以下表彰。

（1）对优秀的合理化建议，每月举行表彰仪式。公司对提出合理化建议者颁发奖状。

（2）表彰每年奖金总额最多的人员以及平均每件合理化建议奖金额最高的人员等。

（3）给 3 年中连续受到年度表彰的人员颁发奖状和纪念品。

（4）作为年度工作场所表彰，对优秀的 QC 小组颁发奖状和奖品。

1951 年 6 月，丰田公司引进了合理化建议活动。1984 年以来，平均一名员工一年中提出 40 件以上的合理化建议，而且这些合理化建议大部分（95%）被采纳了。但是，1996 年以后，与合理化建议的数量相比，转移到更加重视它的质量，每人减少到了 30 件。

归纳以上所述，合理化建议制度有以下几个优点。

第一，合理化建议制度通过每个员工或者 QC 小组发挥作用，各小组的监督人员对部下的问题和建议能够认真、迅速地引起注意。

第二，合理化建议每月按规则审查，结果马上发表。

第三，通过审查的过程，形成一般作业人员与专门工作人员之间的亲密关系，这是因为，如果所提出的改善内容有必要变更设计的话，专门工程师就立即讨论这个方案。

本 章 小 结

丰田生产方式（TPS）作为一种在多品种小批量混合生产条件下高质量、低消耗地进行生产的方式，能够灵活多样地适应市场的各种需求。这一生产方式在推广应用过程中，经过不断发展完善，为世界工业界所瞩目，被视为当今制造业中最理想且最具生命力的新型生产系统之一。其基本原理和诸多方法对所有制造型企业及服务型组织都具有重要的借鉴意义。本章介绍了 TPS 的由来、基本思想和主要内容，并着重阐述了实现 JIT 的基本要素、现场管理的特点、看板管理方式及相关管理理念。

关键术语

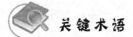

丰田生产方式　JIT　看板　看板管理　生产均衡化　多面手工人　制造单元　拉式生产　U形布置　全面质量管理　全面产能维护　5S　改善活动

习　题

一、判断题

1. TPS 允许少量的超额制造和合理的提前生产。　　　　　　　　　　　　　（　　）
2. 在 JIT 生产方式中，一旦发现产品或设备出现质量问题，一线员工有权停止生产。
　　　　　　　　　　　　　　　　　　　　　　　　　　　　　　　　　　（　　）
3. 实现 JIT 需要对标准作业组合固定，以实现生产的高效率。　　　　　　　（　　）
4. 看板主要是作为拉动生产的指示，不能起到改进作业的作用，所以采用合理化建议。
　　　　　　　　　　　　　　　　　　　　　　　　　　　　　　　　　　（　　）
5. "5S" 管理的主要出发点是工作场所的净化，所以清洁是其最高境界。　　（　　）
6. 看板的规则之一是 "后工序必须在必需的时候，只按所必需的数量，从前工序领取必需的物品。"　　　　　　　　　　　　　　　　　　　　　　　　　　（　　）
7. "宁可中断生产，也不掩盖矛盾" 符合 JIT 的思想。　　　　　　　　　　　（　　）
8. 按照 JIT 哲理，只有不增加价值的活动才是浪费。　　　　　　　　　　　（　　）

二、单选题

1. TPS 是多品种小批量混合生产条件下高质量、低消耗的生产方式，其主导思想不包括（　　）。
　　A. 消除一切形式的浪费　　　　　　　B. 不断改进与完善
　　C. 调动人的积极性能　　　　　　　　D. 与供应商短期合作
2. 实现 JIT 需要企业全方位的参与与努力，其基本要素是（　　）。
　　A. 多面手工人、高效制造单元、TQM、TPM
　　B. 专业化工人、高效制造单元、TQM、TPM
　　C. 多面手工人、高效制造单元、TQM、绩效管理
　　D. 专业化工人、高效制造单元、TQM、绩效管理
3. 丰田汽车公司设备布置，常用的路线是（　　）。
　　A. L 形　　　　　B. 直线形　　　　　C. U 形　　　　　D. 圆形
4. 从概念上讲，JIT 可做到：（　　）。
　　A. 工件在加工过程中没有等待　　　　B. 没有无事可干的工人
　　C. 仓库里没有存货　　　　　　　　　D. 以上各项都是
5. 记载后工序应该从前工序领取的产品种类和数量的看板是（　　）。
　　A. 指示看板　　　B. 准备看板　　　　C. 领取看板　　　D. 生产看板

6. 成批生产的工序使用的看板为（   ）。
   A. 工序内看板　　　B. 信号看板　　　C. 工序间看板　　　D. 对外订货看板
7. 把生产现场需要的人、事、物加以定位，这在"5S"活动中称为（   ）。
   A. 整理　　　　　　B. 清扫　　　　　C. 整顿　　　　　　D. 素养
8. 下列哪一项不是组织准时生产的条件？（   ）
   A. 减少调整准备时间　　　　　　　　B. 准时采购
   C. 建立推进式系统　　　　　　　　　D. 从根源上保证质量
9. 全面质量管理不包含下述哪个概念？（   ）
   A. 授予工人责任感　　　　　　　　　B. 防错法
   C. 平准化　　　　　　　　　　　　　D. 全员参与
10. 在 JIT 系统中，当出现不合格件时，通常的处理方式为（   ）。
    A. 继续生产，以保证下工序的需要
    B. 请示领导，决定是否继续生产
    C. 停止作业，并查找原因，解决问题
    D. 根据合格率指标的需求，决定是否停止生产
11. JIT 与传统生产系统对库存存在不同的认识，体现在（   ）。
    A. JIT 将库存视为缓冲器　　　　　　B. JIT 将库存视为资产
    C. JIT 认为库存占用资金和空间　　　D. JIT 认为库存掩盖了生产管理的问题
12. 推动'5S'活动，可以按（   ）。
    A. 生产原则进行　　　　　　　　　　B. 标准化原则进行
    C. 管理原则进行　　　　　　　　　　D. PDCA 循环原则进行

三、填空题

1. 丰田生产方式的基本手段有_____。
2. 实现 JIT 的基本要素是_____。
3. 看板的种类有_____。
4. 看板的主要功能有_____。
5. 所谓 5S 是指_____。

四、简述题

1. 丰田生产方式的本质和精髓是什么？
2. 丰田生产方式把过量生产出来的产品看做一种浪费，你认为这种看法有道理吗？为什么？
3. 看板管理就是 JIT 吗？为什么？
4. 应该如何看待 TPS 中"少人化"方法？对我国企业有何借鉴意义？
5. 在什么样的企业环境下 TPS 的各种具体方法能够得到更好的运用？举例说明。
6. 看板分为哪几类？使用方法分别是什么？
7. 你认为看板为什么可以作为"5S"活动的工具？试解释。
8. 谈谈你对丰田公司持续改善活动和实行合理化建议制度的看法。
9. 谈谈丰田生产方式的各种方法和工具对各类服务型行业有无应用价值。

 案例研究

我国企业推行 TPS 活动中存在的问题

20世纪80年代初,长春第一汽车制造厂就派出一个40人的代表团专门访问丰田公司,进行了现场考察学习达半年之久,回来后在一汽各分厂推行丰田生产方式。特别是到了20世纪90年代初,一汽变速箱厂采用丰田生产方式,取得了较好的成绩。然而,湖北东风汽车公司的"一个流"生产,以及上海易初摩托车厂的精益生产都收效甚微。国内其他一些企业也试行过TPS,然而大多未能成功。丰田公司方面对在中国企业实施TPS的评价恐怕更令人失望。曾有专家就这一问题采访过丰田公司生产调查部的斋藤广美主管,可他甚至举不出一个中国企业成功实施TPS的案例。2000年年底,来华访问的TPS嫡系传人、丰田汽车公司生产调查部长林南八仅举出了一个TPS在中国成功实施的案例——VCD组件生产企业川景电器公司(音译)。与TPS在中国的命运相反,在美国,TPS显示出了其强大的活力。通用公司从在加州与丰田公司的合资厂那里学到了TPS;福特汽车公司从丰田公司在美国的企业里挖人,做成了TPS的福特版;克莱斯勒公司学习福特公司;全球最大的汽车零部件生产商德尔福也实施了TPS,结果是惊人的。TPS没有国籍。林南八举例说,他曾考察过德尔福在波兰的工厂,那里没有接受过丰田公司的指导,但却将TPS实施得非常彻底,其水平之高令人吃惊——现场管理人员能回答任何刁钻的问题。

但是中国很多厂家都存在一个怎样继续深入发展TPS的问题。国内众多企业试行丰田生产方式未能成功,原因是多方面的,如何正确理解TPS是关键问题,概括地说,在国内对TPS理解不完善的地方大致在如下几个方面。

(1) 关于JIT的问题。丰田生产方式不仅仅是准时生产与看板管理,如果仅仅从形式去效仿看板管理是不能成功的。JIT是TPS核心问题之一,拉式生产是JIT的主要手段,也是大野耐一的典型代表作。但是JIT是不能脱离另一支柱人员自主化和改善而独立存在的。因而TPS的开发必然是一个企业整体的、长期的行为。它是一个系统管理,是一个全员参加的、思想统一的、不断改进的系统过程。TPS的开发从局部试点开始,毫无疑问是正确的,但绝不能局限在局部,不能孤立存在。

(2) 关于推行丰田生产方式的条件。改善是TPS哲理的基础与条件,也就是推行TPS首先从连续改善入手。目前,天津丰田技术中心在丰田公司与天津汽车公司在合资企业正在推行TPS,它们就是先从改善入手,而不是马上推行JIT。原因何在?首先是因为改善是贯穿TPS的产生、成长、成熟的发展的整个过程。其次JIT的实行需要有较高水平的管理基础来保证。如快速换模,先进的操作方法,合理的物流系统,科学的定额和期量标准,员工素质与设备完好率高等。所有这些条件必须具备,才能实行JIT生产。

(3) 关于质量管理。质量管理不是独立存在的体系,它必须溶于生产过程。我国的企业都设有专门的质量管理部门,这样一来,使质量管理形成了相对独立的管理体系。而质量管理是不能脱离生产现场的加工操作及包装、运输的全部过程的,必须融为一体,而不是独做表面文章。

(4) 关于工业工程(industrial engineering,IE)。日本丰田汽车公司生产调整部部长中山清孝指出"丰田生产方式就是工业工程在丰田公司现代管理中的应用"。可以说工业工程是丰田生产方式实现的支撑性技术体系,特别是改善活动依托的理论与方法主要是IE。同时也是美国、西欧各种现代管理模式(例如,CIMS,MRPⅡ)的技术支撑体系。因而,我国企业要推行TPS,特别是建立适合国情、厂情的TPS,就一定要从推行工业工程入手,否则很难成功。

(5) 关于整体化问题。我国许多企业在推行质量管理、工业工程、技术改造、市场研究、CIMS工程等都按职能部门划分,甚至成立专门的领导机构,各搞一套,这是不正确的。上述工作应集成一体,形成全厂行为,确立本企业的模式,以IE为支撑技术,经过连续不断的改善与努力,最终求得企业整体

化效益。

资料来源：资料改编自：http://www.e-works.net.cn

讨论题：

1. 日本与中国的国情相似，而与欧美国家的文化相差较远，但为什么美国企业实施TPS优于中国企业？
2. 你认为我国企业推行TPS，应采取怎样的途径与策略？

第17章 约束理论

教学要求

通过本章的学习，要达到以下目的：
(1) 了解约束理论的产生和发展；
(2) 掌握约束理论的相关概念及重要思想；
(3) 掌握 OPT 的原则；
(4) 了解寻找瓶颈的方法及瓶颈资源计划的编制方法。

引 例

美国空军医疗组织应用约束理论

在现今被管理着的医疗卫生环境中进行运营的保健服务提供者正处于一个艰难的境地。如果他们的目标是增加利润并维持发展，那么该系统必须在增加收入的同时还要控制成本。为了增加收入，系统必须拥有更多的服务对象。当然，这会迫使系统提供更多的服务，从而拉动资源的需求，增加了成本。然而，控制成本不能增加资源。对于医疗保健服务的提供者来说，解决这两者之间的矛盾是其生存发展的关键问题。

第366号医疗组织（一家位于爱达荷郊区的美国空军基地的空军医疗单位）采用了5步式的约束理论来改进病人获取服务的渠道，同时降低了成本。改进小组通过流程图分析了一些重要的步骤，并识别出每个步骤中的约束条件。其中，病人排队过程的改变是一个重要的改进措施。

在排队过程中，约束条件是日常约定时间的获得（TOC 的第一步，识别系统的约束条件）。通过分析这个过程，改进小组发现了隐藏在排队管理方式背后的一个基本的假设：一旦排队的模型固定下来，那么就不会有什么改变。这就假定了各种不同类型的约定方式的需求是保持不变的。当然，实际中没有人会认为需求会保持不变，但是排队管理的解决方式却仿佛是这样的假定。因此，通过排队计算出来的各种类型约定的期望的平均值，大多是错误的时间。

改进小组通过对各种类型的约定进行计划排队，挖掘了日常的约定约束（TOC 的第二步）。他们发现有较高的空闲率，并设计了一些干预的措施来降低整个比率。

接下来，改进小组创立了动态约定模型的概念，使其他类型的约定附属于这个日常的约定模式。在这里，有一个约定管理员负责调整各种约定类型比率。约定管理人员每天只花费

15min 就可以调整好排队的模式。这个简单的改变减少了日常的约定约束,并且动态地改变了系统的能力。

资料来源:ADAPIED FROM D. E WOMACK AND S. FLOWERS. "IMPROVING SYSTERMFER PERFORMANCE:A CASE STUDY IN THE APPLICATION OF THEORY OF CONSTRAINTS." JOURNAL OF HEALTHCARE MANAGEMENT. SEPTEMBER. OCTOBER 1999. pp. 397~405

17.1 约束理论概述

17.1.1 约束理论与发展

约束理论(theory of constraints,TOC)最早是由以色列物理学家及企业管理大师犹太人艾利·高德拉特博士(Dr. Eliyahu)提出的。他在 20 世纪 70 年代末先提出"最优生产技术"(optimized production technology,OPT)后在此基础上发展为约束理论。高德拉特在 20 世纪 70 年代从事物理学研究工作,一次偶然机会,为了帮助他朋友的亲戚所经营的一家处于困境的制造企业,他涉足生产管理工作并开发了一种管理软件,这就是最早的 OPT 软件。主要思想是以控制瓶颈工序为中心来安排生产计划,通过 OPT 软件的实施,该企业恢复了活力。1979 年他与人合伙创办了一家名为 Creative Output 的公司经营该软件。有很多大企业如 GM 等采用了他的软件,使企业的整体生产能力得到提高。大多数企业增产达 30%,期末库存降低了 50%。后来高德拉特把精力从经销软件,转移到了宣传 OPT 的管理哲理和培训教育上。高德拉特还写了一本书,借助小说的手法来通俗地介绍 OPT 思想,小说名叫《目标》(The Goal),该书被翻译成多种文字,全球销售量达 400 多万册,成为一部闻名全球的畅销书。后来由于合伙人的反对,他被迫离开了这家公司,自己单独成立了一家咨询公司,专门从事 OPT 哲理的研究和咨询培训工作,并最终把 OPT 发展为 TOC 理论。在此期间,高德拉特出版了很多著作来介绍和传播他的 TOC 思想。随着社会总生产能力的扩大导致大部分企业的瓶颈工序转变为企业的市场营销环节,于是高德拉特写了一本《绝不是靠运气》(It's Not Luck),提出了市场营销中的思维过程理论(Thinking Process),介绍了企业生产能力在超过市场需求的情况下,如何争取增加订单的一系列方法。The Haystack Syndrome 提出了企业产出会计理论。《关键链》(Critical Chain)介绍了企业如何考虑各个工序能力的多种新产品同时开发过程中的关键链理论。这几本书构成了高德拉特的约束理论,涵盖企业经营活动中最主要的 4 个环节:生产计划与控制、市场营销、资金控制、新产品开发,成为一套比较完整且实用有效的企业生产经营理论。

17.1.2 约束理论中的重要思想

简单来讲,TOC 就是在管理活动中关于进行改进和如何最好地实施这些改进的一套管理理念和管理原则,可以帮助企业或组织识别出在实现目标的过程中存在着哪些制约因素——TOC 称为"约束"或"瓶颈",并进一步指出如何实施必要的改进来——消除这些约束或瓶颈,从而更有效地实现企业目标。下面介绍约束理论的几个重要概念和思想。

1. 瓶颈资源和次瓶颈资源

瓶颈资源是指生产能力小于需求的任何资源。瓶颈资源是系统内部制约产出率的约束条件，是制造工艺中流量最小的那个点。瓶颈资源可能是机器、稀有或高技能的劳动力以及专业化的工具。观察表明，许多工厂都只有为数极少的瓶颈作业。如果不存在瓶颈，那么就会存在剩余的生产能力。此时，系统应该做一些改变，从而暴露出系统的瓶颈所在（例如增加生产准备作业或者减少生产能力）。

生产能力是指除维修和其他的间歇时间以外的可以使用的生产时间。非瓶颈资源是指生产能力大于需求的任何资源。因此，非瓶颈资源不能持续地工作，因为它的生产能力超过需求。非瓶颈资源包含了空闲时间。

次瓶颈资源(CCR)是指利用率接近生产能力的资源。如果不认真处理，它就可能转化为瓶颈资源。例如，作业车间的CCR可能要接受不同来源的工作任务。如果这些工作任务没有安排好，使得CCR的间隙时间超过它没有利用的生产能力的时间，那么次瓶颈资源就会转化为瓶颈资源。如果批量大小改变，或者上游的操作由于某种原因不能工作，从而不能满足CCR的生产能力要求，这种情况就会发生。

2. 击鼓-缓冲-绳索

在《目标》一书中高德拉特举了一个远足的例子，远足的目的是所有成员同时到达目的地，走得慢的人就成了到达目的地快慢的约束，因此要由最慢的人来击鼓控制步伐，又要通过绳索来保证成员不因距离的拉开而走失，同时又要有一定的缓冲避免相撞，只有这样才能保证最终远足的成功。远足的人就好比企业的生产工序，远足的目的就好比企业生产出来的最终产品，企业的生产也要有一定的节奏和协调，目的是最终成品的最大化，而不是个别工序的最大化。所以在企业生产当中，要首先找出瓶颈加以控制和计划。

为了控制系统中的产品流动，每个生产系统都要设置一些控制点。如果系统中存在瓶颈工序，那么最佳的控制点就是瓶颈。如果控制点能够决定系统中的其他部分（或者是它所能影响的部分）发挥作用的节奏，那么该控制点就可以称为鼓。瓶颈工序就是生产能力不能满足需求的资源，因此，瓶颈工序一直在工作。使用瓶颈作为控制点，其中的原因之一是确保生产的上游不会过量生产，以免出现瓶颈工序不能处理过量的在制品而形成库存。

如果系统中不存在瓶颈工序，鼓的最佳位置是次瓶颈资源。次瓶颈资源的运行时间接近生产能力，但是平均来说，只要正确安排，就会有足够的生产能力（其中，不正确的安排包括太多的生产准备时间，使得生产能力不足或者生产太大的批量，使得下游的生产不得不停工）。如果既没有瓶颈，又没有次瓶颈资源，那么控制点的位置可以任意选择。当然，一般来讲，最好的位置是物流分叉点，即该处资源的产出流向多个下游作业。

处理瓶颈问题非常重要，主要集中在确保瓶颈工序持续工作。图17.1是一个从A到G的线性流程。假设机器中心D是瓶颈资源，这意味着它的上下游的工序生产能力都比它大。如果这个流程不加以控制，那么就会看到在工作中心D的前面会产生大量的库存，而其他地方则几乎没有库存。系统中没有成品库存，因为（根据瓶颈的定义）所有生产的产品都被市场所接纳。

在处理瓶颈时，必须做到以下几点。

（1）在瓶颈工序的前面设置缓冲库存，以确保瓶颈总有工作可做。由于它是瓶颈工序，因此它的产出决定了整个生产系统的产出。

（2）把D的生产情况反馈给上游的A，以便A按需求进行生产。这样可以防止库存的增加。这种反馈就称为绳，它可以是正式的（如计划），也可以是非正式的（如日常的讨论）。

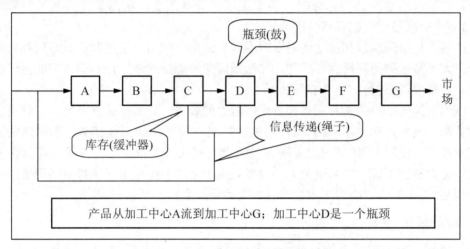

图 17.1　瓶颈资源的线性产品流程

在瓶颈工序前面的缓冲库存是一种时间缓冲。设置缓冲器的目的是确保工作中心D总有工作做，而不在乎生产哪种产品。那么，时间缓冲到底要多大呢？答案是：时间缓冲应该大到足以保证瓶颈工序能够持续工作。通过考察每项作业的变动情况，可以作一下估计。从理论上讲，考察过去的绩效数据就可以用统计方法计算缓冲的大小，也可以对作业序列进行模拟。不论是哪一种方法，精确度并不是最重要的，可以用整个系统提前期的1/4作为初始的时间缓冲。例如，在图17.1中，从A到G的作业序列总时间如果假设为16天的话，可以在D的前面设置一个4天的缓冲器。如果在随后的几天或者几周内，缓冲用完了，就必须增加缓冲器的大小，通过分配更多的物料给第一个作业A就可以做到这一点。另一方面，如果发现缓冲从来不会降低到3天的水平以下，那么就应该减少A的物料供应，从而使时间缓冲降为3天。时间缓冲的大小最终还是要依靠经验来决定。

如果鼓不是设置在瓶颈而是CCR上（因此它可能有少量的空闲时间），那么要设置两个缓冲器：一个在CCR的前面，另一个则作为成品缓冲库存（图17.2）。成品库存保证满足市场的需求，而CCR前面的时间缓冲则保证产出率。对于CCR这种情形，市场不可能接纳所有产品，所以要确保在市场需要购买的时候予以满足。

在CCR的情形下，需要两根绳。

（1）一根绳把信息从成品库存反馈到鼓，从而可以增加或者减少产出。

（2）另一根绳则把信息从鼓反馈到物料分配点，指明需要多少原材料。

高德拉特给人们提供了用"击鼓-缓冲-绳索"理论进行计划工作的5步骤。

（1）检索系统中存在的瓶颈工序。

（2）以产出量为判断标准，运用运筹学等方法优化瓶颈工序的资源利用效率，围绕瓶颈资源制订生产计划。

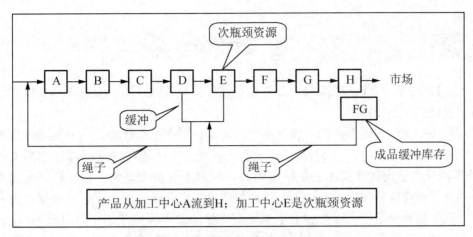

图17.2 次瓶颈资源的线性产品流程

(3) 根据瓶颈工序的计划,编制其他各工序的计划。
(4) 计算瓶颈工序的能力。
(5) 如果瓶颈工序不再制约总的产出,就回到步骤1,否则转到步骤2。

3. 思维过程理论

高德拉特思维过程理论(thinking process)的思路是"急顾客所急,想顾客所想",也就是人们现在所说的顾客就是上帝,企业的目的是卖出产品从而获利,而不是生产库存。只要满足了客户的要求,才能争取到更多的订单,解决市场营销的瓶颈。

运作实例17-1

有一家印刷纸包装的A公司(是一家小公司)因为B公司(是一家大公司)的存在,而得不到大批量的印刷业务。B公司拥有大型印刷设备,由于规模经济的效果,大批量印刷的成本比用小型机器小批量的低。一些小用户因为单价问题,宁肯有些浪费,也要向B公司订货。后来,这家A公司进行了用户调查,了解到很多小用户虽然从B公司订的包装纸价格比较便宜,但是订的量大,由于产品更新换代快,一般有1/3要报废,算起来总的成本并不比订A公司的包装纸便宜。由于小用户的订货原则是只看单价,而不是看产品生命周期全过程的成本,导致这些用户的表面上购入了廉价的包装纸,而实际上单位产品所用的包装纸的成本高于A公司的包装纸。A公司发现了用户的采购原则中存在的问题,就向这些小用户提出了一个供货方案:"以总需求量订货,可以分批交货,并允许更改设计"的订货协议,使得小用户既能享受大批量的订货的折扣,又可以根据新产品的要求改变包装设计,从而杜绝浪费,降低了包装成本。A公司则享受到了大批量的采购原材料的折扣优惠,又提高了机器的开动率,也增加了利润。

资料来源:潘家轺,曹德弼.现代生产管理.2版.北京:清华大学出版社,2003:246.

高德拉特的这种思维过程理论为企业之间建立新型关系提供了理论依据,人们称之为"双赢"关系(win-win relation)。意思是说,原来是对立关系,经过解除对立(思维理论的核心思想)改变成为互利关系。这是企业之间进行系统优化的结果所产生的效益。目前广泛流行的供应链管理思想也属于这种系统优化。当企业内部成本降低到一定的极限之后,就会出现企业之间的既竞争又合作,这种合作往往从市场信息的共享开始,最终到达衔接彼此的计划,以求系统优化。

17.2　OPT 的原则

TOC 的核心是 OPT，高德拉特给人们提供了一种利用 OPT 思想来编制生产计划进度所需要遵循的 9 条原则。

（1）不要平衡生产能力，而应该平衡产品流动。平衡生产能力是一种传统的生产管理方法，它要求各环节的生产能力都与市场需求平衡，以保证各种资源都达到最大的利用率。OPT 则认为平衡能力实际上是做不到的，因为市场每时每刻都在变化，波动是绝对的。企业为了适应这种变化，必须不断地调整自己的生产任务。生产任务常变，而企业的生产能力则是相对稳定的，因此能力不平衡是必然的和不可避免的，所以 TOC 强调重要的是产品流动平衡。所谓产品流动平衡就是使各个环节的产出都协调一致，没有在制品积压。由于瓶颈制约了整个系统的产出，所以要保持产品流动平衡，就是要使各环节与瓶颈环节保持协调一致。

（2）非瓶颈资源的利用率水平不是由它的潜在生产能力决定，而是由系统中其他的约束条件决定的。系统的约束就是瓶颈，因为系统的产出是由瓶颈的产出量决定的，即瓶颈限制了企业的产销量。而非瓶颈资源的充分利用，不仅不能提高产销量，而且会使库存和运行费增加。所以非瓶颈资源的利用率不应该达到 100%，而应与瓶颈的生产能力相协调。

（3）一项资源的利用和活力不是一回事。让一项资源充分开动运转起来与使该项资源带来的效益不是同一个含义，即资源的"利用"（utilization）和资源的"活力"（activation）不是同一个概念。按传统的方法，凡是将资源能够利用的能力都加以充分利用。但按 OPT 的观点，不考虑生产瓶颈而全盘提高利用率使得资源的活力降低，并不能给企业带来更多的效益。

（4）瓶颈资源上一小时的浪费是整个系统一个小时的浪费。瓶颈资源是限制整个系统产销量的薄弱环节。瓶颈资源工作的每一小时都直接贡献于企业的产销量，所以在瓶颈资源上损失一小时，就使整个系统损失一小时的产销量。因此，瓶颈资源是整个系统中管理和控制的重点，应尽最大的努力使瓶颈资源满负荷工作。在 TOC 系统中通常采用以下措施来使瓶颈资源保持 100% 的"利用"。

① 在瓶颈工序前设置质量检查点，使投入瓶颈工序的工件保证 100% 是合格品。
② 在瓶颈资源前设置缓冲环节，使瓶颈环节不受其前面工序生产率波动的影响。
③ 适当加大生产批量以减少瓶颈工序的设备调整次数，减少其工作时间损失。
④ 采取措施减少瓶颈工序中的辅助生产时间，以增加其基本生产时间等。

（5）非瓶颈资源上节约时间是没有意义的。在非瓶颈资源上节省了时间，只能增加其闲置的程度，并不能增加企业的产销量。相反，为此企业还要付出一定的管理费用。

（6）瓶颈资源决定了系统的产出率和库存。产出率指的是单位时间内生产出来并销售出去的产品数量。很明显，产出率受到企业的生产能力和市场的需求量这两方面的影响。在决定企业的生产能力、销售能力和市场需求的一系列环节中都可能存在瓶颈环节，瓶颈控制了企业的产出率。企业的非瓶颈环节应与瓶颈保持一致，库存水平只要能维持瓶颈上的物流连续稳定即可，过多的库存只能是浪费，所以库存量也是由瓶颈控制的。

(7) 转移批量不等于而且常常不应该等于加工批量。TOC 采用了一种独特的动态批量系统,即加工批量的大小不应是固定的,而是要根据实际情况动态地变化。转移传送批量可以不等于加工批量,甚至在多数情况下传送批量都不应该等于加工批量。

按 TOC 的观点,为了减少瓶颈资源上的调整损失,增加设备的有效工作时间,对瓶颈资源宜采用较大的加工批量。而对于非瓶颈资源,为了改善产品流动平衡,减少在制品积压,可采用较小的加工批量,从而使非瓶颈资源上有富裕的能力,所以增加调整次数不会影响它的有效工作时间。

同样,为了减少工件在工序间的等待时间,减少在制品积压,应尽量采用小的传送批量。传送批量的大小,还要考虑工序间的运输距离、运输方式和每一批的运输工作量。如果有机械化的连续传送装置,则可以实现单件传送,即传送批量等于 1。

如上所述,同一种工件在瓶颈资源和非瓶颈资源上可以采用不同的加工批量,在不同的工序间传送时,可以采用不同的转移批量,批量的大小应根据实际情况动态决定。

(8) 加工批量应该随着加工工艺和加工时间的变化而变化。在瓶颈工序前应设置缓冲环节,以避免瓶颈资源受前面工序生产率波动的影响。缓冲环节设置的位置如图 17.3 所示。

① 瓶颈工序之前。
② 缓冲环节设置在与通过瓶颈工序的工件进行装配的相关工件的装配工序之前。

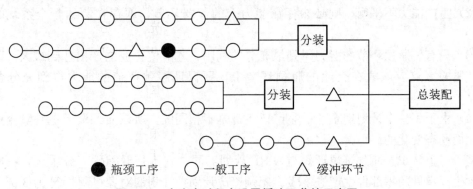

图 17.3　在生产过程中设置缓冲环节的示意图

缓冲环节有两种形式。
① 时间缓冲。
② 用保险在制品作缓冲。

大批量生产通常采用保险在制品作缓冲环节,单件小批生产则采用时间缓冲。这段缓冲时间设在瓶颈工序开工时间和其紧前工序完工时间之间,以保障瓶颈工序的开工时间不受前面工序生产率波动或发生故障的影响。缓冲时间的长度与前面生产率波动的幅度、故障出现的概率及企业排除故障的能力等有关。

(9) 只有在考察整个系统的约束条件时,才应该考虑设立优先权。提前期是计划的衍生物。MRP 按预先确定的提前期,用无限能力倒排计划法编制零件进度表。TOC 中不采用固定的生产提前期,提前期是批量、优先权和其他许多因素的函数。TOC 是根据各种约束条件先确定零件的优先级,用有限能力计划法编排生产进度表。从下例可以看出提前期应该是计划的结果。如果某个企业有两批订货,零件 A 与零件 B 各 100 件。A、B 两零件都需在机床 M 上加工 0.35h/件,如果该企业有两台 M 机床,则 A、B 的提前期都为 0.35×100＝35h。但如果该企业只有一台 M 机床,则当 A 先加工时,其提前期为 35h,而 B 要等 35h 后才能加工,其提前期为 70h。反之,如安排 B 先加工,则 A 的提前期为 70h,而 B 为 35h。所以提前期是计划的结果。

TOC 是在 OPT 的基础上发展起来的,它是一种作业管理方面的理论。它把管理的重点放在瓶颈工序上,保证瓶颈工序不发生停工待料,提高瓶颈资源的利用率,从而得到最大的有效产出。根据不同的产品结构类型、工艺流程和物料流动的总体情况,设定管理和控制的重点。约束是多方面的,有市场、物料、能力、工作流程、资金、管理体制、员工行为等,其中,市场、物料和生产能力通常是主要的约束。

17.3 瓶颈资源计划

17.3.1 瓶颈资源计划的基本原理

瓶颈资源计划的理论依据是 TOC 理论。基于 TOC 理论,可以得出以下几点认识。

(1) 对于一个任务不断变化的单件小批订货生产型企业,生产能力不平衡是必然的,不可避免的。

(2) 生产能力不平衡,则必然存在能力上的薄弱环节,即存在制约整个系统的瓶颈环节。

(3) 只有使瓶颈环节的能力得到最充分的利用,才能使企业的产出达到最大。因此计划与控制的重点应该放在企业的瓶颈环节上,要保证瓶颈环节的能力得到充分合理的利用;

(4) 由于每一个计划期企业的生产任务都是不相同的,所以瓶颈资源也是随企业任务的变化而动态变化的。

基于以上认识,瓶颈资源计划与 MRP 计划不同,它不是对零件不分主次,一次编制出包含全部零件的零部件生产进度表。瓶颈资源计划把计划的对象(零件)分为 3 部分,分为关键件、主要件和一般件,并以此分别安排这 3 种零件的进度计划。首先是编制关键件的零件进度表;其次是编制主要件的零件进度表;然后以关键件、主要件的零件进度计划为骨架,按照一定的优先级逐周插入一般件,形成各周的生产日程计划。生产日程计划采用滚动编制的方法。

所谓"关键件"是指所有需要使用瓶颈资源的零件。关键件有多道工序,其中使用瓶颈资源加工的工序称关键工序,其他工序则是一般工序。所谓"主要件"是指那些对产品生产周期起决定作用的大件和复杂件,这些零件的工艺过程并不涉及瓶颈资源。"一般件"是工艺上并不复杂的中小零件,产品中大多数零件均属一般件。由于计划工作的重点是编好关键件和主要件的进度计划,既保证了瓶颈资源得到充分利用和实现了最大的有效产出,也使计划工作量大为减轻。

编制瓶颈资源计划的核心问题是确定什么是瓶颈资源。把计划期的生产任务和生产能力相比,能力上最薄弱的环节就是瓶颈环节,所涉及的资源就是瓶颈资源。瓶颈资源可以表现为市场需求、物料、生产能力、运输能力、资金、人力、员工的积极性、主动性等。

本节讨论的瓶颈资源指的是设备的生产能力,因为设备生产能力是生产计划中最常见的主要约束。

计划期某设备组的生产能力在总量上能够满足生产任务的要求,但是在计划期内的某一时段,仍有可能成为制约整个系统产出量的瓶颈。

运作实例 17-2

某项加工任务的工艺过程为车—铣—热处理—外圆磨。工作量为车 50h、铣 80h、热处理 30h、外圆磨 60h。计划期(某月)的设备生产能力为车 100 台时/月、铣 120 台时/月、热处理 120 台时/月、外圆磨 120 台时/月。从总量分析,各工种的生产能力均大于当月的任务,完成任务应该不成问题。但是按工艺流程来排,车的工作量要到第 2 周末才能完成。铣即使与车并行进行也需到第 2 周末才完成。热处理需要用 1 周时间,在第 3 周进行,所以外圆磨工序要到第 4 周才开始进行,尽管外圆磨全月的能力有 120 台时,但一周内它只能完成 30h 的工作量,所以 60h 的外圆磨任务在该计划期内是完不成的。

由上例可知,尽管从总量上分析,计划期的生产能力大于负荷所需求的能力,但是如果负荷的分布在计划期的各时段上是不均匀的,那么有可能在个别时段上仍会出现瓶颈。瓶颈资源计划所说的瓶颈就是指要在计划期内各个时段上找出存在的瓶颈。

17.3.2 寻找瓶颈方法

瓶颈的搜索可以分两步进行:第一步是先分别按设备组核算一下计划期的总负荷,与设备组的能力进行对照,检查在总量上是否存在能力上的薄弱环节。如果负荷已超过或接近能力,则必须采取措施提高该设备组的能力以保证计划任务能够完成。第二步是搜索各设备组在计划期内的各时段上是否会成为瓶颈。具体的搜索方法可按以下步骤进行。

(1) 计算各零件的最迟完工日期,并推算各工序的最迟完工时间。以产品的合同交货期、总装配完工日期、部件装配完工日期逆工艺顺序倒排,计算零件的完工日期。这里除了要考虑产品的包装发运时间、总装配和部件装配的工艺时间外,还要把部件到总装、零件到部件的库存配套时间也考虑在内。所谓"最迟完工日期"与 MRP 中的提前期不同,在该日期中它不计入那些在生产过程中可能发生的不确定的"等待时间"。

用同样的方法可以推算出零件各工序的最迟完工时间。在工序最迟完工时间中也不包含不确定的工序之间的等待时间。即

$$T_{ij} = T_j - \sum_{i+1}^{n} t_{ij} - \sum_{i+1}^{n-1} t_{tr} - \sum_{i+1}^{n-1} t_{ch}$$

式中 T_{ij}——在 j 设备上加工的某工件第 i 工序的最迟完工时间;

T_j——某工件的最迟完工时间(允许的最晚交货期);

t_{ij}——在 j 设备上加工的某工件第 i 工序的加工时间;

($i=1, 2, 3, \cdots, n$,共有 n 道工序)

$\sum_{i+1}^{n} t_{ij}$——某工件由 $i+1$ 工序到 n 工序的工序加工时间之和;

$\sum_{i+1}^{n-1} t_{tr}$——某工件由 $i+1$ 工序到 $n-1$ 工序的工序运输时间之和;

$\sum_{i+1}^{n-1} t_{ch}$ ——某工件由 $i+1$ 工序到 $n-1$ 工序之间检验时间之和。

(2) 以设备组为单位分别汇集在该设备组上加工的零件,为每个设备组建立一个在该设备组(J)上加工的零件集(V_j)。对零件集 V_j 中所有零件按其 j 工序最迟完工时间的先后,由早至晚进行排序,最迟完工时间相同的,按 j 工序后工序数多的排在前。由此可以得到一个序列 T_{1j}, T_{2j}, T_{3j}, …, T_{mj}。m 表示在 J 设备组上加工的有 m 个零件。

(3) 对每个设备组用负荷累加的方法,计算到某个时点的累计负荷。从计划期开始时到该时点的设备组的能力与累计负荷进行对比,计算设备负荷率,检查负荷率是否超过规定值(例如97%),以确定在该时点前设备组是否成为瓶颈资源。按此方法从计划期开始到计划期末,按一个个时段延伸计算累计负荷,并与对应的同时期的生产能力进行对比,可查出在计划期内整个生产过程中是否存在瓶颈。

图 17.4 反映在计划期内 J 设备组的生产能力与负荷的情况。图中左下角的一块面积 A 是已确认的生产计划所占用的生产能力。虚线 S 表示本计划期开始的时间,虚线 E 表示计划期结束的时间。在 S 至 E 之间,划分了 10 个时段,在能力水平线以下和 A 面积以上的区域是 J 设备组在计划期内可提供的能力。在第一时段内必须完成的任务有 J1 和 J2,此时能力大于负荷,在第 1 时段末之前 J 设备组不是瓶颈资源。在第 2 时段末之前必须完成的任务有 J1、J2、J3 和 J4,此时能力仍大于负荷,所以 J 设备组在第 2 时段末之前也不是瓶颈资源。图 17.4 中 B 区域表示时段 1 至时段 5 之间 J 设备组具有的剩余能力。第 6 时段内新增负荷超过本时段的生产能力,但是 J13、J14、J15、J16 可以提前投入生产,因为这些零件的最晚完工时间是第 6 时段末,最早开工时间并未限制,所以只要提早安排投产,就可利用前面时段的剩余能力。时段 7、8、9 情况与时段 6 的情况相同。如果这些时段中超过能力的负荷(如图中生产能力线以上 C 部分)等于或十分接近于前面时段中 J 设备的剩余能力,例如,负荷率超过 97% 以上,则 J 设备组在时段 9 以前属于瓶颈资源。进入时段 10,J 设备组又有剩余能力(D 部分),但这部分能力不能用于时段 10 以前的任务,因为前面各时段的任务受其最迟完工时间的约束,即必须于该时段末之前完成。这就是计划期内生产能力虽然大于各项负荷的总和,但是在计划期内的生产过程中仍然可能出现瓶颈的原因。

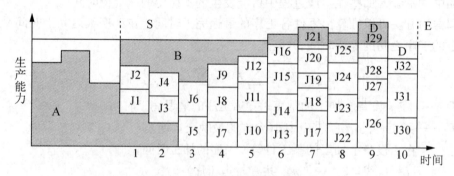

图 17.4 某设备组计划期内的负荷

17.3.3 瓶颈资源计划编制步骤

企业的生产系统如果采用生产单元的组织形式,则瓶颈资源计划编制的步骤如下。

(1) 把计划期要生产的产品展开为零部件。按生产单元的分工把全部零件分配给各单元。

(2) 各单元根据计划期的生产任务，确定何种资源是瓶颈。编制瓶颈资源计划首先要知道什么是瓶颈，瓶颈在何处。

(3) 根据瓶颈资源定义关键件及关键工序。选出所有的关键件(所有需要使用瓶颈资源的工件称为关键件)。

(4) 在瓶颈资源上对关键件的关键工序进行排序，排出关键工序进度表。采用有限能力计划法按关键工序的优先级进行排序。

(5) 对每一个关键件的非关键工序在相关设备上排定其位置。关键工序之前的工序以关键工序为基准采用拉动方式进行安排，确定工序的最晚完工时间；在关键工序之后的工序，以关键工序为基准采用推的方式安排，确定工序的最早开工时间。此时，由于只对少数关键件进行安排，各种非瓶颈设备的能力承担这一部分负荷是完全没有问题的。至此，每一个关键件所有工序的生产进度都已排出。

(6) 安排主要件的生产进度。以主要件的交货期(计划要求的完工日期)为基准，采用拉动方式由后向前一道道工序排定其生产进度，由此可排出主要件全部工序的生产进度。关键件和主要件的生产进度表是零部件进度计划的核心，并构成整个计划的框架。这两项计划是计划管理和控制的重点，要保证这两项计划100%实现。只有这两项计划完全实现，才能使系统达到最大的产出和获得较短的合理的生产周期。

(7) "一般件"按零件交货期的先后进行排序，并制定每周的零件投产计划。一般件的特点是：多数零件的工序数少，加工劳动量较小，生产周期短，计划安排上比较灵活。有了关键件计划作为整个零件进度计划的骨架，对于非瓶颈资源的生产能力，除了被关键件的一般工序占用掉少量以外，其剩余能力可以用一般件来填充。安排一般件的生产进度有两点要求。

① 满足成套性的要求。

② 发挥平衡生产负荷与生产能力的作用。一般件的进度计划只需确定两项内容，即投产的先后顺序和各周投产的零件清单。而每种零件每道工序的具体投产时间，要到编制生产日程计划时最后确定。

(8) 以关键件、主要件的生产进度表为骨架，着手编制各单元的生产日程计划。日程计划的计划期可设为"周"。生产日程计划的编制方法是，从关键件计划中截取本周计划，从本周的零件投产清单中选取合适的一般件填入各非瓶颈设备能力的空白处。

选取一般件时，并非必须严格按照已排的投产顺序，只要满足不超出零件的最迟交货期即可。一般件插入时，如与计划中已安排的关键件的一般工序发生冲突，在不影响关键件交货期的前提下，关键件一般工序的位置可以适当前移或后退，以错开冲突。因为前面在安排一般工序时，只限定了"最晚完工期"或者"最早开工期"，它的位置并没有完全固定。生产日程计划实施时一般按双日滚动编制，所以计划有很大的灵活性。

下面通过一个例子来说明关键件进度计划的编制方法。

【范例17-1】假设已知：A，B，C，D，E，F六种零件的生产工艺、工时定额和零件的交货期见表17-1。

表 17-1 工时定额及交货期

零件代号	生产批量	工序名称及工时定额					零件交货期
		1	2	3	4	5	
A	4	车 6	钻 2	镗 6	磨 4		第 10 周末
B	2	车 3	车 5	钻 4	镗 7	铣 5	第 9 周末
C	2	铣 8	钻 4	镗 8	磨 5		第 9 周末
D	4	车 6	铣 8	车 4	镗 8	磨 6	第 10 周末
E	6	车 5	铣 5	钻 2	车 4	镗 8	第 10 周末
F	4	铣 6	铣 8	钻 4	磨 6		第 10 周末

上述 6 种零件均在 G 成组生产单元内生产。该生产单元有车床 2 台、铣床、镗床、钻床、磨床各 1 台。如按每周开 6 个班，每班工作 8h 计，第 10 周末为工序的第 480h。各零件的工序交货期可按下式计算：

$$T_{oij} = T_{oj} - \sum_{i+1}^{m} Q_{ij} \times t_{ij} - \sum_{i}^{m} t_{ijj}$$

式中　T_{oij}——零件 i 工序的最迟交货时间；

T_{oj}——j 零件的最迟交货时间；

$\sum_{i+1}^{m} Q_{ij} \times t_{ij}$——一批 j 零件自 $(i+1)$ 至 m 工序的加工时间，批量为 Q；

$\sum_{i}^{m} t_{ijj}$——j 零件自 i 至 m 工序间的运输及检验时间，本例为简化计算，令 $t_{ijj}=0$。

假设计划期为第 5 周初到第 10 周末，即从第 192h 开始到 480h 结束。已知前一计划期遗留下来的任务有：车 192h、铣 96h、钻 72h、镗 150h、磨 88h。计算各时段设备的负荷率，寻找瓶颈资源，见表 17-2。

表 17-2 各零件工序交货期计算表

		A		B		C		D		E		F	
1	2	车	24	车	6	铣	16	车	24	车	30	铣	24
	3		432		390		398		376		366		408
2	2	钻	8	车	10	钻	8	铣	32	铣	30	铣	32
	3		440		400		406		408		396		440
3	2	镗	24	钻	8	镗	16	车	16	钻	12	钻	16
	3		464		408		422		424		408		456
4	2	磨	16	镗	14	磨	10	镗	32	车	24	磨	24
	3		480		422		432		456		432		480
5	2			铣	10			磨	24	镗	48		
	3				432				480		480		

注：表左侧所示 2 列中的数字含义，1——工序名称；2——工序加工时间；3——工序交货期。

由表17-2可知,在计划期内G单元的镗床为瓶颈资源,A,B,C,D,E为关键件。在镗床上加工的零件,按其镗工序交货期的先后可得如下排序,B4(B的第4工序)交货期422,C3交货期422,D4交货期456,A3交货期464,E5交货期480。可按上述顺序,把这些工序用有限能力计划法在镗床上进行顺排。镗床上有上期遗留的任务150h,所以这批任务在本计划期内的开始加工时间应从第343小时开始(192+150=342)。B4和C3最迟交货时间相同,可以根据其他条件决定其优先级。如前面工序多工作量大的先排,或后面工序多工作量大的先排。反之,则后排。瓶颈资源(镗床)上工件加工进度的具体安排如图17.3所示。

表17-3 计划期各时段设备负荷率计算表

设备名称	时段	计划期新增负荷	新增负荷累计	上计划期遗留负荷	本时段总能力	本时段剩余能力	本时段设备负荷率	是否瓶颈
		1	2	3	4	5=4-3	6=2/5	
铣床	192~396	30	30	96	204	108	0.278	否
	192~398	16	46	96	206	110	0.418	否
	192~408	56	102	96	216	120	0.850	否
	192~432	10	112	96	240	144	0.778	否
	192~440	32	144	96	248	152	0.947	否
车床二台	192~366	30	30	192	348	156	0.192	否
	192~376	24	54	192	368	176	0.307	否
	192~390	6	60	192	396	204	0.294	否
	192~400	10	70	192	416	224	0.313	否
	192~424	16	86	192	464	272	0.316	否
	192~432	48	134	192	480	288	0.465	否
镗床	192~422	30	30	150	230	80	0.375	否
	192~456	32	62	150	264	114	0.544	否
	192~464	24	86	150	272	122	0.705	否
	192~480	48	134	150	288	138	0.971	是
钻床	192~406	8	8	72	214	142	0.056	否
	192~408	20	28	72	216	144	0.194	否
	192~440	8	36	72	248	176	0.205	否
	192~456	16	52	72	264	192	0.271	否
磨床	192~432	10	10	88	240	152	0.066	否
	192~480	64	74	88	288	200	0.370	否

关键件的其他非关键工序各以关键工序为基准,前面的工序(图17.5)中的A1、A2、B1、B2、B3、C1、C2、D1、D2、D3、E1、E2、E3、E4等)按拉动方式由后往前,一一

安排到有关机床上。关键工序之后的一般工序(如 A4、B5、C4、D5 等)按推动方式由前向后，一一安排到有关的机床上加工，这样可以把关键件的所有工序全部排定。至此，关键件的生产进度表也就排定了。

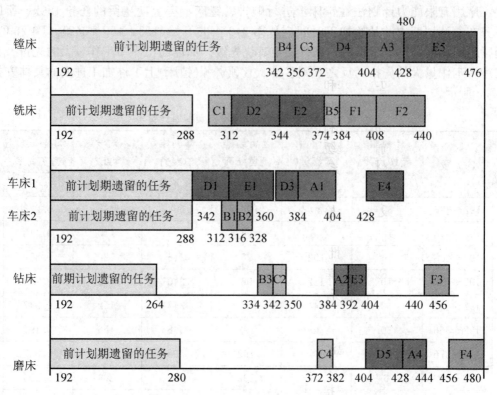

图 17.5 关键件生产进度甘特图

本章小结

高德拉特的约束理论(TOC)囊括了企业经营活动中最主要的四大部分，即新产品开发、市场营销、生产计划与控制以及资金运用，成为一套比较完整而有效的企业生产经营理念。在本章中，重点介绍了约束理论的主要概念和"击鼓-缓冲-绳索"理论、思维过程理论、企业产出与产品选择、绩效评价以及瓶颈资源的基本原理和瓶颈资源计划编制步骤。

关键术语

约束理论　瓶颈　瓶颈资源　OPT原则　瓶颈资源计划　关键件　主要件　关键工序

第17章 约束理论

习 题

一、判断题

1. 瓶颈资源是系统内部制约产出率的约束条件,是制造工艺中流量最大的那个点。（ ）
2. 生产能力是指包括维修和其他的间歇时间在内的可以使用的生产时间。（ ）
3. 非瓶颈资源不包括空闲时间。（ ）
4. 次瓶颈资源(CCR)是指利用率等于或超过生产能力的资源。（ ）
5. 在瓶颈工序的前面设置缓冲库存,以确保瓶颈总有工作可做。由于它是瓶颈工序,因此它的产出决定了整个生产系统的产出。（ ）
6. 在瓶颈资源上损失一小时,相当于整个系统损失一个小时。（ ）
7. 在瓶颈工序前设置质量检查点,以保证经过瓶颈工序而产出的工件100%是合格品。（ ）
8. 按TOC的观点,加工批量是固定的,且与转移批量有关。（ ）
9. TOC中如同MRP中一样,采用预先确定的提前期。（ ）
10. 所谓"关键件"是指所有需要使用瓶颈资源的零件。（ ）

二、单选题

1. 有关约束理论,下面说法不正确的是( )。
   A. 瓶颈资源是指生产能力小于需求的任何资源
   B. 次瓶颈资源是指利用率接近生产能力的资源
   C. 处理瓶颈问题主要集中在确保瓶颈工序持续工作
   D. 如果系统中存在瓶颈工序,则最佳控制点就是次瓶颈
2. 根据约束理论,( )决定了整个生产系统的产出。
   A. 次瓶颈　　　　B. 瓶颈　　　　C. 生产能力　　　　D. 库存量
3. 在TOC系统中通常可以采用措施来使瓶颈资源保持100%的"利用",其中不包括( )。
   A. 在瓶颈工序前设置质量检查点　　B. 尽可能减少批量
   C. 减少瓶颈工序中的辅助生产时间　　D. 在瓶颈资源前设置缓冲环节
4. 按TOC的观点,对瓶颈资源宜采用较大的加工批量的目的是( )。
   A. 为了减少瓶颈资源上的调整损失　　B. 使非瓶颈资源上有富裕的能力
   C. 减少在制品积压　　D. 增加设备调整次数
5. 以下表述TOC理论与MRP理论的区别与联系,其中正确的是( )。
   A. 二者均采用固定的提前期
   B. 二者均利用无限能力倒排计划法编制出生产进度表
   C. 根据TOC理论,将把计划的对象分为3个部分,而MRP对零件不分主次
   D. 二者均认为提前期是批量、优先权和其他因素的函数
6. 采用( )法,按关键工序的优先级排出关键工序进度表。

A. 无限能力倒排计划法　　　　　　B. 有限能力计划法
C. 有限能力倒排计划法　　　　　　D. 无限能力计划法

7. "一般件"按（　　）进行排序，并制定每周的零件投产计划。

A. 零件交货期的先后顺序　　　　　B. "一般件"的优先级
C. "一般件"的生产周期长短顺序　　D. 加工劳动量大小顺序

三、填空题

1. 高德拉特思维过程理论的思路是_____。
2. 缓冲环节有两种形式：_____。
3. TOC中不采用固定的生产提前期，提前期是_____的函数。
4. TOC理论则把计划的对象分为：_____。

四、简述题

1. 什么是瓶颈资源和次瓶颈资源？如何区分？
2. 什么是"击鼓-缓冲-绳索"理论？生产计划编制时如何使用该理论？
3. "击鼓-缓冲-绳索"理论进行计划工作的五步骤是什么？
4. TOC理论中财务评价和运营评价各包括哪些指标？
5. 思维过程理论原理是什么？
6. 以OPT思想来编制生产计划进度要遵循哪9条原则？
7. 生产系统如果采用生产单元的组织形式，瓶颈资源计划编制的步骤包括哪些？

OPT测验-作业排序的挑战

你是否正在寻找一个对作业的真正的挑战？下面是一个实际的问题，由高德拉特在一个叫做OPT（最优生产技术）作业排序软件包的促销活动中提出的。当时，高德拉特为最佳的作业排序提供5 000美元的奖金。针对此问题，你能否运用本章所介绍的概念和方法制定出最佳的作业排序，如图17.6所示。

1）任务

目标是搬运尽可能多的物品。考虑下列给出的条件，用甘特图表示在8周之内对每台机器的作业排序，以阐述你如何来达到目标。

2）条件

(1) 3种机器（A，B，C）都只有1台。
(2) 当一台机器从一个操作转换到另一个操作时，需要60min的准备时间。
(3) 8周的时间里，每周工作5天，而且每天24h不间断。
(4) 原材料的供应没有限制。
(5) 在8周内系统里没有初始库存。
(6) 为了计算在制品和产成品库存，假设每个零件在开始最初的操作时都有100美元的价值。一旦4个零件组成一套到达装配线，就马上组装起来并运送走。原材料和最终产成品不包括在库存计算里面。

3）对解决方案的最低要求

(1) 在任何时候在制品和产成品零件库存的原材料价值都不能超过50 000美元。
(2) 每周至少运送最终产品140件，前4周最少运送最终产品680件。

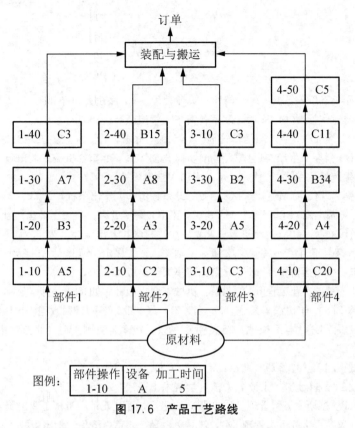

图 17.6 产品工艺路线

资料来源：转载自理查德·B·蔡斯等编著的《运营管理》（原书第 9 版）P661

参 考 文 献

[1] [美]杰伊·海泽,巴里·雷德. 生产与作业管理教程[M]. 潘洁夫,译. 北京:华夏出版社,1999.
[2] 刘丽文. 生产与运作管理[M]. 2版. 北京:清华大学出版社,2002.
[3] [美]威廉·J·史蒂文森. 生产与运作管理[M]. 6版. 张群,译. 北京:机械工业出版社,2002.
[4] [美]理查德·B·蔡斯. 生产与运作管理[M]. 宋国防,译. 北京:机械工业出版社,1999.
[5] 陈志祥. 现代生产与运作管理[M]. 广州:中山大学出版社,2002.
[6] 潘家轺,曹德弼. 现代生产管理学[M]. 2版. 北京:清华大学出版社,2003.
[7] [美]威廉·J·史蒂文森. 运营管理[M]. 8版. 张群,译. 北京:机械工业出版社,2005.
[8] 李怀祖. 生产计划与控制[M]. 修订版. 北京:中国科学技术出版社,2005.
[9] [日]门田安弘. 新丰田生产方式[M]. 2版. 王瑞珠,译. 保定:河北大学出版社,2001.
[10] 陈心德,吴忠. 生产运营管理[M]. 北京:清华大学出版社,2005.
[11] 易树平,郭伏. 基础工业工程[M]. 北京:机械工业出版社,2006.
[12] [美]Jeffrey K. Liker. 丰田汽车案例[M]. 李芳龄,译. 北京:中国财政经济出版社,2004.
[13] 湘财领导力发展学院. 丰田模式:精益生产的18个黄金法则[M]. 北京:中国建材工业出版社,2005.
[14] 刘广第. 质量管理学[M]. 2版. 北京:清华大学出版社,2003.
[15] 王应洛. 工业工程基础[M]. 北京:中国科学技术出版社,2005.
[16] [美]理查德·B·蔡斯. 运营管理[M]. 9版. 任建标,译. 北京:机械工业出版社,2004.
[17] [美]罗格·施迈纳. 服务运作管理[M]. 刘丽文,译. 北京:清华大学出版社,2001.
[18] [美]唐纳德·沃特斯. 管理科学实务教程[M]. 2版. 张志强,译. 北京:华夏出版社,2000.
[19] 陈荣秋,马士华. 生产运作管理[M]. 北京:机械工业出版社,2004.
[20] 陈荣秋,马士华. 生产运作管理[M]. 2版. 北京:机械工业出版社,2006.
[21] 杨建华,张群,杨新泉. 运营管理[M]. 北京:清华大学出版社,北京交通大学出版社,2005.
[22] 潘尔顺. 生产计划与控制[M]. 上海:上海交通大学出版社,2003.